Gustave Le Bon

La civilisation des Arabes

essai

 Le code de la propriété intellectuelle du 1er juillet 1992 interdit en effet expressément la photocopie à usage collectif sans autorisation des ayants droit. Or, cette pratique s'est généralisée dans les établissements d'enseignement supérieur, provoquant une baisse brutale des achats de livres et de revues, au point que la possibilité même pour les auteurs de créer des oeuvres nouvelles et de les faire éditer correctement est aujourd'hui menacée. En application de la loi du 11 mars 1957, il est interdit de reproduire intégralement ou partiellement le présent ouvrage, sur quelque support que ce soit, sans autorisation de l'Editeur ou du Centre Français d'Exploitation du Droit de Copie , 20, rue Grands Augustins, 75006 Paris.

ISBN : 978-1523817603

10 9 8 7 6 5 4 3 2 1

Gustave Le Bon

La civilisation des Arabes

essai

Table de Matières

Introduction	6
Le milieu et la race	21
Origines de la puissance des Arabes	76
L'empire des Arabes	117
Mœurs et institutions des Arabes	257
La civilisation des Arabes	329
Décadence de la civilisation arabe	432

Introduction

I

Les lecteurs de nos précédents ouvrages connaissent la genèse de ce nouveau livre. Ils savent qu'après avoir étudié l'homme et les sociétés, nous devions aborder l'histoire des civilisations.

Notre dernier travail [1] avait été consacré à décrire les formes successives de l'évolution physique et intellectuelle de l'homme, les éléments divers dont les sociétés se composent. Remontant aux plus lointaines périodes de notre passé, nous avons fait voir comment se formèrent les premières agglomérations humaines, comment naquirent la famille et les sociétés, l'industrie et les arts, les institutions et les croyances ; comment ces éléments se transformèrent à travers les âges, et quels furent les facteurs de ces transformations.

Après avoir étudié l'homme isolé et l'évolution des sociétés, il nous reste, pour compléter notre plan, à appliquer à l'étude des grandes civilisations les méthodes que nous avons exposées.

L'entreprise est vaste, ses difficultés sont grandes. Ignorant jusqu'où nous pourrons la conduire, nous avons voulu que chacun des volumes qui composeront cet ouvrage fût complet et indépendant. S'il nous est donné de terminer les huit à dix volumes que notre plan comprend, rien ne sera plus simple que de classer ensuite dans un ordre méthodique l'histoire des diverses civilisations à l'étude desquelles chacun d'eux aura été consacré.

Nous avons commencé par les Arabes parce que leur civilisation est une de celles que nos voyages nous ont le mieux fait connaître, une de celles dont le cycle est le plus complet et où se manifeste le plus clairement l'influence des facteurs dont nous avons essayé de déterminer l'action, une de celles enfin dont l'histoire est la plus intéressante et cependant la moins connue.

La civilisation des Arabes règne depuis douze siècles sur l'immense

---

1 L'homme et les sociétés. Leurs origines et leur développement, 2 vol. Paris : Édition J. Rotschild, 1981. Édition reproduite à Paris, en 1987 aux Éditions Jean-Michel Place. Tome I : Développement physique et intellectuel (520 pages); Tome II : Les sociétés. Leurs origines et leur développement (432 pages). Ouvrage orné de 90 gravures.

région qui s'étend des rivages de l'Atlantique à la mer des Indes, des plages de la Méditerranée aux sables de l'Afrique intérieure. Les populations qui l'habitent possèdent la même religion, la même langue, les mêmes institutions, les mêmes arts, et firent jadis partie du même empire.

Embrasser dans une vue d'ensemble les principales manifestations de cette civilisation chez les peuples où elle a régné, reproduire toutes les merveilles qu'elle a laissées en Espagne, en Afrique, en Égypte, en Syrie, en Perse et dans l'Inde, n'avait pas encore été tenté. Les arts eux-mêmes, les plus connus pourtant des éléments de la civilisation arabe, n'avaient pas encore été soumis à cette étude d'ensemble. Les rares auteurs qui ont abordé leur description constataient toujours qu'elle manquait complètement, mais le défaut de documents les avait empêchés de la tenter. Il était évident sans doute que la similitude des croyances avait dû déterminer une parenté très grande dans les manifestations des arts des divers pays soumis à la loi de l'islam ; mais il était évident aussi que les variétés de races et de milieux avaient dû engendrer des différences profondes. Quelles étaient ces analogies, et quelles étaient ces différences ? Le lecteur qui voudra parcourir les chapitres de cet ouvrage consacrés à l'étude de l'architecture et des arts verra combien la science actuelle était muette sur ces questions.

À mesure qu'on pénètre dans l'étude de cette civilisation, on voit les faits nouveaux surgir et les horizons s'étendre. On constate bientôt que le Moyen Âge ne connut l'antiquité classique que par Arabes ; que pendant cinq cents ans, les universités de l'Occident vécurent exclusivement de leurs livres, et qu'au triple point de vue matériel, intellectuel et moral, ce sont eux qui ont civilisé l'Europe. Quand on étudie leurs travaux scientifiques et leurs découvertes, on voit qu'aucun peuple n'en produisit d'aussi grands dans un temps aussi court. Lorsqu'on examine leurs arts, on reconnaît qu'ils possédèrent une originalité qui n'a pas été dépassée

L'action des Arabes, déjà si grande en Occident, fut plus considérable encore en Orient. Aucune race n'y a jamais exercé une influence semblable. Les peuples qui ont jadis régné sur le monde : Assyriens, Perses, Égyptiens, Grecs et Romains ont disparu sous la poussière des siècles, et n'ont laissé que d'informes débris ; leurs religions, leurs langues et leurs arts ne sont plus que des souvenirs. Les Arabes ont disparu à leur tour ; mais les éléments les plus essentiels de leur civilisation, la religion, la langue et les arts, sont vivants encore, et du Maroc jusqu'à l'Inde, plus de cent millions d'hommes obéissent aux institutions du prophète.

Des conquérants divers ont renversé les Arabes, aucun n'a songé à remplacer la civilisation qu'ils avaient créée. Tous ont adopté leur religion, leurs arts, et la plupart leur langue. Implantée quelque part, la loi du prophète y semble fixée pour toujours. Elle a fait reculer dans l'Inde des religions pourtant bien vieilles. Elle a rendu entièrement arabe cette antique Égypte des Pharaons, sur laquelle les Perses, les Grecs, les Romains avaient eu si peu d'influence. Les peuples de l'Inde, de la Perse, de l'Égypte, de l'Afrique ont eu d'autres maîtres que les disciples de Mahomet : depuis qu'ils ont reçu la loi de ces derniers, ils n'en ont pas reconnu d'autre.

C'est une merveilleuse histoire que celle de cet halluciné illustre dont la voix soumit ce peuple indocile, qu'aucun conquérant n'avait pu dompter, au nom duquel furent renversés les plus puissants empires, et qui, du fond de son tombeau, tient encore des millions d'hommes sous sa loi.

La science moderne qualifie ces grands fondateurs de religions et d'empires d'aliénés ; et, au point de vue de la vérité pure, elle a raison. Il faut les vénérer Pourtant. L'âme d'une époque, le génie d'une race sont incarnés en eux. Des générations d'ancêtres perdues dans le sommeil des siècles parlent par leurs voix. Ces créateurs d'idéaux n'enfantent sans doute que des fantômes, mais ces fantômes redoutés nous ont fait ce que nous sommes, et sans eux aucune civilisation n'aurait pu naître. L'histoire n'est que le récit des événements accomplis par l'homme pour créer un idéal quelconque, l'adorer ou le détruire.

La civilisation des Arabes fut créée par un peuple à demi barbare. Sorti des déserts de l'Arabie, il renversa la puissance séculaire des Perses, des Grecs et des Romains, fonda un immense empire qui s'étendit de l'Inde jusqu'à l'Espagne, et produisit ces œuvres merveilleuses dont les débris frappent d'admiration et d'étonnement.

Quels facteurs président à la naissance et au développement de cette civilisation et de cet empire ? Quelles furent les causes de sa grandeur et de sa décadence ? Les raisons données par les historiens sont en vérité trop faibles pour soutenir l'examen. Une méthode d'analyse ne pouvait être mieux jugée qu'en l'appliquant à un tel peuple.

C'est de l'Orient que l'Occident est né, et c'est encore à l'Orient qu'il faut aller demander la clef des événements passés. Sur cette terre merveilleuse, les arts, les langues et la plupart des grandes religions se sont manifestés, Les hommes n'y sont pas ce qu'ils sont ailleurs. Idées, pensées et sentiments sont autres. Les transformations y sont maintenant si lentes qu'on peut en le parcourant remonter toute la chaîne des âges. Artistes, savants et poètes y reviendront toujours. Que de fois, assis à l'ombre d'un palmier ou du pylône de quelque temple, me suis-je plongé dans de longues rêveries pleines de claires visions des âges disparus. On s'assoupit légèrement ; et, sur un fond lumineux, s'élèvent bientôt des villes étranges dont les tours crénelées, les palais féeriques, les temples, les minarets scintillent sous un soleil d'or, et que parcourent des caravanes de nomades, des foules d'Asiatiques vêtus de couleurs éclatantes, des troupes d'esclaves à la peau bronzée, des femmes voilées. Elles sont mortes aujourd'hui, pour la plupart ces grandes cités du passé : Ninive, Damas, Jérusalem, Athènes, Grenade, Memphis et la Thèbes aux cent portes. Les palais de l'Asie, les temples de l'Égypte sont maintenant en ruines. Les dieux de la Babylonie, de la Syrie, de la Chaldée, des rives du Nil ne sont plus que des souvenirs. Mais que de choses dans ces ruines, quel monde d'idées dans ces souvenirs. Que de secrets à demander à toutes ces races diverses qui se succèdent des colonnes d'Hercule aux plateaux fertiles de la vieille Asie, des plages verdoyantes de la mer Égée aux sables brillants de l'Éthiopie.

On rapporte bien des enseignements, de ces contrées lointaines ; on y perd aussi bien des croyances. Leur étude nous montre combien est profond l'abîme qui sépare les hommes, et à quel point sont chimériques nos idées de civilisation et de fraternité universelle, combien les vérités et les principes qui semblent les plus absolus peuvent changer, en réalité, d'un pays à l'autre.

Il y a donc bien des questions à résoudre dans l'histoire des Arabes, et plus d'une leçon à retenir. Ce peuple est un de ceux qui personnifient le mieux ces races de l'Orient, si différentes de celles de l'Occident. L'Europe les connaît bien peu encore ; elle doit apprendre à les connaître, car l'heure approche où ses destinées dépendront beaucoup des leurs.

Le contraste entre l'Orient et l'Occident est aujourd'hui trop grand, pour qu'on puisse jamais espérer de faire accepter à l'un les idées et les façons de penser de l'autre. Nos vieilles sociétés subissent des transformations profondes ; les rapides progrès des sciences et de l'industrie ont bouleversé toutes nos conditions physiques et morales d'existence. Antagonisme violent dans le corps social ; malaise général qui nous conduit sans cesse à changer nos institutions pour remédier aux maux que ces changements mêmes engendrent ; défaut de concordance entre les sentiments anciens et les croyances nouvelles ; destruction des idées sur lesquelles avaient vécu les anciens âges. Tel aujourd'hui est l'Occident. Famille, propriété, religion, morale, croyances, tout change ou va changer. Les principes dont nous avions vécu jusqu'ici, les recherches modernes les remettent en question. Ce qui sortira de la science nouvelle nul ne pourrait le dire. Les foules s'enthousiasment maintenant pour quelques théories très simples constituées surtout par un ensemble de négations radicales ; mais les conséquences de ces négations, elles ne les entrevoient pas encore. Des divinités nouvelles ont remplacé les anciens dieux. La science actuelle essaie de les défendre : qui pourrait dire qu'elle les défendra demain ?

L'Orient offre un spectacle tout autre. Au lieu de nos divisions et de notre vie fiévreuse, il présente le tableau de la tranquillité et du repos. Ces peuples, qui forment par leur nombre la plus importante portion du genre humain, sont arrivés depuis longtemps à cette résignation tranquille qui est au moins l'image du bonheur, Ces sociétés antiques ont une solidité qu'ont perdue les nôtres. Les croyances que nous n'avons plus, elles les ont encore. La famille, qui tend à se dissocier si profondément chez nous, y conserve sa stabilité séculaire. Les principes qui ont perdu toute influence sur nous ont conservé toute leur puissance sur eux. Religion, famille, institutions, autorité de la tradition et de la coutume, ces bases fondamentales des sociétés anciennes si profondément sapées en Occident, ont gardé tout leur prestige en Orient. Le problème redoutable d'avoir à les remplacer, les peuples de l'Orient n'ont pas à y songer.

II

Introduction

Nous avons suffisamment exposé ailleurs les méthodes d'investigation qui nous semblent applicables à l'étude des phénomènes historiques, Il suffira de rappeler les plus essentiels.

La notion de cause qui domine aujourd'hui l'étude des faits scientifiques domine également celle des faits historiques. Les méthodes d'investigation applicables aux uns le sont également aux autres.

Un phénomène social doit être étudié comme un phénomène physique ou chimique quelconque. Il est soumis à certaines lois ou, si on le préféré, à certaines hiérarchies de nécessités. L'homme s'agite, des forces supérieures le mènent : Nature, Providence, Fatalité ou Destin, il n'importe. Nous sommes saisis de la naissance jusqu'à la mort dans un engrenage de forces bienfaisantes ou nuisibles, irrésistibles toujours. Notre suprême effort est d'arriver à connaître quelques conditions de leurs manifestations.

L'Histoire de l'humanité peut être considérée comme une trame immense dont toutes les parties se tiennent et dont les premières mailles remontent aux plus lointaines origines de notre planète. Un phénomène historique quelconque est toujours le résultat d'une longue série de phénomènes antérieurs. Le présent est fils du passé et porte l'avenir en germe. Dans les événements actuels une intelligence suffisante pourrait lire l'infinie succession des choses.

Mais une intelligence semblable n'apparaîtra sans doute jamais. Alors même que nous connaîtrions la totalité des facteurs qui ont enfanté le présent et les forces respectives de chacun d'eux, il serait absolument impossible de les soumettre à l'analyse. Il est au-dessus des efforts de l'astronomie de déterminer par le calcul la direction que prendrait un corps soumis seulement à l'action de trois autres. Que serait donc le problème s'il s'agissait de milliers de corps ?

Toutes les prétendues lois que l'on croit pouvoir tirer de l'étude de l'histoire ne sont en réalité que la constatation empirique de certains faits. On peut les comparer aux observations également empiriques des statisticiens. Un million d'individus d'âge connu étant donnés, ils peuvent prédire avec certitude combien mourront à une époque déterminée et combien à une autre ; combien de crimes seront commis et quels seront ces crimes. L'expérience du passé rend ces prédictions faciles. Remonter aux causes des faits observés serait entièrement impossible. Les facteurs déterminants sont beaucoup trop nombreux.

L'impossibilité de remonter bien loin dans l'enchaînement des causes qui détermine un phénomène social a inspiré un certain dédain des sciences historiques aux savants qui ont essayé de les approfondir. Un écrivain éminent, M. Renan, les qualifie de « petites sciences conjecturales qui se défont sans cesse après s'être faites, et qu'on négligera dans cent ans. On voit poindre un âge où l'homme n'attachera plus beaucoup d'intérêt à son passé. Je crains fort, dit-il, que nos écrits de précision de l'Académie des inscriptions et belles-lettres, destinés à donner quelque exactitude à l'histoire, ne pourrissent avant d'avoir été lus. »

Le même auteur considère que l'avenir est aux sciences physiques et naturelles qui nous donneront « le secret de l'être, du monde, de Dieu, comme on voudra l'appeler. »

Chacun peut l'espérer sans doute ; mais rien jusqu'ici n'a justifié de telles espérances. Les sciences les plus positives ne nous ont rien dit encore de la raison première d'un seul phénomène. Ce n'est que la simplicité des relations qu'elles découvrent qui fait leur force apparente. Aussitôt qu'elles s'attaquent à des phénomènes un peu complexes, elles se perdent dans les conjectures. Les sciences modernes commencent à peine à balbutier une réponse aux questions que l'homme se pose chaque jour. Du berceau à la tombe, la nature a semé notre chemin d'insolubles problèmes. Les curiosités qu'elle nous met au cœur, elle ne les assouvit jamais. La science évoque des idées, bien plus qu'elle ne résout des problèmes ; et notre globe aura sans doute rejoint dans l'espace les vieux mondes refroidis, avant que le sphinx éternel ait répondu à un seul pourquoi.

Il ne faut donc pas s'illusionner sur la portée des sciences et leur demander ce qu'elles ne peuvent donner. Elles nous apprennent à déchiffrer un homme, un animal, une société ou une plante, à reconstituer le tableau fidèle d'une époque, à déterminer l'enchaînement des principaux événements historiques. N'exigeons pas davantage de l'historien.

La tâche est assez lourde d'ailleurs pour nécessiter tous ses soins. Les matériaux permettant de reconstituer le tableau d'une civilisation sont difficiles à réunir, plus difficiles encore à mettre en œuvre.

Introduction

Ce n'est pas dans ces généalogies de souverains, dans ces récits de batailles et de conquêtes, qui forment le fond de l'histoire classique, que de tels matériaux doivent être cherchés. Nous les trouverons surtout dans l'étude des langues, des arts, des littératures, des croyances, des institutions politiques ou sociales de chaque époque. Ces éléments divers d'une civilisation ne doivent pas être considérés comme le résultat du caprice des hommes, du hasard ou de la volonté des dieux, mais bien comme l'expression des besoins, des idées, des sentiments des races où ils se sont manifestés. Une religion, une philosophie, une littérature, un art impliquent certains modes de sentir et de penser et n'en impliquent pas d'autres. Convenablement interprétées, les actions et les œuvres des hommes nous disent leurs pensées.

Elles nous disent leurs pensées et nous permettent de reconstituer l'image d'une époque, mais ce tableau ne saurait suffire. Il faut encore expliquer sa formation. Le peuple que l'on étudie à un moment déterminé ne s'est pas formé d'un seul coup. Il est la résultante d'un long passé et des influences variées de milieu auquel il a été constamment soumis. C'est donc dans le passé d'une race qu'il faut chercher l'explication de son état actuel.

On pourrait donner le nom d'embryologie sociale à cette étude de la formation des divers éléments dont une société se compose. Elle est destinée à devenir la base la plus solide de l'histoire, de même que l'embryologie des êtres vivants est devenue aujourd'hui la base la plus sûre des sciences biologiques.

Êtres vivants ou sociétés doivent toujours passer par une lente succession de formes inférieures avant d'atteindre des phases d'évolution supérieures. Ces formes disparues, l'histoire ne nous les révèle pas toujours. Bien des termes de la série sont actuellement perdus. L'observation permet cependant de reconstituer les termes essentiels. Comme les êtres vivants, toutes les sociétés n'ont pas atteint les mêmes périodes de développement. Beaucoup n'ont pas dépassé ces étapes intermédiaires que l'Occident a fini par franchir et qui représentent l'image immobilisée du passé. On peut revoir en parcourant le globe – et c'est seulement ainsi – qu'on peut les revoir – les principales périodes de l'histoire de l'humanité depuis les primitives époques de la pierre taillée jusqu'aux temps actuels. On peut arriver à reconstruire ainsi tout le passé d'un peuple, l'évolution des éléments dont sa civilisation se compose.

Bien des éléments divers, monuments, littérature, langues, institutions, croyances, etc., peuvent être utilisés pour reconstruire l'histoire d'une civilisation et de sa formation. Il est rare que nous les possédions tous. Il suffit d'en posséder quelques-uns pour retrouver les autres. Les mêmes méthodes qui permettent de reconstituer un animal avec quelques fragments de son squelette sont applicables à l'histoire. L'apparition de certains caractères implique toujours l'existence de certains autres.

Tous ces matériaux de reconstitution sont bien insuffisants parfois, au point de vue de la précision surtout. La science moderne en laissera de plus exacts à nos descendants. Il est aisé de prévoir que les historiens de l'avenir écriront des livres fort différents de ceux d'aujourd'hui. Dans les histoires de la civilisation du vingtième siècle le texte sera réduit sans doute au titre de l'ouvrage et remplacé par des collections de photographies, de cartes et de courbes graphiques représentant les variations numériques de tous les phénomènes sociaux. Une grandeur quelconque, force, poids, durée, etc., peut toujours être exprimée par un chiffre ou par une ligne. Il n'est pas de phénomène psychologique ou social si complexe qu'on le suppose qui ne puisse être également considéré comme une valeur susceptible d'être numériquement traduite. Il suffit de le décomposer dans ses éléments essentiels pour lui trouver une mesure. La statistique est assurément la moins avancée de toutes les sciences nouvelles en voie de formation ; ce qu'elle nous apprend déjà permet de pressentir cependant ce qu'elle pourra nous enseigner un jour. La production et la consommation d'un pays, sa richesse, ses besoins, les aptitudes physiques ou morales de la race qui l'habitent, les variations de ses sentiments et de ses croyances, l'influence des divers facteurs pouvant agir sur elle, nous sont clairement révélés par les chiffres que les statisticiens réunissent aujourd'hui.

En attendant cette époque future où les dissertations historiques auront été remplacées par des photographies, des cartes et des courbes géométriques représentant l'état de tous les phénomènes sociaux et leurs changements, il faut s'efforcer de choisir, parmi les documents que nous a laissés le passé, les plus précis. Avec tous les éléments que nous avons énumérés on a en main les matériaux nécessaires pour présenter le tableau d'ensemble des civilisations passées et l'histoire de leur formation. Pour mettre ces matériaux en œuvre, il est indispensable d'aller étudier sur place les débris que ces civilisations ont laissés. L'aspect des choses peut seul donner cette claire notion du passé qu'aucun ouvrage ne saurait offrir. Qu'il s'agisse de sciences naturelles ou sociales, on ne les apprend pas dans les livres.

C'est surtout quand il est question d'un peuple tel que les Arabes dont les vestiges sont nombreux dans les pays où sa civilisation a fleuri que l'étude des milieux est indispensable. Il n'y a d'ailleurs que les voyages qui puissent nous apprendre à nous soustraire au joug des opinions toutes faites, lourd héritage des traditions et des préjugés du passé.

Le lecteur trouvera dans cet ouvrage l'application des principes qui viennent d'être succinctement présentés. Ils ont conduit l'auteur à s'écarter complètement des opinions classiques sur la plupart des questions qui touchent aux Orientaux : la religion de Mahomet, la polygamie, l'esclavage, les croisades, les institutions et les arts, l'action des Arabes en Europe et bien d'autres encore.

III

Les débris qui nous restent de la civilisation des Arabes sont assez nombreux Pour nous permettre de la reconstituer facilement dans ses parties essentielles. Nous en avons utilisé la plupart : œuvres scientifiques, littéraires, artistiques et industrielles, institutions et croyances.

Parmi les éléments auxquels nous avons eu le plus volontiers recours, il faut mentionner surtout les œuvres plastiques. Sous leur forme tangible, elles parlent clairement à l'esprit. On y retrouve toujours l'expression fidèle des besoins, des sentiments, des temps où elles ont pris naissance. L'influence de la race et du milieu s'y fait nettement sentir. Dans les œuvres d'une époque, quelles que soient ces œuvres, on peut lire souvent cette époque tout entière. Une caverne de l'âge de la pierre, un temple égyptien, une mosquée, une cathédrale, une gare de chemin de fer, le boudoir d'une femme à la mode, une hache de silex, une épée à deux mains ou un canon de cinquante tonnes en disent beaucoup plus que des monceaux de dissertations.

Il n'a qu'une façon de décrire les œuvres plastiques d'un peuple, c'est de les représenter. Des photographies du Parthénon, de l'Alhambra, de la Vénus de Milo nous semblent préférables à la collection complète des livres que tous les auteurs du monde entier ont pu écrire sur eux.

C'est parce que nous étions pénétré de l'importance de tels documents pour évoquer dans l'esprit l'image fidèle des temps que l'on veut faire revivre, que nous nous sommes attaché à multiplier leurs reproductions. Le lecteur qui se bornerait seulement à parcourir les planches de cet ouvrage, en saurait plus sur la civilisation des Arabes et les changements qu'elle a subis dans les divers pays où elle s'est manifestée, qu'après la lecture de bien des volumes. Mettre les œuvres elles-mêmes sous les yeux dispense en même temps de ces longues descriptions qui ne donnent aucune idée des choses qu'elles prétendent décrire. On a dit avec raison que cent pages de texte ne valent pas une bonne figure ; on eût pu dire aussi bien cent volumes.

Lorsqu'il s'agit de formes à définir, les mots d'aucune langue ne sauraient suffire, C'est surtout quand il s'agit de l'Orient que les figures sont nécessaires. C'est par les yeux seulement qu'on peut connaître ses paysages, ses monuments, ses œuvres d'art, les races diverses qui l'animent. Le style le plus imagé ne donnera jamais une impression comparable à celle produite par la vue des choses, ou, à défaut des choses, par leur fidèle image.

Mais ces monuments, ces œuvres d'art, ces paysages, ces types de races, ces scènes de la vie intime, il faut aller les chercher bien loin, et, si on les veut fidèles, la photographie seule peut les donner. C'est à elle que nous les avons demandés. Des jours ajoutés à des jours ne permettraient pas à l'artiste le plus habile d'atteindre la perfection qu'elle réalise en quelques secondes.

Si l'on voulait se borner uniquement à la reproduction des monuments, un artiste suffisamment habile, et pour lequel le temps serait un élément sans valeur, arriverait peut-être à lutter avec la photographie. Pour ces mille scènes de la vie publique qui forment une grande partie de l'existence d'un peuple, la lutte n'est plus possible. La photographie instantanée est seule capable de reproduire fidèlement les objets en mouvement : une rue animée, un marché, un coursier lancé au galop, un cortège nuptial, et tous les sujets analogues. C'est d'hier seulement que des méthodes nouvelles permettent d'y avoir recours en voyage. Elle a été utilisée pour la première fois dans cet ouvrage. Le lecteur pourra juger de l'importance des résultats qu'elle fournit. Chacune des photographies que contient ce livre est un document fidèle, et c'est le propre de documents semblables de ne pouvoir vieillir.

Je puis m'exprimer librement à l'égard de ces photographies, puisque le soleil seul en est l'auteur. Que le savant qui dédaignerait les scènes pittoresques que contient cet ouvrage veuille bien réfléchir un instant, et se demander s'il ne préfèrerait pas aux montagnes de livres que nous possédons sur les Grecs et les Romains, une collection de photographies instantanées, où figureraient, avec leurs monuments, toutes les scènes de leur existence. Que de choses ces photographies nous apprendraient, et combien est minime en comparaison tout ce que les écrits nous apprennent.

Pour tout ce qui concerne la reproduction fidèle des monuments ou des êtres, le dessin a fait son temps : la photographie doit le remplacer. Dans les livres de sciences, d'histoire ou de voyages, elle est le seul procédé qui puisse être toléré aujourd'hui. Il peut être pénible sans doute de s'assujettir à transporter dans de lointains pays des appareils d'un maniement délicat ; mais c'est une nécessité à laquelle tout voyageur, tout savant désireux d'inspirer confiance, devra désormais se soumettre.

Cette opération essentielle, on ne doit jamais la confier à personne ; car si la technique de la photographie est fort simple, le choix des choses à reproduire et les conditions dans lesquelles il faut les reproduire est beaucoup moins facile. Il suffit d'examiner le même paysage, le même monument, la même personne exécutés par des opérateurs différents, pour comprendre combien l'éclairage, le point de vue choisi, la perspective, etc., peuvent changer leur aspect, L'objectif a toujours été fidèle, mais la nature a changé. Le même monument, le même paysage, éclairé par un soleil d'hiver, ou par la chaude lumière d'un beau jour d'été, n'est plus le même monument, le même paysage - du lever au coucher du soleil, il peut dans la même journée se transformer plusieurs fois. Être exact est une condition essentielle ; mais reproduire les choses sous l'aspect où elles nous impressionnent le plus, ce qui est l'art tout entier, est également une condition fondamentale. La fidélité des contours ne saurait suffire à déterminer une impression analogue à celle produite par les objets eux-mêmes. J'admire beaucoup le savant livre de M. Perrot, sur l'Égypte, mais les pâles et sèches gravures dont il est orné me donnent du pays et des monuments une impression absolument différente de celle produite par la réalité [1]. C'est un but tout autre qu'un auteur doit se proposer d'atteindre.

Les moyens employés pour reproduire nos photographies ont varié suivant l'impression qu'on se proposait de donner. Pour les effets d'ensemble, dans lesquels les détails devaient disparaître, elles ont été transformées directement en clichés par les nouveaux procédés de la photogravure ; pour celles où les moindres détails devaient être rendus, les photographies ont été gravées au burin, après avoir été reportées sur bois sans aucune intervention du dessinateur. À part de très rares exceptions, on n'a fait usage de dessins au trait que pour montrer certains détails délicats d'architecture que d'autres procédés n'auraient pas suffisamment rendus,

Sur les 366 gravures de cet ouvrage, aucune n'est due à la capricieuse fantaisie d'un artiste. Plutôt que de donner des documents où l'imagination aurait eu quelque place, nous avons préféré renoncer presque entièrement à une source de magnifiques gravures, celles du bel ouvrage de MM. Ebers et Maspéro sur l'Égypte, que possédait notre éditeur. Nous n'en avons utilisé que celles, malheureusement en petit nombre, exécutées d'après des photographies, et qu'il était inutile par conséquent de recommencer.

Tout en prenant la photographie pour base fondamentale des gravures de cet ouvrage, nous n'avons pas négligé cependant les documents déjà existants lorsque leur fidélité nous était démontrée. C'est ainsi que nous avons reproduit plusieurs dessins de Coste, Prisse d'Avesnes, Jones, et surtout des auteurs de deux magnifiques ouvrages qui se publient actuellement en Espagne, sur les œuvres d'art et d'architecture de cette péninsule. Ici encore, du reste, la photographie a été précieuse, car c'est par l'héliogravure que les dessins ont été réduits.

Les nécessités de l'illustration n'ont pas toujours permis de répartir méthodiquement les gravures de cet ouvrage. Une table des matières spéciale, où elles sont classées suivant la nature des

---

[1] Le lecteur qui comparera les planches du livre que je viens de citer, représentant les pyramides vues du Caire, les temples de l'île de Philae, etc., avec de bonnes photographies, reconnaîtra aisément combien l'impression produite est différente, et, par suite, à quel point de tels dessins sont imparfaits.

Introduction

objets représentés, permettra au lecteur de trouver immédiatement la catégorie de documents dont il pourrait avoir besoin. Il suffit de la parcourir pour voir à quel point ces documents sont variés, et combien nombreux ceux qui n'avaient figuré encore dans aucun livre.

Nous avons dû supprimer, à l'impression, toutes les indications bibliographiques que notre manuscrit contenait à chaque page. Les nécessités de l'illustration et le développement du livre ont rendu leur reproduction impossible. Elles ont été remplacées par un index méthodique, placé à la fin du volume, où le lecteur trouvera les indications nécessaires Pour compléter l'étude des points qu'il voudrait approfondir. Chaque chapitre de cet ouvrage doit être considéré comme une synthèse résumant des recherches nombreuses. Les indications dont je viens de parier permettront de les compléter.

Nous terminerons cette introduction, en dégageant de ce qui précède la méthode que nous avons suivie dans ce volume et que nous suivrons dans tous ceux consacrés à notre histoire des civilisations.

Comme principes généraux : nécessité des phénomènes historiques ; étroite relation entre un phénomène quelconque et ceux qui l'ont précédé. Comme matériaux de reconstitution : documents empruntés uniquement au peuple étudié et reproduction exacte de ces documents ; description physique et intellectuelle de la race, examen du milieu où elle a pris naissance, des facteurs divers auxquels elle a été soumise ; analyse des éléments de la civilisation : institutions, croyances, œuvres scientifiques, littéraires, artistiques et industrielles, et histoire de la formation de chacun d'eux. Si le tableau d'ensemble créé avec ces matériaux donne au lecteur une claire image des temps qu'il s'agit de faire revivre, le but proposé aura été rempli [1].

---

[1] C'est un devoir pour moi de finir cette introduction en remerciant les personnes dont j'ai utilisé le concours pendant la rédaction de cet ouvrage, ou dans mes derniers voyages. je mentionnerai surtout parmi elles, M. Schéfer, de l'Institut, directeur de l'école des langues orientales ; M. P. Simoës, professeur à l'université de Coimbre ; M. le Dr Souza Viterbo, à Lisbonne ; M. Ch. Relvas, artiste à Gollegan (Portugal) M. E. Daluin, ministre près l'empereur du Maroc ; M. de Malpertuy, chancelier du consulat de France, à Jérusalem M. le Dr Suquet et M. le comte Podhorki, à Beyrouth ; M. Schlumberger, directeur de la banque impériale, à Damas ; MM. Lavoix et Thierry, administrateurs à la bibliothèque nationale

de Paris ; MM. Huyot et Petit, graveurs. Enfin, et surtout, M. M. Firmin-Didot. J'ai eu la rare fortune de trouver en lui un éditeur qui n'a reculé devant aucune des coûteuses dépenses nécessitées par la publication de cet ouvrage. Ses conseils amicaux et ses connaissances artistiques m'ont été fort précieux.

Livre premier
Le milieu et la race

Chapitre I
L'Arabie

1. - *Géographie de l'Arabie*

L'ARABIE fut le berceau de l'islamisme, le premier foyer de l'immense empire fondé par les successeurs de Mahomet.

C'est une vaste péninsule couverte en partie de déserts et baignée par trois mers : la mer Rouge à l'occident, la mer d'Oman et le golfe Persique à l'orient, la mer des Indes au midi. Par ses extrémités occidentale et orientale, cette péninsule touche à l'Afrique et à l'Asie.

Sur trois côtés, c'est-à-dire à l'ouest, à l'est et au sud, les limites de l'Arabie sont formées par les mers que nous venons de nommer. Au nord, ses frontières sont mal définies. Elles s'étendent à peu près dans la direction d'une ligne qui irait de Gaza, ville de Palestine située sur les bords de la Méditerranée, jusqu'au sud de la mer Morte, puis de la mer Morte à Damas, et enfin de Damas jusqu'à l'Euphrate, qu'elle suit ensuite jusqu'au golfe Persique.

Mesuré dans sa plus grande longueur, le grand axe de la péninsule arabique a près de 23 degrés, soit 2, 500 kilomètres. Entre la mer Rouge et le golfe Persique, sa largeur atteint environ 1,000 kilomètres.

La superficie totale de l'Arabie dépasse 3,000,000 de kilomètres carrés, soit six fois celle de la France.

Le chiffre actuel de sa population est incertain ; on l'évaluait il y a quelques années à 10 millions ; mais d'après des travaux plus récents, il ne s'élèverait guère qu'à la moitié. Un cinquième au moins de cette population vit à l'état nomade.

Envisagée au point de vue de sa configuration, l'Arabie peut être considérée comme un vaste plateau analogue au Sahara africain, et composé comme ce dernier de plaines arides, sablonneuses ou pierreuses, entremêlées de régions fertiles. L'inclinaison générale de ce plateau est dirigée vers le golfe Persique.

Les immenses solitudes de l'Arabie sont coupées de vallées et de régions montagneuses semées de villes et de villages habités par une population agricole. Le désert n'a d'autres habitants que les nomades qui le parcourent.

La partie centrale du plateau arabique a reçu le nom de Nedjed, ou haut pays. On peut la considérer comme une île fertile qui, au lieu d'être entourée d'eau, aurait pour ceinture des montagnes et des déserts.

On estime que la moitié environ de l'Arabie se compose de régions fertiles, et l'autre moitié de régions désertes. L'aspect des cartes semble indiquer que la proportion de ces dernières est plus grande ; mais cela tient à ce que l'Arabie ayant été très peu explorée encore, les géographes sont obligés de laisser en blanc les régions inconnues.

L'Arabie contient plusieurs chaînes de montagnes qui sont également très peu connues. La mieux étudiée est celle qui longe toute la côte orientale de la mer Rouge ; quelques-uns de ses sommets atteignent 2,500 mètres.

Un des traits les plus caractéristiques de l'Arabie est l'absence de grands cours d'eau permanents. Le lit des rivières reste sec la plus grande partie de l'année. Ces rivières sèches ou ouâdi sillonnent le pays en tous sens. Il en est qui, comme le ouâdi er Roumina, ont 1,300 kilomètres de long. Lorsque l'eau les remplit pendant la saison des pluies, elles ne peuvent être comparées qu'aux plus grands fleuves connus.

Depuis les temps historiques l'Arabie a été connue pour son aridité, sa chaleur et sa sécheresse. C'est de la sécheresse surtout qu'elle a toujours souffert. Cette sécheresse n'a fait qu'augmenter par suite de la destruction graduelle des forêts. C'est là un phénomène analogue à ce qui s'observe aujourd'hui en Algérie, si fertile à l'époque des Romains, si aride maintenant.

Sans la saison des pluies, qui dure généralement plusieurs mois, l'Arabie serait a peu près inhabitable. Lorsque les pluies viennent à manquer, la sécheresse qui en résulte ruine toute la région privée d'eau. À la sécheresse vient se joindre souvent le terrible vent nomme *simoun* ou *khamsin*.

Le simoun et la privation d'eau sont les deux dangers redoutables qui menacent en Arabie les caravanes.

« La caravane engagée dans le désert, dit M. Desvergers, reconnaît bientôt le khamsin aux premiers symptômes qui signalent sa présence : le ciel prend à l'horizon une teinte rougeâtre, puis devient peu a peu grisâtre et livide ; le soleil, dépouille de ses rayons, offre un aspect sanglant ; l'atmosphère se charge d'un sable fin, emporte par le vent comme l'écume de la mer pendant la tempête. C'est alors qu'il faut fuir au plus vite, car bientôt tout s'agite sous le souffle du khamsin ; le désert se creuse et devient houleux ; la poitrine du voyageur est oppressée, son oeil sanglant, ses lèvres arides et brûlantes. Tantôt les chameaux s'emportent dans un galop fougueux, Tantôt ils s'arrêtent, et cachent leur long cou dans le sable, cherchant à échapper, en pressant leurs naseaux contre le sol, aux émanations du simoun. Si, malgré les tourbillons soulevés par l'ouragan, la caravane peut reconnaître sa route, elle s'abrite dans quelque anfractuosité de rocher, et y attend en sûreté que le calme soit revenu ; mais si elle s'égare dans l'immensité du désert, qu'elle soit trop éloignée d'un refuge, ou que la tempête redouble de force, hommes et animaux perdent toute énergie, l'instinct même de la conservation leur échappe. Oppressés par la chaleur brûlante, en proie au vertige, ils cessent de fuir, et bientôt le sable qui s'amoncelle autour d'eux leur sert de tombeau, jusqu'à ce qu'une autre tempête, agitant de nouveau les vagues du désert, découvre leurs ossements blanchis. »

Dans l'intérieur de l'Arabie, la température est généralement assez élevée. Dans le désert, elle ne descend guère au-dessous de 43 degrés pendant le jour et de 38 degrés pendant la nuit. Dans les régions montagneuses ou dans celles qui avoisinent la mer, la température n'a rien d'exagéré. Dans l'Yémen, Niébuhr ne vit pas le thermomètre dépasser 29 degrés centigrades pendant la fin de juillet. À Sanâ, il gèle pendant l'hiver.

Toute l'Arabie ne présente pas, du reste, cette sécheresse et ce climat brûlant dont nous parlions. Il existe des régions, aussi grandes que d'importants États européens, qui sont extrêmement fertiles. Tel, est par exemple, l'Yémen, tel est encore le Nedjed, dont le climat, au dire de Palgrave, serait un des plus salubres du globe.

Les déserts de l'Arabie ne se composent que de vastes plaines de sable on y rencontre cependant des puits et des oasis contenant des palmiers et des pâturages.

Le désert est parcouru constamment par des tribus nomades. La vie au désert, qui semblerait si affreuse à un Européen, est tellement pleine de charme pour les nomades qu'ils la préfèrent à toute autre, et leur préférence ne date pas d'hier, car les nomades d'aujourd'hui sont fils des Arabes dont nous parle la Bible. Ils en ont conservé les goûts, les mœurs et les coutumes.

Le court aperçu qui précède nous montre que le climat et le sol de l'Arabie varient suivant les régions. Les conditions d'existence, la flore, la faune devront donc également varier, et nous devons par conséquent nous attendre à trouver des différences très grandes entre les habitants des diverses régions.

2. - *Productions de l'Arabie*

Parmi les productions les plus importantes de l'Arabie, il faut citer le dattier et le caféier. Les fruits du premier forment la plus importante ressource alimentaire des habitants, ceux du second leur principale richesse actuelle.

L'Arabie possède encore des produits spéciaux tels que l'encens, la casse, le séné, le baume de la Mecque, qui sont des objets de commerce pour elle depuis des temps fort reculés.

En raison des différences que présente le climat de l'Arabie, on y rencontre les produits des climats chauds et ceux des climats tempérés ; c'est ainsi qu'elle produit le cotonnier, la canne à sucre, le sycomore, l'acacia, le frêne, etc.

Les arbres forestiers sont assez rares. L'arbre le plus répandu est le palmier ; c'est lui qui donne aux paysages orientaux leur physionomie spéciale.

On trouve dans les régions fertiles de l'Arabie la plupart des arbres et plantes cultivés en Europe : l'abricotier, le pêcher, le figuier, l'amandier, la vigne, le froment, le maïs, l'orge, le millet, la fève, le tabac, etc. Dans l'Yémen, la campagne est bien cultivée ; mais le travail est très pénible, à cause de la nécessité d'arroser constamment la terre avec l'eau qu'il a fallu mettre en réserve dans des puits ou des réservoirs murés, pendant la saison des pluies.

Les animaux domestiques connus en Europe, le mulet, l'âne, le bœuf, la brebis, la chèvre, etc., sont également connus en Arabie. On y trouve plusieurs animaux féroces tels que le lion, la panthère et le léopard.

Les animaux féroces sont loin d'être les plus dangereux des habitants de l'Arabie. Les plus redoutables sont les sauterelles, qui exercent quelquefois de terribles ravages. Elles ne sont pas du reste sans utilité, car dans le désert, elles sont souvent la nourriture exclusive des voyageurs et de leurs montures pendant plusieurs semaines.

Parmi tous les animaux qui vivent dans l'Arabie, les deux plus importants pour l'homme sont le cheval et le chameau. Le chameau est l'animal domestique par excellence de l'Arabe ; sans lui, le désert serait une barrière absolument infranchissable. Sa frugalité, sa faculté de supporter la soif pendant plusieurs jours, sa résistance à la fatigue et sa force en font un animal qu'aucun autre ne remplacerait, soit comme monture, soit pour porter des fardeaux. Le chameau peut traverser tout le désert d'Alep à Bassorah avec une charge de 500 livres sur le dos et avec une dépense de nourriture insignifiante. Sa frugalité est réellement prodigieuse et il peut se nourrir d'aliments qu'aucun autre animal ne pourrait supporter. je n'ai jamais pu regarder sans étonnement un chameau manger tranquillement les feuilles de cactus qui bordent les chemins sans s'inquiéter des épines énormes dont elles sont hérissées.

Quant au cheval arabe, sa réputation est universelle. Sa description ayant été faite bien des fois, je me bornerai à en reproduire une des meilleures, due à l'auteur que nous avons cité plus haut. « Fort, nerveux, léger, fier de son indépendance, le cheval arabe, errant en liberté dans les pâturages, offre le type de l'élégance dans les formes, de la perfection dans les qualités. Sa tête sèche et menue, sa prunelle ardente, ses naseaux bien ouverts, son garrot relevé, ses flancs pleins et courts, sa croupe un peu longue, sa queue se projetant en arrière, ses jambes fines et nerveuses, lui donnent sur tous ses rivaux la palme de la beauté, comme sa docilité, son courage, sa frugalité, sa vitesse lui assurent l'avantage sur nos races d'Europe les plus estimées. Les Bédouins comptent cinq races nobles de chevaux descendus, d'après leurs traditions, des cinq juments favorites montées par leur prophète. À la naissance d'un poulain de noble race, on réunit sous la tente un certain nombre de témoins, qui rédigent par écrit le signalement du nouveau rejeton, ainsi que le nom et la descendance de sa mère. Cet arbre généalogique, dûment confirmé par l'apposition des cachets et signatures, est renfermé dans un petit sachet de cuir et suspendu au cou du cheval. Dès lors il prend rang parmi ces coursiers précieux, dont la possession enviée a plus d'une fois occasionné la guerre entre deux tribus.

« C'est que, dans le désert, la vitesse du cheval sauve souvent la vie du guerrier. Burckhardt raconte qu'en 1815, une troupe de Druses bien montés attaqua une bande de Bédouins dans le Hauran, et les repoussa jusque dans leur camp ; là, entourés de toutes parts, assaillis par des forces supérieures, ils furent tous tués, à l'exception d'un seul qui, rassemblant sa jument et passant à travers les lignes ennemies, prit la fuite, poursuivi par les cavaliers les mieux montés de la troupe victorieuse. Rochers, plaines, collines, tout était franchi avec la rapidité du tourbillon, et la poursuite continuait toujours, car les Druses étaient implacables et avaient juré la mort du dernier de leurs ennemis. Enfin, après plusieurs heures d'une course infernale, vaincus dans leur colère par leur admiration pour la jument qui entraînait son maître loin d'eux, ils lui promirent la vie et le conjurèrent de s'arrêter, afin qu'ils pussent seulement baiser le front de cet excellent coursier. L'Arabe y consentit, et les Druses, en le quittant, lui dirent cette phrase proverbiale chez eux : « Va laver les pieds de ta monture et bois l'eau ensuite. » Ils veulent exprimer ainsi leur extrême affection pour ces courageux compagnons de leurs périls. »

J'ajouterai à ce qui précède que le cheval arabe ne connaît guère que deux allures : le pas et le galop. Son obéissance au maître qu'il connaît est remarquable. J'ai vu souvent des Arabes descendre de cheval et laisser à l'animal la bride sur le cou sans que ce dernier cherchât jamais à s'éloigner.

Malgré son utilité, le cheval n'est pas aussi multiplié en Arabie qu'on pourrait le supposer. La raison en est bien simple : alors que le chameau peut être élevé partout, le cheval ne peut l'être que dans les régions où les pâturages existent, comme dans les plaines de la Mésopotamie, de la Syrie et du Nedjed. C'est dans le Nedjed qu'existe la race la plus précieuse et la plus fine.

L'Arabie passait autrefois pour être très riche en métaux précieux et pierres précieuses ; mais il n'en reste guère de traces aujourd'hui.

On n'y signale que quelques mines de fer et de cuivre. Notre connaissance du pays est du reste trop superficielle, pour que l'on puisse se prononcer avec certitude sur les richesses minérales qu'il possède.

L'industrie et le commerce d'une partie de l'Arabie sont restés encore aujourd'hui ce qu'ils étaient aux premiers temps de l'histoire. Des ouvrages d'orfèvrerie exécutés dans l'Yémen, les dattes, les chevaux, l'indigo, le séné, l'encens, la myrrhe, etc., sont les principaux objets d'exportation. Le commerce d'exportation avec l'Europe, d'importation avec l'Afrique, l'Inde et la Perse, se fait, comme aux temps bibliques, par caravanes.

Les distances itinéraires ne se comptent en Arabie, de même du reste que dans tout l'Orient, que par heures de marche. Pour un chameau légèrement chargé, on compte habituellement une lieue à l'heure. Il en résulte que des distances qui nous semblent insignifiantes sur la carte demandent de longues journées pour être franchies.

En Arabie, les routes proprement dites n'existent pas. Les routes des caravanes sont généralement formées par les ouadi, ou rivières sèches, dont nous avons parlé. En dehors de ces chemins, il faut suivre des directions rigoureusement déterminées par la position des puits, parce que sans eux l'existence serait impossible. Les mêmes routes sont suivies en Arabie depuis les temps les plus reculés. Les plus fréquentées sont celles qui vont de Damas à Bagdad et de Riadh, dans le Nedjed, à la Mecque, Mascate, Bagdad et Damas.

3. - *Provinces de l'Arabie*

L'intérieur de l'Arabie fut très peu connu des anciens. Hérodote n'en dit que quelques mots. Strabon, Diodore de Sicile nous fournissent peu de renseignements sur elle, et ils attribuent le plus souvent à ce pays les produits qu'il recevait de l'Inde et exportait au dehors. Ptolémée, qui paraît avoir connu le mieux cette contrée, mentionne dans l'Arabie heureuse cent soixante-dix villes, dont cinq grandes capitales.

Les Romains connurent toujours très mal l'Arabie. Comme ils

croyaient qu'elle produisait les épices, les parfums, les tissus et les pierres précieuses qu'elle recevait en réalité de l'Inde ou de la Chine, ils en tentèrent plusieurs fois la conquête, mais toujours sans succès. Ces maîtres du monde, devant lesquels toutes les nations avaient plié, ne purent jamais assujettir des hordes nomades, protégées par leurs remparts de sable et leur climat.

Ce n'est qu'à une époque moderne que les Européens ont pénétré en Arabie. Avant Niebuhr, qui la visita en 1762, nous n'avions sur elle que des renseignements fort vagues, pris dans les géographes arabes anciens ou dans Ptolémée. Sa carte fut la première qui ait été basée sur des observations scientifiques ; il ne put parcourir du reste qu'une partie de l'Yémen.

Pendant un demi-siècle après Niebuhr l'Arabie resta inexplorée ; son étude ne fut véritablement reprise que par Burckhardt en 1815. Ce dernier recueillit d'excellentes informations sur l'Arabie et les deux villes de la Mecque et de Médine. Les expéditions égyptiennes entreprises à peu près à cette époque contre les Wahabites furent l'origine d'investigations étendues dans diverses parties de la péninsule. Elle fut ensuite parcourue par plusieurs voyageurs parmi lesquels il faut citer Wallin (1845), Burton (1852), et Palgrave (1862). Ce dernier visita dans les régions centrales de l'Arabie des pays presque entièrement inconnus avant lui [1].

L'Arabie avait été divisée par les anciens en trois régions : l'Arabie pétrée, au nord-ouest, l'Arabie heureuse, au sud-ouest, et l'Arabie déserte, au centre et a l'est.

L'Arabie pétrée comprenait toute la région située entre la Palestine et la mer Rouge. - L'Arabie déserte se composait du grand désert de sable qui s'étend depuis les confins de la Syrie et de la Mésopotamie jusqu'à l'Euphrate et le golfe Persique. - L'Arabie heureuse embrassait toute la partie méridionale de la péninsule, le Nedjed, l'Hedjaz,

---

1 Désireux de compléter par une visite au centre même de l'Arabie les études que j'avais faites sur divers points de l'ancien empire des Arabes, et de tâcher d'élucider des questions dont je n'avais trouvé la solution nulle part, j'ai proposé récemment au ministre de l'instruction publique, directeur des fonds des missions scientifiques, de me charger de l'exploration de l'Arabie dans toute sa longueur, et de recueillir par la photographie, et avec les instruments scientifiques convenables, les documents les plus importants. Le projet ne fut pas accepté. Ne pouvant faire à moi seul tous les frais d'une expédition coûteuse, je dus y renoncer, et limiter mes voyages dans l'ancien empire des Arabes aux régions les plus facilement abordables.

l'Yémen, l'Oman, etc.

Ces divisions géographiques sont toujours restées inconnues aux géographes orientaux. L'Arabie pétrée ne fait pas partie pour eux de l'Arabie ; les seules divisions qu'ils admettent sont les suivantes :

L'Hedjaz, région montagneuse et sablonneuse, formant la partie moyenne de la zone baignée par la mer Rouge. Il renferme les villes saintes de la Mecque et de Médine. L'Yémen, situe au sud de l'Hedjaz. Il constitue l'angle sud-ouest de la péninsule arabique dont il est la région la plus riche et la plus fertile. L'Hadramaut, le Mahrah, l'Oman et l'Haça qui se suivent, comme on le voit sur la carte, depuis le golfe d'Aden jusqu'au fond du golfe Persique. Le Nedjed, vaste plateau fertile, peuple de villes importantes, mais entouré de déserts, situé au centre de l'Arabie.

Les divisions qui précèdent, et dont la plupart remontent aux temps les plus reculés de l'histoire, ne correspondent plus aux divisions politiques. Avant Mahomet, l'Arabie était divisée en milliers de tribus indépendantes. Sous l'empire arabe, toutes ces tribus ne formèrent qu'un seul peuple. Après la chute de cet empire, l'Arabie revint à sa forme d'existence primitive ; et, à l'exception des trois empires formes par le Nedjed, l'Yémen et l'Oman, elle se compose de petites principautés et de tribus indépendantes n'obéissant chacune qu'à un chef.

Nous allons jeter un coup d'œil rapide sur les diverses régions que nous venons de mentionner.

Arabie pétrée. - Nous avons déjà dit que l'Arabie pétrée n'était pas considérée par les géographes arabes comme faisant partie de l'Arabie ; mais au point de vue géographique et ethnographique, il est impossible de ne pas l'y rattacher. Elle comprend toute la presqu'île du mont Sinaï, et s'étend des frontières de la Palestine à la mer Rouge.

La qualification de pétrée correspond exactement à l'aspect du pays. Le centre de la presqu'île est occupé par la haute montagne granitique que forme le Sinaï. La région qui l'entoure est pierreuse, et ne devient sablonneuse qu'en approchant du rivage. La végétation est rare et des plus misérables.

Cette région désolée est pourtant une des plus célèbres de l'histoire. C'est l'Idumée de la Bible, la terre des Amalécites, des Madianites, des Nabathéens, et de tous ces peuples dont les livres hébreux nous parlent à chaque page. Ce fut dans les solitudes de l'Arabie pétrée que les Israélites errèrent pendant si longtemps après leur sortie d'Égypte, avant d'entrer dans la terre promise. On y montre encore la montagne sacrée d'où Moïse dicta la loi à son peuple, la pierre d'où il fit jaillir l'eau d'un coup de baguette et la caverne du mont Horeb, où le prophète Élie se cachait pour se dérober aux fureurs de la reine Jézabel.

C'est dans cet antique pays biblique que se trouvent les ruines de Pétra, qui fut autrefois l'entrepôt du commerce de l'Arabie méridionale et où les tribus de l'Yémen apportaient l'encens et les aromates et recevaient en échange les produits des Phéniciens.

Nedjed. - Le Nedjed est un immense plateau fertile situe au centre de l'Arabie, et entouré de tous côtés de déserts et de montagnes.

La connaissance de cette région, où se trouve le siège du puissant empire wahabite, est toute moderne. C'est des habitants de ce pays que Palgrave a pu dire : « Qu'on pourrait trouver parmi eux, comme parmi les habitants de Sheffield et de Birmingham, des ingénieurs capables de tracer des chemins de fer, de construire des machines et des bateaux à vapeur. » C'est également à propos du Nedjed qu'il faisait remarquer que ce préjugé consistant à regarder l'Arabie comme un pays barbare, tient à ce que les voyageurs ne visitent généralement qu'une certaine région du littoral.

Malgré les défaites que les Égyptiens lui ont fait subir dans les deux campagnes de 1810 et 1818, l'empire wahabite s'est rapidement reconstitué. Son souverain réside habituellement dans l'importante ville de Riadh.

L'agriculture est la principale ressource des habitants du Nedjed : « L'abondance des récoltes de maïs et de blé, dit Palgrave, l'excellente qualité, des dattes prouvent que les Nedjéens sont d'habiles cultivateurs. »

Hedjaz. - Situé sur le littoral de la mer Rouge, l'Hedjaz est surtout célèbre parce qu'il fut le berceau de l'islamisme, et le siège des deux villes saintes : la Mecque et Médine qui attirent chaque année des pèlerins des points les plus reculés du monde musulman.

L'Hedjaz contient quelques régions fertiles, mais la majeure partie de son territoire est stérile. Son souverain nominal est aujourd'hui le sultan de Constantinople, mais le souverain réel est le grand schérif de la Mecque, qui réside a Taïf.

Le milieu et la race

La Mecque est le type de ces cités situées en plein désert, qu'on ne rencontre qu'en Arabie. Le sol qui l'entoure est si pauvre qu'il ne pourrait suffire à l'entretien des habitants. Ceux-ci sont obligés de faire venir leurs provisions de Djedda, ville située sur la mer Rouge, et qui est le port de la Mecque

La Mecque, que ses habitants ont nommée la mère des cités, a été longtemps inconnue des Européens. Aujourd'hui encore, ils ne peuvent en approcher sous peine de mort, et les rares voyageurs qui l'ont visitée n'ont pu y pénétrer que sous un déguisement et grâce à une connaissance approfondie de la langue arabe. Nous n'en possédions autrefois que des croquis trop insuffisants pour nous en donner une idée bien nette, mais nous pouvons nous la représenter fidèlement aujourd'hui, grâce aux photographies exécutées par Sadik bey, lieutenant-colonel de l'armée égyptienne, et qui sont arrivées en Europe en 1881. C'est d'après ces photographies qu'ont été exécutés nos dessins.

La Mecque ne se distingue des autres villes arabes que par sa plus grande régularité. L'eau y est rare. La meilleure est amenée des réservoirs du mont Arafa, situés à quelques heures de la ville, par un aqueduc que la tradition attribue à Zobéid, l'épouse préférée du célèbre calife Haroun al Raschid.

Pendant l'époque des pèlerinages, la Mecque est le centre du commerce le plus riche et le plus varié du monde musulman.

C'est au milieu de la Mecque que s'élève la mosquée à laquelle « la mère des cités » doit sa célébrité. Dans son intérieur se trouve la Kaaba, temple célèbre, dont la fondation, suivant les historiens orientaux, remonte à Abraham. Khalifes, sultans, conquérants, ont depuis Mahomet tenu à témoigner leur piété en ornant la célèbre mosquée ; et, aujourd'hui, il ne reste rien de son ornementation primitive.

La grande mosquée de la Mecque a la forme d'un quadrilatère régulier. Lorsqu'on a pénétré dans l'intérieur du monument, par une des portes qui y donnent accès, on se trouve dans une vaste cour entourée d'arcades soutenues par une véritable forêt de colonnes, au-dessus desquelles s'élèvent un nombre considérable de petites coupoles. Des minarets disposés sur diverses parties du quadrilatère le surmontent.

Le temple de la Mecque a servi de modèle, notamment en Syrie, à un grand nombre d'autres mosquées. J'en ai trouvé plusieurs construites sur le même type, à Damas. Celles du Caire sont, au contraire, assez différentes par la forme des minarets et les détails de leur ornementation.

Le petit temple de la Kaaba se trouve dans la cour même de la grande mosquée de la Mecque. C'est un cube de pierre grise, ayant, suivant Burckhart, 40 pieds de hauteur, 18 pas de longueur et 14 de largeur. Elle n'a d'autre ouverture qu'une petite porte placée à 7 pieds du sol, à laquelle on ne peut arriver que par un escalier mobile, qu'on n'applique que pendant la période des pèlerinages. Son intérieur est une salle pavée de marbre, éclairée par des lampes d'or massif, et recouverte d'inscriptions.

L'ornementation de l'intérieur de la Kaaba a toujours été très riche. Une des plus anciennes descriptions que j'en connaisse est celle qui se trouve dans la relation du voyage de Nassiri Khosran en Syrie, Palestine, Arabie, etc., exécuté pendant les années 1035 et 1042 de notre ère. Cette intéressante relation qu'a publiée récemment le savant directeur de l'école des langues orientales, M. Schefer, contient le passage suivant :

« Les murs de la Kaaba sont tous revêtus de marbre de diverses couleurs. Du coté de l'occident il y a six mirahbs en argent, fixés à la muraille par des clous : chacun d'eux a la hauteur d'un homme ; ils sont ornés d'incrustations en or et en argent niellé d'une teinte noire foncée. Les murailles sont, jusqu'à la hauteur de quatre arech, au-dessus de la terre dans leur état primitif ; à partir de cette hauteur, elles sont, jusqu'au plafond, recouvertes de plaques de marbre ornées d'arabesques et de sculptures dont la plus grande partie est dorée. »

Dans une des murailles extérieures de la Kaaba se trouve enchâssée la célèbre pierre noire apportée, suivant les Arabes, du paradis par les anges pour servir de marchepied à Abraham lorsqu'il construisait le temple. Cette relique n'a guère que 7 pouces de diamètre. Aucun autre objet n'a été entouré d'une aussi longue vénération de la part des hommes, car bien des siècles avant Mahomet, la pierre noire était déjà vénérée.

La Kaaba est toujours recouverte d'un immense voile noir, sauf à l'endroit où se trouve la pierre sacrée. Ce voile est relevé à quelques pieds du sol. Pendant les premiers jours du pèlerinage, il est entouré vers le milieu de sa hauteur d'une bande portant en lettres d'or des inscriptions du Coran. Une fois par an ce voile est renouvelé.

Dans la cour même de la mosquée se trouve une autre construction carrée recouvrant la source que, suivant la tradition, un ange fit jaillir au moment où Agar, errant dans le désert, se voilait la face pour ne pas voir mourir de soif son fils Ismaël.

Les chroniqueurs arabes assurent que la Mecque comptait autrefois 100,000 habitants ; suivant Burckhardt, elle en compterait 20,000 seulement aujourd'hui.

C'est également dans l'Hedjaz que se trouve Médine, l'ancienne capitale des Arabes, la ville la plus importante du monde musulman au point de vue religieux après la Mecque. Ce fut à Médine, en effet, que Mahomet se réfugia, établit sa religion et mourut.

Comme la Mecque, Médine est entourée de territoires arides qui ne fournissent pas aux habitants de quoi se nourrir. Ils doivent faire venir ce dont ils ont besoin de Yambo, ville située sur la mer Rouge.

Grâce à la piété des pèlerins, Médine est devenue très riche. Les maisons, bâties en pierres de taille, possèdent au moins deux étages, les rues sont pavées, la ville est entourée d'une muraille élevée.

À l'exception de la célèbre mosquée, où Mahomet venait autrefois enseigner, et qui lui sert aujourd'hui de tombeau, Médine ne contient que très peu d'anciens édifices. Mais le tombeau du prophète suffit à lui seul pour en faire un lieu de pèlerinage presque aussi important que la Mecque.

Pays d'Acyr. - Entre l'Hedjaz et l'Yémen se trouve un grand pays, nommé Acyr, qui, jusqu'au commencement de ce siècle, était entièrement inconnu des Européens. Nous en savons du reste seulement ceci : qu'il est peuplé de tribus belliqueuses, et contient plusieurs villes importantes.

Yémen. - L'Yémen, qui forme la partie sud-ouest de la péninsule, est la région la plus fertile, la plus riche et la plus peuplée de l'Arabie. C'est la partie la plus importante du territoire appelé Arabie heureuse par les anciens.

Les habitants de l'Yémen sont à la fois commerçants et agriculteurs. Depuis les temps les plus reculés, ils ont été en relation avec les Égyptiens, les Perses, les habitants de l'Inde, etc.

Les habitants de l'Yémen obéissent aujourd'hui à un souverain nommé Iman, qui réside à Sanâ, ville de 60,000 habitants. « Cette vieille cité, écrit le géographe arabe Edrisi, fut la résidence des rois de l'Yémen et la capitale de l'Arabie. Ses rois y possédaient un palais aussi célèbre que bien fortifié, Elle contient encore plusieurs palais entourés de vastes jardins, et des maisons bâties en pierres de taille et ornées de vitraux. Vingt mosquées, dont plusieurs ont leurs coupoles dorées, contribuent à orner l'antique capitale de l'Yémen. »

Cruttenden, qui a eu l'occasion de visiter Sanâ, décrit comme il suit la visite que nous fait tous les vendredis le sultan à la mosquée : « Cinquante bédouins armés ouvraient la marche, rangés six par six et chantant en chœur. Les principaux chefs de famille venaient ensuite, chacun d'eux à cheval et portant à la main une longue lance dont les banderoles flottaient dans l'air. L'Iman s'avançait après eux, monté sur un cheval d'une blancheur éclatante, appartenant à cette race que nourrit le désert de Djôf, au nord de Sanâ, et qui, plus haute que la race de Nedjed, ne lui cède ni en vitesse ni en élégance. De la main droite, le prince portait une lance dont la pointe était d'argent et la poignée d'or ciselé ; de la main gauche, il s'appuyait sur l'épaule d'un eunuque, tandis que deux esclaves tenaient les rênes du cheval. Un large parasol, à franges garnies de clochettes d'argent, était porté au-dessus de sa tête, et l'abritait contre les rayons du soleil. Le Seïf-el-Khalifah s'avançait ensuite sous un dais moins riche que celui du souverain. Le commandant des troupes, les parents de l'Iman, et ses principaux officiers, suivaient immédiatement. Cents bédouins armés fermaient la marche. »

Sanâ est encore aujourd'hui la plus importante des villes de l'Arabie. M. Halévy, qui l'a visitée il y a peu d'années, dit qu'elle possède des mosquées « dont l'architecture rappelle les célèbres monuments de l'architecture musulmane. »

Plusieurs villes de l'Yémen, et notamment Rodah, près de Sanâ, sont célèbres par leurs jardins et leurs maisons de plaisance. À Rodah, la vigne forme, comme en Italie, des berceaux soutenus par des treillages.

À une trentaine de lieues à l'est de Sanâ se trouvent les ruines de Mareb ou Saba, ancienne capitale des Sabéens, qui n'est plus aujourd'hui qu'un bourg. Edrisi, qui écrivait au douzième siècle, prétend qu'elle renfermait alors les ruines de deux châteaux

Le milieu et la race

construits, l'un par Salomon, l'autre par une des femmes de David. C'est à Saba que régnait la reine qui, au dire des livres juifs, alla visiter Salomon.

Parmi les autres villes célèbres de l'Yémen, il faut encore citer les ports de Moka et d'Aden, sur la mer Rouge. La ville d'Aden, détruite aujourd'hui, n'a d'importance que par sa position : aussi les Anglais s'en sont-ils emparés. C'était autrefois une brillante et populeuse cité, dont le géographe Edrisi disait il y a 600 ans : « On y apporte du Sind, de l'Inde et de la Chine, des objets précieux, tels que les lames de sabre damasquinées, les peaux de chagrin, le musc, les selles de chevaux, le poivre odorant et non odorant, la noix de coco, le hernout (graine parfumée), le cardamome, la cannelle, le galanga (sorte d'herbe odoriférante), le macis, le myrobolan, l'ébène, l'écaille de tortue, le camphre, la muscade, le clou de girofle, le cubède, diverses étoffes tissues d'herbes, et d'autres riches et veloutées ; des dents d'éléphant, de l'étain, des rotangs et autres roseaux, ainsi que la majeure partie de l'aloès amer destiné pour le commerce. »

L'une des principales richesses actuelles de l'Yémen est le café, dont cette province fournit le monde entier. On le cultive aussi dans d'autres parties du globe ; mais, sous aucun climat, il n'a pu atteindre la qualité de celui de l'Yémen. Son entrepôt principal est la ville de Moka.

Les souverains de l'Yémen sont bien déchus aujourd'hui de leur antique splendeur. Leur action ne s'exerce guère sur les points éloignés des grandes villes. Leur influence est nulle sur les tribus indépendantes existant sur divers points du pays.

Hadramaut, Mahrah, Oman et Haça. - L'Hadramaut et le pays de Mahrah s'étendent de l'est de l'Yémen jusqu'à l'Oman, le long de la côte de l'océan Indien. Ils sont peuplés par des tribus indépendantes et contiennent quelques villes fort peu connues.

La capitale de l'Hadramaut est Schibam. À une journée de Schibam est Térim, ville importante, puisque, suivant Fresnel, on y compte autant de mosquées que d'églises à Rome.

L'Oman, qui fait suite au Mahrah, est baigné à la fois par les eaux de la mer des Indes et par celles du golfe Persique. C'est un pays sablonneux, entrecoupé de nombreuses oasis et de fertiles vallées. Le souverain de la contrée est un sultan résidant à Mascate, ville aujourd'hui sans importance.

L'Haça, qui s'étend de l'Oman a l'embouchure de l'Euphrate, le long du golfe Persique, est une région à peine connue. On la croit très peu peuplée. De la ville d'El-Kalit jusqu'à Bassorah, le pays est un vaste désert. C'est en face de cette contrée que sont situées les îles Bahreïn où se trouvent les plus importantes pêcheries de perles du monde.

Il nous reste à rechercher maintenant quelles sont les populations qui habitent l'immense péninsule que nous venons de décrire sommairement. Aucune région du globe, comme nous allons le voir, n'a imprimé par son climat et son sol, un cachet plus caractéristique à ses habitants. Ce ne sont pas les récits des conquêtes d'un peuple ni les chronologies de ses rois qui peuvent permettre de comprendre son histoire. À la base d'une telle étude se place l'examen des divers facteurs qui ont déterminé son évolution, et au premier rang la connaissance de la race à laquelle il appartient. Quels sont les caractères moraux et intellectuels de cette race ? Quelles modifications ont pu lui imprimer le milieu, l'hérédité, les nations diverses avec lesquelles elle s'est trouvée en contact ? Voilà ce qu'il importe de connaître et ce que tout d'abord nous devons rechercher.

Chapitre II
Les Arabes

1. – L'idée de race d'après la science actuelle

Avant d'aborder l'étude des Arabes, je crois nécessaire de présenter quelques notions d'anthropologie indispensables à l'intelligence de ce chapitre.

Les agglomérations humaines répandues sur divers points du globe ont été classées en un certain nombre de groupes auxquels on a donné le nom de races. Ce terme impliquait autrefois qu'il existait entre les groupes humains désignés sous ce titre des différences moins grandes que celles constatées entre les groupes d'animaux désignés sous le nom d'espèces. Mais les progrès de la science moderne ayant prouvé que les diverses races d'hommes sont

Le milieu et la race

séparées par des caractères aussi profonds que ceux qui distinguent les espèces animales voisines, il faut considérer aujourd'hui le mot race lorsqu'on l'applique à l'homme comme synonyme du mot espèce.

On peut définir très simplement le sens des termes race ou espèce humaine, en disant qu'ils désignent des agglomérations d'individus possédant un ensemble de caractères communs se transmettant régulièrement par l'hérédité.

Pour les personnes étrangères à l'anthropologie, les expressions « peuple » et « race » sont à peu près synonymes, mais en réalité leur signification est absolument différente. Un peuple est une agglomération d'individus appartenant à des races souvent fort diverses, réunis sous un même gouvernement et possédant par conséquent un certain nombre d'intérêts communs. Il y a aujourd'hui des peuples anglais, allemand, autrichien, français, etc. : il n'y a pas encore de races anglaise, allemande, autrichienne ou française. Les éléments en présence sont d'origines trop diverses et trop mal fusionnés encore pour qu'on puisse leur donner un tel titre. Des groupes d'individus peuvent être réunis sous les mêmes lois, amenés à professer la même religion et parler la même langue; mais ils n'arrivent à former une race homogène que lorsque le milieu, les croisements et l'hérédité ont fixé chez eux un certain nombre de caractères physiques et moraux communs.

Mais cette acquisition de caractères communs demande un temps fort long. Très lents à se fixer, les caractères héréditaires sont également très lents à s'effacer. Aussi n'est-ce qu'avec la plus extrême lenteur que les races arrivent à se fusionner et à se transformer. Il faut que les changements soient accumulés par l'hérédité, pendant des siècles dans le même sens, pour que les influences de milieux et de croisements finissent par déterminer des modifications profondes.

Parmi les influences capables de transformer et fixer des caractères dans une race, on cite souvent le milieu. Mais si le milieu est un facteur puissant, l'hérédité, qui représente des aptitudes accumulées pendant un passé d'une immense longueur, est un facteur bien plus puissant encore. De nombreux exemples historiques prouvent que, quand une race est ancienne, les caractères fixés par l'hérédité sont tellement stables, que le milieu est désormais sans action sur elle, et que cette race périt plutôt que de se transformer. C'est ainsi que, sous toutes les latitudes, les fils d'Israël conservent leur type invariable ; c'est ainsi encore que le sol brûlant de l'Égypte a été impuissant, malgré son énergie, à transformer les races trop vieilles qui l'ont successivement envahi, et qui toutes y ont trouvé leur tombeau. L'hérédité seule est assez puissante pour lutter contre l'hérédité, et c'est pourquoi les milieux ne peuvent guère agir que sur des races nouvelles, c'est-à-dire sur des races résultant de croisements entre peuples différents possédant des aptitudes héréditaires différentes. Dans des conditions semblables, les influences si lourdes du passé se trouvant annulées ou dissociées par des influences héréditaires d'un poids égal, le milieu n'a plus alors à lutter contre elles et peut librement agir.

Mais pour que les croisements eux-mêmes puissent agir, il faut qu'ils soient répétés pendant longtemps, et que les individus des diverses races croisées ne soient pas en nombre trop inégal. S'il y a une inégalité manifeste dans la proportion des éléments mis en présence, les caractères qui domineront dans le mélange finiront par l'emporter et élimineront les autres. Un petit nombre de blancs introduits au sein d'une population de noirs disparaît rapidement, sans laisser de traces, après quelques générations. C'est pour cette raison que les caractères d'un peuple conquis disparaissent si les envahisseurs sont trop nombreux.

Les Grecs modernes peuvent être invoqués comme exemple, car ils n'ont plus rien en réalité des traits, si bien fixés par la sculpture, de leurs ancêtres [1]. C'est pour la même raison encore que les peuples conquérants disparaissent, au contraire, s'ils se trouvent en proportion trop faible à l'égard des peuples conquis. Tel fut, par exemple, le cas des Romains en Gaule. Nous sommes bien leurs fils par la civilisation et la langue, mais nullement par

1 Je ne crois pas trop m'avancer en assurant qu'on ne rencontre plus aujourd'hui que d'une façon bien exceptionnelle de véritables Grecs en Grèce. Je n'en ai trouvé ni à Athènes ni dans les échelles du Levant, fréquentées depuis longtemps par les Grecs des diverses parties de l'Archipel. J'ajouterai qu'il y a bien longtemps sans doute qu'il n'y a plus de Grecs en Grèce, car dans une collection fort curieuse de bustes de grands personnages assurément fort anciens que possède le musée d'Athènes, je n'ai pas rencontré un seul individu ayant le type grec. M. Schliemann, avec qui j'ai voyagé pendant quelque temps, m'a assuré qu'à Mégare, Ithaque, Lesbos et divers points que je n'ai pas visités, on rencontre encore des sujets ayant le type grec ; mais ce sont là des réminiscences ataviques en nombre trop minime pour infirmer ce que je viens d'avancer.

le sang. Tel fut encore le cas des Arabes en Égypte. Nous verrons que les Égyptiens, qui étaient restes réfractaires aux civilisations perse, grecque et romaine, et avaient toujours refusé d'apprendre la langue de leurs vainqueurs, adoptèrent rapidement la langue, la religion et la civilisation arabes, au point que l'Égypte devint en réalité et est restée le plus arabe des pays professant la religion de Mahomet. Les croisements entre les Égyptiens et leurs nouveaux conquérants devinrent tellement fréquents, que, dès la deuxième ou troisième génération, il s'était formé des types intermédiaires dont on ne pouvait plus distinguer l'origine. Mais la supériorité du nombre des anciens Égyptiens sur celui des envahisseurs et le ralentissement des invasions eurent pour résultat de faire bientôt disparaître presque entièrement l'influence du sang arabe. Resté Arabe par la religion et la langue, le fellah d'aujourd'hui est en réalité le fils des Égyptiens du temps des pyramides dont il est au surplus la vivante image.

2. - Importance de l'étude des caractères psychologiques pour la classification des races

On voit déjà, par ce qui précède, que ce n'est pas la langue, la religion, ni les groupements politiques qui peuvent permettre de classer une race.

Les caractères anatomiques, tels que la forme du crâne, la couleur de la peau, la physionomie [1], etc., ne le permettent guère davantage. Ils rendent possibles sans doute quelques grandes divisions fondamentales, contestées du reste pour la plupart, mais ne nous disent presque rien des différences pourtant si profondes existant entre des peuples voisins, telles que les diverses nations de l'Europe,

1 Parmi ces caractères il en est un, la physionomie, qui n'a pas été employé jusqu'ici comme moyen de classification des races humaines, mais qui me semble cependant avoir une grande importance. J'ai été conduit à le reconnaître en constatant dans mes divers voyages en Europe, en Asie et en Afrique, avec quelle facilité les indigènes savent distinguer sans se tromper les individus appartenant aux diverses races qui sont en contact journalier avec eux, alors même que le costume est identique. J'ai essayé de montrer l'importance de cette méthode de classification dans un mémoire spécial auquel je renvoie le lecteur. Il y trouvera notamment l'indication des moyens à employer pour dégager les caractères physionomiques communs à tous les individus d'une même race.

par exemple.

Il existe cependant, suivant nous, des caractères aussi fixes que les caractères anatomiques, et qui, bien que négligés par l'anthropologie moderne, serviront sans doute un jour de base fondamentale à une classification des races : je veux parler des caractères intellectuels et moraux. Le partisan le plus convaincu des descriptions anatomiques ne voudrait certainement pas soutenir, qu'étant données deux races quelconques en présence, il aurait plus de renseignements sur elles par la connaissance de leurs caractères anatomiques que par celle de leurs caractères psychologiques.

Les caractères psychologiques se reproduisent d'ailleurs avec autant de persistance que les caractères anatomiques. Lorsqu'on suit l'évolution d'un peuple, on est étonné de voir avec quelle constance ses aptitudes morales et intellectuelles se perpétuent à travers les âges. Les institutions d'un peuple et son rôle dans le monde résultent surtout de ces aptitudes. C'est dans le caractère, c'est-à-dire dans cet ensemble de dispositions que chaque individu apporte en naissant, et qui déterminent sa façon de sentir et de réagir, que se trouvent les mobiles inconscients de la conduite. Il varie avec chaque race et cette variation nous explique pourquoi des institutions semblables appliquées à divers peuples produisent des résultats si différents ; pourquoi la misérable anarchie des républiques espagnoles de l'Amérique, par exemple, comparée à la prospérité des habitants des États-Unis sous des institutions identiques. L'énergie, la prévoyance, le courage, l'initiative, l'aptitude a se gouverner, l'empire sur soi, etc., sont des sentiments que l'hérédité peut donner, mais qu'aucune institution ne peut créer. Ils sont formés chez l'individu qui va naître et représentent l'héritage d'un long passé. C'est, en réalité, dans ce passé lointain que se sont élaborés les motifs de nos actions présentes.

Bien que les caractères moraux et intellectuels d'un peuple soient aussi stables que ses caractères physiques, ils peuvent, comme ces derniers, se modifier lentement sous l'influence de divers facteurs, et notamment de ceux que nous énumérions plus haut : le milieu physique et moral et les croisements. Un Romain du temps d'Héliogabale n'avait plus le caractère de ses ancêtres de la république, et l'habitant des États-Unis diffère déjà beaucoup, par le caractère, des Anglais dont il est issu,

Chez la plupart des nations modernes, le caractère est en voie de transformation et loin d'être fixé encore. Les grandes invasions dont elles dérivent ont mis en présence des éléments trop dissemblables, et mélangés depuis trop peu de temps pour trop peu de temps pour avoir fini par créer chez elles beaucoup de sentiments communs. On le comprend facilement quand on voit combien de peuples, qui semblent au premier abord bien homogènes, tels que les Français, par exemple, sont formés d'éléments différents. Kimris, Normands, Celtes, Aquitains, Romains, etc., ont foulé notre sol et leurs descendants ne se sont pas bien mélangés encore.

J'ai examiné dans un récent ouvrage l'influence profonde que peuvent avoir sur les destinées d'un peuple les éléments qui entrent dans son sein, surtout lorsque ces éléments ont des tendances différentes, et cherché à montrer que c'est dans cette étude, beaucoup plus que dans celle des institutions politiques - institutions qui sont des conséquences et bien rarement des causes - qu'on peut trouver la clef du rôle que les nations ont joué ou joueront dans l'histoire. Je ne saurais insister davantage sur un sujet que je ne pouvais qu'effleurer ici. Le peu que j'en ai dit a dû suffire pour montrer au lecteur l'importance de l'étude de la psychologie des peuples, science à peine ébauchée encore [1]. En ce qui concerne les Arabes, notamment, nous verrons que c'est dans l'étude de leur caractère que nous trouverons en grande partie l'explication des causes qui ont déterminé leur grandeur et leur décadence.

3. - Origine des Arabes

Des considérations diverses fondées principalement sur la linguistique ont fait classer dans une seule famille, dite sémitique, ces populations variées : Arabes, Juifs, Phéniciens, Hébreux, Syriens, Babyloniens, Assyriens, qui ont occupé et occupent encore l'Arabie et l'Asie Mineure jusqu'à l'Euphrate.

La parenté qu'on admet entre elles tient à l'analogie qui existe dans la langue parlée par ces différents peuples, et à certains caractères physiques qu'ils possèdent en commun, tels que la teinte foncée

---
[1] J'ai développé ces idées dans les ouvrages ou mémoires suivants : L'Homme et les Sociétés, leurs origines et leur histoire, tome II. - L'Anthropologie actuelle et l'étude des races. (Revue scientifique.) - De Moscou aux monts Tatras ; Étude sur la formation actuelle d'une race. (Bulletins de la Société de géographie.)

de la chevelure, l'abondance de la barbe, la matité du teint, etc. Il y aurait beaucoup à dire sur la valeur de ces caractères, mais comme cela m'éloignerait de mon sujet, je préfère me borner à les reproduire tels qu'on les donne habituellement dans les ouvrages élémentaires.

On admet généralement, au point de vue physique, que tous les peuples que nous venons de nommer présentent deux types, l'un fin, l'autre grossier. « Le premier, dit M. Girard, est caractérisé par une taille élancée qui ne dépasse pas souvent la moyenne, par des membres secs et nerveux, par des attaches fines, par un visage allongé et mince à l'extrémité inférieure, le menton est fuyant, la bouche petite ; les dents sont blanches et bien plantées, les lèvres minces ; le nez étroit, s'attache directement au front et affecte une forme aquiline très prononcée en se recourbant en bec d'oiseau de proie à l'extrémité ; les yeux noirs et bien fendus, s'abritent sous des arcades sourcilières peu développées ; le crâne est dolichocéphale. C'est le type le plus répandu chez les Arabes ; on le retrouve aussi chez les Israélites, les Syriens et les Égyptiens anciens et modernes.

« Le second se distingue par une taille plus ou moins haute, mais lourde et massive, par des membres fortement musculeux, par un visage plus large et plus fort, par une mâchoire puissante, souvent même prognathe ; le menton est saillant, la bouche forte ; les lèvres sont charnues ; le nez aquilin, mais large, est gros du bout ; des arcades sourcilières accentuées ombragent des yeux noirs et grands ; le front est droit et bas. Les Assyriens présentent ce type dans sa perfection. Il existe aussi parmi les juifs ainsi que parmi les Arabes, surtout ceux du Sud, et les Égyptiens. Ces derniers ont dans le sang des éléments africains incontestables, comme l'indiquent certains traits de leur physionomie et les proportions de leur corps. »

Quoi qu'il en soit de la valeur fort contestable suivant nous des caractères qui précèdent et de la parenté des peuples dits sémitiques, il est certain que leur communauté d'origine, si elle existe, remonte aux temps préhistoriques. Aux époques les plus lointaines dont la tradition ait gardé la mémoire, ces peuples se trouvaient déjà différenciés.

Si nous jugeons d'après nos idées modernes les conceptions politiques et sociales des Sémites, conceptions toujours voisines de l'état patriarcal, nous devons constater qu'elles n'ont jamais été bien hautes. Il ne faut pas oublier cependant que ces peuples ont

Le milieu et la race

fondé des civilisations puissantes, et que sur les cinq ou six grandes religions qui règnent aujourd'hui sur le monde, trois des plus importantes : le judaïsme, le christianisme et l'islamisme ont été enfantées par cette branche de la famille sémitique constituée par les juifs et les Arabes.

La seule branche des Sémites dont nous ayons à nous occuper maintenant, les Arabes, présente ou plutôt a présenté pendant longtemps avec les juifs une parenté très grande. Cette parenté est indiquée par la similitude de leurs langues et par les traditions qui leur attribuent une commune origine.

Il y a bien peu de ressemblance assurément entre l'Arabe, tel qu'il nous apparaît à l'époque de sa civilisation, et le juif, tel que nous le connaissons depuis des siècles trop souvent plat, pusillanime, avare et cupide ; et il semble humiliant au premier d'être comparé au second ; mais il ne faut pas oublier que ce sont les conditions d'existence particulières auxquelles les juifs ont été soumis depuis des siècles qui en ont fait la race si peu estimée que nous connaissons aujourd'hui [1]. Un peuple quelconque, soumis à des conditions

---

[1] Tout en reconnaissant leur parenté avec les juifs, les Arabes sont les premiers à en rougir. J'ai eu occasion de constater dans mes voyages en Allemagne, en Pologne, en Galicie, en Russie et en Orient, combien les juifs y sont peu estimés. Mais les sentiments qu'ils ont provoqués partout en Europe ne sont rien auprès de la répulsion qu'ils inspirent aux Arabes. Le juif n'est pour ces derniers qu'une sorte d'animal immonde à l'égard duquel tout est permis. Quand un Arabe de l'Algérie s'adresse à un juif, ce n'est qu'en l'appelant « charogne, fils de charogne. » Il sait du reste le reconnaître sous tous les déguisements. Ayant eu occasion de séjourner en Algérie à une époque où un congrès avait amené beaucoup d'Européens, j'ai vu plusieurs Arabes m'indiquer sans jamais se tromper l'origine israélite de personnes auxquelles il m'était impossible de trouver quoi que ce soit de particulier dans la physionomie.

Dans les pays arabes qui sont tout à fait indépendants de l'influence des Européens, les juifs sont absolument hors la loi et beaucoup plus maltraités que les animaux. Voici comment M. Cottes, qui écrivait en 1855, s'exprime sur l'état des juifs au Maroc :

« Les juifs sont condamnés à ne porter que des vêtements noirs, cette couleur étant l'emblème du malheur et de la malédiction. Il leur est interdit de monter à cheval ; s'ils passent devant une mosquée, une zaouïa (chapelle), un saint, un marabout, un chérif, ils doivent ôter leur chaussure et la porter à la main jusqu'à ce qu'ils aient passé. Ils ne peuvent traverser les cimetières musulmans ; leurs femmes, sous le moindre prétexte, sont fouettées en place publique par l'ahrifa, musulmane spécialement chargée de cette fonction. Si un musulman les frappe, il leur est interdit, sous peine de mort, de se défendre autrement que par la fuite ou par adresse. On voit fréquemment des enfants de 7 ou 8 ans lapider de vigoureux

d'existence semblables, n'ayant d'autre métier possible que le commerce et l'usure, méprisé partout, fût devenu ce qu'est le juif que nous connaissons et qui, riche ou pauvre, garde ces instincts sordides que vingt siècles d'hérédité semblent avoir fixés en lui pour toujours.

Pour voir apparaître la parenté entre le juif et l'Arabe, il faut remonter au temps d'Abraham, et nous représenter par la pensée ce patriarche comme le cheik d'une petite tribu de nomades, guerroyant avec ses voisins et inquiétant, comme aujourd'hui, les populations agricoles. La captivité d'Égypte n'est sans doute que le résultat d'une campagne à la suite de laquelle les Égyptiens cantonnèrent cette tribu pillarde dans l'Égypte septentrionale, sur un territoire d'où elle ne pouvait sortir, et d'où elle ne s'échappa qu'avec Moïse, lorsqu'après un long séjour en Égypte les Hébreux furent devenus assez nombreux pour résister aux Pharaons et reprendre la vie nomade pendant quarante ans. jusqu'à David, l'existence des Juifs, comme nation, ne différa guère de celle des autres tribus arabes de la Palestine et de l'Arabie.

4. - *Diversité des populations arabes*

On considère généralement les Arabes comme formant une race unique et, pour la plupart des Européens, tout mahométan de l'Afrique et de l'Asie, depuis le Maroc jusqu'à l'Arabie, est un Arabe, absolument comme, pour les Orientaux, tous les Européens : Anglais, Allemands Italiens, Russes, etc., sont les représentants d'un peuple unique qu'ils désignent sous le nom de Francs.

La façon dont nous jugeons les Arabes est, en réalité, aussi inexacte

---

jeunes gens, les frapper à coups de bâtons, les souffleter, les mordre, les déchirer de leurs ongles. Ces hommes sont des juifs ; ils se courbent, se tordent, font des efforts pour se dégager ; mais tous leurs mouvements trahissent la préoccupation de ne frapper ou blesser aucun des assaillants. »

Ce qui précède est parfaitement vrai encore pour l'intérieur du Maroc, mais ne l'est pas au même degré pour Tanger, où résident aujourd'hui plusieurs consuls européens sous la protection desquels se placent généralement les juifs. Lorsque je visitai cette curieuse ville, j'eus occasion de rendre visite au pacha accompagné par le drogman du ministre de Belgique, Israélite distingué, qui fut parfaitement reçu.

Le milieu et la race

que celle dont ils jugent les Européens. Il y a parmi eux des types aussi différents que ceux que nous pouvons observer en Europe. Par suite des milieux variés qu'ils ont rencontrés et des peuples divers avec lesquels ils se sont mélangés, les Arabes ont fini par former des mélanges très complexes. C'est ainsi, par exemple, que les Arabes qui habitent aujourd'hui la Mecque, et qui formaient autrefois une des races les plus pures, sont un produit du mélange de tous les peuples divers qui, de l'Atlantique à l'Indus, viennent annuellement en pèlerinage dans cette ville depuis Mahomet. Il en a été de même en Afrique et en Syrie : Phéniciens, Berbères, Turcs, Chaldéens, Turcomans, Persans, Grecs et Romains, se sont plus ou moins mélangés avec les Arabes. Même dans les parties les plus centrales et les plus isolées de l'Arabie, comme le Nedjed, il s'en faut que la race soit pure. Depuis des siècles, l'élément noir s'y trouve mélangé dans de grandes proportions. Tous les voyageurs qui ont visité l'intérieur de l'Arabie ont été frappés de cette influence des nègres dans la péninsule. Rotta cite une région de l'Yémen où la population est devenue presque noire, alors que dans les montagnes, la même population, peu mélangée, est restée blanche. Parlant de la famille d'un des cheiks de la contrée, il dit que parmi ses enfants « il y en avait de toutes les teintes, depuis le noir jusqu'au blanc, suivant la race de leurs mères. » Wallin a observé dans le Djôf des tribus entières d'esclaves noirs. Les nègres sont aussi très communs dans le Nedjed, où, ainsi que dans tout le reste de l'Arabie, aucun préjugé de couleur n'existe et n'empêche pas par conséquent les croisements. Palgrave raconte que Katif, ville importante du Nedjed, était à l'époque de son voyage gouvernée par un nègre. « J'ai vu, à Riadh, dit-il, plusieurs fils de mulâtres qui portaient fièrement l'épée à poignée d'argent, et comptaient parmi leurs serviteurs des Arabes de sang ismaélite ou kahtanite le plus pur. »

Cette absence de préjugé contre la couleur a frappé également lady A. Blunt qui, dans la relation récente de son voyage au Nedjed (1878), raconte que le gouverneur de l'une des plus grandes villes du Nedjed, Meskakeh, était « un nègre tout à fait noir, avec les caractéristiques répulsives de l'Africain. Il me parut éminemment absurde, dit-elle, de voir ce nègre, qui est encore esclave, au centre d'un groupe de courtisans de race blanche ; car tous ces Arabes, dont la plupart sont nobles par le sang, s'arc-boutaient devant lui, prêts à obéir à un de ses regards ou à rire de ses pauvres plaisanteries. »

C'est principalement chez les Arabes sédentaires que se fait ce mélange de races différentes, chaque Arabe tenant à honneur d'avoir des femmes de plusieurs couleurs dans son harem. Chez les tribus du désert, et surtout chez les montagnards, la pureté de la race est beaucoup plus grande. Il faut remarquer cependant que parmi les tribus nomades de la Syrie orientale, et notamment près de Palmyre, en plein désert, on rencontre des blonds aux yeux bleus, ce qui semble impliquer un mélange avec des populations provenant d'une origine beaucoup plus septentrionale.

5. - Description des diverses populations arabes

La seule division fondamentale qu'on puisse établir chez les Arabes, division justifiée par toutes leurs traditions et par leur genre de vie, est celle en Arabes sédentaires et en Arabes nomades. Cette distinction est tout à fait essentielle, et il faut toujours l'avoir présente à l'esprit quand on étudie leur histoire. Les nomades, ou, comme on les appelle généralement, les Bédouins, ont depuis le Maroc jusqu'à l'Arabie un genre de vie, des coutumes et des mœurs qui sont exactement aujourd'hui ce qu'ils étaient il y a plusieurs milliers d'années, et ce que probablement ils seront toujours. Comme aux temps bibliques, ils vivent en tribus se déplaçant à mesure que leurs troupeaux ont épuisé le sol où elles étaient momentanément campées. L'Arabe sédentaire se modifie au contraire suivant les lieux et les populations très variés avec lesquels il est en contact.

Cette division en Arabes sédentaires et nomades correspond également à celle établie par les traditions. Ces dernières rapportent, en effet, l'origine des Arabes à trois races, dont la première disparue avant l'islamique. La seconde est celle formée par les descendants de Kahtan (le Joctan de la Bible), population sédentaire qui se fixa dans l'Yémen, et qui est considérée comme la race arabe la plus pure. La troisième branche descendrait d'Ismaël, fils de l'esclave égyptienne d'Abraham.

On comprend, d'après ce que nous avons dit précédemment des mélanges divers qui constituent aujourd'hui la population arabe, qu'il ne puisse guère exister de type arabe, comme on le croit généralement. Un type arabe bien défini, c'est-à-dire un type dont

Le milieu et la race

on puisse dire qu'il est tout à fait spécial à l'Arabe, me semble tout aussi impossible à donner qu'un type du Français ou de l'Italien.

De tous les essais de définition du type physique des Arabes, celle qui m'a paru se rapporter au plus grand nombre d'individus de race pure est due à l'ancien chirurgien en chef de l'armée d'Égypte, Larrey :

> « Ils sont, dit-il, d'une taille un peu au-dessus de la moyenne, robustes et bien faits ; leur peau est hâlée ou brune, et élastique. Ils ont le visage ovale, de couleur cuivrée ; le front est large, élevé, le sourcil noir, détaché ; l'œil de la même couleur, vif et enfoncé. Le nez est droit, de moyenne grandeur, la bouche bien taillée, les dents bien plantées, belles et blanches comme l'ivoire ; l'oreille d'une belle forme et de grandeur normale, est légèrement recourbée en avant ; le trou auditif est parfaitement parallèle avec la commissure externe ou temporale des paupières. Comme chez les individus de tous les peuples, on observe chez leurs femmes quelques différences avantageuses ; on admire surtout les contours gracieux de leurs membres, les proportions régulières de leurs mains et de leurs pieds, la fierté de leur attitude et de leur démarche, etc. Les Bédouins, ou Arabes bergers, sont généralement divisés par tribus éparses sur les lisières des terres fertiles, à l'entrée ou sur les bords des déserts : ils habitent sous des tentes qu'ils transportent d'un lieu à un autre selon les besoins. Ils ont le plus grand rapport avec les autres Arabes ; cependant leurs yeux sont plus étincelants, les traits de leur visage généralement moins prononcés, et leur taille est moins élevée que chez les Arabes civilisés. Ils sont aussi plus agiles, et quoique maigres, ils sont très robustes. Ils ont l'esprit vif, le caractère fier et indépendant ; ils sont méfiants, dissimulés, mais braves et intrépides. Ils sont surtout d'une grande adresse, d'une profonde et rare intelligence. Ils passent pour d'excellents cavaliers, et l'on vante avec raison leur dextérité à manier la lance et la javeline. Au reste, ils sont très aptes à l'exercice de tous les arts et de tous les métiers. »

Parmi les caractères signalés par Larrey, ceux qui m'ont le plus frappé chez les Arabes que j'ai eu occasion d'observer, sont l'éclat véritablement frappant des yeux surtout chez les enfants, la blancheur étincelante des dents, la finesse des extrémités et la fierté de l'attitude ; mais ces caractéristiques ne s'appliquent guère aujourd'hui qu'aux nomades.

La seule distinction pratique que l'on puisse établir actuellement entre les Arabes, en dehors de la distinction fondamentale dont nous avons parlé plus haut, est celle qui prend pour base le pays où ils habitent. C'est celle que nous allons adopter en décrivant successivement les Arabes de l'Arabie, de la Syrie, de l'Égypte, de l'Afrique et de la Chine. Nous nous attacherons beaucoup plus à la description des caractères psychologiques, dont nous avons montré plus haut l'importance, qu'à celle des types physiques, fort variés, comme nous l'avons dit. La reproduction de nos photographies donnera du reste plus de renseignements sur ces types que les plus longues explications.

Arabes de l'Arabie. - L'Arabe des régions centrales de l'Arabie est celui qui, malgré ses mélanges répétés avec des Nègres, semble être resté le plus semblable à ses ancêtres des premiers âges, surtout si on le considère à l'état nomade. Ce sont donc ces derniers que nous étudierons d'abord.

Ces nomades, que beaucoup de personnes supposent constituer toute la population de l'Arabie, forment une race à demi-sauvage, sans civilisation ni histoire. Pour savoir ce qu'ils étaient il y a 3000 ans, il suffit de les observer aujourd'hui : à part la religion, rien n'a varié chez eux. Ils sont restés tels que nous pouvons nous les représenter d'après les récits bibliques ou les descriptions d'Hérodote, et sont condamnés à ne pas changer. Si des régions fertiles, comme celles de l'Yémen, créent des populations sédentaires et agricoles, les sables arides du désert ne peuvent créer que des nomades.

Les Arabes nomades ont toujours vécu, comme aujourd'hui, en petites tribus placées sous l'autorité patriarcale d'un chef, nomme cheik ou seigneur, qui est un des chefs de famille de la tribu. Son autorité, fort restreinte, se borne à peu près à conduire les guerriers au combat et à présider au partage du butin ou à certaines cérémonies.

Les deux occupations exclusives des nomades sont la guerre et l'élevage des troupeaux. Les combats qu'ils se livrent de tribu à tribu sous le moindre prétexte sont interminables, car la loi biblique du talion : œil pour oeil, dent pour dent, ayant toujours été leur loi, chaque meurtre en entraîne un autre comme représailles. Ce n'est que quand deux tribus sont presque épuisées qu'elles font la paix et acceptent en échange d'un meurtre une compensation.

Les qualités et les défauts des Arabes nomades sont naturellement les qualités et les défauts engendrés par leurs conditions d'existence.

« Les Arabes, dit Herder, ont conservé les mœurs patriarcales de leurs ancêtres ; ils sont, par un singulier contraste, sanguinaires et obséquieux, superstitieux et exaltés, avides de croyances et de fictions ; ils semblent doués d'une éternelle jeunesse, et sont capables des plus grandes choses lorsqu'une idée nouvelle les domine. Libre, généreux et fier, l'Arabe est en même temps irascible et plein d'audace ; on peut voir en lui le type des vertus et des vices de sa nation ; la nécessité de pourvoir lui-même à ses besoins le rend actif ; il est patient à cause des souffrances de toute nature qu'il est obligé de supporter ; il aime l'indépendance comme le seul bien dont il lui est donné de jouir, mais il est querelleur par haine de toute domination. Dur envers lui-même, il devient cruel et se montre trop souvent avide de vengeance.

« L'analogie de situation et de sentiment inspirait à tous les mêmes points d'honneur, le glaive, l'hospitalité, l'éloquence faisaient leur gloire ; l'épée était l'unique garantie de leurs droits ; l'hospitalité embrassait pour eux le code de l'humanité et l'éloquence, au défaut d'écriture, servait à terminer les différends qui ne se vidaient pas par les armes. »

> « Peut-être, dit Desvergers, le trait le plus saillant du caractère arabe est-il ce mélange intime d'ardeur pour le pillage et d'hospitalité, d'esprit de rapine et de libéralité, de cruauté et de générosité chevaleresque, qui met tour à tour en relief les qualités les plus opposées, et appelle vingt fois sur la même tête, dans le cours d'un récit, l'admiration et le blâme. On aurait peine à se rendre compte de ces inconséquences perpétuelles, si on ne se plaçait au point de vue exceptionnel d'une nation isolée de tout contact par sa position et devant se suffire à elle-même sur le sol le plus ingrat. La pauvreté de leur territoire était pour eux l'excuse du pillage ; déshérités des moissons abondantes, ou des riches pâturages qui suffisaient aux besoins des autres peuples, ils réparaient l'injustice du sort à force ouverte, et croyaient reprendre sur chaque caravane attaquée par eux la portion de biens qui aurait dû leur être assignée dans le partage de la terre. Ne faisant pas de différence entre la guerre et le guet-apens, le vol à main armée leur semblait un droit de conquête : dépouiller le voyageur était à leurs yeux aussi méritoire que prendre une ville d'assaut ou réduire une province. De pareilles inclinations n'auraient mérité aucune sympathie, si elles n'eussent été rachetées par de nobles vertus. Ce même guerrier que la soif du pillage, le désir de la vengeance, l'amour-propre offensé portait à des actes d'une cruauté

inouïe, devenait sous sa tente un hôte libéral et plein de courtoisie. L'opprimé qui recherchait sa protection ou se confiait à son honneur était reçu non seulement comme un ami, mais comme un membre de la famille. Sa vie devenait sacrée, et son hôte l'eût défendue au péril de la sienne, quand même il eût découvert que l'étranger assis à son foyer était l'ennemi dont il avait cent fois désiré la perte. Peut-être ne se fût-il pas fait scrupule d'enlever par la force ou par adresse le chameau de son voisin pour offrir à son hôte une hospitalité plus grande et plus généreuse. La générosité a toujours été la vertu que les Arabes ont estimée plus que toutes les autres, et qu'ils regardaient pour ainsi dire comme un apanage particulier de leur nation.)

J'ajouterai à ce qui précède que les Arabes nomades, aussi bien en Arabie qu'en Syrie ou en Afrique, présentent encore comme caractère principal un sentiment de l'indépendance porte à un point dont il est difficile à un Européen de se faire idée. Ils dédaignent profondément l'habitant des villes qu'ils considèrent comme un esclave. Pour eux, s'attacher à la terre c'est dire adieu à la liberté, l'homme fixé au sol étant fatalement destiné à avoir bientôt un maître. Le nomade ne possède que sa liberté, mais ce bien est supérieur pour lui à tous les autres et il a su le conserver intact à travers les âges. Tous les conquérants : grecs, romains, perses, etc., qui ont dominé le monde n'ont jamais pu l'asservir. Toute domination des nomades sera toujours éphémère et ne pourra même s'établir d'une façon éphémère qu'à la condition que les nomades soient combattus par des nomades.

Ce sentiment de l'indépendance remonte aux premiers temps de leur histoire. Diodore de Sicile assure que chez les Nabathéens, nomades de l'Arabie Pétrée, il était défendu de planter du blé, des arbres à fruits, et de bâtir des maisons. Ils considéraient, en effet, que pour garder de tels biens, on sacrifie volontiers sa liberté. Aussi ne furent-ils jamais conquis. Hérodote observe qu'alors que la Phénicie et la Palestine étaient obligées d'envoyer de lourds tributs aux rois de Perse, les seuls Arabes en étaient exempts.

L'instinct du pillage et le caractère batailleur des Arabes nomades en font toujours de redoutables voisins pour les peuples civilisés, et ces derniers les considèrent volontiers comme de véritables brigands ; mais le point de vue des Arabes est autre. Ils sont tout aussi fiers du pillage d'une caravane que les Européens peuvent l'être du bombardement d'une ville, de la conquête d'une province,

Le milieu et la race

ou d'exploits analogues. Ils n'élèvent pas de statues à leurs chefs célèbres, parce qu'en Arabie on n'érige de statue à personne, mais ils se croient fondés à avoir pour eux autant de vénération respectueuse que nous en avons pour nos grands conquérants.

Ce fut d'ailleurs grâce à ces instincts enracinés de guerre et de pillage, que les Arabes nomades devinrent d'excellents guerriers sous les successeurs de Mahomet et firent rapidement la conquête du monde. Dans les conditions nouvelles où ils se trouvèrent soumis, leurs instincts primitifs restèrent invariables, car le caractère d'un peuple ne change guère, mais ils se manifestèrent sous des formes nouvelles : l'amour du pillage devint l'amour des conquêtes ; leurs habitudes de générosité donnèrent naissance à ces mœurs chevaleresques que tous les peuples de l'Europe ont imitées ensuite. Leurs habitudes de rivalités intestines leur furent d'abord utiles à un certain degré, en provoquant chez eux un vif esprit d'émulation ; mais, trop enracinées pour pouvoir être contenues longtemps dans de justes limites, elles les perdirent.

Ce furent les Arabes nomades qui formèrent une grande partie des armées des successeurs de Mahomet, et, comme conquérants, rendirent les plus grands services à ces derniers ; mais ce ne fut pas certainement chez eux que se recrutèrent les savants et les artistes qui donnèrent un si brillant éclat à la civilisation des disciples du prophète.

Les nomades ont toujours dédaigné absolument les conquêtes de la civilisation, et préfèrent de beaucoup leur existence au désert. C'est là un de ses sentiments héréditaires analogues à ceux qu'on rencontre aussi chez les Indiens de l'Amérique, et contre lesquels aucun argument ne saurait prévaloir. Ils ont toujours refusé, en Syrie notamment, les terres qu'on leur offrit pour s'y fixer. Ces nomades, dont la fière et noble allure frappe tous les voyageurs, savent se suffire, sans les ressources artificielles de la civilisation, et ils n'auraient pas cédé le pas au plus altier baron féodal du moyen âge. La vie du désert n'est pas au surplus sans charme, et je confesserais volontiers que si j'avais à choisir entre cette vie indépendante et l'existence d'un manœuvre occupé douze heures par jour dans une usine à un abrutissant métier, l'hésitation ne serait pas longue.

Tout en étant restés aux formes les plus primitives de l'évolution des sociétés humaines, formes que les conditions d'existence au désert les empêchent de franchir, les Arabes nomades sont fort supérieurs aux autres peuples pasteurs que nous rencontrons encore sur divers points du globe. J'ai causé bien des fois avec eux, et a m'a semblé que leur conception de l'existence valait certainement celle de beaucoup d'Européens fort civilisés. Nous verrons plus tard par leurs poésies que si ces nomades sont réellement des demi-sauvages par leurs coutumes, ils ne le sont pas par leurs pensées. Il est rare qu'un nomade ne soit pas doublé d'un poète.

Il est doublé d'un poète, et, comme beaucoup de poètes, il est doublé aussi d'un enfant. Aux caractéristiques psychologiques que nous avons données du nomade il faut, en effet, ajouter celle-ci, la plus importante de toutes peut-être : qu'il possède, malgré son calme apparent, un caractère très mobile le rapprochant singulièrement de la femme et de l'enfant. Comme eux, il n'a guère pour guide que l'instinct du moment. Comme eux encore, il juge d'après les apparences, se laisse éblouir facilement par le bruit, l'éclat, la pompe extérieure ; et éblouir constitue le meilleur moyen de le convaincre.

Il en est ainsi de toutes les races ou de toutes les nations primitives, et a en est ainsi des femmes et des enfants parce qu'ils représentent également des formes inférieures de l'évolution humaine. Le nomade n'est en réalité qu'un demi-sauvage. Demi-sauvage intelligent assurément, mais qui depuis des milliers d'années n'a pas fait un pas vers la civilisation et, par conséquent, n'a subi aucune des transformations accumulées par l'hérédité chez l'homme civilisé. Si, comme nous le croyons, les caractères psychologiques suffisent à établir des différences profondes entre les hommes, on peut dire que l'Arabe sédentaire et l'Arabe nomade forment deux races véritablement séparées par un abîme.

Les Arabes sédentaires de l'Arabie dont nous allons nous occuper maintenant diffèrent beaucoup des nomades dont nous venons de parler. Ce ne sont nullement des demi-barbares comme on le croit généralement. Palgrave fait remarquer avec raison que cette opinion erronée résulte simplement de ce que les voyageurs n'ont visité généralement que quelques points sans importance du littoral de cette vaste péninsule. Il parle avec admiration de l'instruction des habitants de l'Oman ; et, selon lui, il ne serait pas difficile de trouver dans le Nedjed des individus tout aussi aptes que les Anglais à construire des machines ou à tracer des chemins de fer.

On sait du reste que, dans l'Yémen, il existe deux universités, celles de Zébid et de Damar, qui, sans avoir l'importance de l'antique et célèbre université du Caire, contribuent, comme cette dernière, à répandre une instruction solide parmi les classes éclairées de la population.

Nous sommes habitués aujourd'hui à juger les Arabes d'après les tristes échantillons que nous offrent les habitants de la Syrie, de l'Égypte et de l'Algérie, avilis par tous les mélanges et toutes les servitudes ; mais c'est évidemment au berceau même du peuple arabe qu'il faut aller les étudier pour en avoir une idée bien nette. L'auteur que je citais à l'instant, et qui a vécu longtemps parmi eux, les considère comme une des plus nobles races de la terre, et ajoute :

« J'ai dit « une des plus nobles races de la terre » ; les Arabes des villes méritent en effet cet éloge. J'ai beaucoup voyagé, j'ai eu des relations fréquentes avec des peuples bien divers, Africains, Asiatiques, Européens, et très peu me semblent dignes d'être placés au-dessus des habitants de l'Arabie centrale. Ces derniers pourtant parlent la même langue que les nomades du désert, le même sang coule dans leurs veines ; mais quelle distance les sépare ! »

Nous faisions remarquer plus haut que les Arabes sédentaires présentent, de même du reste que tous les peuples civilisés, des différences considérables d'un pays à l'autre. Ces différences existent déjà en Arabie. Dans cette même province du Nedjed, province plus vaste, il est vrai, que bien des États européens, il existe entre les Arabes des différences aussi profondes que celles qui séparent l'habitant du nord de l'Europe de celui du midi. Les Wahabites, par exemple, auraient un caractère fort différent de celui qu'on attribue à la plupart des Arabes. Ils seraient énergiques, ne céderaient pas à l'impulsion du moment, mais seraient très dissimulés, et surtout envieux. Voici la description qu'en fait Palgrave :

« Les Wahabites, moins généreux, moins prompts à embrasser les entreprises difficiles, moins gais et moins francs que les autres Arabes, sont aussi plus persévérants et plus sages : ils manifestent rarement par des paroles leurs sentiments secrets ; mais ils sont fermes dans leurs desseins, terribles dans la vengeance, ennemis implacables, amis douteux pour quiconque n'est pas leur compatriote ; ils pourraient, soit dit sans offense et sous toute réserve, être appelés les Écossais de la péninsule. L'expression de leurs traits réservés, durs, sombres même, contraste étrangement avec les bienveillants visages des Arabes du Nord. Ils n'obéissent pas à l'impression du moment, ils suivent un système tracé d'avance ; s'ils ont l'intelligence bornée, leur volonté forte et persévérante les rend capables d'organiser puissamment leur état social et de devenir pour leurs voisins des maîtres tyranniques ; enfin leur étroite union doit assurer leur triomphe sur des ennemis qu'affaiblissent des divisions incessantes ; aussi l'empire wahabite tend-il à absorber la plus grande partie de la péninsule et son rêve ambitieux se réalisera peut-être plus tôt qu'on ne le pense.

« Leur caractère se reflète dans les moindres actes de la vie domestique. Il faut, quand on s'entretient avec eux, veiller sur sa langue et mesurer ses gestes comme on le ferait avec des ennemis. »

Arabes de la Syrie. - Comme les Arabes de l'Arabie, ceux de la Syrie se distinguent en nomades et sédentaires. Les premiers habitent le désert ; les seconds, les villes.

Comme tous les nomades, les Arabes de la Syrie n'ont pas eu beaucoup à souffrir des dominations diverses qui se sont abattues sur le pays. Ils vivent aujourd'hui comme ils vivaient il y a 3,000 ans, du produit de leurs troupeaux et du pillage. À l'exception des villes, le pays leur appartient de fait : au-delà du Jourdain, et, aux portes mêmes de Damas, ils attaquent voyageurs et caravanes qui n'ont pas payé rançon pour se faire escorter et traverser leur territoire. Ils présentent, du reste, ce double caractère de rapacité et de générosité que nous avons déjà signalé. L'hôte auquel ils ont accordé l'hospitalité est toujours sacré pour eux.

Rien n'a pu faire renoncer les Arabes de la Syrie a la vie nomade qu'ils mènent depuis tant de siècles ; ils ont toujours dédaigné les concessions de terre et se refusent à tout travail agricole.

En dehors des nomades des déserts ou bédouins qui professent la religion de Mahomet, il existe en Syrie des tribus professant des cultes assez différents et qui, séparées par leurs croyances religieuses et ne se mélangeant qu'entre elles, ont fini par acquérir des caractères particuliers permettant de les distinguer assez facilement. Les plus importantes sont les Métoualis, les Ansariés, les Maronites et les Druses.

Les Métoualis sont des tribus d'Arabes montagnards vivant très isolées. Ils appartiennent à la secte mahométane des chiites et sont

Le milieu et la race

fort intolérants. Jamais ils ne consentent à prendre leurs repas avec un étranger. On suppose que ce sont d'anciennes tribus Kurdes, mais ils présentent des caractères complexes appartenant à la fois aux Mongols, aux Arabes et aux Persans.

Les Ansariés forment également des tribus montagnardes distinctes. Ils professent une religion dérivée de l'islamisme mais qui en diffère sensiblement ; on assure qu'ils croient à la métempsychose, adorent le soleil et la lune, etc.

Les Maronites, bien que se rapprochant des Syriens, ont cependant une personnalité distincte. Ils forment une secte chrétienne vaniteuse et bruyante, qui, dans diverses circonstances, n'a pas manifesté une bravoure bien grande.

Les Druses se rapprochent des nomades du désert. Ils forment une secte mahométane fière et indépendante, qui, depuis des siècles est séparée des Arabes et des Syriens. Braves et redoutés, ils vivent en grande inimitié avec les Maronites du Liban.

Quant aux habitants des villes et villages de la Syrie, ils forment un mélange où sont entrés tous les peuples, Égyptiens, Phéniciens, juifs, Babyloniens, Perses, Grecs, Romains, Arabes, Mongols, Circassiens, Croisés, Turcs, etc., qui ont plus ou moins occupé la contrée. Le voyageur doit donc s'attendre à y rencontrer les types les plus variés. Les Syriens des villes sont généralement assez intelligents, mais souples, rusés et perfides. Ils étaient déjà peu prisés du temps des Romains, qui les qualifiaient de race née pour la servitude. Résignés à toutes les dominations qui depuis tant de siècles se sont appesanties sur eux, ils n'ont conservé d'énergie que pour les querelles religieuses. Pour tout ce qui ne touche pas aux questions de religion, leur résignation est très grande, et ils professent une soumission absolue pour ce qui ressemble à une autorité quelconque. Cette résignation et cette soumission dépassent ce qu'un Européen pourrait concevoir. J'en donnerai l'idée en relatant un fait raconté à M. de Vogüé par un Européen qui se trouvait en Syrie à l'époque de la répression qui suivit les massacres de 1861.

« Un officier instructeur européen, au service turc, nous conta le fait suivant dont il avait été témoin oculaire. L'un des nombreux bourreaux qui fonctionnaient à ce moment-là était en train d'achever la besogne de la journée ; mais le clou se trouva placé trop haut et la chaise trop bas pour y atteindre ; un vieillard musulman vint à passer, monté sur un âne et portant un quartier de mouton ; l'exécuteur des hautes-œuvres lui fit signe d'arrêter ; il obéit, descend de sa monture et tend le cou avec résignation, croyant sa dernière heure venue, lorsque le bourreau, s'apercevant de sa méprise, lui fait comprendre qu'il n'a nullement affaire à lui, mais à son âne. Il saisit la bête, y place le patient, lui passe la corde au cou et fouette le baudet, qui part laissant son cavalier improvisé suspendu. - Heureux d'en être quitte à si bon marché, le vieux musulman ramasse son quartier de mouton, remonte sur son âne et part au galop. »

Mais, je le répète, cette résignation n'existe que pour ce qui ne touche pas aux questions religieuses. La tranquillité la plus profonde n'a cessé de régner à Damas pendant les troubles récents d'Égypte, et j'ai souvent admiré avec quelle facilité des groupes nombreux d'habitants se laissaient violemment bousculer et même frapper par un simple soldat cherchant à faire place à un personnage quelconque, lequel n'était souvent qu'un simple voyageur. Mais j'ai entendu répéter bien des fois, tant à Damas qu'à Jérusalem, que le moindre succès d'Arabi eût été le signal d'un massacre général des chrétiens de la Syrie. Ces derniers sont du reste d'une pusillanimité qui fait véritablement rougir. En 1861, ils se sont laissés massacrer comme des moutons sans même essayer de se défendre, et il en eût été exactement de même en 1882 si les massacres auxquels chacun s'attendait eussent recommencé.

Arabes d'Égypte. Les Arabes actuels de l'Égypte sont le produit du croisement des populations indigènes avec les Arabes qui ont envahi l'Égypte en 640, sous Amrou. Arabes de langue et de religion, ils ne le sont plus en réalité de sang. En vertu des lois anthropologiques citées plus haut, l'élément conquérant a été bientôt noyé par l'élément conquis plus nombreux, d'une part, et mieux adapté, de l'autre, au climat redoutable de l'Égypte. Les éléments intermédiaires ont bientôt disparu, et aujourd'hui, malgré sa religion et sa langue, l'Arabe sédentaire de l'Égypte et, en réalité, le fils des anciens Égyptiens du temps des pyramides, ainsi que le révèlent ses larges épaules, sa figure, aux lèvres fortes, aux pommettes saillantes, et surtout sa ressemblance avec les personnages gravés sur les anciens monuments.

Les Arabes sédentaires des bords du Nil ne sont pas seulement les fils des anciens Égyptiens par la physionomie. Ils ont hérité aussi de leur caractère. Ils forment une population d'une douceur et d'une politesse extrême. Résignée depuis longtemps à toutes les servitudes elle redoute tous les maîtres, les Européens surtout. À une époque où on représentait au Caire la haute Égypte comme étant en pleine insurrection et où les journaux ne parlaient que de massacres, j'ai pu circuler complètement seul au milieu des habitants des principaux villages qui bordent le Nil sans avoir jamais été molestée.

Les besoins du fellah sont presque nuls. Le strict nécessaire lui suffit, et si on lui laisse à peu près ce strict nécessaire, il est parfaitement heureux. Il vit sans souci de l'avenir et sans aucune notion du temps ni des distances. Quand on lui demande un renseignement précis sur des choses dont il devrait avoir une expérience bien des fois séculaire, sa réponse invariable est : je ne sais pas. Le temps qu'il faut pour aller de son village à un autre, la distance qui les sépare, il ne le sait pas et n'a vraiment aucun intérêt à le savoir.

Nous retrouvons également chez les Arabes d'Égypte la distinction fondamentale en sédentaires et en nomades, telle que nous l'avons constatée en Arabie et en Syrie. En Égypte, cette distinction est plus profonde encore que dans les autres régions, car elle implique non seulement une différence complète d'existence, mais encore une différence de race. Si l'Arabe des villes a fini, en effet, à la suite de croisements, par se transformer en Égyptien, il n'en est pas de même des nomades, qui, par suite de leurs conditions d'existence, n'ont pu se mélanger qu'avec eux-mêmes et doivent représenter assez bien, avec leur nez un peu aquilin, leurs lèvres minces, leur figure d'un ovale allongé, leurs yeux ardents, le type arabe des nomades au temps de Mahomet.

Ce sont les seuls guerriers redoutables de l'Égypte et les seuls avec lesquels les Anglais auraient eu à compter dans leur récente campagne, si, comme on nous l'a répété bien des fois dans le pays, leur neutralité n'avait pas été chèrement achetée.

Les Arabes nomades de l'Égypte plantent leurs tentes dans les déserts de sable qui se trouvent le long du Nil, à peu de distance de ses bords. Ils redoutent peu les autorités et n'entrent guère en relation avec les fellahs agriculteurs pour lesquels ils professent du reste une assez grande antipathie.

L'existence de ces nomades est celle de tous les Arabes du désert.

Sous tous les climats, l'Arabe nomade reste semblable à lui-même.

En dehors des Arabes, la population de l'Égypte contient des éléments fort divers : Turcs, Coptes, Syriens, Nègres, Grecs et Européens, etc. ; mais les croisements de ces éléments divers avec le fellah sont fort rares. Du reste, le climat de l'Égypte est tellement meurtrier pour l'étranger, qu'on ne cite guère d'individu de nationalité étrangère, y compris les Turcs, qui ait jamais pu se reproduire au-delà de la deuxième génération. L'Arabe est le seul peuple étranger qui ait réussi à faire souche en Égypte.

Parmi les peuples de l'Égypte que je viens de citer, les Coptes méritent une mention spéciale, car si l'on ne peut à la vérité les considérer comme des descendants non mélangés des anciens Égyptiens, c'est encore parmi eux cependant qu'on rencontre le plus d'individus ressemblant aux figures des anciens tombeaux. Ils professent la religion chrétienne et ne se sont jamais mélangés aux Arabes. On les rencontre surtout dans la haute Égypte et notamment dans certaines villes ou villages tels que Syout. Leur langue est très analogue à celle des anciens Égyptiens et c'est par son étude que Champollion arriva, comme on le sait, à expliquer les hiéroglyphes. On assure dans plusieurs ouvrages que la langue copte ne se parle plus aujourd'hui. J'ai entendu plusieurs fois cependant des Coptes la parler entre eux. Elle forme même plusieurs dialectes assez différents. Ils écrivent aujourd'hui leur langue avec des caractères grecs.

On évalue généralement à 200,000 au plus le nombre des Coptes existant en Égypte, mais plusieurs de ces derniers m'ont affirmé que leur nombre dépasserait 500,000. Le triste tableau qu'on fait de leur caractère ne m'a pas paru très fondé. Ce qui est certain, c'est qu'ils sont bien supérieurs par leur instruction aux Arabes actuels et surtout aux Turcs. Leur religion les empêche d'arriver aux places importantes, mais ils remplissent dans les administrations les emplois exigeant le plus de travail et d'intelligence.

Quant aux Turcs, qui ont remplacé politiquement les Arabes en Égypte, leur influence ethnographique a toujours été nulle. Au nombre de 20,000 à peine aujourd'hui, ils forment une aristocratie qui ne se mélange pas avec les habitants.

Arabes de l'Afrique, - En dehors de l'Égypte, qu'on rattache habituellement à l'Orient, tout le nord de l'Afrique est occupé

Le milieu et la race

par des populations de religion sinon toujours de sang arabe qui dépassent sur certains points l'équateur. Elles sont constituées par des Berbères, des Arabes et des Nègres plus ou moins mélangés. C'est surtout au Maroc que le mélange du sang nègre m'a frappé. Il augmente à mesure qu'on descend vers l'équateur.

Les Berbères de l'Afrique forment une population très différente des Arabes. Ayant l'intention de l'étudier en détail dans le chapitre consacré à l'histoire des Arabes en Afrique, nous n'avons pas à nous en occuper maintenant.

De même que les autres Arabes dont nous avons parlé jusqu'ici, ceux de l'Afrique se divisent en nomades et en sédentaires ; mais les nomades et surtout les sédentaires représentent aujourd'hui le produit des mélanges bien complexes. Dans les villes du littoral, les populations que nous qualifions d'arabes sont le produit du mélange de tous les peuples : Carthaginois, Romains, Vandales, Grecs, Berbères, Arabes, Turcs, Européens, Nègres, qui depuis des siècles se sont rencontrés sur ce littoral et dans ces régions. J'ai trouvé sur le littoral de l'Afrique septentrionale tous les types qu'on pourrait imaginer entre le Nègre du Soudan et l'Apollon du Belvédère. Aussi faut-il renoncer à rattacher les Arabes de l'Algérie à un seul type ou même à une demi-douzaine de types comme l'a fait récemment une anthropologiste qui les avait examinés d'une manière fort superficielle.

L'Arabe de l'Algérie n'est en réalité qu'un véritable métis [1], et nous devons nous attendre à trouver en lui toutes les qualités inférieures des métis. Les habitants sédentaires des villes sont les produits du mélange de tous les peuples cités plus haut, produits dégénérés par toutes les dominations qui ont pesé sur eux. Moins mélangés, et partant bien moins dégénérés, les nomades se rapprochent des véritables Arabes nomades des autres contrées et comme eux sont réfractaires à toute civilisation.

Sédentaires ou nomades, toutes ces populations ont un sentiment commun : une haine profonde, pas toujours sans fondement, des Européens qui les dominent. L'indigène, que nous décrivons comme indolent, contemplatif, peu industrieux, vivant au jour le

---

[1] Suivant MM. Carthez, sur les deux millions cinq cent mille musulmans d'Algérie (Arabes, Turcs, Berbères), il n'y aurait que deux cent mille Arabes purs. La race la plus nombreuse est constituée par les Berbères ou Kabyles, qui sont au nombre de un million quatre cent mille environ.

jour, humble ou arrogant suivant les circonstances, sacrifiera tout ce qu'il possède et compromettra sa vie dans chaque insurrection pour tâcher de se débarrasser de ses envahisseurs. On arrivera peut-être à détruire méthodiquement l'Arabe de l'Algérie par des moyens analogues à ceux employés par les Américains pour exterminer les Peaux-Rouges ; mais, ce qui me semble absolument certain, c'est que l'Européen ne réussira jamais à se l'assimiler. Deux races aussi dissemblables ne pourront jamais vivre en paix sur le même sol. C'est là une opinion que l'on évite habituellement de consigner dans les livres, mais que j'ai entendu professer en Algérie par tous les observateurs consciencieux. Je la partage moi-même entièrement.

Arabes de l'Espagne. - Toutes les populations arabes que nous venons de mentionner sont vivantes encore et leurs représentants actuels, bien qu'altérés par des influences diverses, nous permettent de nous faire une idée suffisamment exacte de ce que furent leurs ancêtres. Il n'en est pas de même pour les Arabes de l'Espagne. Ils ont disparu complètement, sans laisser de descendants pour perpétuer leur image à travers les âges. Nous ignorons donc ce que fut exactement leur type ; mais malgré l'absence de documents précis, nous pouvons dire que ce type dut bientôt différer de celui des premiers Arabes qui envahirent la contrée. Des croisements fréquents avec les chrétiennes captives, le mélange sur une large échelle avec les Berbères de l'Afrique qui envahirent l'Espagne durent altérer bientôt le type arabe primitif. Répétés pendant huit siècles, ces croisements durent avoir pour résultat, conformément aux lois anthropologiques exposées au début de ce chapitre, la formation d'une race nouvelle dont les représentants devaient différer sensiblement des primitifs envahisseurs. Les produits de la civilisation arabe de l'Espagne prouvent que cette race brilla par sa haute intelligence, et son histoire prouve qu'elle brilla aussi par son caractère chevaleresque et sa bravoure ; mais les luttes intestines qui furent la vraie cause de sa fin prouvent également que certaines caractéristiques fondamentales du caractère arabe s'étaient maintenues chez elle. Ne pouvant juger les Arabes de l'Espagne que par leur civilisation et leur histoire, c'est aux chapitres consacrés à cette civilisation et a cette histoire que je renverrai le lecteur.

Arabes de la Chine. - Aussitôt que l'empire des Arabes fut constitué, les khalifes d'Orient et les souverains de la Chine s'envoyèrent fréquemment des ambassadeurs et comme nous le verrons dans

Le milieu et la race

une autre partie de cet ouvrage, les relations commerciales des Arabes avec la Chine s'établirent régulièrement par voies de terre et de mer.

De même que dans tous les pays où pénètrent les Arabes, l'islamisme fit bientôt de rapides progrès en Chine et aujourd'hui on y compterait vingt millions de musulmans d'après le récent ouvrage de M. Dabry de Thiersant sur le mahométisme en Chine. Ces musulmans ne sont pas, bien entendu, d'origine exclusivement arabe mais simplement mélanges de sang arabe. Ils formeraient, suivant l'auteur que je viens de citer, une race à part résultant du mélange des trois sangs arabe, turc et chinois. D'après lui « le premier noyau des mahométans de l'Occident implanté en Chine a été un contingent de quatre mile soldats arabes que le khalife Abou Giafar envoya en l'an 755 au secours de l'empereur Sou-Tsong menacé par le rebelle An-Lo-Chan et qui pour les récompenser de leurs services leur permit de s'établir dans les principales villes de l'empire. Ces soldats, qui épousèrent des femmes chinoises, peuvent être considérés comme la souche des mahométans chinois. »

Après avoir cité l'opinion d'Anderson qui dit que leur honnêteté est au-dessus de tout commentaire et en fournit de curieux exemples, l'auteur ajoute d'après ses propres observations :

« Ils sont animés en général d'un grand esprit de droiture et d'honnêteté. Ceux qui occupent des fonctions publiques sont aimés et estimés des populations et ceux qui se livrent au négoce jouissent d'une excellente réputation. Ils sont charitables par principe religieux, et ne semblent former qu'une seule et grande famille dont tous les membres se protègent et se soutiennent mutuellement.

« Ce qui prouve par-dessus tout leur supériorité c'est que malgré leur tache originelle, grâce aux concessions adroites qu'ils ont su faire aux exigences de leur pays d'adoption, grâce également au lien de confraternité religieux qui les unit tous entre eux, ils ont pu grandir et se développer pendant que les autres religions étrangères qui ont voulu s'implanter en Chine n'ont fait jusqu'à présent que passer ou végéter. »

La grande tolérance des musulmans chinois, leur esprit libéral, leur soin de ne pas blesser, comme les missionnaires d'autres cultes, les usages, les lois et les croyances du pays où ils ont reçu l'hospitalité font qu'ils jouissent exactement des mêmes privilèges que les autres

Chinois. Ils peuvent être mandarins, occuper des fonctions dans l'armée et jusqu'auprès de l'empereur.

J'ai dû insister dans ce chapitre sur des questions bien négligées encore par les historiens et qui sont pourtant les plus dignes de méditations, car leur étude seule peut éclairer l'enchaînement des événements de l'histoire. Parmi les divers facteurs qui contribuent à déterminer l'évolution d'un peuple, les aptitudes intellectuelles et morales de sa race seront toujours les plus puissants. Cet ensemble de sentiments inconscients qu'on nomme le caractère et qui sont les véritables motifs de la conduite, l'homme les possède quand il vient à la lumière. Formés par la succession des ancêtres qui l'ont précédé, ils pèsent sur lui d'un poids auquel rien ne saurait le soustraire. Du sein de leur poussière tout un peuple de morts lui dicte impérieusement sa conduite.

C'est dans les temps passés qu'ont été élaborés les motifs de nos actions et dans le temps présent que se préparent ceux des générations qui nous succéderont. Esclave du passé, le présent est maître de l'avenir. L'étude de l'un sera toujours indispensable pour la connaissance de l'autre.

Chapitre III
Les Arabes avant Mahomet

1. – *Prétendue barbarie des Arabes avant Mahomet*

On admet généralement que les Arabes avant Mahomet n'ont pas eu d'histoire. Composés de tribus errantes sans traditions ni demeures, ils auraient mené pendant des siècles une vie demi-sauvage, et rien ne serait resté de leur souvenir dans la mémoire des hommes.

Une telle opinion est professée encore aujourd'hui par des esprits fort distingués. J'en trouve la preuve dans le passage suivant de l'illustre auteur de l'histoire des langues sémitiques : « Jusqu'à ce mouvement extraordinaire qui nous montre la race arabe tout à coup conquérante et créatrice, l'Arabie n'a aucune place dans l'histoire politique, intellectuelle, religieuse du monde. Elle n'a pas de haute antiquité. Elle est si jeune dans l'histoire que le sixième siècle est son âge héroïque, et que les premiers siècles de notre ère appartiennent pour elle aux ténèbres antéhistoriques. »

Quand bien même nous ne saurions rien du passé des Arabes, nous pourrions affirmer d'avance que l'opinion qui précède est erronée. Il en est de la civilisation d'un peuple comme de son langage. L'un et l'autre peuvent apparaître brusquement dans l'histoire, mais ils ont eu toujours des fondements dont l'élaboration a été nécessairement fort lente. L'évolution des individus, des peuples, des institutions et des croyances est toujours graduelle. Une force supérieure ne peut être atteinte que lorsque toute la série des formes intermédiaires a été successivement franchie.

Lorsqu'un peuple apparaît dans l'histoire avec une civilisation avancée, on peut affirmer sûrement que cette civilisation est le fruit d'un long passé. Ce passé nous est souvent ignoré, mais il existe toujours, et les investigations de la science finissent le plus souvent par le mettre en évidence.

Il en est ainsi de la civilisation des Arabes avant Mahomet. Dire exactement aujourd'hui ce que fut cette civilisation serait difficile, mais les documents que nous possédons suffisent à montrer qu'elle a existé, et qu'elle ne fut pas inférieure peut-être à ces antiques civilisations de l'Assyrie et de la Babylonie, ignorées pendant si longtemps, mais que l'archéologie moderne reconstitue maintenant.

Les idées courantes sur la barbarie des Arabes avant Mahomet ne sont pas seulement le résultat du demi-silence de l'histoire, mais encore de la confusion qu'on fait généralement entre les Arabes nomades, habitants du désert, et les Arabes sédentaires, habitants des villes. Avant comme après Mahomet, les nomades sont restés des populations à demi sauvages, n'ayant possédé, comme tous les sauvages, ni civilisation ni histoire.

Mais ces Arabes nomades ne forment qu'une des deux branches de la race arabe : à côté d'eux se trouvent les Arabes sédentaires, connaissant l'agriculture et habitant les villes. Or, il est facile de prouver que ces Arabes des villes possédèrent autrefois une civilisation dont nous ignorons les détails, mais dont nous pouvons pressentir la grandeur.

L'histoire n'est pas restée aussi muette sur l'ancienne culture des Arabes qu'elle l'a été sur d'autres civilisations que la science moderne voit sortir avec étonnement de la poussière ; mais eût-elle garde un silence complet, nous aurions pu assurer que la civilisation arabe fut bien antérieure à Mahomet. Il nous aurait suffi de rappeler, qu'a l'époque du prophète, les Arabes possédaient déjà une littérature et une langue très développées et se trouvaient depuis plus de 2000 ans en relations commerciales avec les peuples les plus civilisés du monde, et réussirent en moins de cent ans à créer une des plus brillantes civilisations dont les siècles ont gardé la mémoire.

Or, une littérature et une langue ne s'improvisent pas, et leur existence est déjà la preuve d'un long passé. Les relations séculaires avec les nations les plus civilisées finissent toujours par conduire à la civilisation les peuples qui en sont susceptibles ; et les Arabes ont suffisamment prouvé que tel était leur cas. Pour avoir réussi enfin à créer en moins d'un siècle un vaste empire et une civilisation nouvelle, il fallait des aptitudes qui sont toujours le fruit de lentes accumulations héréditaires, et par conséquent d'une longue culture antérieure. Ce n'est pas avec des Peaux-Rouges ou des Australiens que les successeurs de Mahomet eussent créé ces cités brillantes qui pendant huit siècles furent les seuls foyers des sciences, des lettres et des arts, en Asie et en Europe. Bien d'autres peuples que les Arabes ont renversé de grands empires, mais ils n'ont pas fondé de civilisation, et faute de culture antérieure suffisante, ils n'ont profité que bien tard de la civilisation des peuples qu'ils avaient vaincus. Il a fallu de longs siècles d'efforts aux barbares qui s'emparèrent de l'empire romain pour se créer une civilisation avec les débris de la civilisation latine et sortir de la nuit du moyen âge.

Avant d'essayer de découvrir, au moyen des faibles documents que nous possédons, ce que fut la civilisation des Arabes avant Mahomet, nous allons résumer rapidement ce que nous savons de leur histoire.

2. - *Histoire des arabes avant Mahomet*

Les Arabes ont eu, comme tous les peuples, une période préhistorique. L'étude des débris d'armes, d'instruments, de demeures laissés dans les couches géologiques du globe par nos primitifs ancêtres, prouve que, bien des siècles avant la courte durée des temps dont s'occupe l'histoire et pendant une période

Le milieu et la race

qui ne peut se chiffrer que par millions d'années, l'homme ignora les métaux, l'agriculture, l'art de rendre les animaux domestiques, et n'eut que des fragments de silex pour armes. On a donné à cette primitive période le nom « d'âge de la pierre taillée, » et partout où l'archéologie préhistorique a porté ses recherches, en Arabie comme en Europe et en Amérique, elle a retrouvé des traces de cette lointaine époque.

Les débris retrouvés dans les couches géologiques du sol ont prouvé que cet âge de la pierre présente les plus grandes analogies chez les divers peuples. Avec ces éléments, il a été facile de reconstituer les conditions d'existence et même l'état intellectuel de nos plus lointains ancêtres. C'est un travail que nous avons fait dans notre précédent ouvrage, et sur lequel il serait inutile de revenir ici.

Les plus anciennes traditions des Arabes ne remontent pas au-delà d'Abraham, mais la linguistique nous prouve qu'à une époque beaucoup plus reculée, toutes ces vastes régions comprises entre le Caucase et le sud de l'Arabie étaient habitées sinon par une même race, au moins par des peuples parlant la même langue. L'étude des langues dites sémitiques démontre en effet que l'hébreu, le phénicien, le syriaque, l'assyrien, le chaldéen et l'arabe ont une étroite parenté et par conséquent une commune origine.

Nous ignorons quelles furent les influences de milieux et de conditions d'existence qui déterminèrent la différenciation des peuples issus de la race primitive dont nous venons de parler, et nous ne pouvons par conséquent qu'indiquer leur parenté avec les Arabes, les seuls dont nous allons nous occuper maintenant.

Les sources de l'histoire des Arabes avant Mahomet sont les livres des Hébreux, les traditions des Arabes, les rares documents laissés par quelques historiens grecs et latins et un petit nombre d'inscriptions telles que les inscriptions assyriennes ou celles découvertes près de Damas, dans le Safa.

Les livres des Hébreux reconnaissent leur parenté avec les Arabes, et considèrent ces derniers comme un peuple plus ancien qu'eux-mêmes.

Leurs luttes intestines durèrent fort longtemps, et, dans la Bible, il est fréquemment question des Amalécites et des Madianites de la presqu'île du Sinaï, ainsi que des Sabéens de l'Arabie méridionale.

Suivant les traditions des Arabes, empruntées évidemment aux sources juives, Kachtan ou Jectan, de la race de Sem, et Ismaël, fils d'Abraham et de sa servante égyptienne Agar, seraient les sources des deux races qui peuplèrent primitivement la péninsule : les sédentaires au midi, les nomades au nord. Établis dans l'Yémen, les fils de Jectan y fondèrent la dynastie sabéenne et la dynastie hémyarique. Les fils d'Ismaël s'établirent des confins de la Palestine à l'Hedjaz. Ils furent les premiers maîtres du territoire de la Mecque, qui disputa longtemps à Sanâ, principale ville de l'Yémen, le titre de capitale de l'Arabie.

Les Nabathéens, les Iduméens, les Moabites, les Amalécites, les Ammonites, les Madianites, tribus nombreuses, dont les noms reviennent souvent dans la Bible, seraient les descendants d'Ismaël. Ce sont probablement des Amalécites qui, associés à des nomades syriens, envahirent l'Égypte 2000 ans avant J.-C. et, sous le nom de rois Pasteurs, y maintinrent leur domination pendant plusieurs siècles.

Les Amalécites, les Iduméens, les Moabites, les Ammonites finirent par se concentrer dans l'Arabie pétrée et l'Arabie déserte. Toujours en guerre avec les Hébreux, ils s'opposèrent pendant longtemps à leur entrée dans la terre de Chanaan. Ils ne furent définitivement soumis, et seulement pour très peu de temps, que par David et Salomon.

Mais les récits de la Bible ne nous font guère connaître que les Arabes nomades des frontières de la Palestine, et ils ne nous donnent aucun renseignement sur les Arabes sédentaires de l'Yémen. Ils se bornent en effet à nous parler de la visite de la reine de Saba au roi Salomon.

Les inscriptions assyriennes nous parlent souvent des Arabes, mais seulement des Arabes du nord, c'est-à-dire de ceux de la Syrie et des régions voisines. Les Arabes sont mentionnés déjà dans un texte de Salmanazar II antérieur de neuf siècles à J.-C. Huit siècles environ avant J.-C. Taglatphanassar II reçoit l'hommage de deux reines arabes. Hassar Haddon met sur un trône une princesse arabe élevée à la cour de Ninive. Sous Assurbanipal, la révolte d'un frère du roi est soutenue par des armées arabes.

Les chroniqueurs arabes sont les seuls qui parlent avec quelques détails des régions plus méridionales de l'Arabie ; mais leurs

Le milieu et la race

récits sont remplis d'obscurité et d'exagérations qui permettent difficilement d'y avoir recours. Ils peuvent servir cependant à confirmer ce que les auteurs grecs et latins nous disent de la puissance de l'Yémen. Suivant les récits arabes, cette province aurait été le siège du plus puissant de tous les empires. Ses rois auraient régné pendant 3,000 ans et envoyé des expéditions dans l'Inde, la Chine et l'Afrique jusqu'aux régions qui forment aujourd'hui le Maroc.

Ce que nous savons d'un peu précis de l'histoire de l'Arabie ou du moins de petites fractions de l'Arabie par les auteurs grecs et latins ne remonte pas avant Alexandre et peut se résumer en peu de lignes.

Connues des Grecs plus de quatre siècles avant J.-C., les richesses des Arabes avaient déterminé Alexandre à tenter la conquête de l'Arabie, et l'expédition de Néarque autour de la péninsule aurait été le présage de l'exécution prochaine d'un dessein que la mort vint interrompre. Lors du partage de l'empire d'Alexandre, les régions voisines des frontières de l'Égypte et de la Palestine, habitées par les Arabes, tombèrent au pouvoir de Ptolémée. Les Nabathéens prirent parti pour Ptolémée contre Antigone. Quand celui-ci fut maître de la Syrie et de la Phénicie, il envoya contre eux un de ses meilleurs généraux, qui, après s'être emparé de Pétra par surprise, eut son armée de 4 600 hommes entièrement détruite. Antigone envoya alors contre eux son fils Démétrius. Lorsque ce dernier arriva à Petra, les Arabes, au dire de Diodore, lui tinrent ce langage : « Roi Démétrius, pourquoi nous fais-tu la guerre, à nous qui habitons des déserts où l'on ne trouve rien de ce qui est nécessaire à la vie paisible des habitants d'une cité ? C'est parce que nous sommes déterminés à fuir l'esclavage que nous avons cherché un refuge au milieu d'une contrée privée de toutes ressources. Consens donc à accepter les présents que nous t'offrons pour faire retirer ton armée, et sois sûr que tu auras dorénavant dans les Nabathéens de fidèles amis. Que si tu voulais prolonger le siège, tu éprouverais bientôt des privations de toute espèce, et tu ne pourrais jamais nous contraindre à mener un genre de vie différent de celui auquel nous sommes habitués des notre enfance. Si, tout au plus, tu parvenais à faire parmi nous quelques prisonniers, tu ne trouverais en eux que des esclaves découragés, et incapables de vivre sous d'autres institutions que les nôtres. »

Heureux de pouvoir terminer par la paix une guerre qu'il entrevoyait pleine de difficultés, Démétrius reçut les présents et se retira.

Jusqu'à l'ère chrétienne, les tribus du désert prirent parti tantôt pour les Égyptiens, tantôt pour les Syriens dans les guerres nombreuses qui dévastèrent ces contrées. Leurs incursions et leurs brigandages provoquèrent la colère des empereurs romains, dont l'empire s'étendait jusqu'à l'Euphrate. Ils envoyèrent plusieurs expéditions contre les habitants de l'Arabie pétrée, mais sans autre résultat que le paiement de tributs passagers ou la suspension momentanée des hostilités. Ces nomades faisaient alors la guerre comme ils la font encore aujourd'hui, harcelant l'ennemi par des attaques imprévues, et s'échappant dans le désert aussitôt qu'ils étaient poursuivis.

Désireux de posséder ces richesses qui, depuis tant de siècles, enflammaient l'imagination des Grecs et des Romains, Auguste envoya une expédition dans l'Yémen, mais elle échoua complètement. Ce ne fut que sous Tibère que les Romains parvinrent à conquérir pour quelques temps ce petit coin de l'Arabie, habité presque entièrement par des nomades, qui forme la presqu'île du Sinaï. L'ancienne ville arabe de Pétra devint alors une magnifique cité romaine, dont les ruines subsistent encore aujourd'hui.

Les Arabes furent mêlés plusieurs fois aux guerres des Romains avec la Perse ; un Arabe nommé Philippe devint même empereur romain en 244. On les vit menacer un instant l'Asie Mineure, mais la destruction de Palmyre par Aurélien (272) les éloigna de cette région, et la Syrie devint une province romaine gouvernée en partie par des souverains arabes, dit Ghassanides, sous la protection des empereurs.

Lorsque l'empire romain fut transféré à Constantinople, les Arabes disputèrent aux Perses et aux Grecs la possession de l'Euphrate. Des tribus venues de l'Yémen avaient déjà envahi depuis longtemps ce pays, et fondé, dans la Babylonie méridionale, sur les bords de l'Euphrate (195 de J.-C.), auprès de la moderne Koufa, la célèbre ville d'Hira, dont les souverains rivalisaient par leur luxe avec les monarques de la Perse et de Constantinople : « Ses palais étaient ornés des meubles les plus précieux, ses jardins des fleurs les plus rares. L'Euphrate, sillonné d'embarcations élégantes, réfléchissait pendant la nuit les mille lumières de ces barques remplies de riches

Le milieu et la race

seigneurs et d'habiles musiciens. Les Arabes ont employé toutes les ressources de leur imagination pour raconter les merveilles de ces palais enchantés, devenus alors les plus belles et les plus salubres résidences de tout l'Orient. »

Le royaume d'Hira dura 400 ans, ce qui est un temps respectable pour un empire ; mais son histoire nous est fort peu connue ; nous savons cependant qu'en 605, il tomba sous la domination des Sassanides et devint une satrapie persane. Ce fut, du reste, pour peu de temps, car Mahomet allait paraître sur la scène du monde, et l'empire des Perses devait être bientôt conquis par ses successeurs.

Le résumé qui précède prouve que, sauf sur ses frontières du nord, l'Arabie avait échappé à toutes les invasions. Tous les grands conquérants Égyptiens, grecs, romains, perses, etc., qui avaient ravagé le monde n'avaient rien pu contre elle. L'immense péninsule restait toujours fermée.

Mais au moment où parut Mahomet, elle était menacée d'invasions redoutables. L'an 525 de J.-C., l'Yémen, qui n'avait jusqu'alors obéi qu'à des souverains arabes, avait été envahi par les Abyssins, qui essayèrent d'y propager la religion chrétienne et réussirent à convertir plusieurs tribus. En 597, c'est-à-dire fort peu de temps avant Mahomet, ils furent chassés par les Perses, qui y établirent des vice-rois. Ces derniers régnèrent sur l'Yémen, l'Hadramaut et l'Oman jusqu'à l'arrivée du prophète.

Cette domination toute passagère ne comprit jamais du reste la vaste région du Nedjed ni l'Hedjaz, et nous pouvons dire que de tous les pays civilisés du monde, l'Arabie est peut-être le seul dont la plus grande partie n'ait jamais connu de domination étrangère.

3. - *Civilisation de l'Arabie avant Mahomet*

Les auteurs bibliques nous parlent souvent du commerce des Arabes, des villes qu'ils possédaient, et notamment de Saba, dans l'Yémen ; mais si les indications qu'ils nous donnent révèlent l'existence de grandes villes à une époque fort reculée, ils ne nous fournissent aucun document sur elles.

Quatre cents ans environ avant J.-C., Hérodote nous parle de l'Arabie heureuse comme de la plus riche contrée du globe. À Mareb, l'antique Saba de la Bible, on trouvait, suivant lui, de riches palais ornés de portiques dorés remplis de vases d'or et d'argent et de lits de repos en métaux précieux.

Strabon nous donne des renseignements analogues. Parlant d'après Artémidor, il nous dit que cette ville de Mareb était une merveilleuse cité. La toiture des palais était ornée d'or, d'ivoire et de pierres précieuses. Des meubles et des vases richement ciselés embellissaient les demeures. Suivant Eratosthène, les maisons, d'après la manière dont la charpente était assemblée, ressemblaient à celles des Égyptiens.

Les anciennes chroniques arabes sont conformes aux renseignements fournis par les auteurs classiques. Tous sont unanimes à vanter la richesse de l'Yémen : « On y voyait, dit Masoudi à propos du pays de Mareb, de beaux édifices, des arbres magnifiques, des canaux en grand nombre, des rivières qui le parcouraient en tous sens. Tel était l'état de ce pays, qui avait en longueur et en largeur l'étendue que pourrait parcourir en un mois de temps un bon cavalier. Un voyageur, soit à pied, soit à cheval, pouvait suivre toute cette route d'une extrémité à l'autre sans ressentir les ardeurs du soleil ; il y trouvait partout un ombrage touffu qui ne le quittait pas ; car les arbres, dont la culture faisait la richesse de ce pays, couvraient toute cette terre et lui faisaient un abri continuel. Les habitants jouissaient de toutes les aisances de la vie : ils avaient en abondance tous les moyens de subsistance ; une terre fertile, un air pur, un ciel serein, des sources d'eau nombreuses, une grande puissance, une domination bien affermie, un empire au plus haut point de prospérité, tout contribuait à faire de leur pays un séjour dont les avantages étaient passés en proverbe. Ils se distinguaient aussi par la noblesse de leur conduite et par l'empressement avec lequel ils accueillaient de tout leur pouvoir, et suivant leurs facultés, tous les étrangers qui venaient dans leur pays et tous les voyageurs. Cet état de prospérité dura aussi longtemps qu'il plut a Dieu ; aucun roi ne leur résista qui ne fût défait ; aucun tyran ne marcha contre eux avec ses armées qui ne fût mis en déroute ; toutes les régions leur étaient soumises, tous les hommes reconnaissaient leurs lois ; ils étaient comme le diadème sur le front de l'univers. »

La prospérité de cette partie de l'Yémen tenait, parait-il, aux fameuses digues de Mareb, construites, suivant les auteurs arabes,

Le milieu et la race

par une reine nommée Balkis, et qu'ils supposent avoir été la même que celle qui visita Salomon. Placées à l'entrée d'une étroite vallée formée par des montagnes élevées entre lesquelles coulait un torrent rapide, elles transformèrent la vallée en un lac immense qui servait ensuite à l'irrigation de la contrée. Leur destruction, qui eut lieu vers le premier siècle de l'ère chrétienne, amena la dépopulation du pays.

Les documents qui précèdent concordent assez entre eux pour nous prouver que l'Yémen fut le siège de villes aussi florissantes sans doute que celles de l'antique Égypte, et possédant une civilisation avancée. Leurs ruines dorment aujourd'hui dans la poussière, attendant, comme celles de Ninive et de Babylone l'ont attendu pendant longtemps, un explorateur.

Le luxe des grandes villes de l'Yémen nous est encore indiqué par l'ancienneté et l'étendue de leurs relations commerciales. Il serait difficile en effet de citer dans l'histoire un peuple ayant eu des relations commerciales importantes et pas de civilisation. Or les relations des Arabes s'étendaient jusqu'aux limites du monde connu et duraient depuis une époque fort reculée, puisqu'il en est déjà question dans la Bible. Véritables entrepôts commerciaux du monde, pendant plus de 2 000 ans elles ont joué le rôle de Venise à l'époque de sa splendeur.

C'est par les Arabes en effet que, pendant toute l'antiquité classique, l'Europe fut en rapports avec les régions éloignées de l'Asie. Le commerce des Arabes comprenait non seulement les objets de l'Arabie, mais encore ceux qu'ils recevaient de l'Afrique et de l'Inde. Il portait surtout sur des objets de luxe : ivoire, aromates, parfums, pierres précieuses, poudre d'or, esclaves, etc. Il eut lieu pendant longtemps par l'intermédiaire des Phéniciens, dont la langue était très voisine de celle des Arabes. Les produits apportés par ces derniers venaient se concentrer dans les grandes Cités de la Phénicie, telles que Tyr, d'où ils étaient ensuite expédiés au dehors.

Dans leur commerce des produits de l'Inde, les Arabes n'avaient pour concurrents que les Babyloniens. Ces derniers étaient en relations avec l'Inde par la route de terre ou par le golfe Persique. De Babylone, les marchandises arrivaient par caravanes en Syrie, d'où elles étaient dirigées sur le reste du monde. Ces caravanes rencontraient dans ces longs trajets les entrepôts importants des villes d'Héliopolis et Palmyre, dont le voyageur admire aujourd'hui les ruines imposantes perdues dans le désert, et enfin la grande cité de Damas.

Avec de telles relations commerciales, répétées depuis tant de siècles, on conçoit ce que pouvaient être autrefois les grandes villes de l'Arabie, et notamment celles de l'Yémen. Enrichies par un commerce séculaire, elles connaissaient tous les produits du luxe le plus raffiné, et on comprend que les auteurs grecs, latins et arabes aient été unanimes pour vanter les merveilleuses splendeurs de ces vastes cités.

Ce ne fut pas uniquement d'ailleurs dans l'Yémen que brilla la civilisation des Arabes avant Mahomet. Les détails laissés par les anciennes chroniques sur les royaumes d'Hira et de Ghassan prouvent à quel point les futurs disciples du Prophète étaient susceptibles de civilisation.

Nous avons déjà parlé de cette ville d'Hira, si célébrée par les Arabes et qui rivalisait par son luxe avec la capitale de la Perse et Constantinople. Le royaume de Ghassan, aussi important que celui d'Hira, fut fondé peu après J.-C. par des Arabes venus de l'Yémen et dura cinq cents ans. Suivant les historiens, il aurait possédé soixante villes fortes. Les découvertes de l'archéologie moderne ont prouvé la grandeur de sa civilisation par l'importance des monuments couverts d'inscriptions sabéennes et différents du style romain, découvertes auprès de son ancienne capitale Bosra, sur les frontières de la Syrie. On y a retrouvé également des vestiges de canalisation qui prouvent l'aptitude de sa population à exécuter des travaux véritablement gigantesques.

Il faut remarquer cependant que, dans les royaumes d'Hira et de Ghassan, les Arabes s'étant trouvés en contact avec les Perses et les Romains leur civilisation dut être notablement influencée par ce contact étranger. Il ne pouvait en être ainsi dans l'Yémen dont le développement dut être fort antérieur à celui des Romains. C'est donc dans cette province qu'il importerait d'aller étudier les vestiges de l'antique civilisation arabe. Il est fâcheux que l'archéologie n'ait pas pénétré encore dans cette région. Actuellement nous ne sommes pas mieux renseignés sur les anciennes villes de l'Yémen que nous ne l'étions il y a quelques années sur celles de l'Assyrie ensevelies alors sous les sables du désert. Plus d'une indication nous permet cependant d'assurer que les recherches qu'on pourra effectuer seront fertiles. M. Halévy, qui a parcouru le Yémen il y a peu d'années, mais sans pouvoir y faire des fouilles, parle des objets d'or et d'argent que les Arabes découvrent souvent dans les ruines, et lui-même a trouvé près de Haram, non loin de Sanâ, des stèles chargées d'anciennes inscriptions et la porte d'entrée en dalles de grès d'un temple sabéen couvert de dessins de plantes et d'animaux. M. Schlumberger a pu, de son côté, acheter récemment à Constantinople une collection de deux cents pièces de monnaies d'anciens rois de l'Yémen un peu antérieures à J.-C., découvertes à Sanâ par un Arabe. Ces pièces qui étaient autrefois d'une rareté extrême, puisque l'on n'en connaissait que deux ou trois dans tous les musées de l'Europe, possèdent des particularités fort curieuses. Le type gravé sur une de leurs faces représente un personnage royal vu de profil, la tête couverte d'un diadème. Les cheveux tressés en cordelettes rappellent exactement les coiffures de ces Hycsos, ou rois pasteurs venus de l'Arabie, qui régnèrent pendant longtemps sur l'Égypte et dont M. Mariette a découvert des statues figurant aujourd'hui au musée de Boulaq. Sur l'autre face de la pièce est représentée une chouette. L'artiste semble avoir pris pour modèle des monnaies grecques très répandues alors chez tous les peuples de la Méditerranée avec lesquels les Arabes étaient en relations commerciales fréquentes.

Bien que fort insuffisantes, les indications archéologiques qui précèdent complètent utilement les renseignements que nous avons tirés des anciens auteurs, et nous permettent d'entrevoir dans le passé de l'Arabie une civilisation brillante, oubliée aujourd'hui, et qui attend encore son histoire. Du peu que nous en savons, nous pouvons certainement conclure qu'on ne doit pas considérer comme une horde de barbares un peuple qui, bien des siècles avant que les Romains eussent paru sur la scène du monde, édifiait de grandes cités et était en relations avec les plus importantes nations du globe.

4. - *Les anciennes religions de l'Arabie*

Avant Mohomet, les diverses tribus arabes avaient eu des cultes très variés, parmi lesquels les plus répandus étaient ceux du soleil et des principaux astres. Ils avaient emprunté aux peuples avec lesquels ils étaient en relations commerciales plusieurs de leurs divinités. Aussi leur Panthéon était-il aussi peuplé que l'Olympe gréco-romain.

Des inscriptions assyriennes antérieures de sept à huit siècles à J.-C., et celles de Safa prouvent qu'à une époque bien reculée les Arabes étaient polythéistes et élevaient des statues à leurs dieux. Voici, par exemple, ce que dit une inscription assyrienne racontant le retour d'Hassar-haddon d'une expédition dans l'Arabie déserte.

« Le roi arabe X. s'est rendu avec de nombreux présents à Ninive, ville de ma domination : il a baisé mes pieds. Il m'a prié de lui rendre ses dieux ; j'ai eu pitié de lui. J'ai fait réparer les statues des dieux ; j'y ai fait inscrire l'éloge d'Assour, mon seigneur, accompagné de ma signature et je les lui ai restituées. Tabua, princesse arabe qui avait été élevée dans mon palais, je l'ai revêtue de la dignité de reine et je l'ai renvoyée dans son pays avec ses dieux. »

Des germes d'unité existaient cependant parmi les cultes varies de l'Arabie, et c'est en les développant que Mahomet put accomplir l'œuvre d'unification qu'il avait entreprise. Il y avait, en Arabie, un temple, nommé la Kaaba, fondé, suivant la tradition arabe, par Abraham, et qui était vénéré par tous les peuples de la péninsule pour lesquels il était un lieu de pèlerinage fort ancien. C'était le véritable Panthéon des dieux de l'Arabie et quand parut Mahomet, il contenait les statues ou les images de trois cent soixante dieux, parmi lesquels, suivant le témoignage de plusieurs auteurs arabes, notamment Haraivi, figuraient Jésus-Christ et la Vierge Marie. Tous les peuples de l'Arabie mettaient leur gloire à orner la Kaaba, et pour les juifs eux-mêmes c'était un lieu fort vénéré. La garde du temple était confiée aux Arabes de la tribu des Koreïschites, qui, pour cette raison, possédaient une autorité religieuse reconnue dans toute l'Arabie.

Beaucoup d'Arabes, en dehors même de ceux assez nombreux qui pratiquaient le christianisme ou le judaïsme à l'époque de Mahomet, adoraient un dieu unique. Ceux-là se qualifiaient d'Hanyfes, titre dont Mahomet aimait à se parer. Non seulement ils admettaient un Dieu unique, ce qui est un des principes fondamentaux du Coran, mais ils enseignaient, ce qui est un autre principe également fondamental du même livre, que l'homme doit se soumettre d'une façon aussi absolue à la volonté de Dieu qu'Abraham lorsqu'il se disposait à immoler son fils Isaac. Ce n'est donc pas sans raison que Mahomet a pu dire dans le Coran, qu'il y avait eu des musulmans avant lui.

Cette concentration de tous les dieux de l'Arabie à la Kaaba de la Mecque rendait possible la fusion de tous ces cultes en un seul. Cette fusion était facilitée encore par ce fait, que tous les adorateurs de ces dieux divers parlaient la même langue. Le moment où tous les Arabes pouvaient être réunis en une même croyance était arrivé. C'est là ce que comprit Mahomet, et c'est la façon dont il sut le comprendre qui fit sa force. Loin de songer à fonder un culte nouveau, comme on le répète parfois, il se borna à prêcher que le seul Dieu était celui du fondateur même de cette Kaaba, que toute l'Arabie vénérait, c'est-à-dire le Dieu d'Abraham.

Quand Mahomet parut, une tendance générale à l'unité politique et religieuse se manifestait par des signes nombreux. Le même mouvement, qui s'était jadis produit contre les divinités païennes au temps des empereurs romains, se produisait également en Arabie. Les antiques croyances perdaient de leur empire, et les idoles de leur prestige. Elles étaient trop vieilles ; et les dieux eux-mêmes ne doivent pas vieillir.

Livre deuxième
Origines de la puissance des Arabes

Chapitre I
Mahomet – Naissance de l'empire arabe

1. – *La jeunesse de Mahomet*

Le 27 Août de l'an 570 de l'ère chrétienne Mahomet naquit à la Mecque. Son père Adballah, mort deux mois avant sa naissance, était le fils d'un des pontifes du célèbre temple de la Kaaba ; sa mère, Amina, était la fille d'un chef de tribu. Les Arabes se sont plu à accompagner de prodiges la naissance de leur grand homme. Le monde s'émut, suivant eux, à l'apparition du futur prophète. Le feu sacré s'éteignit chez les Mages ; les génies du mal furent précipités du haut des étoiles. Quatorze des tours du palais de Khosroës le « roi des rois » s'écroulèrent avec fracas, comme pour annoncer la ruine prochaine du gigantesque empire des Perses.

Mahomet fut d'abord nourri par sa mère, puis, suivant une coutume qu'on rencontre encore aujourd'hui, envoyé dans une tribu nomade du désert. Il n'y resta que jusqu'à l'âge de trois ans. Effrayés, suivant la tradition, par les prodiges qui accompagnaient sa présence, ses parents adoptifs ne voulurent plus le garder.

Il sortait à peine de la première enfance quand sa mère mourut, le laissant aux soins de son grand-père Abd-el-Mottatib qui le combla de soins.

Mais les génies bienfaisants, qui devaient conduire si loin Mahomet, semblaient vouloir accumuler sur ses premières années tous les malheurs habituellement échelonnés dans le cours de l'existence. Son grand-père mourut deux ans après Amina. Recueilli par son oncle, commerçant toujours en voyage, Mahomet n'eut bientôt d'autre protecteur que lui-même.

La tradition rapporte que pendant un de ses voyages en Syrie, l'oncle du futur prophète emmena ce dernier avec lui, et que

Origines de la puissance des Arabes

Mahomet fit connaissance dans un monastère chrétien, à Bosra, d'un moine nestorien qui l'initia à la connaissance de l'Ancien Testament.

Vers l'âge de 20 ans, Mahomet prit part à un combat qui eut lieu entre les Koréïschites et une autre tribu. On assure qu'il y révéla déjà les talents militaires qu'il devait manifester plus tard.

Sa réputation était excellente. Sa bienveillance et sa sincérité lui avaient fait donner par les Koréïschites le surnom de el Amin, c'est-à-dire le fidèle.

Cette réputation, jointe sans doute aussi aux avantages physiques qu'il possédait, lui conquirent à l'âge de vingt-cinq ans la bienveillance d'une riche veuve, nommée Khadidja, qui le chargea de ses affaires commerciales. Elles lui fournirent l'occasion de retourner en Syrie, et de revoir le moine qui l'avait initié à la connaissance de l'Ancien Testament. À son retour, il épousa la riche veuve, bien qu'elle eût quarante ans, et lui seulement vingt-cinq. Ce fut sa première femme, et il n'en prit pas d'autres tant qu'elle vécut.

La chronique ne dit rien des quinze années qui suivirent le premier mariage de Mahomet. On suppose, assez gratuitement du reste, qu'il élaborait les dogmes de la future religion dont il devait être le chef. Il ne manifestait cependant aucune répugnance à accepter le culte national, et rien n'indique qu'il songeait à le renverser.

2. - *Prédications de Mahomet*

Ce n'est qu'à l'âge de quarante ans que Mahomet parla pour la première fois de sa mission. À la suite d'une des retraites qu'il faisait annuellement sur le mont Harra à trois milles de la Mecque, il vint trouver sa femme Khadidja, la figure toute troublée, et lui tint, suivant les historiens arabes, ce langage : « Cette nuit j'errais sur la montagne lorsque la voix de l'ange Gabriel est venue frapper mes oreilles : « Au nom de ton maître, qui a créé l'homme et qui vient enseigner aux hommes ce qu'ils ignorent, Mahomet, tu es le prophète de Dieu et je suis Gabriel ! » Telles sont les paroles divines, et des ce moment j'ai senti en moi la puissance prophétique. »

En femme docile, Khadidja n'hésita pas à croire à la mission prophétique de son époux, et alla en informer un de ses cousins nomme Waraka, qui passait pour un homme fort instruit. Waraka déclara que si ce qu'on lui disait était vrai, Mahomet avait vu apparaître l'ange qui autrefois alla trouver Moïse, et était destiné à être le prophète et le législateur des Arabes.

Satisfait de cet appui, Mahomet manifesta son allégresse en faisant sept fois le tour de la Kaaba, puis il rentra chez lui, et depuis cette époque, suivant Aboulféda, les révélations ne cessèrent de se succéder.

Pendant trois ans, Mahomet ne fit de prédications que devant ses proches parents, gens généralement influents par leur âge et leur position.

Lorsqu'il se fut bien assuré de leur concours, il annonça publiquement sa mission et commença à combattre le polythéisme, dont le foyer était, comme nous l'avons vu, le temple de la Kaaba, asile sacré de tous les dieux de l'Arabie.

Les premières tentatives du prophète ne furent pas heureuses : elles n'aboutirent qu'à le faire tourner en ridicule. Mais chez les Koréischites, gardiens de la Kaaba, la raillerie se transforma bientôt en fureur, et ils menacèrent de mort Mahomet et ses partisans.

Mahomet ne se laissa pas rebuter par ces premières difficultés. Suivant Aboulféda, il déclara que quand même ses ennemis « placeraient le soleil à sa droite et la lune à sa gauche, » il n'abandonnerait pas son oeuvre.

Les Koréischites songèrent pendant longtemps à se porter à des violences contre le prophète, mais, d'après les mœurs arabes, tous les membres d'une famille se devant protection, toucher à Mahomet eût été s'exposer à d'infaillibles représailles de la part de ses nombreux parents.

Mahomet put donc continuer pendant quelque temps ses prédications et faire quelques nouveaux prosélytes sans être trop inquiété. Mais ces nouveaux convertis, n'ayant pas la même protection que leur maître, furent bientôt obligés d'émigrer en Abyssinie.

Les historiens arabes assurent que quand le roi d'Abyssinie les interrogea sur la religion nouvelle, Djafa, cousin de Mahomet, lui répondit : « Nous étions plongés dans les ténèbres de l'ignorance ; nous adorions des idoles. Livrés à toutes nos passions, nous ne connaissions de loi que celle du plus fort, quand Dieu a suscité parmi nous un homme de notre race, illustre par sa naissance, depuis longtemps estimé pour ses vertus. Cet apôtre nous a enseigné à professer l'unité de Dieu, à rejeter les superstitions de nos pères, à mépriser les divinités de pierre et de bois. Il nous a ordonné de fuir le vice, d'être sincères dans nos discours, fidèles à nos engagements, affectueux et bienfaisants envers nos parents et nos voisins. Il nous a défendu d'attaquer l'honneur des femmes, de dépouiller les orphelins. Il nous a recommandé la prière, l'aumône et le jeûne. Nous avons cru a sa mission ; nous avons accepté les dogmes et la morale qu'il nous apportait de la part de Dieu. »

Mahomet supportait toutes les persécutions avec une grande douceur, et son éloquence entraînante lui attirait chaque jour de nouveaux disciples. Pour s'assurer un peu de tranquillité, il se retira chez son oncle, Abou Taleb, personnage très influent.

Il y avait dix ans que Mahomet prêchait sa doctrine, et il était déjà arrivé à l'âge de cinquante ans, lorsqu'il fit deux pertes très graves pour lui : l'une, celle de l'oncle qui le protégeait, l'autre, celle de sa femme Khadidja, dont les parents étaient également très influents.

Ne pouvant résister seul à ses ennemis, le prophète quitta la Mecque et se dirigea vers Taief, ville voisine, mais quand il se présenta devant les habitants de cette ville pour défendre la vérité de sa mission, on refusa de l'écouter, et il dut se retirer.

Une circonstance particulière vint faire pencher vers Mahomet la fortune qui, jusqu'alors, lui avait faiblement souri. Il avait profité du pèlerinage annuel de la Mecque pour prêcher sa doctrine à des tribus de l'Yémen, jalouses des habitants de cette dernière ville, et qui, d'après leurs traditions, attendaient un prophète. Séduites par sa parole, elles crurent sans hésiter qu'il était le prophète attendu et en parlèrent avec enthousiasme aux habitants de Yathreb, fort jaloux aussi de la Mecque. Plusieurs d'entre eux se rendirent en députation auprès de lui pour écouter l'exposé de sa doctrine. Rien n'était plus simple et plus clair que cet exposé : croire à un Dieu unique et à une autre vie où les méchants seront punis et les bons récompensés. Obéir absolument à la volonté de Dieu, prier soir et matin, après s'être purifié par des ablutions. Pratiquer toutes les vertus. Reconnaître Mahomet comme l'envoyé du Seigneur, et lui obéir. Séduits par cette doctrine, les envoyés l'adoptèrent, prêtèrent serment au prophète, et partirent pour la propager.

Lorsque les Koréischites apprirent que Mahomet avait trouvé de nouveaux affiliés, ils furent exaspérés. Ces gardiens du sanctuaire, ne pouvaient évidemment tolérer aucune religion nouvelle capable de léser leurs intérêts. Ils se réunirent et décidèrent la mort du prophète.

Mahomet n'apprit le complot que lorsque les conjurés entouraient sa maison. Il put cependant se glisser dehors à la faveur des ténèbres, et, après avoir déjoué toutes les poursuites, réussit, en compagnie de son ami Abou Bekr, à arriver à Yathreb, qui, depuis cette époque, reçut le nom de Médine.

La fuite du prophète, ou hégire, est devenue pour les Arabes la date de la numération des années. C'est du jour de cette fuite (an 622 de J.-C., et 1er de l'hégire) que date leur ère.

3. - *Mahomet depuis l'Hégire*

L'entrée du prophète à Médine fut un triomphe ; ses disciples ombrageaient sa tête de branches de palmier et le peuple se précipitait en foule sous ses pas.

Dès son arrivée à Médine, Mahomet commença a organiser le culte qu'il avait fondé. Le Coran, qui n'était encore qu'à l'état d'ébauche, allait se compléter graduellement par les révélations fréquentes que le ciel envoyait au prophète dans toutes les circonstances difficiles ; mais les principes fondamentaux du nouveau culte étaient déjà posés. Il institua successivement les pratiques de l'islamisme : la prière répétée cinq fois par jour aux appels faits de la mosquée par la voix des muezzins ; le jeûne du Ramadan, c'est-à-dire l'abstinence complète de toute nourriture du lever au coucher du soleil pendant un mois, et enfin la dîme, afin que chaque musulman contribue aux dépenses de la religion qui venait de se fonder.

À peine arrivé à Médine, le prophète eut à diriger soit personnellement, soit par l'intermédiaire de ses disciples, plusieurs escarmouches. Le premier combat sérieux fut celui de Bedr, la seconde année de l'hégire. L'armée de ses adversaires comptait deux mille hommes, celle de Mahomet trois-cent quatorze combattants, dont trois cavaliers seulement. La déroute complète de ses ennemis commença la réputation militaire du prophète.

Pendant plusieurs années, Mahomet eut à soutenir contre ses voisins des luttes dans lesquelles les revers succédaient souvent aux triomphes. Il se montra toujours résigné dans la défaite et très modéré dans les succès. On ne le vit inflexible que dans une circonstance où il fit décapiter sept cents prisonniers appartenant à une tribu juive qui l'avait trahi.

L'influence de Mahomet continua à grandir pendant plusieurs années mais pour qu'elle devînt générale, il était indispensable qu'il possédât la Mecque. Avant d'en venir aux armes, il voulut tenter la voie des négociations et se présenta devant la ville sainte, suivi de quatorze cents de ses disciples. Il n'obtint pas l'entrée de la cité, mais les messagers que lui envoyèrent les Koréïschites furent très frappés de la vénération des compagnons du prophète pour leur maître : « J'ai visité César et Khosroès dans leurs palais, disait l'un d'eux, mais jamais je n'ai vu de souverain vénéré par son peuple comme l'est Mahomet par ses compagnons. »

Pour consoler ses disciples de cet échec, Mahomet les conduisit contre Khaïbar, ville importante à cinq journées au nord-est de Médine, habitée par des tribus juives, et qui était l'entrepôt de leur commerce. Bien que cette ville fût solidement fortifiée, il réussit à s'en emparer.

Ce fut après le siège de Khaïbar que Mahomet faillit voir sa destinée interrompue par la main d'une femme. Une juive, nommée Zaïnab, fit servir sur sa table de la viande de brebis empoisonnée. Ayant trouvé au premier morceau un goût étrange, Mahomet n'alla pas plus loin et déclara que la brebis venait de l'avertir qu'elle était empoisonnée. Amenée devant le prophète, la fille d'Israël fit une déclaration très subtile qui lui sauva la vie : « Il n'y a point de prophète, dit-elle, qui n'ait des révélations célestes ; j'ai voulu, si tu n'étais qu'un imposteur, venger les malheurs de ma patrie ; et si tu étais véritablement l'envoyé du Seigneur, je savais qu'il ne te laisserait pas succomber sous de telles embûches. »

Malgré la protection du Seigneur, Mahomet se ressentit de l'empoisonnement le reste de sa vie, et les chroniqueurs admettent que ce fut des suites de cet accident qu'il mourut trois ans plus tard.

Sentant son influence grandir chaque jour, Mahomet résolut de faire une nouvelle tentative pour s'emparer de la Mecque. Il réunit une armée de dix mille hommes, la plus puissante qu'il eût eue jusqu'alors sous ses ordres et se présenta devant les murs de la ville. Son prestige était alors devenu si grand qu'il y entra sans combat.

La conduite de Mahomet à l'égard des Koréischites, ses ennemis acharnés depuis plus de vingt ans, fut pleine d'humanité. Après les avoir sauvés non sans peine de la fureur de ses compagnons, il se borna à détruire les trois cent soixante idoles de la Kaaba et consacra ce temple au culte de l'islamisme. Depuis cette époque, il en est resté le foyer.

La prise de la Mecque détermina la soumission de la plupart des tribus voisines : quelques-unes se réunirent pour résister, mais elles furent promptement vaincues.

Mahomet était alors arrivé au faite de la puissance. Il résolut de diriger une expédition contre les Grecs de la Syrie, qui menaçaient, croyait-il, ses frontières.

Il put réunir trente mille hommes, dont dix mille cavaliers. Arrivé à Tabouk, située à moitié chemin entre Médine et Damas, il apprit que les Grecs renonçaient à leur entreprise. Il s'arrêta ; mais son expédition n'avait pas été inutile, car elle détermina la soumission des chefs arabes de la partie de la péninsule confinant à l'Égypte et à la Syrie.

Avant même qu'il fût maître de la Mecque, Mahomet avait cherché à accroître son prestige en envoyant de tous côtés, et même aux plus puissants souverains, des messages dans lesquels il les engageait à se convertir à la foi nouvelle. Il avait même envoyé une petite expédition, - la seule qui de son vivant eut lieu en dehors de l'Arabie - contre le roi de Ghassan, chef arabe vassal des Grecs. Ses soldats furent complètement battus, mais cette expédition n'en fut pas moins fructueuse, car les Arabes chargés de la garde des frontières, et qui n'avaient pas reçu leur solde d'Héraclius, s'empressèrent de se joindre au prophète.

Les messages envoyés par Mahomet en dehors de l'Arabie n'obtinrent aucun succès. L'histoire a conservé le souvenir de la façon dont fut reçu celui qu'il adressa au roi des Perses. L'envoyé du prophète arriva au moment où des ambassadeurs signaient la paix entre Khosroès et l'empereur Heraclius. La lettre remise à Khosroès portait d'abord le nom du signataire, ce qui, suivant les usages orientaux, impliquait une prétention à la supériorité.

Origines de la puissance des Arabes

Indigné de cette suscription, le souverain qui se qualifiait de roi des rois ne voulut pas en lire davantage : il déchira la missive et la foula aux pieds en s'écriant : « Voilà un esclave qui place son nom avant le mien. » Lorsque Mahomet apprit sa réponse, il se borna à dire : « Que Dieu déchire son royaume comme il a déchiré ma lettre ! » Les successeurs du prophète devaient bientôt réaliser ce voeu. Khosrorès ne se borna pas du reste à déchirer la lettre de Mahomet. Il envoya au gouverneur de l'Yémen l'ordre de se saisir de cet individu de l'Hedjaz qui voulait se faire passer pour prophète ; mais le roi des Perses fut tué Par son fils avant que le gouvernement eût essayé d'exécuter cette difficile mission.

Dix ans s'étaient écoulés depuis la date mémorable de l'hégire, quand Mahomet vint faire à la Mecque un pèlerinage qui devait être le dernier. De retour à Médine, il tomba bientôt gravement malade : « Il était alors, dit Aboulféda, dans la maison de Zaïnab, fille de Djahsch, car il passait tour à tour une nuit chez chacune de ses femmes. Son état ayant empiré le jour qu'il se trouva dans la maison de Maïmouna, fille de Harith, il les fit toutes rassembler, et leur demanda à être soigné chez l'une d'elles sans en plus sortir. Elles y consentirent aussitôt, et on le porta dans la maison d'Aïescha. »

Se sentant perdu, il résolut de faire ses adieux à son peuple. L'ayant réuni il remercia le Seigneur de lui avoir permis d'accomplir sa mission, et ajouta : « O vous qui m'écoutez, si j'ai frappé quelqu'un sur le dos, voici mon dos, qu'il frappe ; si j'ai nui à la réputation de quelqu'un, qu'il se venge sur ma réputation ; si j'ai dépouillé quelqu'un de son bien, voici mon bien, qu'il se paye, et que pour cela il ne craigne pas de s'attirer ma haine : la haine n'est pas dans mon caractère. Un homme lui ayant alors réclamé le paiement d'une dette de trois dirhems, Mahomet les lui donna aussitôt en disant : « La honte dans ce monde est plus facile à supporter que dans l'autre. » Il pria encore pour ceux qui avaient combattu avec lui ; puis on le ramena chez sa femme Aïescha.

Trois jours avant sa mort, il voulut se faire encore transporter à la mosquée pour y faire sa prière, mais n'ayant pu supporter ce transport, il délégua pour faire la prière à sa place Abou-Bekr, et ce fut cette désignation qui fit choisir plus tard ce dernier pour son successeur.

Après quinze jours de maladie, Mahomet termina sa carrière dans la onzième année de l'hégire, à l'âge de soixante-trois ans.

Quand il mourut, la presque totalité de l'Arabie jusqu'à l'Oman avait embrassé l'islamisme : Arabes, juifs, Chrétiens avaient adopté la foi nouvelle. Tous les habitants de l'Arabie formaient un seul peuple. Enthousiasmé par leurs jeunes croyances, et conduit par des chefs habiles, ils allaient bientôt conquérir le monde.

4. - *Caractère et vie privée de Mahomet*

Nous nous sommes surtout occupé dans ce qui précède de la vie publique de Mahomet. Il nous reste maintenant à essayer de reconstituer le caractère et la vie privée du prophète, d'après les documents que les Arabes nous ont laissés.

L'historien arabe Aboulféda donne, d'après les descriptions des contemporains, le portrait suivant de Mahomet :

« Ali, son premier disciple et son gendre, nous l'a dépeint suivant la tradition comme un homme d'une taille moyenne, sa tête était forte, sa barbe épaisse ; sa charpente osseuse annonçait la vigueur ; son visage était plein et coloré; quelques cheveux blancs sur le sommet de la tête, quelques poils blancs au milieu de sa barbe noire indiquaient à peine la trace des années. Quant à ses qualités morales, elles l'emportaient sur celles des autres hommes. Adressant à Dieu de fréquentes prières, il était sobre de discours futiles, et son goût le portait à garder le silence. Son visage annonçait la bienveillance ; Son humeur était douce, son caractère égal ; parents ou étrangers, faibles ou puissants, trouvaient en lui une égale justice. Il aimait les humbles et ne méprisait pas le pauvre à cause de sa pauvreté, comme il n'honorait pas le riche à cause de sa richesse. Toujours soigneux de se concilier l'amour des hommes marquants et l'attachement de ses compagnons, qu'il ne rebutait jamais, il écoutait avec une grande patience celui qui venait s'asseoir auprès de lui. Jamais il ne se retirait, que l'homme auquel il donnait audience ne se fût retiré le premier ; de même que si quelqu'un lui prenait la main, il la lui laissait aussi longtemps que la personne qui l'avait abordé ne retirait la sienne. Il en était de même si l'on restait debout avec lui à traiter de quelque affaire ; toujours dans ce cas il ne partait que le dernier. Souvent il visitait ses compagnons, les interrogeant sur ce qui se passait entre eux. Il s'occupait lui-même à traire ses brebis, s'asseyait à terre, raccommodait ses vêtements et ses chaussures, qu'il portait ensuite, tout raccommodés qu'ils étaient. Au nombre de ses compagnons, il admettait de pauvres gens qu'on appelait Ahl-el-Saffa, les hommes du banc. - C'étaient de malheureux Arabes qui, n'ayant ni asile, ni famille, dormaient la nuit dans la mosquée de Médine et s'y abritaient le jour. Le banc de la mosquée étant leur domicile, ils en avaient pris le nom. Quand le prophète allait souper, il en faisait appeler quelques-uns pour partager son repas, et distribuait les autres aux principaux de ses compagnons pour qu'ils pourvussent à leur nourriture. Abou-Horaïra, l'un d'eux, nous a laissé la tradition suivante : Le prophète, dit-il, sortit de ce monde sans s'être une seule fois rassasié de pain d'orge, et quelquefois il arrivait que sa famille entière passait un ou deux mois sans que, dans aucune des maisons où elle faisait sa résidence, on eût allumé du feu pour y préparer les aliments. Des dattes et de l'eau, voilà quelle était sa nourriture. J'ai vu quelquefois le prophète tellement pressé par la faim, que pour en moins sentir les angoisses, il était obligé de s'appuyer fortement une pierre sur son ventre et de l'y maintenir avec sa ceinture. À la description qui précède, on peut ajouter, d'après les autres chroniqueurs arabes, que Mahomet avait beaucoup d'empire sur lui-même ; qu'il était rêveur, taciturne et très tenace dans ses résolutions. Sa simplicité était remarquable. Il était néanmoins fort soigneux de sa personne. À toutes les époques de sa vie, même lorsqu'il devint riche, il se servait lui-même.

Son aptitude à supporter les fatigues était très grande ; sa patience et sa douceur égalaient sa persévérance. Un de ses serviteurs, resté dix-huit ans avec lui, assurait n'avoir pas été grondé une seule fois.

C'était un guerrier habile. Sans fuir le danger, il ne le recherchait pas, et avait trop de réflexion pour posséder à une bien haute dose le courage aventureux de ses compatriotes.

On assure qu'il était peu lettré, et la chose est probable, car un lettré eût apporté un peu plus d'ordre dans la composition du Coran ; mais il est probable aussi que si Mahomet avait été un savant, il n'eût pas fondé une religion nouvelle. Les illettrés seuls savent bien se mettre à la portée des illettrés.

Instruit ou non, il possédait une sagacité très grande, et qui rappelle celle que les livres des juifs attribuent à Salomon. Alors qu'il était fort jeune, le hasard le désigna pour arbitre dans une querelle qui s'était élevée entre les principales familles de la Mecque, pour savoir qui aurait l'honneur de mettre en place dans le temple de la Kaaba, qu'on reconstruisait alors, la fameuse pierre noire apportée du ciel à Abraham par un ange. Devant les adversaires sur le point d'en venir aux armes, Mahomet étendit son manteau par terre, plaça la pierre dessus, et pria les principaux chefs de prendre les côtés du manteau pour l'élever au niveau où elle devait être placée. Lorsqu'elle fut à ce niveau, il la mit en place de ses propres mains, et la dispute se trouva ainsi terminée.

La seule faiblesse de Mahomet fut son amour pour les femmes, amour tardif, du reste, car jusqu'à l'âge de cinquante ans il resta fidèle à sa première épouse. Il ne se cachait pas de cette passion : « Les choses que j'aime le plus au monde, disait-il, ce sont les femmes et les parfums ; mais ce qui me réconforte le plus l'âme, c'est la prière. »

Il était peu scrupuleux sur l'âge des femmes qu'il épousait : Aïescha n'avait que dix ans quand il la prit pour épouse ; mais Maïmouna en avait cinquante et un. Cette passion était poussée si loin chez lui, qu'ayant vu par hasard, en déshabillé, la femme de son fils adoptif, il éprouva un tel désir de la posséder, que ce dernier dut divorcer avec elle pour la lui céder. Les musulmans se montrèrent scandalisés ; mais l'ange Gabriel, avec lequel le prophète était en rapports journaliers, déclara l'opération régulière ; et son approbation ayant été inscrite au Coran, les critiques furent réduits au silence.

En une seule année, Mahomet épousa quatre femmes, mais il n'en eut que quinze en tout, dont onze seulement à la fois. Ce chiffre peut sembler un peu élevé à un Européen, mais il n'a rien d'exagéré pour les Orientaux, et le prophète aurait pu épouser un nombre de femmes bien plus considérable, s'il se fût autorisé de l'exemple du plus sage des monarques dont parle la Bible, le grand roi Salomon.

Il n'est pas tout à fait démontré que Mahomet ait obtenu de ses femmes une fidélité bien complète, et il paraît avoir été victime de ces désagréments conjugaux assez fréquents chez les Européens, qu'ils sont rares chez les Orientaux. Aïescha notamment lui suscita beaucoup d'ennuis et donna des prises sérieuses à la médisance, mais l'ange Gabriel, toujours bienveillant, certifia sa vertu, et son attestation sur ce point délicat ayant été inscrite au Coran, le doute ne fut plus permis.

Mahomet finit, du reste, par comprendre qu'il n'était pas toujours avantageux d'avoir trop de femmes à la fois, car il défendit à ses disciples d'en avoir plus de quatre en même temps. Il n'est pas besoins d'ajouter que ce n'est pas lui qui établit la polygamie chez les Arabes ; elle existait bien avant le prophète chez tous les peuples de l'Asie, quel que fût leur culte, et existe encore.

Malgré son faible pour les femmes, Mahomet s'est montré peu indulgent pour elles. Bien que moins sévère à leur égard que les auteurs de la Bible, il les qualifie cependant dans le Coran « d'êtres qui grandissent dans les ornements et les parures et sont toujours à disputer sans raison. » « Je ne connais pas, disait-il, de défaut qui soit plus puissant qu'une de vous, femmes, à faire disparaître le sens moral de l'homme, même le plus prudent et le plus raisonnable. »

Au dire d'Aboulféda, Mahomet assurait qu'on compte un certain nombre d'hommes accomplis, mais que parmi les femmes on n'en peut citer que quatre : Aseïa, femme de Pharaon ; Marie, mère de Jésus ; Khadidja, femme du prophète, et Fatime, sa fille.

Mahomet n'eut d'enfants que de sa première femme Khadidja, - la troisième des quatre femmes parfaites de la création. - De ces enfants, au nombre de sept, trois fils moururent, et il ne lui resta finalement que quatre fines, dont la plus connue est Fatime, qui épousa son fils adoptif Ali.

Mahomet laissa neuf veuves. Inconsolables ou non, elles ne purent se remarier, afin de respecter la défense du prophète.

Bien qu'il se crût l'envoyé de Dieu, Mahomet n'avait pas la prétention de faire des miracles. Comme il est de tradition cependant qu'un fondateur de religion doit en faire quelquefois, ses disciples lui en ont attribué un certain nombre. Voici un résume, que j'emprunte à M. Kasimirski :

« Une fois, il a fendu la lune en deux au vu de tout le monde. Sur sa demande, Dieu a fait rebrousser chemin au soleil, afin qu'Ali pût s'acquitter de la prière de l'après-midi, qu'il avait manquée, parce que le prophète s'était endormi sur ses genoux, et qu'Ali ne voulait pas le réveiller. Toutes les fois que le prophète marchait à côté de quelque autre personne, quoique de taille moyenne, il paraissait toujours la dépasser de toute la tête. Son visage était toujours resplendissant de lumière, et lorsqu'il tenait ses doigts devant son visage, ils brillaient comme des flambeaux de la lumière empruntée à son visage. On a souvent entendu les pierres, les arbres et les plantes saluer Mahomet et s'incliner devant lui ; des animaux, tels que les gazelles, les loups, les lézards, lui parlaient, et le chevreau, rôti en entier, lui adressait aussi la parole. Il avait un pouvoir absolu sur les démons, qui le redoutaient et croyaient à son apostolat. Il a rendu la vue à des aveugles, il a guéri des malades, et même ressuscité des morts ; il a fait un jour descendre une table toute dressée pour Ali et sa famille, qui avaient faim ; il a prédit que sa postérité issue de Fatime serait la victime des injustices et des persécutions, et que les Ommiades régneraient mille mois, et c'est ce qui s'est réalisé, etc. »

Il est en outre démontré pour tous les bons musulmans que Mahomet fut transporté une nuit au ciel sur un animal fantastique, appelé Borak, être ailé à figure de femme, corps de cheval, et queue de paon. après avoir traversé les sept cieux, il arriva auprès du trône de Dieu.

On a assuré que Mahomet était épileptique, mais je n'ai rien trouvé dans les chroniques arabes qui permette de se prononcer avec certitude sur ce point. Tout ce que nous savons par le témoignage de ses contemporains, y compris celui de sa femme Aïescha, c'est que pendant ses inspirations célestes, il tombait dans un état particulier caractérisé par de la congestion faciale, des gémissements et finalement une syncope.

En dehors de ses hallucinations, Mahomet, comme beaucoup d'aliénés, avait un jugement très sain.

Au point de vue scientifique, il faut classer évidemment Mahomet, comme la plupart des fondateurs de religions, dans la grande famille des aliénés. Mais la chose importe peu. Ce ne sont pas de froids penseurs qui fondent des cultes nouveaux et conduisent les hommes : les hallucinés seuls peuvent remplir ce rôle. Quand on examine l'action des fous dans le monde, on reconnaît qu'elle fut immense. Ils fondent des religions, détruisent des empires et soulèvent les masses à leur voix. Leur main puissante a conduit l'humanité jusqu'ici et le cours de l'histoire eût été tout autre si la raison, et non la folie, avait régné dans le monde. Quant à prétendre que Mahomet fut un imposteur, il me semble évident qu'une telle assertion ne peut se soutenir un instant. Ce n'est que dans ses hallucinations qu'il pouvait trouver les encouragements nécessaires pour surmonter toutes les résistances qui entourèrent ses premiers pas. Il faut d'abord croire en soi pour réussir à imposer sa croyance aux autres. Mahomet se croyait appuyé par Dieu, et, fort d'un tel appui, il ne pouvait reculer devant aucun obstacle.

Lorsque Mahomet mourut, il avait obtenu ce résultat immense de réunir en une seule nation, obéissant à une seule croyance, et capable par suite d'obéir à un seul maître, tous les peuples de l'Arabie. Il serait inutile de rechercher si le résultat atteint fut bien celui que se proposait le prophète. Nous connaissons si peu les vraies causes de la succession des événements que nous devons nous contenter d'admettre, comme le font habituellement les historiens, que les résultats obtenus par l'influence des grands hommes sont réellement ceux qu'ils cherchaient à obtenir. On démontrerait facilement que la valeur de cette règle est contestable, mais ce serait sortir de mon cadre que de le faire ici.

Quoi qu'il en soit, il est certain que Mahomet obtint en Arabie un résultat que toutes les religions venues avant lui, y compris le christianisme et le judaïsme, n'avaient pu obtenir. Il rendit donc aux Arabes un immense service. La réponse faite par des envoyés d'Omar au roi de Perse, qui les interrogeait sur le rôle du prophète, indique nettement l'étendue de ce service :

« Nous étions si misérables que l'on voyait parmi nous des gens apaiser leur faim en dévorant des insectes et des serpents ; d'autres faisaient mourir leurs filles pour n'avoir pas à partager leurs aliments avec elles. Plongés dans les ténèbres de la superstition et de l'idolâtrie, sans lois et sans frein, toujours ennemis les uns des autres, nous n'étions occupés qu'à nous piller et à nous détruire mutuellement. Voilà bien ce que nous avons été. Mais nous sommes maintenant un peuple nouveau. Dieu a suscité au milieu de nous un homme, le plus distingué des Arabes par la noblesse de sa naissance, par ses vertus, par son génie, et il l'a choisi pour être son envoyé et son prophète. Par l'organe de cet homme, Dieu nous a dit : « Je suis le Dieu unique, éternel, créateur de l'univers. Ma bonté vous envoie un guide pour vous diriger. La voie qu'il vous montre vous sauvera des peines que je réserve dans une autre vie à l'impie et au criminel, et elle vous conduira près de moi dans le séjour de la félicité. » La persuasion s'est insinuée peu à peu dans nos cœurs ; nous avons cru à la mission du prophète ; nous avons reconnu que ses paroles étaient les paroles de Dieu, ses ordres, les ordres de Dieu, et que la religion qu'il nous annonçait est la seule vraie religion. Il a éclairé nos esprits, il a éteint nos haines, il nous a réunis en une société de frères sous des lois dictées par la sagesse divine. »

S'il faut juger de la valeur des hommes par la grandeur des œuvres qu'ils ont fondées, nous pouvons dire que Mahomet fut un des plus grands hommes qu'ait connus l'histoire. Des préjugés religieux ont empêché bien des historiens de reconnaître l'importance de son oeuvre ; mais les écrivains chrétiens eux-mêmes commencent aujourd'hui à lui rendre justice. Voici comment s'exprime à son égard un des plus distingués d'entre eux, M. Barthélemy Saint-Hilaire : « Mahomet a été le plus intelligent, le plus religieux, le plus clément des Arabes de son temps. Il n'a dû son empire qu'à sa supériorité. La religion prêchée par lui a été un immense bienfait pour les races qui l'ont adoptée. »

En quoi consistait cette religion qui devait soumettre tant de millions d'hommes à sa loi ? Quelles vérités nouvelles enseignait-elle au monde ? Nous allons l'examiner maintenant.

Chapitre II
Le Coran

1. – Résumé du Coran

Le Coran, livre sacré des mahométans, est le code religieux, civil et politique qui règle leur conduite.

Bien que révélé par Dieu à Mahomet, ce livre sacré est assez incohérent. Le style en est parfois remarquable, mais l'ordre et la logique y font fréquemment défaut. On se l'explique facilement quand on sait comment l'ouvrage a été composé. Il fut écrit en effet au jour le jour, suivant les nécessités du moment. Grâce aux relations de Mahomet avec l'ange Gabriel, une révélation nouvelle venait le tirer d'embarras toutes les fois qu'une difficulté se présentait, et la révélation était aussitôt consignée dans le Coran.

La rédaction définitive du Coran est postérieure à Mahomet. De son vivant, il acceptait lui-même plusieurs versions du même passage. Ce fut seulement plusieurs années après sa mort que son quatrième successeur fit adopter une version définitive, en comparant ensemble toutes celles recueillies par les disciples du maître.

Le Coran est composé de cent quatorze chapitres ou sourates divisés en versets ; Mahomet y parle toujours au nom de Dieu.

Les Arabes considèrent le Coran comme l'œuvre la plus remarquable qui ait jamais été produite. Cette opinion est évidemment empreinte d'une exagération tout orientale, mais il faut bien reconnaître cependant que certains passages ont en réalité des allures d'une poésie majestueuse qu'aucun livre religieux n'a surpassées.

La conception philosophique de l'univers, dans le Coran, est à peu près celle des deux grandes religions sémitiques qui l'avaient précédé : le judaïsme et le christianisme. On a prétendu que les traditions aryennes de la Perse et de l'Inde avaient eu une part manifeste dans le christianisme et l'islamisme ; mais dans ce dernier, l'influence aryenne est vraiment bien faible.

Mahomet n'était nullement un grand philosophe, un de ces profonds penseurs comparables aux fondateurs du brahmanisme et du bouddhisme. Ce n'est pas lui qui eût affirmé avec les bouddhistes qu'il n'y a pas de cause première dans le monde, que l'univers est un enchaînement de nécessités, de décompositions et de recompositions sans fin. Il n'eût même pas été jusqu'au demi-scepticisme des auteurs des livres sacrés du brahmanisme, et n'eût pas inséré dans le Coran des réflexions comme la suivante, qu'on trouve dans les Védas ! « D'où vient cette création ? Est-elle l'œuvre d'un créateur ou non ? Celui qui contemple du haut du firmament, celui-là le sait. Peut-être lui-même ne le sait-il pas [1]. »

Mais ce sont là des abstractions à l'usage des philosophes ; et

[1] Je renvoie le lecteur, pour ce qui concerne la philosophie de Bouddha et l'histoire de l'évolution des religions, au second volume de mon ouvrage l'Homme et les sociétés. Il y verra qu'une religion qui compte à elle seule autant d'adeptes que toutes les autres réunies repose sur la négation complète de toute divinité. Cette religion enseigne pourtant une morale fort pure, comme le reconnaît un écrivain religieux très orthodoxe, le célèbre Max Müller. « La morale la plus élevée qui ait été enseignée à l'humanité avant l'avènement du christianisme, dit-il, fut enseignée par des hommes aux yeux desquels les dieux étaient des ombres vaines, par des hommes qui n'élevaient point d'autels, qui n'en élevaient pas même au Dieu inconnu. »

Mahomet n'avait pas la prétention d'écrire pour ces derniers. Il voulait une religion très simple, à la portée de son peuple, et il sut y réussir, en extrayant des cultes alors existants ce qui leur convenait. Loin de songer à créer un culte nouveau, il annonça vouloir uniquement continuer les prophètes bibliques, dont il admit les révélations comme parfaitement authentiques depuis Abraham jusqu'à Jésus. En fait, le judaïsme, le christianisme et l'islamisme sont les trois branches d'un même tronc, et présentent une étroite parenté.

La religion prêchée par le prophète est d'une simplicité très grande. Dans un entretien avec l'ange Gabriel déguisé en Arabe, Mahomet la définit complètement en quelques lignes : « En quoi consiste l'islamisme ? lui demande l'ange. À professer, répond Mahomet, qu'il n'y a qu'un seul Dieu et que je suis son prophète, à observer strictement les heures de la prière, donner l'aumône, jeûner le mois de Ramadan, et accomplir le pèlerinage à la Mecque. » L'ange Gabriel s'étant déclaré satisfait de la définition, il est évident qu'elle est parfaite.

Le mahométan résume l'islamisme dans cette profession de foi dont on ne saurait méconnaître la concision sévère : « Il n'y a d'autre Dieu que Dieu, et Mahomet est son prophète. »

Pour donner une idée du Coran, je reproduirai ici quelques-uns de ses passages les plus importants, relatifs à divers points fondamentaux de la doctrine. L'ouvrage ressemblant un peu à un livre dont toutes les pages auraient été mêlées au hasard, j'ai essayé de rendre les citations plus claires, en réunissant à la suite l'un de l'autre des versets relatifs au même sujet, et qui sont disséminés au hasard dans le Coran.

Voici d'abord comment Mahomet établit l'origine du Coran et sa parenté avec les livres sacrés qui l'ont précédé [1] :

> À chaque époque son livre sacré. (XIII.)
>
> Voici le livre sur lequel il n'y a point de doute ; c'est la direction de ceux qui suivent le Seigneur.
>
> ... C'est Gabriel qui, par la permission de Dieu, a déposé sur ton cœur, ô Mahomet ! le livre destiné à confirmer les livres sacrés venus avant lui pour servir de direction et annoncer d'heureuses nouvelles

---

1 Tous les chiffres entre parenthèses indiquent de quelle sourate a été extrait le passage cité. Tant que le numéro ne change pas, c'est que les passages cités sont empruntés au même chapitre.

aux croyants.

> ... Le Coran est un avertissement (LXXX) ;
> Quiconque veut, le retiendra dans sa mémoire ;
> Il est écrit sur des pages honorées,
> Sublimes, pures ;
> Tracé par les mains des écrivains honorés et justes.
> Je ne jurerai pas par les étoiles rétrogrades, (LXXXI.)
> Qui courent rapidement et se dérobent.
> J'en jure par la nuit quand elle survient,
> Par l'aurore quand elle s'épanouit,
> Que le Coran est la parole de l'envoyé illustre.
>
> Avant le Coran, il existait le Livre de Moïse, donné pour être le guide des hommes et la preuve de la bonté de Dieu ; or celui-ci (le Coran) confirme l'autre en langue arabe, afin que les méchants soient avertis, et afin que les vertueux apprennent d'heureuses nouvelles.
>
> Dieu a établi pour vous une religion qu'il recommanda à Noé ; c'est celle qui t'est révélée, ô Mahomet ! c'est celle que nous avions recommandée à Abraham, à Moïse, à Jésus, en leur disant : Observez cette religion, ne vous divisez pas en sectes. (LXII.)

Le Dieu de Mahomet est seul dans le ciel. Voici suivant le prophète sa définition :

> Unique dans les cieux et sur la terre, dès qu'il a résolu quelque chose, il dit : Sois, et elle est. (LXIV.)
>
> Dieu est le seul Dieu, il n'y a point d'autre Dieu que lui, le vivant, l'immuable.
>
> Dieu est lui-même témoin de ce qu'il n'y a point d'autre Dieu que lui ; les anges et les hommes doués de science et de droiture répètent : Il n'y a point d'autre Dieu que lui, le puissant, le sage. (III.)
>
> Certes, dans la création des cieux et de la terre ; dans la succession alternative des jours et des nuits, dans les vaisseaux qui voguent à travers la mer pour apporter aux hommes des choses utiles, dans cette eau que Dieu fait descendre du ciel et avec laquelle il rend la vie à la terre morte naguère, et où il a disséminé des animaux de toute espèce, dans les variations des vents et dans les nuages astreints au service entre le ciel et la terre, dans tout cela il y a certes des avertissements pour tous ceux qui ont de l'intelligence. (II.)

Ce Dieu unique, sans être aussi sévère que celui de la Bible, a néanmoins un caractère sombre et assez vindicatif. C'est une sorte de souverain absolu, irresponsable, n'ayant que son caprice pour loi :

> ... Certes, Dieu est indulgent pour les hommes, malgré leur iniquité
> Mais aussi il est terrible dans ses châtiments. (XIII.)
> J'en jure par le point du jour et les dix nuits, (LXXXIX.)
> Par ce qui est double et ce qui est simple,
> Par la nuit quand elle poursuit sa course,
> N'est-ce pas là un serment qui sied à un homme sensé ?
> Ne vois-tu pas à quoi Dieu a réduit le peuple d'Ad,
> Qui habitait Irem, aux grandes colonnes,
> Ville dont il n'existait pas de pareille dans ce pays ?
> À quoi il a réduit les Theinoudites qui taillaient leurs maisons au roc dans la vallée,
> Et Pharaon inventeur du supplice des pieux ?
> Tous ils opprimaient la terre, Et y propageaient le mal,
> Dieu leur infligea à tous le fouet du châtiment.
> Ceux qui ne croiront point aux signes de Dieu, éprouveront un châtiment terrible. Dieu est puissant, vindicatif. (III.)
> Quand Dieu s'empare des cités criminelles, c'est ainsi qu'il s'en empare. Il s'en empare terriblement et avec violence. (XI.)
> C'est lui qui fait briller l'éclair à vos regards pour inspirer la crainte et l'espérance. C'est lui qui suscite les nuages chargés de pluie. (XIII.)
> Le tonnerre célèbre ses louanges, les anges le glorifient pénétrés de frayeur. Il lance la foudre, et atteint ceux qu'il veut pendant qu'ils disputent au sujet de Dieu, car il est immense dans son pouvoir.

La création du monde en six jours, Adam, le paradis terrestre, la chute du premier homme sont empruntés à la Bible. Il en est de même de la théorie des peines et des récompenses après la vie. Voici d'après Mahomet la description du jugement dernier :

> Lorsque le son assourdissant de la trompette retentira, (LXXX.)
> Le jour où l'homme fuira son frère,
> Son père et sa mère,
> Sa compagne et ses enfants,
> Lorsque le ciel se fendra, (LXXXII.)
> Que les étoiles seront dispersées,
> Que les mers confondront leurs eaux,
> Que les tombeaux seront sens dessus-dessous,
> L'âme verra ses actions anciennes et récentes.
> J'en jure par le ciel et sa clarté (XCI),

Origines de la puissance des Arabes

>Par la lune, quand elle le suit de près,
>Par le jour quand il le laisse voir dans tout son éclat,
>Par la nuit quand elle le voile,
>Par le ciel et par celui qui l'a bâti,
>Par la terre et par celui qui l'a étendue,
>Par l'âme et celui qui l'a formée,
>Et qui lui a inspiré sa méchanceté et sa piété
>Celui qui la conserve pure sera heureux
>Celui qui la corrompt sera perdu.
>
>Le jour viendra où la terre et les cieux seront changés ; les hommes comparaîtront devant Dieu, l'unique, le victorieux. (XIV.)
>
>Alors tu verras les criminels, pieds et poings chargés de chaînes.
>
>Et l'on sonnera la trompette ; et tout ce qui est dans les cieux et sur la terre expirera, excepté ceux que Dieu voudra laisser vivre ; puis on sonnera une seconde fois, et voilà que tous les êtres se dresseront et attendront. (XXXIX.)
>
>Et la terre brillera de la lumière de son seigneur, et voilà que le Livre est déposé, et que les prophètes et les témoins sont mandés, et que la sentence sera prononcée avec justice, et que nul ne sera lésé.
>
>Et toute âme sera payée de ses oeuvres. Or, Dieu sait le mieux ce que les hommes font.
>
>Les infidèles seront poussés par troupes vers la Géhenne.
>
>On fera marcher les croyants par troupes vers le paradis.

L'enfer comprend, suivant Mahomet, divers supplices variés dont voici quelques échantillons :

>... Le condamné au séjour du feu sera abreuvé d'une eau bouillante qui lui déchirera les entrailles. (XLVII.)
>Les hommes de la gauche (oh ! les hommes de la gauche !) (LXVI.)
>Seront au milieu d'un vent pestilentiel et de l'eau bouillante,
>Dans l'ombre d'une fumée noire.
>Oui, et j'en jure par la lune, (LXXIV.)
>Et par la nuit quand elle se retire,
>Et par la matinée quand elle se colore,
>Que l'enfer est une des choses les plus graves.

Quant au paradis, il contient de quoi satisfaire les esprits les plus exigeants.

> Voici le tableau du paradis qui a été promis aux hommes pieux : des ruisseaux dont l'eau ne se gâte jamais, des ruisseaux de lait dont le goût ne s'altérera jamais, des ruisseaux de vin, délices de ceux qui en boivent. (XLVII.)
> S'abordant les uns les autres, les bienheureux se feront réciproquement des questions. (LII.)
> Nous étions jadis, diront-ils, pleins de sollicitude pour notre famille.
> Dieu a été bienveillant envers nous ; il nous a préservés du châtiment pestilentiel.
> Nous l'invoquions jadis ; il est bon et miséricordieux.
> Les justes habiteront au milieu de jardins et de cours d'eau. (LIV.)
> Ils se reposeront accoudés sur des tapis dont la doublure sera de brocart. Les fruits des deux jardins seront à la portée de quiconque voudra les cueillir. (LV.)
> Là seront de jeunes vierges au regard modeste que n'a jamais touchées ni homme ni génie.
> Elles ressemblent à l'hyacinthe et au corail.
> Outre ces deux jardins, deux autres s'y trouveront encore,
> Deux jardins couverts de verdure,
> Où jailliront deux sources.
> Là il y aura des fruits, des palmiers et des grenades.
> Là il y aura de bonnes, de belles femmes.
> Les hommes de la droite (qu'ils seront heureux les hommes de la droite !)
> Séjourneront parmi des arbres de lotus sans épines,
> Et des bananiers chargés de fruits du sommet jusqu'au bas,
> Sous des ombrages qui s'étendront au loin,
> Près d'une eau courante,
> Au milieu de fruits en abondance,
> Que personne ne coupera, dont personne n'interdira l'approche
> Et ils se reposeront sur des lits élevés.

Mahomet est très tolérant pour les juifs et les chrétiens, mais il ne l'est pas pour les idolâtres et recommande de leur faire la guerre. Il n'est pas tendre non plus pour les incrédules. Voici comment il s'exprime à leur égard :

Les plus mauvaises bêtes de la terre auprès de Dieu, ce sont ceux qui sont ingrats, qui ne croient pas ; (VIII).

Ceux qui n'espèrent point nous voir, qui se contentent de la vie de ce monde et s'y confient avec sécurité ; ceux qui ne prêtent aucune attention a nos signes ; (X.)

Ceux-là auront le feu pour demeure, comme prix de leurs oeuvres.

En ce qui concerne les juifs, et surtout les chrétiens, Mahomet, contrairement à une croyance très générale, se montre plein de tolérance et de bienveillance. Les versets suivants en sont la preuve :

Point de contrainte en religion. La vraie route se distingue assez de l'erreur. (II.)

Sur les pas des autres prophètes nous avons envoyé Jésus, fils de Marie, pour confirmer le Pentateuque ; nous lui avons donné l'Évangile, qui contient la direction et la lumière, il confirme le Pentateuque ; l'Évangile contient aussi la direction et l'avertissement pour ceux qui craignent Dieu. (V.)

Les gens de l'Évangile jureront selon l'Évangile. Ceux qui ne jureront pas d'après un Livre de Dieu sont infidèles. (LXXIII.)

Supporte avec patience les discours des infidèles, et sépare-toi d'eux d'une manière convenable. (LXXIII.)

Nous avons établi pour chaque nation des rites sacrés qu'elle suit. Qu'ils cessent donc de disputer avec toi sur cette matière. Appelle-les au Seigneur, car tu es dans le sentier droit. (XII.)

Certes, ceux qui croient et ceux qui suivent la religion juive, et les chrétiens et les Sabéens, en un mot quiconque croit en Dieu et au jour dernier, et qui aura fait le bien : tous ceux-là recevront une récompense de leur Seigneur ; la crainte ne descendra point sur eux, et ils ne seront point affligés. (II.)

Parmi les juifs et les chrétiens, il y en a qui croient en Dieu et aux livres envoyés à vous et à eux, qui s'humilient devant Dieu et ne vendent point ses enseignements pour un vil prix.

Ils trouveront leur récompense auprès de Dieu, qui est prompt à régler les comptes.

N'engagez des controverses avec les hommes des Écritures que de la manière la plus honnête ; à moins que ce ne soit des méchants, dites : Nous croyons aux livres qui nous ont été envoyés ainsi qu'à ceux qui vous ont été envoyés. Notre Dieu et le vôtre sont un, et nous nous résignons entièrement à sa volonté. (XXIX.)

Quant au prétendu fatalisme tant reproche aux Orientaux, et

qu'on pourrait reprocher également à bien des savants modernes, je n'ai rien rencontre dans le Coran qui permette de considérer l'enseignement de Mahomet comme plus fataliste que celui de la Bible. Voici au surplus ce que j'ai pu y trouver d'essentiel sur ce point :

> Vous ne pouvez vouloir que ce que veut Dieu, le souverain de l'univers. (LXXXI.)
>
> Toute affaire dépend de Dieu... Quand vous seriez restés dans vos maisons (vous qui regrettez d'avoir combattu), ceux dont le trépas était écrit là-haut seraient venus succomber à ce même endroit. (III.)
>
> C'est Dieu qui vous a créés du limon et a fixé un terme à votre vie. Le terme marqué d'avance est dans sa puissance, et cependant vous doutez encore. (VI.)
>
> Chaque nation a son terme. Quand leur terme est arrivé, les hommes ne sauraient ni l'avancer ni le reculer. (VII.)
>
> Nous n'avançons ni ne reculons le terme fixé à l'existence de chaque peuple. (XXIII.)
>
> ... Il n'y a dans les cieux et sur la terre rien, qu'il soit plus petit ou plus grand qu'un atome, qui ne soit consigné dans le Livre évident. (XXXIV.)
>
> La femelle ne porte et ne met rien au monde dont Dieu n'ait connaissance ; rien n'est ajouté à l'âge d'un être qui vit longtemps, et rien n'en est retranché, qui ne soit consigné dans le Livre. (XXXV.)
>
> ... Lorsque le terme fixé par Dieu arrive, nul autre ne saurait le retarder. (LXXI.)
>
> Aucun malheur n'atteint l'homme sans la permission de Dieu. Dieu dirigera le cœur de celui qui croira en lui. (LXVI.)
>
> Qui professe une plus belle religion que celui qui s'est abandonné tout entier à Dieu, qui fait le bien et suit la croyance d'Abraham ? (IV.)

2. - *Philosophie du Coran, sa diffusion dans le monde*

Quand on réduit le Coran à ses dogmes principaux, on voit que l'islamisme peut être considéré comme une forme simplifiée du christianisme. Il en diffère cependant sur bien des points et notamment sur un point fondamental : son monothéisme absolu. Son Dieu unique plane au sommet des choses, sans aucun entourage d'anges, de saints ou de personnages quelconques dont la vénération s'impose. L'islamisme peut revendiquer l'honneur d'avoir été la première religion qui ait introduit le monothéisme pur dans le monde.

C'est de ce monothéisme pur que dérive la simplicité très grande de l'islamisme et c'est dans cette simplicité qu'il faut chercher le secret de sa force. Facile à comprendre, il n'offre à ses adeptes aucun de ces mystères et de ces contradictions si communs dans d'autres cultes, et qui heurtent trop souvent le bon sens. Un Dieu absolument unique à adorer ; tous les hommes égaux devant lui ; un petit nombre de préceptes à observer, le paradis comme récompense, si on observe ces préceptes, l'enfer comme châtiment, si on ne les observe pas. Rien ne saurait être plus clair ni moins prêter à l'équivoque. Le premier mahométan venu, à quelque classe qu'il appartienne, sait exactement ce qu'il doit croire et peut sans difficulté exposer les dogmes de sa religion en quelques mots. Pour qu'un chrétien puisse se risquer à parler de la Trinité, de la transsubstantiation ou de tout autre mystère analogue, il faut qu'il soit doublé d'un théologien versé dans toutes les subtilités de la dialectique.

Cette extrême clarté de l'islamisme, jointe au sentiment de charité et de justice dont il est empreint, a certainement beaucoup contribué à sa diffusion dans le monde. De telles qualités expliquent comment des populations qui étaient chrétiennes depuis longtemps, comme les Égyptiens à l'époque de la domination des empereurs de Constantinople, ont adopté les dogmes du prophète aussitôt qu'elles les ont connus, alors qu'on ne citerait aucun peuple mahométan qui, vainqueur ou vaincu, soit jamais devenu chrétien.

Pour juger de l'utilité d'un livre religieux quelconque, ce n'est pas la valeur de ses conceptions philosophiques, généralement très faibles, qu'il faut prendre pour guide, mais bien l'influence que ses dogmes ont exercée. Examiné à ce point de vue, l'islamisme peut être considéré comme une des plus importantes religions qui aient règne sur les âmes. Il n'enseigne sans doute à ses disciples que ce que la plupart d'entre elles enseignent également : la charité, la justice, la prière, etc., mais il l'enseigne avec une telle simplicité qu'il est compris par tous. Il sait de plus faire passer dans l'âme une foi si vive, que le doute ne vient jamais l'effleurer.

Son influence politique et civilisatrice fut véritablement immense. Avant Mahomet, l'Arabie se composait de provinces indépendantes et de tribus toujours en guerre ; un siècle après son apparition, l'empire des Arabes s'étendait de l'Inde à l'Espagne, et dans toutes les villes où flottait la bannière du prophète, la civilisation brillait d'un étonnant éclat. C'est qu'en effet l'islamisme est une des religions les plus compatibles avec les découvertes de la science, et une des plus aptes en même temps à adoucir les mœurs et à faire pratiquer la charité, la justice et la tolérance. La conception du bouddhisme est, au point de vue philosophique, assurément bien supérieure à celle de toutes les religions sémitiques ; mais pour se mettre à la portée des foules, il a dû se transformer entièrement, et sous cette forme modifiée, il est évidemment inférieur à l'islamisme.

La civilisation créée par les disciples de Mahomet eut le sort de toutes celles qui ont vécu à la surface du globe : naître, grandir, décliner et mourir. Elle a rejoint dans la poussière celles qui l'avaient précédée ; mais le temps a épargné les dogmes du prophète, et aujourd'hui leur influence est aussi vivante qu'elle le fut jamais. Alors que des religions plus anciennes perdent chaque jour de leur empire sur les âmes, la loi de Mahomet conserve toute sa puissance.

L'islamisme compte aujourd'hui plus de cent millions de disciples dans le monde. Il est professé en Arabie, en Égypte, en Syrie, en Palestine, en Asie Mineure, dans une grande partie de l'Inde, de la Russie et de la Chine, et enfin dans presque toute l'Afrique jusqu'au-dessous de l'équateur.

Ces peuples divers, qui ont le Coran pour loi, sont rattachés entre eux par la communauté du langage et par les relations qui s'établissent entre les pèlerins venus tous les ans à la Mecque de tous les points du monde mahométan. Tous les sectateurs de Mahomet doivent, en effet, pouvoir lire plus ou moins le Coran en arabe : aussi, peut-on dire que cette langue est peut-être la plus répandue à la surface du globe. Bien que les peuples mahométans appartiennent à des races fort diverses, il existe ainsi entre eux des liens tellement profonds qu'il serait facile de les réunir à un moment donné sous la même bannière.

La rapidité prodigieuse avec laquelle le Coran s'est répandu a toujours étonné les historiens hostiles à la religion qu'il enseigne, et ils n'ont cru pouvoir l'expliquer qu'en disant que cette propagation était le résultat de la morale relâchée de Mahomet et de l'emploi de la force ; mais il est facile de démontrer que ces explications n'ont pas le plus léger fondement.

Il suffit de lire le Coran pour se convaincre que sa morale est tout aussi sévère que celles des autres religions. La polygamie y est acceptée sans doute ; mais, comme elle était déjà en usage chez tous les peuples orientaux bien avant Mahomet ; ceux qui adoptaient le Coran ne pouvaient y trouver à ce point de vue aucun avantage nouveau.

L'argument tiré de l'état inférieur de la morale de Mahomet a été réfuté depuis longtemps, notamment par le savant philosophe Bayle. après avoir fait voir que les règles du prophète relatives au jeûne, à la privation de vin, aux préceptes de la morale, sont bien plus dures que celles des chrétiens, Bayle ajoute :

« C'est donc se faire illusion que de prétendre que la loi de Mahomet ne s'établit avec tant de promptitude et tant d'étendue que parce qu'elle ôtait à l'homme le joug des bonnes oeuvres et des observances pénibles, et qu'elle lui permettait les mauvaises mœurs. Hottinger nous donne une longue liste des aphorismes moraux ou des apophtegmes des mahométans. On peut dire sans flatter cette religion que les plus excellents préceptes qu'on puisse donner à l'homme pour la pratique de la vertu et pour la fuite du vice sont contenus dans ces apophtegmes. »

L'auteur fait remarquer ensuite que les plaisirs promis par Mahomet dans le paradis a ses disciples ne sont nullement au-dessus de ceux du paradis des chrétiens, car l'Évangile en parle « comme d'un état dont les délices surpassent tout ce que les yeux ont vu. »

Lorsque nous étudierons les conquêtes des Arabes, et tâcherons de mettre en relief les causes qui ont détermine leur succès, nous verrons que la force ne fut pour rien dans la propagation du Coran, car les Arabes laissèrent toujours les vaincus libres de conserver leur religion [1]. Si des peuples chrétiens se convertirent à la religion de

---

1 Sur la tolérance des mahométans pour les juifs et les chrétiens. Nous avons vu par les passages du Coran cités plus haut que Mahomet montre une tolérance excessive et bien rare chez les fondateurs de religion pour les cultes qui avaient précédé le sien, le judaïsme et le christianisme notamment et nous verrons plus loin à quel point ses prescriptions à cet égard ont été observées par ses successeurs. Cette tolérance a été reconnue par les rares écrivains sceptiques ou croyants, qui ont eu occasion d'étudier sérieusement de près l'histoire des Arabes. Les citations

leurs vainqueurs et finirent par adopter leur langue, ce fut surtout parce que ces nouveaux conquérants se montrèrent plus équitables pour eux que ne l'avaient été leurs anciens maîtres, et parce que leur religion était d'une plus grande simplicité que celle qu'on leur avait enseignée jusqu'alors. S'il est un fait bien prouvé par l'histoire, c'est qu'une religion ne s'impose jamais par la force. Lorsque les Arabes d'Espagne ont été vaincus par les chrétiens, ils ont préféré se laisser tuer et expulser jusqu'au dernier plutôt que de changer de culte.

Loin donc d'avoir été imposé par la force, le Coran ne s'est répandu que par la persuasion. Il est évident d'ailleurs que la persuasion seule pouvait amener les peuples qui ont vaincu plus tard les Arabes, comme les Turcs et les Mongols, à l'adopter. Dans l'Inde, où les Arabes n'ont fait en réalité que passer, le Coran s'est tellement répandu qu'il compte aujourd'hui plus de cinquante millions de sectateurs. Leur nombre s'élève chaque jour ; et, bien que les Anglais soient aujourd'hui les souverains du pays, bien qu'ils y entretiennent une véritable armée de missionnaires destinés à convertir au christianisme les mahométans, on ne connaît pas un seul exemple authentique de conversion ayant couronné leurs efforts.

La diffusion du Coran en Chine n'a pas été moins considérable. Nous verrons dans un autre chapitre combien la propagande de l'islamisme y a été rapide. Bien que les Arabes n'aient jamais conquis **la moindre parcelle du Céleste Empire les mahométans y forment** suivantes que j'emprunte à plusieurs d'entre eux montreront que l'opinion que nous professons sur ce point ne nous est nullement personnelle.

Les musulmans sont les seuls enthousiastes qui aient uni l'esprit de tolérance avec le zèle du prosélytisme, et qui, en prenant les armes, pour propager la doctrine de leur prophète, aient permis à ceux qui ne voulaient pas la recevoir de rester attachés aux principes de leur culte. (Robertson, Histoire de Charles-Quint.).

Le Coran, qui commande de combattre la religion avec l'épée, est tolérant pour les religieux. Il a exempté de l'impôt les patriarches, les moines et leurs serviteurs. Mahomet défendit spécialement à ses lieutenants de tuer les moines, parce que ce sont des hommes de prière. Quand Omar s'empara de Jérusalem, il ne fit aucun mal aux chrétiens. Quand les croisés se rendirent maîtres de la ville sainte, ils massacrèrent sans pitié les musulmans et brûlèrent les juifs. (Michaud, Histoire des Croisades.)

Il est triste pour les nations chrétiennes que la tolérance religieuse, qui est la grande loi de charité de peuple à peuple, leur ait été enseignée par les musulmans. C'est un acte de religion que de respecter la croyance d'autrui et de ne pas employer la violence pour imposer une croyance. (L'abbé Michou, Voyage religieux en Orient.)

aujourd'hui une population de plus de vingt millions d'individus.

Le reproche de fatalisme fait à la religion du prophète n'est pas plus sérieux que ceux auxquels nous avons répondu. Il n'y a rien, dans les citations relatives au fatalisme que j'ai extraites du Coran, qu'on ne trouve dans les autres livres religieux, la Bible, par exemple. Des théologiens, des philosophes, et notamment Luther, reconnaissent que le cours des choses est invariable. « Contre le libre arbitre militent tous les témoignages de l'Écrire, écrit le puissant fondateur de la réforme. Ces témoignages sont innombrables ; bien plus, ils sont l'Écriture tout entière. »

La fatalité remplit les livres religieux de tous les peuples. Les anciens l'appelaient destin et l'avaient place au sommet des choses comme une puissance absolue à laquelle devaient obéir les dieux et les hommes. Les événements tracés par lui devaient toujours s'accomplir. (Oedipe essaie en vain de conjurer l'oracle qui lui a dit qu'il tuerait son père et épouserait sa mère. Il ne peut échapper à la fatalité inexorable.

Mahomet ne s'est donc pas montré plus fataliste que les fondateurs des cultes qui l'avaient précédé. J'ajouterai qu'il ne s'est pas montré plus fataliste que les savants modernes qui admettent avec Laplace, suivant une idée déjà émise par Leibnitz, « qu'une intelligence qui, pour un instant donné, connaîtrait toutes les forces dont la nature est animée, et la situation respective des êtres qui la composent, si d'ailleurs elle était assez vaste pour soumettre ces données à l'analyse, embrasserait dans la même formule les mouvements des plus grands corps de l'univers et ceux du plus léger atome. Rien ne serait incertain pour elle, et l'avenir, comme le passé, serait présent à ses yeux. »

Le fatalisme oriental, qui fait le fond de la philosophie des Arabes et de bien des penseurs modernes ayant un peu étudié l'envers des choses, est une sorte de résignation tranquille qui apprend à l'homme à subir sans vaines récriminations les lois du sort. Elle est beaucoup plus le résultat du caractère que des croyances. Bien avant Mahomet, les Arabes étaient fatalistes et cette conception des choses fut aussi étrangères à leur grandeur qu'elle le fut à leur décadence.

Chapitre III

Les conquêtes des Arabes

1. – *Le monde à l'époque de Mahomet*

Lorsque Mahomet mourut, deux grandes puissances se partageaient le monde connu : la première était l'empire romain d'Orient, qui, de Constantinople, dominait le midi de l'Europe, l'Asie antérieure et le nord de l'Afrique de l'Égypte à l'océan Atlantique ; la seconde était l'empire des Perses, dont l'action s'étendait fort loin en Asie. Quant à l'Europe, le nord et l'occident étaient la proie des Barbares, qui vivaient dans l'anarchie en se disputant les dépouilles des Romains.

Épuisé par ses luttes avec les Perses et par les nombreuses causes de dissolution qu'il portait en lui, l'empire d'Orient était en pleine décadence. C'était encore un colosse, mais un colosse miné de toutes parts, et qu'un souffle devait renverser.

Épuisé également par ses luttes séculaires avec l'empire d'Orient, l'empire des Perses présentait aussi des signes de profonde décadence.

L'Égypte et l'Afrique supportaient avec lassitude la lourde domination qui pesait sur elles. Constantinople continuait à exploiter les peuples, mais depuis longtemps ne les gouvernait plus. Les luttes religieuses et les perpétuelles exactions du gouvernement avaient entièrement ruiné le pays.

En Europe, la situation n'était pas meilleure. L'Espagne, qui, sous la domination arabe, devait être le siège d'un si brillant empire, appartenait aux Visigoths chrétiens. Aptes à conquérir, ces derniers s'étaient montrés impuissants à civiliser. Leurs querelles religieuses les avaient forcés d'implorer l'appui de l'empereur d'Orient ; mais leurs alliés d'un jour étaient bientôt devenus des ennemis qu'il avait fallu combattre.

En Italie, Rome avait perdu son ancien prestige, et le nom romain était méprisé partout : la ville éternelle obéissait à tous les Barbares qui l'envahissaient tour à tour.

C'est en Syrie surtout, la première des contrées où les Arabes conquérants portèrent leurs armes, que l'anarchie était profonde.

Les villes ayant échappé aux dévastations résultant des guerres perpétuelles entre les Perses et les Romains prospéraient encore, mais elles ne s'intéressaient plus qu'aux spéculations commerciales et aux controverses religieuses. Le monde finissait pour elles aux portes de la cité. Les campagnes étaient désertes. La population n'avait même plus aucune idée de patrie et obéissait au premier maître venu qui consentait à la nourrir. Avilie par des croisements avec tous les peuples asiatiques vaincus par elle, l'ancienne aristocratie des vainqueurs avait perdu toute valeur et toute influence.

Lorsque nous avons eu à examiner dans notre précédent ouvrage l'action des divers facteurs qui régissent l'évolution des sociétés, nous avons rangé parmi les plus importants l'influence d'un idéal. Culte de la patrie, croyance religieuse, amour de l'indépendance, de la gloire, du peuple ou de la cité, etc., peuvent être considérés au point de vue philosophique comme des illusions ; mais ce sont ces illusions qui ont toujours mené les hommes, et c'est sous leur égide que se sont élevés les édifices politiques et sociaux qui ont abrité l'humanité jusqu'ici. La grandeur des Romains fut fondée surtout sur le culte de Rome, et Rome resta maîtresse du monde tant qu'un Romain n'hésita pas à sacrifier sa vie pour augmenter sa puissance.

On pourrait caractériser d'un mot l'état des peuples gréco-romains et asiatiques quand parut Mahomet, en disant que tout idéal était mort chez eux depuis longtemps. L'amour de la patrie, le culte des anciens dieux n'avaient plus de prestige sur les âmes. Le sentiment dominant était l'amour égoïste de soi-même. Avec un mobile semblable, on ne résiste guère à des peuples prêts à sacrifier leur vie pour leurs croyances.

Mahomet sut créer un idéal puissant pour des peuples qui n'en avaient pas ; et c'est en cela surtout que consiste sa grandeur. Cet idéal nouveau était sans doute, comme tous ceux qui l'avaient précédé, un vain fantôme, mais il n'y a pas de réalités aussi puissantes que de tels fantômes. Jamais les sectateurs du prophète n'hésitaient à sacrifier leur vie pour leur nouvelle croyance, parce qu'aucun bien terrestre ne leur semblait supérieur à la vie future que cette croyance leur faisait espérer.

L'islamisme fut bientôt, pour tous les peuples soumis à sa loi, ce qu'avait été jadis pour les Romains la grandeur de Rome. Il donna des intérêts communs et des espérances communes à des populations séparées jusqu'alors par des intérêts très divers, et réussit ainsi à diriger tous leurs efforts vers un même but.

Mais si la communauté des intérêts et des croyances peut suffire à amener l'homogénéité d'un peuple, elle ne suffit pas à lui donner les moyens de conquérir un monde, alors même que ce monde se trouverait dans l'état de décadence où étaient arrivés l'empire gréco-romain et celui des Perses à l'époque de Mahomet. Bien que le colosse ne fût plus qu'une ombre, cette ombre était redoutable encore. Pour lutter contre elle avec succès, il fallait joindre aux croyances, qui dirigeaient les efforts dans un même sens, des qualités guerrières très grandes. Le courage et l'amour des combats ne manquaient pas aux Arabes, car ces qualités étaient héréditaires chez eux depuis des siècles ; le mépris de la mort leur était enseigné par la croyance nouvelle, qui leur promettait des jouissances infinies dans un autre monde ; mais l'art de la guerre leur était entièrement inconnu, et la vaillance ne le remplace pas. Les combats des Arabes entre eux n'étaient que de véritables luttes de barbares, où toute la tactique consistait à se précipiter en foule les uns contre les autres et à combattre chacun pour soi.

Cet art de la guerre, les Perses et les Romains le possédaient encore à un très haut degré, et leurs premières rencontres avec les Arabes le firent bien voir. Les défaites des Arabes en Syrie montrèrent bientôt à ces derniers ce qui leur manquait, et ils s'instruisirent rapidement à l'école de leurs vainqueurs. Les nombreux transfuges, attirés par la foi nouvelle, servirent d'instructeurs aux disciples du prophète et leur enseignèrent la tactique, la discipline et les moyens d'attaque que ces derniers ignoraient. En quelques années ils étaient entièrement formés, et, au siège de Damas, leurs adversaires les virent avec stupeur se servir de machines aussi parfaites et aussi bien maniées que celles des Grecs.

2. - *Caractère des conquêtes des Arabes*

L'habileté politique que déployèrent les premiers successeurs de Mahomet fut à la hauteur des talents guerriers qu'ils surent bien vite acquérir. Dès leurs premiers combats, ils se trouvèrent en présence de populations que des maîtres divers tyrannisaient sans pitié depuis des siècles, et qui ne pouvaient qu'accueillir avec joie des conquérants qui leur rendraient la vie moins dure. La conduite à tenir était clairement indiquée, et les khalifes surent sacrifier aux intérêts de leur politique toute idée de conversion violente. Loin de chercher à imposer par la force leur croyance aux peuples soumis, comme on le répète toujours, ils déclarèrent partout vouloir respecter leur foi, leurs usages et leurs coutumes. En échange de la paix qu'ils leur assuraient, ils ne leur imposaient qu'un tribut très faible, et toujours inférieur aux impôts que levaient sur eux leurs anciens maîtres.

Avant d'entreprendre la conquête d'un pays, les Arabes y envoyaient toujours des ambassadeurs chargés de propositions de conciliation. Ces propositions étaient presque partout identiques à celles que, suivant l'historien arabe El-Macyn, Amrou fit faire l'an 17 de l'hégire aux habitants de la ville de Gaza, assiégés par lui, et qui furent faites également aux Égyptiens et aux Perses. Les voici :

« Notre maître nous ordonne de vous faire la guerre si vous ne recevez pas sa loi. Soyez des nôtres, devenez nos frères, adoptez nos intérêts et nos sentiments, et nous ne vous ferons point de mal. Si vous ne le voulez pas, payez-nous un tribut annuel avec exactitude tant que vous vivrez, et nous combattrons pour vous contre ceux qui voudront vous nuire et qui seront vos ennemis de quelque façon que ce soit, et nous vous garderons fidèle alliance. Si vous refusez encore, il n'y aura plus entre vous et nous que l'épée, et nous vous ferons la guerre jusqu'à ce que nous ayons accompli ce que Dieu nous commande. »

La conduite du khalife Omar à Jérusalem nous montre avec quelle douceur les conquérants arabes traitent les vaincus, et contraste singulièrement avec les procédés des croisés, dans la même ville, quelques siècles plus tard. Omar ne voulut entrer dans la cité sainte qu'avec un petit nombre de ses compagnons. Il demanda au patriarche Sophronius de l'accompagner dans la visite qu'il voulut faire dans tous les lieux consacrés par la tradition religieuse, et déclara ensuite aux habitants qu'ils étaient en sûreté, que leurs biens et leurs églises seraient respectés, et que les mahométans ne pourraient faire leurs prières dans les églises chrétiennes.

La conduite d'Amrou en Égypte ne fut pas moins bienveillante.

Il proposa aux habitants une liberté religieuse complète, une justice impartiale pour tous, l'inviolabilité des propriétés, et le remplacement des impôts arbitraires et excessifs des empereurs grecs par un tribut annuel fixé à 15 francs par tête. Les habitants des provinces se montrèrent tellement satisfaits de ces propositions qu'ils se hâtèrent d'adhérer au traité, et payèrent d'avance le tribut. Les Arabes respectèrent si religieusement les conventions acceptées, et se rendirent si agréables aux populations soumises autrefois aux vexations des agents chrétiens de l'empereur de Constantinople, que toute l'Égypte adopta avec empressement leur religion et leur langue. C'est là, je le répète, un de ces résultats qu'on n'obtient jamais par la force. Aucun des peuples qui avaient dominé en Égypte avant les Arabes ne l'avait obtenu.

Les conquêtes des Arabes présentent un caractère particulier qui les distingue de toutes celles accomplies par les conquérants qui leur ont succédé. D'autres peuples, tels que les Barbares, qui envahirent le monde romain, les Turcs, etc., ont pu fonder de grands empires, mais ils n'ont jamais fondé de civilisation, et leur plus haut effort a été de profiter péniblement de celle que possédaient leurs vaincus. Les Arabes, au contraire, ont créé très rapidement une civilisation nouvelle fort différente de celles qui l'avaient précédée, et ont amené une foule de peuples à adopter, avec cette civilisation nouvelle, leur religion et leur langue. Au contact des Arabes, des nations aussi antiques que celles de l'Égypte et de l'Inde ont adopté leurs croyances, leurs coutumes, leurs mœurs, leur architecture même. Bien des peuples, depuis cette époque, ont dominé les régions occupées par les Arabes, mais l'influence des disciples du prophète est restée immuable. Dans toutes les contrées de l'Afrique et de l'Asie où ils ont pénétré, depuis le Maroc jusqu'à l'Inde, cette influence semble s'être implantée pour toujours. Des conquérants nouveaux sont venus remplacer les Arabes : aucun n'a pu détruire leur religion et leur langue. Un seul peuple, les Espagnols, a réussi à se débarrasser de la civilisation arabe, mais nous verrons qu'il ne l'a fait qu'au prix de la plus irrémédiable décadence.

3. - *Les premiers successeurs de Mahomet*

Quand Mahomet mourut, l'an 632 de l'ère chrétienne, son oeuvre n'était qu'ébauchée et des dangers de toutes sortes menaçaient de la faire disparaître pour toujours. L'unité politique de l'Arabie qu'il avait fondée n'était que la conséquence de son unité religieuse et cette unité religieuse pouvait finir avec son fondateur. Les Arabes avaient bien pu reconnaître l'autorité d'un envoyé de Dieu, mais la mission de cet envoyé étant accomplie, rien n'indiquait qu'il dût avoir un successeur. Bien des tribus avaient consenti à sacrifier leur amour de l'indépendance et leur haine de toute autorité à un prophète de Dieu, ne se sentaient nullement disposées à subir la loi de successeurs dont ce prophète n'avait jamais parlé et qui ne pouvaient prétendre exercer la même mission.

D'autres dangers plus grands encore menaçaient d'étouffer en germe l'œuvre du prophète. Plusieurs hallucinés excités par les succès de Mahomet avaient cherche, eux aussi, à se faire passer pour prophètes. L'un d'eux avait même à moitié converti l'Yémen et, sans le dévouement de quelques fidèles qui allèrent l'assassiner, un schisme eût enlevé à l'islamisme la plus belle de ses provinces. Un autre exalté s'était borné à ajouter quelques chapitres au Coran, et son influence s'était tellement étendue qu'elle balança pendant quelque temps celle des premiers successeurs du maître.

L'œuvre naissante avait donc devant elle bien des obstacles. Ils ne furent surmontés que grâce au génie politique remarquable des compagnons de Mahomet. Ceux-ci choisirent pour succéder au prophète des hommes qui n'eurent pas d'abord d'autre mission que de faire respecter la loi écrite dans le Coran, de sorte que ce n'était pas à ces chefs électifs que les Arabes obéissaient en apparence, mais à un code ayant une origine divine incontestée.

Les premiers successeurs du prophète, Abou Bekr (632-634), Omar (634-644), Othman (644-655) et Ali (655-660), avaient tous été compagnons de Mahomet. Ils conservèrent ses mœurs simples et sa vie austère : rien en eux n'indiquait le souverain. Abou Bekr ne laissa à sa mort que l'habit qu'il portait, le chameau qu'il montait et l'esclave qui le servait. Pendant sa vie, il ne s'était alloué que cinq drachmes par jour pris sur le trésor public pour sa subsistance. Omar, bien qu'ayant partagé entre ses soldats de riches dépouilles, portait une robe rapiécée et dormait sur les degrés des temples parmi les indigents.

Ce ne fut que par transitions insensibles que les Arabes passèrent du régime démocratique au régime monarchique. Sous les premiers successeurs du prophète, l'égalité était complète : le droit était le même pour tous. Le quatrième khalife, Ali, comparut en personne devant un tribunal comme accusateur d'un individu qu'il croyait lui avoir volé une armure. Lorsque le roi chrétien des Ghassanides, converti avec ses tribus à l'islamisme, vint à la Mecque y trouver Omar après sa conversion, il frappa un Arabe qui l'avait heurté par mégarde. Sur la plainte de l'Arabe, Omar fut obligé d'appliquer la loi et d'ordonner que le prince subirait la peine du talion : « Eh quoi ! commandeur des croyants, s'écria le roi, un homme du peuple porterait la main sur le chef de tant de tribus ! - Telle est la loi de l'islam, reprit le khalife ; il n'y a devant elle ni privilèges, ni castes. Tous les musulmans étaient égaux aux yeux du prophète comme ils le sont à ceux de ses successeurs. »

Ces coutumes équitables ne se continuèrent pas longtemps, et les khalifes finirent par devenir des souverains absolus ; mais l'égalité de tous les Arabes devant le Coran a persisté jusqu'à nos jours.

Le premier successeur du prophète fut Abou Bekr. Mahomet l'avait désigné une fois pour dire la prière a sa place, et cette raison fut celle qui le fit élire. L'élection donna lieu à des dissensions qui se reproduisirent à la nomination de ses successeurs.

Lorsqu'il eut reçu le serment de fidélité de ses compagnons, Abou Bekr leur tint, d'après les historiens arabes, le discours suivant : « Me voici chargé du soin de vous gouverner ; si je fais bien, aidez-moi ; si je fais mal, redressez-moi ; dire la vérité au dépositaire du pouvoir est un acte de zèle et de dévouement ; la lui cacher est une trahison ; devant moi l'homme faible et l'homme puissant sont égaux ; je veux rendre à tous impartiale justice ; si jamais je m'écarte des lois de Dieu et de son prophète, je cesserai d'avoir droit à votre obéissance. »

Abou Bekr eut d'abord à lutter contre les rivaux qui visaient au rôle de khalife, puis contre les chefs qui voulaient se soustraire au paiement des tributs imposés par le Coran. Il comprit bien vite d'ailleurs que le meilleur moyen de calmer ces dissensions était de donner aux Arabes l'occasion d'exercer au dehors leurs habitudes querelleuses et guerrières. Cette politique habile fut également celle de ses successeurs. Tant qu'elle put être appliquée, l'islam ne cessa de s'étendre. Le jour ou les Arabes n'eurent plus rien a conquérir dans le monde, ils tournèrent leurs armes contre eux-mêmes. L'ère de leur désunion commença et avec elle commença aussi l'ère de leur décadence. Leur puissance devait être détruite bien plutôt par leurs propres armes que par celles des peuples qu'ils avaient soumis.

Ce fut seulement sous le deuxième successeur de Mahomet, Omar, que commencèrent les grandes conquêtes des Arabes. Ils avaient obtenu, sous Abou Bekr, plusieurs succès en Syrie ; mais nous avons dit que si leur courage était grand, leur habileté guerrière était faible. Leurs succès furent mélangés de revers jusqu'au jour où ils furent aussi instruits que leurs adversaires dans le métier des armes.

Omar fut aussi habile comme général que comme administrateur. Il fut en outre d'une équité exemplaire.

Les historiens arabes mettent dans sa bouche les paroles suivantes lors qu'il monta, comme successeur du prophète, dans la chaire de Médine : « O vous qui m'écoutez, sachez bien qu'il n'y aura jamais d'homme plus puissant à mes yeux que le plus faible d'entre vous, lorsqu'il aura pour lui la justice ; et que jamais homme ne me paraîtra plus faible que le plus puissant parmi vous, s'il élève des prétentions injustes. »

C'est avec Omar que commence en réalité l'empire des Arabes. Obligé de quitter la Syrie et de se réfugier dans Constantinople, sa capitale, l'empereur Héraclius comprit que le monde allait avoir de nouveaux maîtres.

4. - *Résumé de l'histoire des Arabes*

Nous allons résumer dans ce paragraphe et suivant l'ordre chronologique les principaux faits de l'histoire guerrière des Arabes pendant les huit siècles que leur civilisation a duré.

Premier siècle de l'hégire. - Les premières conquêtes des successeurs de Mahomet se firent dans l'ancienne Babylonie, où dominait la Perse, et dans la Syrie, où régnait l'empereur de Constantinople, Héraclius. Commencées sous le premier successeur du prophète, qui mourut bientôt, elles furent continuées par Omar, qui entra en personne à Jérusalem. La Syrie, occupée depuis sept siècles par les Romains, leur fut enlevée en sept années.

La Mésopotamie et la Perse furent bientôt soumises aux soldats d'Omar : deux mois suffirent pour renverser de son trône le dernier des Sassanides et s'emparer de l'empire tant de fois séculaire du roi des rois.

À l'occident, les troupes envoyées par Omar, sous la conduite d'Amrou, poète et guerrier, obtinrent d'aussi rapides succès. l'Égypte et la Nubie furent bientôt conquises, et quand Omar mourut, en 644, l'empire arabe, né depuis vingt ans à peine, était déjà très vaste.

Othman, successeur d'Omar, était plus qu'octogénaire. Il continua cependant la série des conquêtes. Ses lieutenants achevèrent de s'emparer de la Perse, portèrent leurs armes jusqu'au Caucase et commencèrent à explorer l'Inde.

Le successeur d'Othman, Ali (655), gendre du prophète, fut en butte à des compétitions qui compromirent un moment l'empire arabe. Après cinq ans de règne, il fut assassiné. Avec lui disparut la première série de ces khalifes, anciens compagnons de Mahomet, considérés comme les pères de l'islamisme.

Son successeur, Moawiah (660), ouvre la série des khalifes dits Ommiades. Ces derniers transfèrent le siège du khalifat à Damas, et commencent à prendre les mœurs des souverains asiatiques.

Le nouveau khalife envoya des troupes dans tout le nord de l'Afrique, dont il forma un gouvernement distinct, et ne s'arrêta qu'aux bords de l'Océan. Une flotte de douze cents barques parcourut la Méditerranée, dont elle conquit les îles, et envahit la Sicile.

Constantinople fut assiégé pendant sept ans, mais inutilement. L'Oxus fut franchi, et les lieutenants du khalife portèrent sa bannière jusqu'à Samarcande.

Moawiah mourut (680) après vingt ans de règne. La dynastie fondée par lui devait durer un siècle.

Les Ommiades continuèrent les conquêtes. Elles s'étendirent en Asie jusqu'aux frontières de la Chine et en occident jusqu'à l'Atlantique. En 712, les Arabes franchissent le détroit de Gibraltar, pénètrent en Espagne, réussissent à enlever cette contrée à la monarchie chrétienne des Goths et en font un grand royaume soumis pendant près de huit siècles à la puissance des Arabes.

À la fin du premier siècle de l'hégire, la bannière du prophète flottait de l'Inde a l'Atlantique, du Caucase au golfe Persique, et un des plus grands royaumes chrétiens de l'Europe, l'Espagne, avait dû subir la loi de Mahomet.

Second siècle de l'hégire. - Le second siècle de l'hégire voit les Arabes étendre encore un peu leurs conquêtes ; mais ils s'occupent surtout d'organiser leur gigantesque empire. Ils pénètrent en Gaule jusqu'à la Loire, mais repoussés par Charles-Martel, ils ne se maintiennent que dans le midi de la France, d'où ils ne furent définitivement expulsés que par Charlemagne.

Le second siècle de l'hégire fut témoin du transfèrement de la capitale de l'empire de Damas à Bagdad, ville fondée en 762 par Almanzor, et du remplacement de la dynastie des Ommiades par celle des Abbassides (752), descendants d'Abbas, oncle du prophète. Tous les Ommiades furent massacrés, sauf un rejeton, qui échappa par hasard et réussit à se créer, en 756, un khalifat indépendant en Espagne.

Dès le commencement du second siècle de l'hégire, l'empire arabe avait atteint les limites qu'il ne devait plus franchir. Il s'étendait des Pyrénées et des colonnes d'Hercule jusqu'à l'Inde, des rives de la Méditerranée aux sables du désert.

La plus grande partie de l'Asie obéissait aux khalifes, de l'Arabie pétrée au Turkestan, de la vallée de Kaschmir au Taurus. La Perse était asservie. Le roi de Kaboul et tous les autres chefs de la vallée de l'Indus payaient tribut. En Europe, ils possédaient l'Espagne et les îles de la Méditerranée. En Afrique, l'Égypte et tout le nord du continent reconnaissaient leurs lois.

L'ère des conquêtes est terminée, celle de l'organisation va commencer. L'activité des conquérants se tourne vers les oeuvres de la civilisation, et le règne des premiers Abbassides est l'époque de la splendeur des Arabes en Orient. Ils reprennent la culture grecque et créent bientôt une civilisation brillante où les lettres, les sciences et les arts rayonnent du plus vif éclat. Avec Haroun-al-Raschid (786-809), les arts, les sciences, l'industrie, le commerce prennent un rapide essor. Poètes, savants, artistes portent aux confins du monde la renommée du héros célèbre des Mille et une nuits. Constantinople lui paie un tribut, et Charlemagne, l'empereur d'Occident, lui envoie une ambassade. La même prospérité continue sous El Mamoun, le successeur d'Haroun.

Mais les liens qui réunissaient en une seule main les races si diverses composant ce gigantesque empire étaient trop fragiles pour le maintenir longtemps uni, et nous allons le voir se séparer en fragments qui vivront chacun de leur vie propre, et où la civilisation continuera à rayonner pendant longtemps.

Dès la fin du second siècle de l'hégire, les luttes qui devaient amener la séparation se manifestaient déjà. Au troisième siècle, les démembrements vont commencer.

Troisième siècle de l'hégire. - Le démembrement de l'empire arabe, déjà commencé à l'une de ses extrémités par la formation du khalifat de Cordoue, se continue à l'autre par la formation, en Perse et dans l'Inde, à l'Orient de Bagdad, de plusieurs principautés. Cette capitale se trouva ainsi bientôt entourée de souverains indépendants.

En Égypte, Touloun achète son indépendance politique et fonde une dynastie. L'Afrique est abandonnée à elle-même. L'Espagne est gouvernée par des khalifes entièrement indépendants.

Quatrième siècle de l'hégire. - Le mouvement de dislocation de l'empire arabe, avec fondation de dynasties locales indépendantes, se continue. Bagdad perd son rôle de capitale, et le siège réel de l'islam est au Caire en Égypte. L'ancienne capitale des khalifes rayonne encore d'un vif éclat, mais le foyer le plus brillant de la civilisation arabe se trouve maintenant en Espagne. Les grandes universités arabes de Tolède, Grenade, Cordoue, attirent des disciples de toutes les parties du monde, y compris l'Europe chrétienne.

Cinquième siècle de l'hégire. - Le cinquième siècle de l'hégire est témoin de deux événements importants : la première croisade, et l'apparition, dans le monde arabe, des Turcs Seldjoucides. Amenés primitivement du Turkestan, comme prisonniers de guerre, ces barbares, après avoir formé d'abord la garde prétorienne des khalifes de Bagdad, finissent par absorber peu à peu le pouvoir réel et ne laisser à ces derniers qu'une puissance apparente. après avoir réussi à s'emparer du gouvernement de toutes les contrées avoisinant Bagdad, ils vont mettre le siège devant Constantinople, s'emparent de la Syrie et substituent leur fanatisme à la tolérance des Arabes. Le culte chrétien est prohibé, les pèlerins persécutés.

L'Europe, qu'effrayaient depuis longtemps les progrès des mahométans, finit par s'émouvoir. Les exhortations de Pierre l'Ermite, l'appel du pape Urbain II provoquent la formation de la première croisade (1095). Toute une génération de chrétiens se précipite sur la Palestine et s'en empare. Godefroy de Bouillon fonde l'éphémère royaume chrétien de Jérusalem.

Le même siècle vit également les Sarrazins expulsés de la Sicile et quelques triomphes des chrétiens en Espagne. La prise de Tolède par Alphonse de Castille est le début de la conquête qui ne devait être réalisée qu'après quatre siècles d'efforts.

Sixième siècle de l'hégire. - Les premiers succès des chrétiens en Orient avaient stimulé leur courage, et une seconde croisade (1147) avait été prêchée contre l'islam. Comme toutes celles qui vont la suivre, elle se termina par des désastres. Le fameux sultan d'Égypte, Saladin, envahit la Palestine, expulse entièrement les chrétiens, et malgré une troisième croisade (1189), dirigée par Frédéric Barberousse, Philippe Auguste et Richard Cœur de Lion, il reste maître de la ville sainte.

Septième siècle de l'hégire. - Le septième siècle vit encore plusieurs croisades dirigées contre l'islam, mais toutes tournèrent à l'entière confusion de l'Europe. Dans la quatrième (1202), au lieu de s'en prendre aux mahométans, les croisés pillent Constantinople, qui appartenait aux chrétiens, et y fondent un empire latin d'Orient, qui eut encore moins de vie que celui de Jérusalem. Les quatre dernières croisades ne sont pas plus heureuses. Fait prisonnier à la septième, saint Louis dut payer une rançon élevée ; à la huitième, il mourut de la peste sous les murs de Tunis dont il s'imaginait convertir le gouverneur.

Cette huitième croisade fut la dernière : le monde chrétien comprit qu'il n'était pas encore assez puissant pour refouler les mahométans et renonça à conquérir la Palestine. Le symbole de l'islamisme continua à dominer les lieux saints et les domine encore.

Pendant que les Arabes soutenaient contre les chrétiens de l'Occident les luttes dont ils sortaient complètement vainqueurs, un ennemi autrement redoutable que les croisés se levait à l'extrême Orient. Des plateaux de la Tartarie, des flots de Mongols, conduits par Gengis Khan, se précipitaient sur l'Asie, et, après avoir successivement envahi la Chine, la Perse et l'Inde, s'emparaient en 1258 de Bagdad, et mettaient fin à cette dynastie des Abbassides qui durait depuis cinq cents ans.

Aussi barbares que les Turcs, les Mongols se distinguaient d'eux, cependant, en ce qu'ils étaient aptes à recevoir un certain degré de culture. Ils n'auraient pu, comme les Arabes, fonder une civilisation nouvelle, mais ils surent adopter celle de leurs vaincus. L'Orient cessa d'être régi par des dynasties arabes, mais leur civilisation continua à y régner. Refoulée par ces conquérants, leur puissance se concentra en Égypte et en Espagne.

Huitième siècle de l'hégire. - Le huitième siècle de l'hégire est rempli par la lutte des Turcs et des Mongols, qui se disputent les anciennes possessions des Arabes en Orient. Pour ces derniers, l'heure de la décadence a sonné.

Neuvième siècle de l'hégire. - Le neuvième siècle de l'hégire fut témoin de la chute complète de la puissance et de la civilisation des Arabes en Espagne, ou ils régnaient depuis près de huit cents ans. En 1492, Ferdinand s'empara de Grenade, leur dernière capitale, et commença les expulsions et les massacres en masse que continuèrent ses successeurs. Trois millions d'Arabes furent bientôt tués ou chassés, et leur brillante civilisation, qui rayonnait depuis huit siècles sur l'Europe, s'éteignit pour toujours.

Le neuvième siècle de l'hégire marque la fin de l'empire des Arabes comme puissance politique. Ce ne fut que par leur religion, leur civilisation et leur langue qu'ils continuèrent à jouer un grand rôle en Orient. Les peuples qui avaient vaincu les Arabes comme autrefois les Barbares vainquirent les Romains, tentèrent de continuer leur oeuvre, et c'est au nom du Coran que le croissant remplaça la croix grecque à Constantinople, et fit trembler le monde chrétien.

Mais si les Turcs étaient des guerriers habiles, ils n'avaient pas les qualités qui permettent à un peuple de s'élever à la civilisation. Loin de faire progresser l'œuvre de leurs vaincus, ils ne purent même pas profiter de l'héritage qui leur avait été légué. « L'herbe ne pousse plus sur la terre que le Turc a foulé, » disent les Arabes. Elle n'y poussa plus, en effet, et nous verrons au cours d'un autre chapitre dans quelle décadence tomba bien vite l'ancien empire des Arabes entre les mains de ses nouveaux maîtres.

Livre troisième
L'empire des Arabes

Chapitre I
Les Arabes en Syrie

1. – *Diversité des milieux que rencontrèrent les Arabes*

En consacrant ce chapitre et ceux qui vont suivre à l'étude des Arabes dans les divers pays qu'ils ont occupés, nous voulons donner d'abord une idée générale de leur civilisation, et montrer leur influence sur les peuples avec lesquels ils se sont trouvés en contact ainsi que celle exercée sur eux par ces derniers. Ce sera surtout par l'examen des oeuvres laissées dans chaque contrée par les Arabes que nous essaierons d'apprécier leur civilisation. Après cette vue d'ensemble, il sera plus facile d'aborder ensuite un à un dans divers chapitres, les éléments variés dont la réunion constitue une civilisation.

Lorsque les Arabes s'établirent dans les diverses contrées de l'Asie, de l'Afrique et de l'Europe qui contribuèrent à former leur gigantesque empire, ils y rencontrèrent des peuples arrivés à tous les degrés de la civilisation, depuis la demi-barbarie, comme dans certaines parties de l'Afrique, jusqu'à la civilisation grecque et latine la plus avancée, comme en Syrie.

Les conditions d'existence auxquelles se trouvèrent soumis les Arabes furent donc fort diverses suivant les lieux, et nous devons par conséquent nous attendre à voir leur civilisation elle-même s'élever, dans ces divers milieux, à des niveaux différents.

C'est là précisément ce que nous montre l'histoire de la civilisation arabe aussitôt qu'on l'aborde dans ses détails. Cette civilisation, qui dura huit siècles, et dont les historiens parlent habituellement comme s'il ne s'agissait que d'une seule époque et d'un seul peuple, comprend des phases très diverses. Architecture, littérature, sciences, philosophie, religion même, présentèrent dans les diverses contrées soumises à la puissance arabe des phases d'évolution notablement différentes. La religion, et la langue étant semblables, les Arabes des diverses contrées eurent un fonds commun identique ; mais on ne peut pas plus confondre entre elles les civilisations des divers pays soumis à la loi de Mahomet, qu'on ne pourrait confondre la civilisation du moyen âge avec celle de la renaissance ou des temps modernes chez les peuples chrétiens.

2. - *Établissements des Arabes en Syrie*

Lorsque les Arabes se montrèrent en Syrie, cette riche province était devenue romaine depuis près de sept cents ans.

Le récit des premières luttes qui amenèrent l'occupation de la Syrie est assez confus. Les chroniqueurs arabes, tels que Wakedi, auquel on se réfère généralement, donnent de cette période des récits trop romanesques pour mériter grande confiance. Dans chacune de leurs guerres, les Arabes auraient accompli, suivant lui, des exploits dignes des héros d'Homère ; les femmes elles-mêmes se seraient signalées par leur valeur dans les combats. Quant aux historiens byzantins, ils gardent un silence prudent sur une conquête fort humiliante pour le puissant empire de Constantinople.

Quels que soient les détails de la conquête de la Syrie, il est certain qu'après une série de combats où les succès se mélangèrent d'abord aux revers, cette contrée fut entièrement soumise.

Une des premières et des plus importantes conquêtes des Arabes en Syrie fut la ville de Damas. Cette cité célèbre devait bientôt, sous les premiers khalifes Ommiades, dépouiller Médine de son titre de capitale de l'empire.

Ce fut la treizième année de l'hégire (634 de J.-C.), le jour même de la mort du khalife Abou-Bekr, le premier successeur de Mahomet, que les Arabes s'emparèrent de Damas : « Adieu la Syrie ! » s'écria Héraclius, quand il apprit cette perte.

La Syrie était perdue, en effet. Après la bataille d'Yarmouk, qui dura trois jours, et où les Byzantins furent défaits, les Arabes s'emparèrent successivement de toutes les villes de la Syrie : Palmyre, Baalbeck, Antioche, Tibériade, Naplouse, Jérusalem, Tyr, Tripoli, etc., tombèrent entre leurs mains. L'empereur dut quitter pour toujours la Syrie, que ses prédécesseurs occupaient depuis sept siècles.

Parmi les villes dont s'emparèrent les Arabes, Jérusalem fut celle dont la prise eut le plus de retentissement. Les disciples du prophète attachaient une importance très grande à la possession de cette cité, qui était aussi sacrée pour eux que pour les chrétiens. Elle avait, en effet, vu mourir Jésus, un des plus grands prophètes de l'islamisme, et renfermait le fameux rocher d'où Mahomet était parti pour le ciel.

L'attaque de la ville sainte par les Arabes fut aussi énergique que sa défense. Stimulés par le patriarche Sophronius, les chrétiens disputèrent avec vigueur le tombeau de leur Dieu ; mais il était écrit qu'ils n'empêcheraient pas l'emblème de l'Islamisme de remplacer la croix sur le tombeau du Christ. Après quatre mois de siège, Sophronius dut capituler. Il mit comme condition de la capitulation que la ville serait rendue au khalife Omar en personne, et cette condition fut acceptée. Omar quitta Médine, presque seul, monté sur un chameau, et n'ayant pour tout bagage qu'une outre pleine d'eau et un sac contenant de l'orge, du riz et des fruits secs. Il marcha nuit et jour pour arriver à Jérusalem. Introduit dans la ville, il montra la plus grande tolérance envers ses habitants, leur laissa leur religion, leurs usages et leurs biens, et ne leur imposa qu'un faible tribut.

Les Arabes firent preuve de la même tolérance envers toutes les villes de la Syrie ; aussi les habitants acceptèrent-ils bientôt avec empressement leur domination. Ils finirent même, la plupart, par renoncer au christianisme pour adopter la religion de leurs conquérants et apprendre leur langue. Depuis cette époque, la Syrie a plusieurs fois changé de maîtres, mais la religion et la langue des Arabes y sont aussi vivantes qu'aux premiers temps de leur conquête.

Les défaites répétées des Byzantins en Syrie avaient fini par leur inspirer une terreur profonde. Les Arabes en étaient arrivés à les traiter avec le plus insolent mépris. On peut en juger par la lettre suivante qu'Omar écrivit un jour à l'empereur Héraclius pour lui réclamer un de ses généraux fait prisonnier dans une rencontre :

« Au nom de Dieu clément, miséricordieux. Louange à Dieu, maître des mondes. Que la bénédiction de Dieu soit sur son prophète ! Le serviteur de Dieu Omar, à Héraclius, empereur des

Grecs. Dès que vous aurez reçu cette lettre, ne manquez pas de me renvoyer le prisonnier musulman qui est auprès de vous, et qui se nomme Abd-Allah-Ebn-Hodafah. Si vous faites cela, j'aurai l'espérance que Dieu vous conduira dans le droit chemin. Si vous le refusez, j'aurai soin d'envoyer contre vous des gens que le négoce et la marchandise ne détournent pas du service de Dieu. Que la santé et le bonheur soient sur celui qui marche dans le droit chemin ! »

Loin de s'indigner de cette dure épître, l'empereur rendit le prisonnier et lui remit d'importants présents pour le khalife. Les maîtres de Constantinople étaient pourtant les héritiers de ces guerriers redoutés qui avaient autrefois conquis le monde ; mais les sentiments qui avaient assuré leur grandeur étaient morts depuis longtemps.

Lorsque la conquête de la Syrie fut entièrement terminée, Omar retourna à Médine, organisa son nouvel empire, et laissa à ses généraux le soin d'étendre ses conquêtes. Les richesses prises sur les Grecs et les Perses étaient telles, qu'il fit distribuer à tous ses compagnons des revenus annuels variant trente mille et cinq mille dirrhems, suivant l'ancienneté de leurs services.

3. - *Civilisation de la Syrie sous les arabes*

La Syrie recouvra bientôt, sous les Arabes, une prospérité dont elle avait perdu depuis longtemps le souvenir. Sous les Ommiades et les premiers Abassides, elle fut un des pays où la civilisation atteignit le plus grand développement. Les nouveaux maîtres traitaient leurs vaincus avec une grande équité et leur laissaient la liberté religieuse la plus complète. Sous leur bienveillante protection, les évêques grecs et latins jouissaient d'une tranquillité qu'ils n'avaient jamais connue. Toutes les grandes villes de la Syrie : Jérusalem, Tyr, Sidon, Damas, redevinrent bientôt florissantes ; l'industrie et l'agriculture, extrêmement prospères.

La Syrie a toujours été un des plus riches pays du monde, tant que l'homme ne la ravagea pas. La terre y donnait autrefois, presque sans culture, le froment, le coton, l'orge, le riz, le mûrier, l'olivier, le citronnier et l'oranger. Les montagnes du Liban étaient recouvertes des arbres les plus précieux : chênes, platanes, sycomores, etc. Sans l'homme, cet antique foyer de tant de luttes serait un véritable paradis terrestre, et justifierait son titre de « terre promise » des Hébreux. Pays merveilleux où, suivant un poète arabe, « chaque montagne porte l'hiver sur sa tête, le printemps sur ses épaules, l'automne dans son sein, tandis que l'été dort nonchalamment à ses pieds. »

Les preuves de l'état de la civilisation en Syrie sous les Arabes nous sont fournies par les récits des écrivains et les monuments qui existent encore.

Les écrits des historiens montrent qu'aussitôt que la conquête fut terminée, la civilisation prit un vif essor. Les Arabes se passionnèrent bientôt autant pour les auteurs grecs et latins qu'ils s'étaient passionnés pour les batailles. Les écoles se multiplièrent partout. D'écoliers ils devinrent bientôt des maîtres, et les sciences, la poésie et les beaux-arts furent cultivés avec éclat.

La prospérité de la Syrie dura jusqu'aux divisions qui ébranlèrent l'empire des khalifes. Elle commença alors à décroître, mais ne s'éteignit entièrement que quand cette contrée tomba sous l'empire des Turcs. La ruine fut alors absolue. La plupart des merveilles du luxe, des arts et de l'industrie accumulées par les Arabes disparurent. D'anciennes métropoles, comme Tyr et Sidon, devinrent bientôt de misérables villages. Les montagnes furent dénudées entièrement. Les campagnes autrefois si riches se dépeuplèrent. Dans ces lieux, jadis si fertiles, l'herbe ne pousse plus depuis que la main des Turcs s'est appesantie sur eux. « En vain, écrit M. David dans son histoire de la Syrie, la civilisation des khalifes avait-elle accumulé, en deux siècles, autant de merveilles que les Grecs et les Romains une architecture délicieuse, un luxe éblouissant, une langue pittoresque, une grammaire chef-d'œuvre de logique, une poésie, chef-d'œuvre d'éloquence ; en vain Damas trempait-il ses aciers les plus fins ; en vain Alep filait-il ses soies les plus éclatantes ; en vain le Hauran voyait-il ses collines reprendre leur parure, ses arbres leurs fruits d'or, sa population son industrieuse activité ; les hordes caucasiennes, plus ignorantes, plus farouches, plus avides que tous les anciens conquérants, incendièrent sans remords les monuments de l'art et de la science, détruisirent les manufactures, massacrèrent les ouvriers et pulvérisèrent ce qu'elles ne pouvaient emporter. »

La Syrie n'est plus aujourd'hui qu'une terre désolée et stérile. L'excessive rareté de la végétation m'a vivement frappé lorsque je l'ai visitée. Il semble que cette terre, jadis si fertile, soit devenue si pauvre qu'elle ne puisse plus nourrir quelques brins d'herbes. J'ai parcouru cette longue route qui s'étend de Beyrouth à Damas sans rencontrer ailleurs qu'aux portes mêmes des villes des traces de végétation. Le Liban et l'Anti-Liban ne sont que des masses de rochers absolument nus. Aux portes mêmes de Jérusalem, la désolation n'est pas moins grande. Des pierres et des rochers partout, de l'herbe nulle part [1].

4. - Monuments laissés par les Arabes en Syrie

Les monuments laissés par les Arabes en Syrie ne sont pas bien nombreux ; mais comme ils sont anciens et forts remarquables, leur étude présente un intérêt très grand.

Nous avons montré qu'avant Mahomet, les Arabes possédaient les villes importantes, et que le fameux temple de la Mecque, où figuraient plus de trois cents statues de dieux, était bien antérieur à l'islamisme. Nous ignorons malheureusement ce qu'était cette architecture, car la mosquée de la Mecque, le seul monument important de l'ancienne Arabie actuellement connu, a été tellement restaurée, qu'il est difficile de dire ce qu'elle fut d'abord. La seule

---

1 L'état misérable de l'agriculture en Syrie résulte de plusieurs causes, parmi lesquelles il faut mettre aux premiers rangs la sécheresse résultant des déboisements, les déprédations des bédouins et surtout les exactions des pachas. Le paysan, sachant que le moindre gain lui sera extorqué, renonce à tout travail. Quelques capitaux, protégés par une administration simplement demi-honnête, pourraient faire de la Syrie une contrée agricole aussi productive que les plus riches de l'Europe. Le blé, le mûrier, l'olivier y viennent admirablement et presque sans culture. Pour donner une idée de ce que le pays pourrait produire, je citerai le fait suivant que j'ai recueilli sur les lieux. Il y a environ quarante ans, quelques industriels eurent l'idée d'entreprendre à Jaffa et à Sidon de vastes exploitations d'orangers, et aujourd'hui elles sont devenues une des richesses du pays. Jaffa possède environ 350 jardins renfermant 2 à 3,000 orangers chacun. Le prix de chaque jardin est de 40 à 50,000 francs, et son rapport de 4 à 5,000 francs par an. Les oranges, qui atteignent une taille énorme, sont exportées en Égypte, en Turquie et en Europe. Leur prix de vente est d'environ 40 francs le mille. Pour montrer quelle extension pourrait prendre cette industrie, il suffira de dire que les terres aptes à la culture de l'oranger mais non plantées valent 12,000 francs l'acre près de Jaffa, et seulement quelques francs à deux ou trois heures de la ville. Des travaux d'irrigation très simples, qui seraient bien faciles avec l'eau de l'Aoudjé, rendraient des terres, sans valeur aujourd'hui, aptes à la même culture.

indication probable, c'est qu'une partie de son ordonnance primitive a été respectée.

Quoi qu'il en soit, il est certain que les monuments arabes des premiers temps de l'islamisme ne furent pas construits par les Arabes. Les modifications qu'ils firent d'abord subir aux églises pour les adapter à leur culte, ou les monuments qu'ils construisirent avec les débris de ces églises, furent exécutés par les ouvriers des pays où ils dominaient. Les ouvriers persans et byzantins furent ceux qu'ils eurent le plus fréquemment occasion d'employer en Syrie, en attendant de s'être formés eux-mêmes.

Les Arabes se trouvaient, à l'égard des architectes étrangers qu'ils employèrent pendant les premiers temps de leur conquête, dans la condition d'un riche particulier qui fait élever à ses frais une construction quelconque. Quel que soit l'architecte employé, elle portera forcément les traces du goût de son propriétaire. Les architectes byzantins durent naturellement obéir au goût des Arabes. Dès les premiers monuments qu'ils construisirent, l'action de leur génie se révéla nettement. Bientôt dégagée des influences étrangères, la plastique arabe affecta des formes tellement spéciales et des motifs de décoration tellement caractéristiques, qu'il devint impossible de la confondre avec d'autres. Les détails de décoration pourront être byzantins, persans ou hindous, mais l'ensemble du monument lui-même portera toujours son cachet arabe.

Examinons maintenant quelques-uns des monuments les plus importants laissés en Syrie par les Arabes.

Mosquée d'Omar. - La célèbre mosquée d'Omar, à Jérusalem, est pour les mahométans le lieu le plus sacré de la terre après la Mecque et Médine ; et, jusqu'à ces dernières années, aucun Européen ne pouvait, sous peine de mort, y pénétrer. Elle fut un des monuments qui frappèrent le plus les croisés quand ils entrèrent à Jérusalem. Ils la prenaient pour le temple de Salomon restauré ; et sa réputation devint si grande en Europe que plusieurs églises s'édifièrent sur le modèle de cette mosquée. Elle est peut-être le seul monument religieux également sacré pour les mahométans, les juifs et les chrétiens.

La mosquée d'Omar est construite sur l'emplacement du temple célèbre de Salomon, réédifié par Hérode, et dont Titus put un instant admirer la splendeur pendant qu'il essayait de le soustraire aux flammes. C'est sur le rocher sacré qu'elle abrite aujourd'hui, qu'Abraham s'apprêtait, suivant la tradition, à immoler son fils pour obéir au Seigneur. Peu d'endroits au monde réunissent donc autant de souvenirs et aucun lieu sans doute ne vit de cultes plus divers : Salomon y adora le puissant dieu des juifs ; les Romains y vénérèrent le grand Jupiter, roi des dieux et des hommes ; les croisés y placèrent l'image du Christ ; et aujourd'hui les disciples du Coran y adorent le dieu dont Mahomet fut le prophète.

Mais la mosquée d'Omar n'est pas intéressante seulement à raison des souvenirs évoqués par elle ; c'est une oeuvre d'art des plus remarquables, et certainement le monument le plus frappant de toute la Palestine.

Elle est située sur une vaste esplanade de près de 500 mètres de longueur, dont la superficie occupe presque le quart de Jérusalem, et est entourée d'une enceinte, nommée par les Arabes Haram ech chérif, qui renferme plusieurs constructions importantes, la mosquée El Aksa, notamment.

Les recherches de l'archéologie moderne ont nettement prouvé que la surface du Haram est formée par le sommet du mont Moriah que Salomon nivela et prolongea par des remblais pour y édifier son temple. Les rois de Juda, et notamment Hérode, agrandirent cette enceinte à plusieurs reprises. Le rocher sacré, qui se trouve au centre de la mosquée, est probablement le sommet même du mont Moriah qui fut respecté par le roi Salomon dans ses nivellements.

La mosquée d'Omar repose sur une plate-forme rectangulaire en marbre, élevée de 3 mètres au-dessus de la surface du Haram. Elle occupe l'emplacement précis du temple d'Israël. On y accède par plusieurs escaliers de quelques marches surmontés d'arcades ogivales soutenues par des colonnes de marbre d'un fort bel effet.

Toute la plate-forme du Haram est parsemée de petites constructions diverses : chaires à prêcher, niches à prières, etc., dont quelques-unes sont fort curieuses.

C'est par erreur qu'on donne généralement en Europe le nom de mosquée d'Omar à ce monument. Ce n'est pas en effet une mosquée, et elle ne fut pas construite par Omar. Ce khalife resta très peu de temps à Jérusalem, et ne fit qu'indiquer la place où il voulait faire édifier un temple. Sa construction, d'après les recherches de M. de Vogüé, remonte à l'an 72 de l'hégire (691 de J.-C.), date très postérieure à Omar. Les Arabes ne la désignent que sous le nom de Koubbet es Sakhra, c'est-à-dire coupole du rocher. Elle peut être considérée en effet comme une immense coupole recouvrant le rocher sacré dont nous avons parlé.

Cet antique monument de l'Islam rappelle par son ensemble le style byzantin, mais il a été restauré et complété par des souverains musulmans d'époques très variées ; aussi présente-t-il de remarquables spécimens de l'art arabe à diverses périodes [1].

La forme de la mosquée d'Omar est octogonale ; on y pénètre par quatre portes, dont chacune regarde un des points cardinaux.

Ses parois sont revêtues de marbre à leur partie inférieure, et de plaques de faïence émaillé, formant d'admirables dessins, à partir d'une certaine hauteur. Ces plaques, d'origine persane, sont d'une époque très postérieure à la construction de la mosquée : elles datent en effet du temps de Soliman le Magnifique (1561 de J.-C.).

Lorsque le soleil darde ses rayons sur ce monument, les plaques émaillées dont il est recouvert brillent comme des pierres précieuses, et lui donnent un aspect véritablement magique. Rien dans les sombres murailles de nos édifices européens ne peut être comparé aux éclatants et chatoyants reflets des murs de cette mosquée. L'effet

---

[1] Dans notre description de la mosquée d'Omar, de même que dans celle des autres monuments arabes, nous sommes obligés de nous borner à des indications fort succinctes, mais suffisantes cependant pour compléter nos dessins très exacts. La plupart des monuments arabes que nous mentionnerons dans cet ouvrage exigeraient chacun au moins un volume pour être décrits complètement. M. de Vogüé a consacré tout un livre à la description de la mosquée d'Omar. Il a fallu deux énormes volumes grand in-folio de planches et de texte à Owen Jones pour décrire seulement l'Alhambra, et trois volumes à Prisse d'Avesnes pour décrire les monuments du Caire. Un grand nombre de monuments arabes n'ont été encore l'objet d'aucune description détaillée, et sont simplement mentionnés, le plus souvent sans figures à l'appui, par les auteurs. C'est surtout à leur égard qu'on peut dire qu'une bonne figure remplace facilement cent pages de texte. Nous pouvons donc espérer que, grâce à nos gravures, le lecteur aura des monuments arabes une idée d'ensemble suffisamment exacte. En ce qui concerne la mosquée d'Omar, notamment, les vues de son intérieur que nous donnons sont beaucoup plus fidèles que les croquis divers publiés jusqu'ici, car ce sont les premières, croyons-nous, qui aient été exécutées d'après des photographies. Des photographies seules en effet pouvaient reproduire les mille détails de l'intérieur de la mosquée, mais leur exécution était fort difficile en raison de l'inégalité excessive d'éclairage de l'intérieur du monument, et de l'impossibilité d'avoir un recul suffisant pour l'appareil. Ce n'est pas sans de grandes difficultés que nous avons réussi à obtenir celles dont la reproduction se trouve dans cet ouvrage.

est fantastique. Involontairement, on se prend à songer à ces palais enchantés qu'on entrevoit parfois en rêve ; mais pour la mosquée d'Omar, le rêve est au-dessous de la réalité.

Son plan intérieur est très simple. Deux enceintes octogonales concentriques entourent une sorte de balustrade circulaire disposée autour du rocher sacré, placé lui-même au centre de l'édifice.

L'ornementation intérieure du monument est d'une grande richesse. Les fûts des colonnes de la première enceinte sont des monolithes de marbre de formes et de hauteurs différentes provenant d'édifices plus anciens. Les chapiteaux ont également des formes assez différentes et remontent, la plupart, aux débuts de l'époque byzantine. Les murs sont ornés à leur partie supérieure de splendides mosaïques, qu'on suppose du dixième siècle. La base de la coupole est entourée d'une large bande sur laquelle on lit, en lettres d'or, des inscriptions arabes en caractères koufiques composées de versets du Coran relatifs à Jésus-Christ.

La coupole du monument fut refaite en l'an 1022, et par conséquent en pleine époque de la floraison de l'art arabe. Son ornementation intérieure est splendide : elle est recouverte de peintures et de mosaïques, et les dessins compliqués de l'art arabe s'y enchevêtrent à l'infini.

Tout l'intérieur de la mosquée est d'un luxe extrême. Ses parois sont recouvertes d'émaux, de mosaïques, de dorures, de plaques de bronze repoussé. Les fenêtres sont ornées de vitraux du seizième siècle composés de morceaux de verres de couleurs assemblés avec du plâtre, et non avec des lames de plomb comme en Europe. Il résulte de cet assemblage des effets d'ombre et de lumière bien supérieurs à ceux produits par les vitraux de nos cathédrales.

Au centre de la mosquée d'Omar se trouve le fameux rocher sacré, l'el Sakhra, comme disent les Arabes, sur lequel Melchisédech, Abraham, David et Salomon auraient fait des sacrifices.

Il paraît démontré aujourd'hui que ce rocher est bien, comme nous le disions plus haut, le sommet même du mont Moriah, respecté par Salomon dans le nivellement de la montagne. Déjà sacré de son temps, il servit sans doute d'autel dans son temple.

Le rocher sacré a 17 mètres dans sa plus grande longueur et s'élève à 2 mètres au-dessus du sol ; il est entouré d'une grille de fer du temps des croisades. Dans une grotte située au-dessous, on montre des endroits où auraient prié David et Salomon.

Suivant la tradition arabe, c'est du sommet d'un rocher sacré qu'est parti Mahomet, sur la monture fantastique dont nous avons parlé, pour aller converser avec Dieu. La réalité de la tradition est prouvée clairement par la présence de la selle de marbre de l'animal encore incrustée dans la voûte. Ce n'est au surplus que par un pur hasard que le rocher est demeuré en place, car il tenait absolument à accompagner Mahomet dans son voyage, et il fallut l'intervention de l'ange Gabriel pour le retenir. Ce dernier n'arriva malheureusement que quand le monolithe avait déjà quitté la terre et s'était élevé de quelques mètres. Ne pouvant aller au ciel et ne voulant pas reprendre sa position primitive, le rocher resta en l'air et s'y maintient depuis cette époque sans reposer sur rien. Cette tradition est répétée fidèlement aux visiteurs, mais le cheik de la mosquée, avec lequel j'eus l'occasion de causer fréquemment pendant les longues heures consacrées à étudier ce monument et que je consultai sur la question de savoir si le rocher sacré restait réellement suspendu en l'air sans point d'appui, me parut faiblement convaincu de l'exactitude de la tradition. Il paraîtrait même que le pacha actuel de Jérusalem aurait défendu de relater devant des chrétiens toutes ces légendes.

Le dôme de la mosquée d'Omar est surmonté d'un gigantesque croissant.

Dans l'enceinte même du Haram, en face de la mosquée d'Omar, se trouve une belle chaire arabe en marbre blanc, surmontée d'un petit dôme supporté par des arceaux en fer à cheval : on lui donne le nom de chaire d'Omar, mais son seul aspect indique qu'elle est bien postérieure à ce khalife. Sa construction est en effet du quinzième siècle.

Parmi les constructions remarquables que contient l'enceinte du Haram, je citerai encore le petit édifice appelé Koubbet es Silseleh (le dôme de la chaîne), ou tribunal de David : c'est un gracieux kiosque de pierre, de style byzantin, recouvert de faïences persanes. La tradition rapporte que David avait son tribunal dans cet endroit.

Mosquée el Aksa. - Dans l'enceinte même du Haram se trouve la mosquée el Aksa, également fort ancienne. C'est une basilique chrétienne, construite par l'empereur Justinien en l'honneur de la sainte Vierge, et dont les Arabes, d'après l'ordre d'Omar, ont fait une mosquée. Détruite par un tremblement de terre, elle fut reconstruite en 785, et complétée à diverses époques par des modifications qui lui ont donné de plus en plus, - du moins dans les détails - le caractère arabe. Elle fut restaurée par Saladin en 583 de l'hégire (1187 de J.-C.). D'autres parties, comme le porche, ont été refaites au quinzième siècle.

L'intérieur de cette mosquée contient des colonnes empruntées à divers monuments, les nefs centrales sont byzantines, et probablement du septième siècle. Les arcades sont généralement ogivales. El-Aksa fut habitée par les croisés, et renferme une galerie qui servit de salle d'armes aux chevaliers du Temple.

La mosquée el Aksa renferme un mihrab fort joli, tapissé de mosaïques, construit comme le dit l'inscription qui le surmonte sous Saladin en 583 de l'hégire (1187), et une chaire merveilleuse en bois sculpté incrusté d'ivoire et de nacre, exécutée en 564 de l'hégire (1168), d'après l'inscription dont elle est ornée. Les vitraux des fenêtres qui surmontent le mihrab sont du seizième siècle. Dans les parties latérales de la mosquée, on voit deux niches à prière, assez curieuses. L'une à colonnes torses et à arcades ogivales, est nommée oratoire d'Omar, et on assure qu'elle a servi de lieu de prière à ce khalife ; l'autre est désignée habituellement sous le nom d'oratoire de Zacharie. [1]

Autres monuments arabes de Jérusalem. - Les autres monuments arabes de Jérusalem sont beaucoup moins importants, et nous ne mentionnerons parmi eux que la belle porte de Damas, construite, ou plutôt restaurée par Soliman, en 944 de l'hégire (1537 de J.-C.)

En dehors des monuments dont je viens de parler, et d'un très petit nombre d'autres, comme le Saint-Sépulcre [2], Jérusalem ne possède guère que des édifices modernes. L'influence des Européens y est aujourd'hui très grande, et tend de plus en plus à lui enlever son <u>ancien cachet oriental</u>.

1 Tous les dessins et planches coloriées que nous donnons des diverses parties de l'intérieur de la mosquée el Aksa et de la mosquée d'Omar ont été exécutés d'après nos photographies et n'avaient figuré encore dans aucun ouvrage. M. Malpertuy, chancelier du consulat de France à Jérusalem, nous a prêté le plus utile concours pour colorier sur place nos photographies des vitraux et du Mihrab.
2 La remarquable façade sud du Saint-Sépulcre présente des ogives se rapprochant du fer à cheval et des dessins géométriques qui me la feraient volontiers classer parmi les monuments arabes ou au moins parmi les monuments inspirés par le style arabe.

Quand on approche de la ville sainte par la route de Jaffa, on éprouve une désillusion très vive. Les constructions européennes : couvents, hôpitaux, consulats, etc., sont si nombreuses, qu'on se croirait dans la banlieue d'une grande ville. Ce n'est que contemplée de certains points, et notamment du haut de la montagne des Oliviers, que Jérusalem présente, avec ses dômes, ses minarets, ses maisons à terrasse, sa ceinture, ses murs et ses tours crénelées, un aspect vraiment imposant.

Les souvenirs dont l'antique cité est pleine suffiraient du reste à eux seuls à en faire un objet de vénération pour les pèlerins venus des plus lointaines contrées du globe. Quelle magie dans ces souvenirs et quelle émotion profonde doivent éprouver les âmes imprégnées des vieilles croyances, en visitant des lieux comme le Saint-Sépulcre, les mont des Oliviers, le torrent de Cédron, la vallée de Josaphat, le tombeau de la Vierge, la sépulture des rois de Juda, la voie sacrée, la montagne de Sion et bien d'autres dont les environs sont remplis ! Qu'il soit sceptique ou croyant, le visiteur ne saurait contempler d'un oeil indifférent cet antique foyer de l'une des plus puissantes religions qu'ait connues le monde. La grande ombre du Christ semble planer encore sur la cité qui le vit mourir, et tout y est plein de son nom.

Il ne faut pas sans doute projeter d'une façon trop vive les froides lueurs de l'analyse sur ces lieux vénérés, car leur prestige diminuerait bien vite. Les emplacements que la tradition a consacrés n'ont été consacrés par elle qu'à une époque où l'imagination seule, guidée par une foi ardente, pouvait retrouver des traces dont le souvenir s'était effacé depuis longtemps. Ce jardin des Oliviers fut-il celui ou Jésus déplora l'amertume de sa destinée ? Cette voie sacrée fut-elle bien celle qu'il suivit pour aller au calvaire ? Ce sépulcre que toute la chrétienté vénère, fut-il bien celui où le corps fut déposé après sa mort ?

L'archéologie moderne est sévère dans ses réponses à toutes ces questions. Elle montre que la Jérusalem actuelle se trouve à plusieurs mètres au-dessus de l'ancienne ville ; qu'elle a été construite sur les monceaux de ruines de l'antique cité entièrement détruite par Titus, et qu'il n'y a vraiment aucun moyen de reconstituer exactement son ancienne topographie. Mais la croyance suffit au croyant. L'homme ne vénère guère en définitive que des fictions, et les plus anciennes sont les plus respectables, parce qu'elles sont les plus respectées.

Tour arabe de Ramleh. - Parmi le petit nombre d'anciens monuments arabes que possède la Syrie, je mentionnerai encore la tour située auprès de la petite ville de Ramleh, entre Jaffa et Jérusalem.

La tour de Ramleh est désignée par les Arabes sous le nom de Tour des quarante martyrs. Ils assurent que quarante mahométans victimes de leur foi y furent enterrés.

Cet édifice est un bel échantillon de l'architecture sarrazine. Sa forme est carrée. Il prend jour par des fenêtres ogivales. On arrive à son sommet par un escalier de cent vingt marches en très bon état, sauf les dernières.

On a considéré la tour de Ramleh comme une oeuvre des croisés, et, en effet, elle rappelle bien le style importé par eux en Europe, mais son origine arabe n'est pas douteuse : elle est prouvée, non seulement par certains détails, d'architecture, mais encore par une inscription parfaitement conservée, et qui indique qu'elle fut construite en 700 de l'hégire (1310 de J.-C.). Cette inscription concorde avec les indications données par un historien arabe, qui nous apprend que la tour fut construite par le fils du sultan Kalaoum. La disposition de la pierre sur laquelle est gravée l'inscription est du reste telle, qu'il me semble impossible qu'elle ait été ajoutée après coup.

Monuments arabes de Damas. - En parlant des Arabes avant Mahomet, nous avons vu qu'en ces temps reculés où blanchit l'aube de l'histoire, Damas était déjà l'entrepôt commercial de l'Orient. Les Arabes la connaissaient, bien des siècles avant Mahomet ; car elle était une des villes où ils apportaient les produits de leur pays. C'était pour eux le paradis du monde. Elle était alors, comme elle l'est encore aujourd'hui, une des plus imposantes cités du globe - la lumière de l'Orient -, ainsi que le disait l'empereur Justinien.

L'importance de Damas était si grande que les Arabes en firent la capitale de leur empire, titre qui appartenait d'abord à Médine et qui ne fut donné que bien plus tard à Bagdad.

Tant qu'elle resta la capitale de l'empire arabe, et même longtemps après, Damas fut le grand centre commercial, scientifique et industriel de l'Orient : son école de médecine, son observatoire astronomique, ses palais, ses mosquées étaient célèbres dans le monde entier.

Cette vieille cité, contemporaine des Pyramides, où ont régné les Assyriens, les Mèdes, les Égyptiens, les Perses, les Grecs, les Romains, les Arabes et les Turcs, est encore debout ; mais les sacs et les incendies ont détruit la presque totalité de ses monuments.

Bien que les Arabes n'en soient plus les maîtres, leur religion, leurs coutumes et leur langue y règnent encore ; et elle est peut-être une des villes du monde qui possède le plus le cachet arabe. Alors que tout le reste de la Syrie a subi l'influence européenne, Damas, où l'Européen pénètre rarement, y a entièrement échappé. Le Caire, fondé par les Arabes, et où ils régnèrent pendant de longs siècles, possède des monuments beaucoup plus importants assurément que ceux de Damas, mais la vieille cité égyptienne s'européanise chaque jour. C'est encore à Damas qu'il faut aller pour bien comprendre les mœurs de l'Orient, remonter le cours de l'histoire, et vivre dans le passé.

Vue de loin, émergeant avec ses beaux minarets d'une oasis de verdure, Damas a un aspect féérique justement vanté par tous les voyageurs, mais qui ne vaut pas cependant, suivant moi, la vue magique que présente le Caire des hauteurs de sa citadelle. « Damas offre au voyageur qui s'en approche, écrit M. David, le spectacle le plus grandiose, le plus original et le plus féérique à la fois. Au-dessous de vous apparaissent des faubourgs tout verdoyants de jardins ; ces faubourgs s'éparpillent en groupes d'arbres et de maisons, tout à travers une large plaine, et tout autour d'une enceinte de murailles la plus singulière du monde. Ces murailles, en effet, au lieu d'avoir la teinte terreuse, sale triste des fortifications occidentales, brillent au contraire de la façon la plus merveilleuse. Composés de pierres jaunes et noires, alternées de mille façons, les unes rondes, les autres carrées, d'autres triangulaires, mais toutes disposées avec art, ces remparts crénelés ont réellement l'air d'une ceinture de velours parsemée de topazes, ainsi que le disent les poètes d'Orient. Cette enceinte, d'ailleurs, n'est pas la seule qui se présente aux regards ; en voici d'autres à l'intérieur de la ville qui séparent les divers quartiers, celles-ci remarquables par les tours carrées qui les flanquent, celles-là par les ornements, sous formes de turbans, qui les surmontent. Mais ce n'est ici que le premier plan du tableau, le fond est bien plus éclatant et plus curieux encore. Il se compose de presque autant d'arbres que de maisons : ici une ligne de cyprès, c'est une promenade ; là une suite prolongée d'arcades mauresques, c'est un bazar ; puis un groupe de palmiers qui balancent leurs têtes gracieuses au-dessus du bassin en demi-cercle d'une fontaine monumentale; puis des quinconces d'arbres fruitiers dans l'intérieur d'un palais musulman ; enfin plus de mille coupoles avec leurs croissants de cuivre à leur sommet, et leurs minarets sur leurs flancs. Ce labyrinthe de terrasses fleuries, de grands arbres et de beaux jardins, produit un effet d'autant plus prestigieux que la lumière d'un soleil ardent et les reflets argentés des sept branches sinueuses de la rivière Barradah lui prêtent toute la magie des couleurs. C'est Damas, Al-Cham, comme l'appellent les Arabes, en lui donnant le nom de la Syrie elle-même. »

Quand on entre dans la ville, le coup d'œil est d'abord peu enchanteur, du moins pour un Européen, car Damas est toujours restée pour l'Arabe, la perle de l'Orient. Des rues tortueuses et malpropres, bordées de maisons délabrées aux murailles de boue et de paille ; une poussière aveuglante dont on ne peut se faire une idée sans l'avoir vue, produisent d'abord une assez mauvaise impression, et cette impression ne s'efface que quand on commence à s'acclimater.

Le commerce considérable que fait Damas avec le reste de l'Orient lui donne une animation très grande et un cachet oriental tout spécial. Elle reçoit, par les caravanes venues de Bagdad, les produits de la Perse et de l'Inde, et leur envoie ses célèbres soieries, ses étoffes, ses maroquins, ses cuivres incrustés d'argent.

C'est à Damas qu'il faut aller, je le répète, pour contempler le véritable Orient avec ses éblouissantes couleurs. Les rues de l'antique cité, son curieux bazar, y offrent le plus intéressant et le plus changeant des spectacles. On peut y voir défiler en quelques heures tous les peuples de l'Orient : Persans aux bonnets de fourrures, le poignard à la ceinture ; Syriens vêtus de manteaux rayés en forme de dalmatique, le front ceint d'un kouffieh retenu par une corde en poils de chameau ; femmes arabes enveloppées des pieds à la tête d'un voile blanc sous les replis duquel scintillent des yeux ardents ; Damasquins couverts d'une robe de soie noire et jaune serrée à la ceinture, le fez rouge ou le turban blanc sur la tête ; soldats turcs, le cimeterre à côté, pèlerins de la Mecque fièrement drapés dans leurs haillons ; cawas consulaires dont l'uniforme bleu disparaît sous les broderies, et qui s'avancent gravement, la courbache à la main ; fonctionnaires ottomans sanglés dans la redingote du Nizam ; guerriers druses à la mine altière, la ceinture hérissée d'armes et montés sur de magnifiques chevaux, dont les selles de maroquin écarlate brodées d'or et d'argent scintillent au soleil ; longues files de chameaux pesamment chargés qu'escortent des marchands venus de Caramanie, de l'Anatolie ou des bords de l'Euphrate : Kurdes, Bédouins, Arméniens, Maronites, juifs et jusqu'à des Grecs de l'Archipel. Toute cette foule bigarrée forme un inextricable fouillis de couleurs éclatantes où se retrouvent toutes les nuances de l'arc-en-ciel, alors que sur les visages se rencontrent toutes les teintes comprises entre le blanc rose le plus clair et le noir d'ébène le plus intense.

Lorsque, du divan d'un café arabe, je contemplais à travers la fumée de mon narghilé ce kaléidoscope étrange, il me semblait par moment qu'une puissance magique avait évoqué pour un instant du sein des ombres toutes les populations asiatiques des temps passés. À Constantinople, sur le pont qui va de Galata à la rive opposée de la Corne d'Or, j'ai vu un spectacle aussi varié peut-être, mais l'élément européen y domine de plus en plus : on y rencontre un mélange de tous les peuples du monde, on n'y trouve plus l'Orient.

L'amateur du pittoresque, l'artiste et l'archéologue séjourneront longtemps avec délices à Damas. Il y aurait tout un volume à faire avec les débris d'architecture qu'on peut y observer ; mais ils tombent chaque jour en ruines et bientôt on ne les y verra plus. Dans le faubourg de Meidân, à l'entrée de la route qui va à la Mecque, on rencontre à chaque pas des ruines de mosquées, fontaines, monuments divers qui, bien que ne comptant pas certainement plus de deux ou trois siècles d'existence présentent, en raison du respect des Arabes pour les traditions, des motifs d'ornementation très anciens, et où l'influence persane apparaît fréquemment.

Ce n'est guère qu'à Damas également qu'on peut observer encore des palais construits d'après d'anciens modèles arabes, et qui, par le goût et le sentiment du confort, me semblent devoir être placés au dessus de nos appartements européens les plus luxueux. Ils subissent malheureusement la loi commune des choses et disparaissent aussi.

J'aurai occasion d'étudier dans un autre chapitre un des palais dont je viens de parler et je ne mentionnerai maintenant parmi les monuments de Damas que le seul édifice vraiment ancien, sa grande mosquée.

Élevée sur l'emplacement d'un temple païen, devenu église

chrétienne, elle remonte, au moins en partie, aux premiers temps de l'hégire. Reconstruite après un incendie qui la détruisit en 1069 de notre ère (461 de l'hégire), elle est très inférieure aujourd'hui à ce qu'elle fut autrefois, très inférieure surtout aux mosquées du Caire.

La grande mosquée de Damas est construite sur le même plan que les premières constructions analogues de l'islamisme et se compose comme elles d'une grande cour rectangulaire à portiques, dont un côté est occupé par le sanctuaire et les angles par les minarets. Dans le chapitre consacré aux Arabes en Égypte nous aurons à décrire plusieurs monuments du même type.

Suivant les historiens arabes, le bas des murs de la primitive mosquée était couvert des marbres les plus rares ; le haut des murs, de même que la coupole, de mosaïques ; le plafond était en bois doré, et six cents lampes d'or y étaient suspendues ; les niches à prières étaient garnies de pierres fines.

La plus grande partie de cette ornementation a disparu. Les murs sont recouverts maintenant de belles inscriptions, et les fenêtres garnies de vitraux de couleurs. On voit encore sur quelques points des traces d'anciennes mosaïques.

La mosquée possède trois minarets ; deux sont carrés, le troisième fort gracieux, est octogonal à galeries superposées et se termine en haut par une boule et un croissant. L'un des minarets, celui dit de la Fiancée, passe pour un des plus anciens qui existent, car l'on croit qu'il a été construit au premier siècle de l'hégire. L'autre de forme carrée, porte le nom de minaret de Jésus, parce que Jésus doit, suivant la tradition arabe, descendre sur son sommet le jour du jugement dernier.

L'esquisse qui précède nous montre que dès le début de leurs conquêtes, les Arabes, bien différents en cela des peuples conquérants qui devaient leur succéder, respectèrent toutes les oeuvres créées avant eux et ne songèrent qu'à utiliser la civilisation déjà existante et à la faire progresser. Très ignorants tout d'abord, ils surpassent bientôt leurs maîtres. La tactique militaire, l'emploi des machines de siège des Grecs leur étaient inconnus, mais ils apprennent vite ce qu'ils ignoraient et se montrent bientôt plus habiles que leurs adversaires. Les arts et les sciences étaient chez eux dans l'enfance ; mais les nombreuses écoles qu'ils fondent leur permettent d'égaler, puis de dépasser les peuples qui les avaient précédés. Leurs connaissances en architecture étaient nulles : ils emploient les Byzantins et les Persans comme architectes, mais en modifiant graduellement les monuments au gré de leurs sentiments artistiques, au point de se dégager de plus en plus de toute influence étrangère et d'arriver à s'y soustraire entièrement, comme nous le verrons bientôt.

Chapitre II
Les Arabes à Bagdad

1. – Civilisation des Arabes en Orient pendant le khalifat de Bagdad

Les deux époques les plus brillantes de la domination des Arabes sont celles du khalifat de Bagdad en Asie et du khalifat de Cordoue en Espagne. Devenus bientôt indépendants l'un de l'autre et séparés par des distances considérables, mais ayant même origine, même religion et même langue, les deux empires progressèrent d'une façon parallèle pendant plusieurs siècles. À une époque où le reste de l'Europe était plongé dans une noire barbarie, les deux grandes cités où régnait l'islamisme étaient des foyers de civilisation éclairant le monde de leur lumineux éclat.

La période brillante de la civilisation des Arabes ne commença aussitôt que leur conquête fut achevée. L'activité qu'ils avaient d'abord dépensée dans leurs combats, ils la tournèrent vers les lettres, les sciences, l'industrie ; et leurs progrès dans les arts pacifiques furent aussi rapides qu'ils l'avaient été dans les arts guerriers.

Nous avons vu que Damas avait remplacé Médine comme capitale de l'empire arabe sous les khalifes ommiades. Lorsqu'en 132 de l'hégire (740 de J.-C.) les Abassides arrivèrent au pouvoir, ils résolurent de changer de capitale, et fondèrent près de Babylone, sur le Tigre, la ville de Bagdad, qui devint bientôt la plus célèbre des cités de l'Orient.

On ne trouve plus, à Bagdad comme en Syrie, des monuments de l'époque des khalifes. Mais les oeuvres scientifiques et littéraires que les Arabes de cette époque ont produites ainsi que les chroniques de leurs historiens, donnent une idée suffisante de leur civilisation au neuvième siècle de notre ère. Les indications que nous allons donner, complétées par les détails que le lecteur trouvera dans les chapitres consacrés à l'histoire des sciences et des arts, éclaireront un côté important de la civilisation arabe, dont l'étude n'avait pas été abordée dans le précédent chapitre.

Ce fut sous le règne d'Haroun-al-Raschid, le célèbre héros des Mille et une nuits (786-809 de J.-C.), et sous celui de son fils el Mamoun (813-833), que Bagdad atteignit le plus haut point de prospérité et devint la plus importante des villes de l'Orient. Le nom d'Haroun était alors célèbre dans les parties les plus reculées du monde connu. La Tartarie, l'Inde, la Chine envoyaient des ambassadeurs à sa cour. Le puissant empereur Charlemagne, véritable souverain d'Occident, qui régnait de l'Atlantique jusqu'à l'Elbe, mais ne régnait que sur des barbares, chargea des ambassadeurs de lui porter ses vœux et de solliciter sa protection pour les pèlerins qui se rendaient à Jérusalem. Haroun accorda la protection demandée et renvoya les ambassadeurs avec de magnifiques présents. On voyait parmi eux un éléphant richement orné, animal entièrement inconnu en Europe, des perles, des bijoux, de l'ivoire, de l'encens, des étoffes de soie, et enfin une horloge qui marquait et sonnait les heures. Cet instrument excita au plus haut degré l'admiration de Charlemagne et de l'entourage demi-barbare chez lequel le grand homme essayait en vain de faire revivre la civilisation romaine. Personne, à sa cour, ne fut capable, du reste, d'en comprendre le mécanisme.

Monté sur le trône à l'âge de vingt-trois ans, Haroun-al-Raschid s'occupa bientôt d'organiser toutes les parties de son vaste empire. Un système régulier de communications relia toutes les parties de ses États : des relais toujours préparés permettaient aux courriers de franchir rapidement de grandes distances. Un service de pigeons voyageurs avait été également organisé, et fonctionnait exactement comme il fonctionne encore de nos jours entre certaines villes. La direction des postes était alors à Bagdad, comme aujourd'hui en Europe, une des premières charges de l'État.

Chaque province avait un gouverneur relevant de l'autorité centrale. Pour les provinces éloignées, telles que le nord de l'Afrique, ces gouverneurs étaient des vice-rois héréditaires, à peu près indépendants des khalifes, et qui, par la suite, le devinrent complètement.

L'administration des revenus de l'État était très régulière. Les ressources de l'empire se composaient principalement d'un impôt personnel ou capitation, d'une contribution foncière établie sur les biens-fonds, de droits de douanes, du revenu des terres vagues ou incultes, et de l'exploitation des mines. Suivant les chroniqueurs arabes, le total des revenus du khalifat atteignait annuellement 200 millions de francs, somme énorme pour l'époque.

La perception de ces revenus était dirigée par une commission, nommée divan. « Le divan de la perception des impôts, dit Ebn-Khaldoun, est institué pour surveiller la rentrée des revenus de l'État, conserver les droits du souverain, équilibrer les recettes et les dépenses, faire le recensement des troupes, en régler l'entretien et la solde. On n'emploie à cet effet que les calculateurs les plus habiles, qui prennent le nom d'écrivains du divan : on donne aussi ce nom de divan à l'édifice qui leur sert de lieu de réunion. »

L'administration de l'empire était répartie entre quatre sections, comparables à nos ministères actuels : administration des impôts, chargée de la formation des rôles des contributions ; administration du personnel, chargée de nommer aux emplois de receveurs des contributions ; et enfin, administration du contrôle, des revenus et de l'ordonnancement des dépenses.

Toutes les décisions du khalife étaient enregistrées et consignées dans des archives afin de pouvoir être consultées par leurs successeurs.

Les fils de ces rouages immenses aboutissaient entre les mains du vizir, sorte de premier ministre sur lequel la plupart des khalifes se reposaient entièrement des soins du pouvoir.

La police municipale était organisée avec autant de soin que l'avaient été les services des postes et des finances. Les marchands étaient réunis en syndicats responsables, chargés de surveiller les transactions commerciales et de réprimer les fraudes.

Le bon état des finances sous les khalifes abassides leur permit d'entreprendre de grands travaux d'utilité publique. Des routes furent construites. Des caravansérails, des mosquées, des hôpitaux, des écoles s'élevèrent de tous cotés et notamment à Bagdad,

Bassorah, Mossoul, etc.

L'agriculture et l'industrie prirent également une grande extension. Les vins de Schérad et d'Ispahan acquirent de la célébrité et furent exportés au loin. Des fabriques de fines étoffes s'établirent à Mossoul, à Alep et à Damas. Les mines de sel, de soufre, de marbre, de fer, de plomb, etc., furent exploitées d'une façon méthodique.

L'enseignement public était organisé sur de larges bases. Les professeurs les plus célèbres furent appelés de tous les points de l'univers. L'astronomie, surtout, fut cultivée au point de permettre de tenter des opérations que les Européens n'ont pu aborder qu'à une époque moderne, telles que la mesure d'un arc du méridien. Les anciens auteurs grecs et latins, surtout ceux traitant de philosophie et de mathématiques, furent traduits et étudiés dans toutes les écoles. L'étude de l'antiquité devint alors aussi générale qu'elle devait l'être en Europe quelques siècles plus tard.

Les Arabes apportèrent dans ces études, si nouvelles pour eux, toute leur ardeur. Bibliothèques publiques, écoles, laboratoires se multipliaient partout, et quand nous étudierons, dans d'autres chapitres, les détails de leur civilisation, nous verrons qu'ils réalisèrent, dans la plupart des sciences, des découvertes importantes.

L'aperçu qui précède montre que bien peu de temps après leurs conquêtes, les Arabes étaient arrivés à un haut point de culture ; mais une administration savante, des arts aussi compliqués que l'exploitation des mines, l'architecture, etc., ne s'improvisent pas, et des sciences comme l'astronomie s'improvisent moins encore. Notre résumé suffirait à lui seul pour montrer que les Arabes ne firent que continuer une civilisation existant avant eux. Dans les sciences, les arts, les connaissances administratives, etc., ils continuèrent simplement en effet la civilisation gréco-latine, mais la firent considérablement progresser, tandis que les Byzantins, qui transmirent aux Arabes ce précieux dépôt, n'avaient su en tirer aucun parti, et étaient tombés dans la plus triste décadence.

Le désir de s'instruire était si grand chez les Arabes, que les khalifes de Bagdad employaient tous les moyens pour attirer à leur cour les savants et artistes les plus célèbres de l'univers. L'un de ces khalifes alla même jusqu'à déclarer la guerre à l'empereur de Constantinople, pour l'obliger à permettre à un mathématicien renommé de venir enseigner à Bagdad. Artistes, savants, lettrés, de toutes religions et de toute origine : Grecs, Persans, Coptes, Chaldéens affluaient dans la grande cité et en faisaient le véritable centre intellectuel du monde. El Mamoun, le fils d'Haroun « regardait les savants, dit Abulfaradj, comme des êtres choisis par Dieu pour perfectionner la raison : c'étaient les flambeaux du monde, les guides du genre humain. Sans eux, la terre devait retourner à la barbarie primitive. »

Ainsi entourés, les khalifes de Bagdad pouvaient considérer leur cour comme la première du monde. Elle était en même temps la plus brillante. Nous pouvons avoir une idée de ce qu'était le luxe tout oriental de Bagdad, par la description que nous a laissée l'historien arabe Aboulféda de la réception d'un ambassadeur de l'empereur d'Orient par un khalife abasside, en l'an 305 de l'hégire.

« Toute l'armée du khalife était sous les armes, la cavalerie et l'infanterie formaient un corps de seize mille hommes, les grands officiers, vêtus de la manière la plus brillante, ayant des baudriers qui étincelaient d'or et de pierreries, se trouvaient rangés autour de leur chef suprême. On voyait ensuite sept mille eunuques, parmi lesquels on en comptaient quatre mille blancs, puis sept cents gardes d'appartements. Des chaloupes et des gondoles, décorées de la manière la plus riche, étalaient leurs banderoles sur le Tigre. La somptuosité régnait partout dans l'intérieur du palais ; on y remarquait trente-huit mille pièces de tapisserie, parmi lesquelles douze mille cinq cents étaient de soie brodée en or ; on y trouvait vingt-deux mille tapis de pied. Le khalife entretenait cent lions avec une garde pour chacun d'eux. Entre autres raffinements d'un luxe merveilleux, il ne faut pas oublier un arbre d'or et d'argent qui portait dix-huit branches, sur lesquelles, ainsi que sur les rameaux naturels, on apercevait des oiseaux de toute espèce : ces oiseaux et les feuilles de l'arbre étaient faits des métaux les plus précieux. Cet arbre se balançait comme les arbres de nos forêts, et alors on entendait le ramage des différents oiseaux. C'est au milieu de tout cet appareil que l'ambassadeur grec fut conduit par le vizir au pied du trône du khalife. »

La puissance militaire des khalifes de Bagdad était en rapport avec l'importance de leur empire. Nous voyons à quel point elle était respectée au-dehors par ce fait, que les empereurs de Constantinople, héritiers de la puissance grecque et romaine, en étaient réduits à leur payer tribut. C'est en vain qu'ils cherchaient à s'y soustraire. Nicéphore, successeur de l'impératrice Irène, ayant écrit au khalife Haroun al Raschid qu'il ne paierait plus le tribut, en reçut une réponse concise et énergique, qui prouve quel mépris inspiraient alors les faibles descendants des Grecs et des Romains. Elle était ainsi conçue :

« Au nom du Dieu clément et miséricordieux, Haroun al Raschid, commandeur des croyants, à Nicéphore, chien de Romain : J'ai lu ta lettre, fils d'un infidèle, tu n'entendras pas ma réponse, tu la verras. »

Le « chien de Romain » la vit en effet : Haroun ravagea entièrement les provinces soumises à Nicéphore ; et l'empereur chrétien de Constantinople dut continuer à payer tribut au successeur du prophète.

Les règnes d'Haroun et de son fils sont justement considérés comme l'époque culminante de la puissance politique des Arabes en Orient. Leur empire, en Asie, touchait aux frontières de la Chine; ils avaient refoulé les tribus barbares de l'Afrique jusqu'à l'Éthiopie, les Grecs jusqu'au Bosphore, et, à l'Occident, ils n'avaient que l'océan Atlantique pour borne. En moins de deux siècles, ces vaillantes tribus de l'Arabie, dont la voix de Mahomet avait fait un seul peuple, avaient fondé un empire aussi grand que celui des Romains et cet empire était le plus civilisé et le plus redouté du monde.

Mais les grandes monarchies militaires absolues dépendent entièrement des hommes placés à leur tête. Tant que ces hommes sont d'un génie supérieur, comme Haroun et son fils, elles prospèrent ; quand ce sont des hommes médiocres qui les dirigent, elles tombent plus vite encore qu'elles ne s'étaient élevées.

Ce n'eût pas été trop, du reste, d'une dynastie de grands hommes, pour maintenir au khalifat sa puissance devant les dissensions qui allaient naître entre les Arabes des diverses parties de l'empire et l'attitude menaçante des peuples qu'ils avaient pu refouler un instant, mais non détruire. L'Espagne arabe s'était déclarée indépendante ; les Berbères allaient bientôt réclamer leur autonomie ; les Turcs, qui formaient, à titre d'esclaves, les gardes des khalifes, allaient bientôt commencer à s'emparer, par leurs intrigues, de la puissance que leurs armes devaient conquérir un jour.

Ce ne fut qu'au dixième siècle que s'éteignit la dynastie des khalifes abassides de Bagdad ; mais quand elle disparut de l'histoire, sa puissance n'était depuis longtemps qu'une ombre.

Les Turcs, qui n'avaient d'abord été introduits à Bagdad qu'à titre de prisonniers ou d'esclaves, et que leur belle taille avait fait choisir pour former la garde des khalifes, avaient fini, comme le firent également les Mamelouks en Égypte, par s'imposer au point de s'emparer du pouvoir réel, et à ne laisser à leurs maîtres qu'un pouvoir nominal.

Impuissants à résister à toutes les compétitions qui les entouraient, les khalifes avaient laissé leur empire se démembrer en principautés indépendantes, et quand le dernier des Abassides disparut, Bagdad ne pouvait plus revendiquer d'autre titre que celui d'être encore le premier foyer scientifique et littéraire de l'Orient.

Ce furent les Mongols qui mirent fin à la dynastie des Abassides. Ces Mongols étaient une de ces populations nomades qui forment, avec les Turcs diverses races, notamment les habitants demi-barbares de ce vaste plateau de l'Asie centrale borne au nord par les montagnes qui le séparent de la Sibérie, au sud par la Chine, le Tibet et la mer Caspienne. Suivant les travaux ethnographiques les plus récents, et notamment d'après notre savant ami le professeur Dally, les Turcs feraient partie, avec les Mongols, les Kalmouks et peut-être les Tibétains, d'un groupe abstrait dit mongolique caractérisé surtout par la conformation spéciale de la face, la coloration jaune et blafarde de la peau, la forme cylindrique des cheveux, etc. La ressemblance entre les Turcomans et les Mongols est très réelle aujourd'hui. Elle le fut sans doute autrefois pour les Turcs proprement dits, puisque Raschid-Eldin, dans son Histoire des Mongols écrite au treizième siècle, dit que « Turcs et Mongols se ressemblent d'une manière frappante et furent dans l'origine désignés par le même nom. » Aujourd'hui il serait impossible de reconnaître aucune parenté directe entre les Turcs d'Europe et les Mongols. Cela tient sans doute à ce que les Turcs et les Mongols eux-mêmes ont été transformés par leurs croisements répétés pendant des siècles avec des femmes de race caucasique : des Géorgiennes des Circassiennes et des Persanes notamment.

Les Mongols s'emparèrent de Bagdad en 656 de l'hégire (1258 de J.-C.). La ville fut saccagée entièrement et Mostasem, le dernier des Abassides, étranglé, par l'ordre d'Hougalon, chef des vainqueurs.

Les richesses furent enlevées, les manuscrits brûlés et jetés dans les eaux du Tigre. « Telles étaient les ressources que les hommes avides d'instruction avaient pu rassembler dans cette ville avant une si terrible catastrophe, dit Kotbeddin-el-Hanifi, que les Mongols ayant jeté dans le Tigre tous les livres des collèges, leur amoncellement forma un pont sur lequel pouvaient passer les gens de pied et les cavaliers ; et l'eau du fleuve en devint toute noire. »

Mais ces barbares féroces, qui incendiaient les monuments, brûlaient les livres et ravageaient tout autour d'eux, devaient subir à leur tour la civilisation de leurs vaincus. Ce Mongol Houlagou, qui avait saccagé Bagdad et fait traîner sous les murs de la ville le cadavre du dernier des Abassides, fut tellement étonné des merveilles de cette civilisation si nouvelle pour lui, qu'il en devint bientôt un protecteur. À l'école des Arabes, les Mongols se civilisent à leur tour ; ils adoptent leur religion, leur civilisation, protègent leurs artistes, leurs savants ; et nous les retrouverons bientôt, fondant dans l'Inde un puissant empire, dont on peut dire qu'il fut arabe, car c'est la civilisation des Arabes qui a supplanté celle existant auparavant et qui a régné jusqu'à nos jours.

Bagdad se releva de ses ruines ; mais trois siècles plus tard elle subit la domination des Turcs et tomba alors dans une décadence complète. Bibliothèques, écoles, artistes et savants disparurent pour toujours.

Par suite de sa position commerciale, Bagdad est encore aujourd'hui un centre important, mais c'est une cité moderne où, en fait de monuments du temps des khalifes, on ne trouve que quelques ruines. Les édifices, généralement fort délabrés, qu'on y rencontre aujourd'hui sont relativement modernes, et plus persans qu'arabes. « Sous une épaisse poussière, dit M. Flandin, est enseveli le pied des édifices où se retrouve à peine visible la trace d'Haroun-al-Raschid et de Zobéide. Ça et là, on découvre dans quelques coins de bazars, sur le rivage, au milieu des décombres qui ont perdu leur nom, des pans de murs sur lesquels se lisent avec peine des fragments d'inscriptions coufiques, un minaret dont l'origine ancienne est attestée par sa ruine même, et quelques débris de portail émaillé, dont les mosaïques de couleur se détachent sur un fond de maçonnerie brisée, sans que les Turcs se soucient de la disparition de ces témoins d'une civilisation rivale de celle de Byzance. À l'exception de ces débris aussi rares que dénués d'intérêt, on remuerait vainement la poussière accumulée dans Bagdad. On peut dire que cette grande ville n'a rien conservé qui rappelle ses glorieux khalifes. »

Telle est aujourd'hui Bagdad. La vieille cité des khalifes a été rejoindre dans la poussière du passe, Thèbes, Babylone, Memphis et toutes les grandes capitales qui, elles aussi, furent reines du monde, mais ne réussirent à le dominer que par la puissance matérielle de leurs armes alors que, les khalifes qui régnèrent à Bagdad le dominèrent surtout par leur civilisation.

Pour bien apprécier cette civilisation, il faut sortir des généralités auxquelles nous nous sommes limités dans cette partie de notre ouvrage et examiner en détail les oeuvres scientifiques, littéraires, artistiques et industrielles qu'elle a enfantées. C'est là ce que nous ferons dans d'autres chapitres lorsque nous aurons terminé l'exposé sommaire de l'histoire des Arabes dans les diverses contrées occupées par eux. À mesure que nous avancerons dans notre ouvrage nous verrons se dégager nettement deux faits essentiels que nous n'avons fait qu'indiquer jusqu'ici. Le premier est que les Arabes surent créer une civilisation nouvelle avec des éléments empruntés aux Perses, aux Grecs et aux Romains. Le second est que cette civilisation fut si solide qu'elle subjugua jusqu'aux barbares qui tentèrent de la détruire. Les peuples les plus divers de l'Orient contribuèrent à renverser les Arabes, mais tous sans exception, jusqu'aux Turcs eux-mêmes, contribuèrent aussi à propager leur influence. Des races vieilles comme le monde, telles que celles de l'Égypte et de l'Inde, acceptèrent la civilisation, la religion et la langue que leur apportèrent les Arabes ou leurs continuateurs.

Chapitre III
Les Arabes en Perse et dans l'Inde

1. – Les Arabes en Perse

Les débris de la civilisation des Arabes, dans les diverses contrées occupées par eux, varient beaucoup d'un pays à l'autre. Son étude reposant sur l'examen des oeuvres scientifiques, littéraires, artistiques ou industrielles qu'ils ont laissées, nous ne pouvons dans chaque chapitre suivre un plan identique. C'est ainsi que pour la Syrie nous nous sommes attaché à l'étude des oeuvres plastiques ; que pour Bagdad, où les documents de cette sorte faisaient défaut, nous les avons remplacés par des détails sur l'organisation politique, les finances, l'administration, etc. Ces matériaux d'informations se complétant l'un par l'autre permettent de juger sous des jours divers la civilisation dont nous voulons retracer le tableau.

Pour un petit nombre de contrées, la Perse notamment, les renseignements que nous possédons sont rares, et nous serons obligés de nous contenter d'indications sommaires. Elles suffisent cependant à prouver que l'influence que les Arabes y ont exercée, de même du reste que celle qu'ils y ont subie, a été très grande.

Lorsque les Arabes arrivèrent en Perse et renversèrent la dynastie des Sassanides, ils se trouvèrent en présence d'une civilisation très vieille, très puissante, et à laquelle ils firent, notamment dans les arts, de nombreux emprunts.

La conquête de la Perse date, comme celle de la Syrie, des premiers temps de l'islamisme. Ispahan était conquise en 645 sous le khalife Omar. Pendant trois siècles, elle resta sous la domination des khalifes d'Orient, et son histoire se confondit un peu avec celle de Bagdad. Elle tomba ensuite sous des dynasties indépendantes éphémères qui se succédèrent jusqu'aux Turcs Seldjoucides. Les Mongols, qui les remplacèrent au treizième siècle, furent dépossédés à leur tour par les Turcomans en 1403.

Ces invasions successives eurent pour résultat la destruction de tous les monuments anciens construits sous les Sassanides et les Arabes. Tous ceux que possédait la ville d'Ispahan notamment, furent entièrement anéantis ; ceux qu'on y voit aujourd'hui remontent au célèbre shah Abbas, prince persan, qui en fit sa capitale l'an 998 de l'hégire (1589 de J.-C.), et reprit aux Turcs la plus grande partie de la Perse. Pendant un siècle, cette contrée sembla devoir recouvrer son ancienne prospérité. En 1739, elle luttait victorieusement contre le grand mogol de l'Inde et l'obligeait à lui céder plusieurs provinces à l'ouest de l'Indus. Elle tomba enfin dans l'anarchie et la décadence. Placée aujourd'hui entre les Russes, qui veulent avancer vers l'Inde, et les Anglais, qui cherchent à s'y opposer, elle est fatalement destinée à servir de champ de bataille à ces deux rivaux, et à tomber entre les mains de celui qui sera le plus fort. Après avoir été dans le passé, le siège de luttes qui devaient donner l'empire du monde au vainqueur, elle semble appelée à jouer dans l'avenir le même rôle encore.

L'influence des Arabes sur les Perses nous est prouvée par le fait que ces derniers ont adopté leur religion et leurs lois, et que leur langue sans être devenue d'un usage général, est cependant très répandue en Perse et y joue un rôle analogue à celui du latin en Europe au moyen âge. Aujourd'hui encore c'est dans des ouvrages arabes que les Persans étudient les sciences, la théologie et l'histoire.

Les débris des oeuvres plastiques laissées par les Arabes en Perse, sont trop rares pour permettre de juger avec précision l'influence réciproque exercée par les deux peuples l'un sur l'autre. Nous ignorons ce qu'était exactement l'architecture persane avant l'islamisme, et ce qu'elle fut pendant la période arabe. Les monuments anciens que nous ont fait connaître divers explorateurs sont tellement ruinés, qu'il est vraiment impossible de se représenter exactement ce qu'ils pouvaient être. Nous savons cependant, par les récits des historiens et les débris existant encore, qu'au temps de ces souverains Sassanides, qui précédèrent les Arabes, les palais étaient très richement ornés ; qu'on connaissait les coupoles, et qu'on savait recouvrir les édifices de briques émaillées. Nous pouvons compléter ces indications en nous rappelant qu'aux débuts de leurs conquêtes, les Arabes adoptaient, en la modifiant très peu, l'architecture de leurs vaincus. En étudiant les monuments des premiers temps de l'islamisme, on peut donc arriver à en dégager ce qui appartient à l'influence persane. Ce fut surtout pour les décorations de détails, l'application des faïences émaillées, par exemple, que les Arabes firent des emprunts aux artistes persans. Pour les formes d'ensemble, ils furent d'abord guides, au moins en Syrie et en Égypte, par les architectes byzantins. Plus tard, ce furent les Arabes qui firent sentir leur influence sur les Perses, et ces derniers leur empruntèrent la forme de leurs dômes, les ornements en stalactites et divers motifs d'ornementation, tels que les inscriptions. Nous reviendrons du reste sur ces questions dans les chapitres consacrés aux arts arabes.

Il n'existe actuellement en Perse qu'un bien petit nombre de monuments de l'époque des premiers khalifes arabes, tels que les ruines de la mosquée d'Hamadan, reproduites dans un autre chapitre. Quelques uns de ceux de Meched, qu'a fait connaître M.

de Khanikoff, paraissent être également de la même époque ; on y trouve une combinaison étroite des éléments persans et arabes. Les arcades, les minarets coniques n'ayant de galeries qu'au sommet, les décorations en faïences émaillées sont persanes ; les caractères employés comme procédé d'ornementation, les stalactites, les colonnades légères, etc., sont arabes.

La parenté évidente des débris des monuments de la Perse contemporaine des khalifes avec ceux beaucoup plus modernes que fit construire Abbas, à Ispahan, et dont nous représentons les plus importants, montre que les architectes suivaient une tradition ancienne. Nous verrons dans le chapitre consacré à l'histoire de l'architecture chez les Arabes que cette tradition fut cependant graduellement modifiée dans des détails importants, notamment dans la forme des dômes. D'abord surbaissés, puis hémisphérique, ils se rétrécissent ensuite à la base et prennent finalement par l'exagération de ce rétrécissement une forme bulbeuse caractéristique.

Quoi qu'il en soit, le style persan a certainement son originalité. Les minarets coniques, les portes monumentales à ogives évidées latéralement, l'ornementation des murs en faïences couvertes de dessins de couleur sont certainement propres aux persans ; et lorsque nous les retrouverons sur les monuments de l'Inde, nous n'hésiterons pas à les attribuer à l'influence de ces derniers.

Quand les Mongols succédèrent aux Arabes, ils adoptèrent la religion et la civilisation de leurs vaincus; mais en Perse et dans l'Inde, ils employèrent des architectes hindous et persans, qui mélangèrent les différents styles, comme nous allons le voir bientôt. À Samarcande, grande ville aujourd'hui à moitié détruite, dont Tamerlan fit sa capitale en 1404, les ruines montrent que l'influence persane a dominé dans l'architecture. Dans l'Inde, l'influence arabe, du moins au début, fut plus grande. Il paraît démontré que les Mongols n'apportèrent aucun élément nouveau dans l'architecture. Il est évident cependant qu'ils eurent un style particulier et cela par le fait seul qu'ils mélangèrent les différents styles des peuples soumis à leurs lois. Nos gravures en donnent la preuve.

Si l'on nous demandait de résumer d'un mot l'influence des Arabes en Perse, nous dirions qu'elle fut très grande sur la religion, les connaissances scientifiques et la langue, mais assez faible sur les mœurs et l'architecture. Loin de transformer radicalement leur antique civilisation au contact de celle de leurs vainqueurs, comme le firent les Égyptiens, les Perses en conservèrent les parties essentielles.

2. - *Les arabes dans l'Inde*

Les Arabes n'ont pas joue dans l'Inde un rôle politique beaucoup plus important qu'en Perse ; mais leur influence religieuse et civilisatrice a été considérable, et aujourd'hui encore, l'Inde contient près de cinquante millions d'hommes soumis à la loi du prophète.

Dès les premières années de l'hégire (637 de J.-C.), les Arabes commencèrent à se montrer dans l'Inde : des flottes sorties de l'Oman et du Bahreïn s'avancèrent jusqu'aux bouches de l'Indus. En 664, le roi de Caboul est rendu tributaire. En 711, une armée arabe conquit le royaume de Sind, qui s'étendait à l'est jusqu'au Cachemeire, à l'ouest jusqu'à l'Indus et la mer.

Les établissements des Arabes ne furent pas, du reste, bien importants et ne durèrent que jusqu'en 750. Ils furent alors remplacés par des dynasties hindoues, auxquelles succédèrent des Turcs et des Mongols convertis à l'islamisme. La plus ancienne et la plus importante de ces diverses dynasties fut celle des Ghaznévides, ainsi nommée du nom de son fondateur. Les Ghaznévides commencèrent la conquête de l'Inde vers l'an 1000 de J.-C., et la terminèrent en onze campagnes qui durèrent vingt-cinq ans. La rive orientale de l'Indus, le Cachemire, le Penjab, le royaume de Lahore, Aymir furent définitivement conquis. Les Ghaznévides s'annonçaient partout comme les propagateurs de la religion et de la civilisation arabes, et reçurent du khalife de Bagdad le titre de protecteurs des vrais croyants. Pour la première fois, depuis Alexandre, l'Inde se trouva soumise à des conquérants étrangers. La puissance politique et religieuse de l'islamisme y était solidement fondée, et, sous des dynasties diverses, devait subsister pendant huit siècles. La puissance politique a disparu, mais la puissance religieuse subsiste encore et ne fait que grandir.

Lorsque les mahométans pénétrèrent dans l'Inde, ils y trouvèrent une antique civilisation, très supérieure à la leur. Ils surent la fondre avec celle qu'ils possédaient ; mais il est remarquable qu'en si peu de temps, ils aient pu répandre leurs croyances dans une grande partie de cette immense contrée.

Les vainqueurs furent frappés d'admiration par les monuments de leurs vaincus. Voici comment Mahmoud le Ghaznévide, dans une lettre adressée à un de ses généraux, parle de la ville de Muttra, déjà célèbre plus de quinze siècle avant l'ère chrétienne : « Cette ville merveilleuse, dit-il, renferme plus de mille édifices, la plupart en marbre, et aussi fermement établis que la foi des croyants, et encore je ne comprends pas dans ce nombre les temples des infidèles. Si l'on calcule l'argent qu'ont dû coûter tous ces monuments, ce ne serait pas trop de l'estimer à plusieurs millions de dinars ; et encore faut-il dire que pareille cité ne pourrait être construite même en deux siècles. Dans les temples païens, mes soldats trouvèrent cinq idoles d'or, dont les yeux étaient formés de rubis d'une valeur de cinquante mille dinars ; une autre idole portait comme ornement un saphir pesant quatre cent miskals, et l'image elle-même produisit à la fonte quatre-vingt-dix-huit miskals d'or pur. Nous trouvâmes, en outre, une centaine d'idoles d'argent, représentant la charge d'autant de chameaux. »

Des dynasties nouvelles remplacèrent les Ghaznévides, et furent remplacées elles-mêmes par les Mongols. Mais ce qu'il ne faut pas perdre de vue, c'est que si ces dynasties n'avaient rien d'arabe par le sang, elles avaient toutes ce lien commun d'être les propagatrices de la civilisation et des croyances Arabes.

Lorsque l'on étudie l'influence des Arabes sur les peuples avec lesquels ils ont été en contact, on constate généralement un des deux résultats suivants : ou bien la civilisation arabe se substitue presque entièrement à celle du vaincu, comme en Égypte ; ou bien elle fusionne avec elle, comme en Perse et dans l'Inde. Dans cette dernière contrée, les deux civilisations se sont si intimement fondues que le dogme religieux lui-même s'en est ressenti ; un troisième élément, l'influence persane, est venu s'y associer plus tard.

L'étude des monuments de l'Inde, à laquelle nous allons nous livrer bientôt, mettra nettement en évidence le degré d'influence des Arabes aux diverses époques et la combinaison de ces trois facteurs. Dans les monuments des premiers temps tels que la porte d'Aladin, l'influence arabe est dominante, l'influence hindoue n'apparaît que dans les détails. Les anciennes pagodes n'étant pas

L'empire des Arabes

adaptées aux sentiments de la civilisation nouvelle, les disciples du prophète en utilisent seulement quelques parties.

Quelques siècles plus tard, la même influence arabe est vivante encore, mais les Arabes disparaissent de plus en plus de la scène du monde. Les Persans sont bien plus près, et ce sont eux, en définitive, qui l'emportent. Les influences arabe et hindoue se montrent encore, mais à un degré de plus en plus restreint.

La période de transformation que revêt l'étude des monuments de l'Inde postérieurs à l'islamisme, fut assez longue et l'apparition des premiers monuments inspirés par le génie arabe assez tardive. Les nouveaux promulgateurs de la loi du prophète n'étaient pas en effet de race arabe mais bien des Turcs, puis des Mongols, c'est-à-dire des demi-barbares. De même que les barbares qui envahirent le monde romain, ils finirent sans doute par s'assimiler la civilisation de leurs vaincus, mais ils durent nécessairement y mettre longtemps.

Ils y mirent longtemps en effet, et la lenteur de cette adaptation fait bien ressortir la différence fondamentale qui sépare les peuples intelligents à évolution rapide, tels que les Arabes, des peuples inférieurs à évolution lente, tels que les barbares du moyen âge et les hordes asiatiques, également barbares, qui submergèrent l'empire de Mahomet. Avec la civilisation des Grecs, des Romains et des Perses, les Arabes se créèrent presque immédiatement une civilisation nouvelle, bientôt en avance sur celles qui lui avaient servi de fondement. Pour que des barbares pussent utiliser cette civilisation trop élevée pour eux, il fallait qu'ils lui fissent subir des transformations d'abord régressives, et longtemps après seulement progressives, nécessaires pour l'adapter à leurs cerveaux de barbares. Cette opération est naturellement fort lente, car elle implique toute une série d'acquisitions que l'hérédité seule peut accumuler. C'est justement parce que la transformation du barbare en homme civilisé est très lente qu'il a fallu plusieurs siècles aux hordes qui envahirent l'empire romain pour se créer une civilisation avec les débris de celle qu'avait possédée l'ancien monde.

La dynastie des Ghaznévides dura jusqu'en 1186 ; elle fut remplacée par la dynastie des Gourides, d'origine turcomane, dont un des plus remarquables souverains fut Cutb-ud-dîn, qui mourut en 1210, et dota l'Inde, comme nous allons le voir, de monuments remarquables. En 1250, Delhi devint une grande métropole où tous les étrangers, les savants, les artistes étaient sûrs de recevoir l'accueil qu'ils recevaient autrefois à Bagdad. Mais les Mongols commençaient déjà à envahir le nouvel empire. En 1297, Alla-ud-dîn leur livra, sous Delhi, une bataille où cinq cent mille hommes, dit-on, se trouvèrent en présence, et les repoussa.

En 1378, Tamerlan s'empara de Delhi, mais ne fit que la traverser. À la suite de l'anarchie résultant de sa conquête, diverses dynasties indépendantes mais éphémères se formèrent. Enfin, un roi de Caboul, descendant de Tamerlan, s'empara de Delhi en 1517 et y fonda la dynastie des Grands Mongols qui devait régner trois siècles et n'être renversée que par les Anglais.

Nous allons examiner maintenant, suivant notre méthode, les principaux monuments arabes ou mélangés d'art arabe existant dans l'Inde. Cette histoire tracée sur pierre en dira plus au lecteur que de longues dissertations.

Tour du Koutab. - Les plus anciens monuments arabes de l'Inde que nous connaissions bien sont de la fin du douzième siècle. Deux des plus remarquables sont la mosquée du Koutab, près de Delhi, construite en 1190 de J.-C., et la tour qui porte le même nom.

La tour du Koutab est une tour cannelée ayant la forme d'un tronc de cône très allongé, ornée sur sa surface d'une ceinture d'inscriptions, d'arabesques, et supportant plusieurs balcons sculptés. Ce monument, qui n'a d'arabe que les ornements et les galeries, fut élevé, ou au moins terminé par Cutb-ud-dîn, d'où le nom de Cutb minar, et par abréviation Koutab, sous lequel il est connu en Europe.

La forme particulière de cette tour indique qu'elle eut pour architecte des Hindous. Elle est considérée dans l'Inde comme une merveille. Sayid Ahmad Khan, dont M. Garcin de Tassy a fait connaître un important manuscrit hindou consacré à Delhi, dit : « qu'on ne saurait décrire convenablement, la grandeur et la beauté de cet édifice et qu'il n'y en a pas de pareil sur la surface de la terre. » Suivant le même auteur, cette tour aurait été commencée par le roi hindou Pithaura, en 1143 de J.-C., et Cutb-ud-dîn n'aurait fait que la continuer.

Auprès du Koutab se trouvent les ruines d'une mosquée, qui est un ancien temple hindou transformé. Sa construction remonte à 587 de l'hégire (1191 de J.-C.).

Porte d'Aladin. - La même enceinte qui renferme la tour du Koutab et la mosquée du même nom contient encore plusieurs monuments importants tels que la pagode du roi Pithaura ; mais le plus remarquable de tous est la célèbre porte monumentale, élevée en 1310 de J.-C., par Aladin (Alâ-ud-dîn). Elle est aussi intéressante par son extrême beauté qu'au point de vue de l'histoire de l'art chez les musulmans. C'est un des plus remarquable monument de l'art arabe existant aujourd'hui ; et je ne vois guère que certaines portes intérieures de l'Alhambra qu'on pourrait lui comparer, si, par leurs menues proportions, ces portes n'étaient pas à l'entrée monumentale d'Aladin, ce qu'est un kiosque à l'égard d'une cathédrale.

Le lecteur qui examinera, avec soin, la gravure très fidèle que nous donnons de ce monument, admirera certainement le merveilleux talent avec lequel les architectes surent, en combinant des éléments de styles très différents, créer une oeuvre des plus harmonieuses et en même temps des plus originales. Les colonnades de l'encadrement de la porte sont hindoues ; la forme des arcades et la plupart des détails d'ornementation sont arabes. L'ensemble rappelle un peu les portes monumentales persanes.

La porte d'Aladin a une solidité en rapport avec ses formes gigantesques. La pierre a été substituée à la brique des palais arabes de l'Espagne et des sculptures taillées dans la pierre ont remplacé les simples moulures de l'Alhambra.

Mausolée d'Altamsch. - Auprès de la mosquée du Koutab se trouve le mausolée de l'empereur Altamsch, érigé en 633 de l'hégire (1235 de J.-C.). C'est un édifice du même style que le précédent, et en même temps un des plus anciens monuments arabes de l'Inde.

Temple de Binderaboun. - L'influence des Arabes dans l'Inde s'est d'abord manifestée par l'adaptation de motifs arabes à d'anciens monuments. Je me bornerai à en donner un exemple typique en reproduisant une partie du temple de Binderaboun. Le monument appartient au style de l'Inde septentrionale. L'arcade qui surmonte la porte est de style persan arabe.

Mausolée d'Akbar, à Secundra. - Les autres monuments de l'Inde, que nous allons mentionner maintenant, appartiennent à la domination mongole.

L'existence politique des arabes était terminée. Ils vivaient encore par leur influence scientifique, artistique et religieuse, mais cette influence était contrebalancée par celle des Perses et des Hindous eux-mêmes. Il en résulta une fusion des styles dans laquelle il est facile de reconnaître que l'élément arabe, tout en restant vivant, ne domine plus.

Parmi les monuments les plus remarquables de cette nouvelle époque, il faut citer le mausolée de l'empereur Akbar, à Secundra, près de Delhi, construit vers l'an 1600 environ de l'ère chrétienne. Commencé du vivant d'Akbar, il ne fut terminé que sous l'empereur Shah Jehan.

Akbar, arrière-petit-fils de Tamerlan, fut l'un des plus grands souverains que l'Inde ait possédés ; et, sous son règne, qui dura de 1550 à 1605, elle atteignit un degré de prospérité qu'elle n'a plus connu. Ce fut l'âge d'or de l'architecture dans l'Inde. Ce prince avait, en effet, une véritable passion pour les monuments. À partir de 1560, il consacra dix ans à faire construire dans un désert, près d'Agra, la ville et les palais de Futtehpore, dont les ruines admirables font songer à ces villes mortes dont nous parlent les Mille et une nuits. Fatigué bientôt du climat, il déménagea avec toute la population et abandonna au désert sa capitale nouvelle, ses palais et ses mosquées. Depuis cette époque, cette magnifique cité, que de grands États européens s'honoreraient d'avoir pour capitale, n'a eu pour habitants que des tigres et quelques anachorètes.

Ce même Akbar ne se bornait pas uniquement à cultiver l'architecture ; il s'occupait beaucoup aussi de questions philosophiques. Assez indifférent en matière de religion, et partant fort tolérant, il eut un jour l'idée de fondre tous les cultes en un seul, et réunit en congrès les prêtres de toutes les religions connues, y compris des missionnaires chrétiens, pour leur exposer son projet. Akbar oubliait malheureusement que chacun de ses auditeurs étant convaincu être en possession de la vérité absolue alors que son voisin était plongé dans l'erreur, aucune conciliation n'était possible. Les seuls arguments qu'échangèrent les sectateurs de ces différents cultes se bornèrent naturellement à d'abondantes invectives. Il n'y a pas d'exemple dans l'histoire qu'une religion ait été fondée par une réunion d'individus discutant froidement suivant les lois habituelles de la raison. Akbar vit ainsi qu'un souverain assez puissant pour faire naître à sa volonté une ville et des palais dans un désert, ne pouvait rien contre ces puissants fantômes qui règnent en maîtres sur le cœur de l'homme.

L'empire des Arabes

Le Tâdj Mahal, à Agra. - La ville d'Agra possède plusieurs monuments remarquables de l'art hindo-persan-arabe, et notamment le célèbre mausolée Tâdj Mahal, dont la description complète exigerait plus d'un volume. Ce monument fut commencé en 1631 par l'empereur Shah Jehan pour servir de tombeau à une femme de la perte de laquelle il ne pouvait se consoler, et à laquelle il résolut d'édifier le plus beau monument que les hommes eussent jamais connu. Il établit un concours entre tous les architectes de l'Orient, et mit à contribution les contrées les plus éloignées pour obtenir les pierres rares ou précieuses dont cet édifice est construit. On dépensa, dit-on, dans cette oeuvre gigantesque 60 millions, sans compter le travail des ouvriers, qui fut gratuit. 20 000 ouvriers par jour y furent occupés pendant 22 ans, suivant Tavernier. En triplant la somme précédente on n'arriverait certainement pas à construire un monument semblable en Europe.

L'édifice, dont nous donnons des dessins exacts, mais tout à fait insuffisants cependant pour en montrer la beauté, est construit en marbre blanc, et s'élève au centre d'une grande plate-forme formant un piédestal de marbre de 5 mètres de hauteur et de 100 mètres de côté. Il porte quatre minarets à ses angles et plonge par une de ses faces dans le fleuve qui baigne ses pieds ; les autres faces dominent des jardins dont la végétation luxuriante leur forme un cadre magnifique. Ces jardins sont entourés d'un mur crénelé. On y pénètre par une porte monumentale de style persan.

Le Tâdj Mahal a des dimensions gigantesques. Le sommet de sa coupole s'élève à plus de 80 mètres au-dessus du sol. Quatre portails de 20 mètres de hauteur lui donnent accès. Au centre de l'édifice se trouve le tombeau de l'épouse chérie de Shah Jehan et de celui de cet empereur.

Tous les voyageurs ont considéré cet admirable monument comme une des merveilles du monde. Voici comment s'exprime notamment un auteur anonyme dont j'ai trouvé, dans le Magasin pittoresque, la relation accompagnée d'un dessin fait d'après une miniature indienne presque aussi exact que les photographies.

« Tout est en marbre et du plus beau poli et l'œil ébloui a peine à supporter l'éclat de ces immobiles merveilles quand elles sont inondées de la lumière du jour. Le pâle flambeau de la lune convient mieux à ce magnifique ensemble. - Les pans de marbre fouillés avec une délicatesse incroyable, en fleurs, en feuillages, en rosaces, en arabesques capricieuses : les colonnettes élancées, les riches encadrements, les galeries découpées à jour, véritables dentelles d'albâtre, les mosaïques au fini précieux, aux vives couleurs, les inscriptions en marbre noir, tout ce que l'art pouvait se permettre, il l'a produit avec profusion et avec la perfection la plus complète dans ce lieu enchanté. »

« Les deux cénotaphes en marbre blanc sont surchargés d'inscriptions et d'ornements combinés avec un art et une élégance extrêmes. Les fleurs en mosaïque qui en bordent toutes les moulures de la base au sommet sont du plus beau travail. Chaque fleur se compose de plus de cent pierres fines et polies dont les couleurs assorties reproduisent celles de la fleur que l'artiste a voulu représenter. Ces pierres fines sont : la lazulite, l'agate, la cornaline, le jaspe sanguin, diverses espèces de quartz, de porphyre, de marbre jaune et doré, etc. Le pourtour de l'octogone et celui des chambres environnantes sont décorés en bas de panneaux sculptés en marbre blanc de 1 mètre 30 de hauteur avec encadrements en mosaïque, les uns représentant des fleurs, les autres des vases avec des fleurs en relief ; on trouve de ces panneaux sculptés au bas des voûtes qui forment les portails d'entrée. Ces portails sont décorés en outre d'inscriptions arabes en marbre noir. »

Ce palais est un des rares monuments musulmans qui aient échappé aux habitudes de destruction méthodique des Anglais ; mais ce fut un pur hasard. Comme il ne rapportait rien, un gouverneur anglais, lord Bentinck, proposa d'en tirer de l'argent en le démolissant et en mettant ses matériaux en vente. Il s'agissait pourtant d'un édifice dont on a dit qu'il valait à lui seul le voyage de l'Inde et qui est certainement un des plus remarquables monuments qui aient jamais été construits par la main des hommes. Mais ce sont là des impressions d'artistes n'entendant rien aux mœurs commerciales. Ces dernières envahissent assez vite le monde pour qu'on puisse déjà pressentir une époque où la Vénus de Milo sera vendue pour fabriquer du mortier.

Moti Musjid, ou mosquée des Perles, à Agra. - Parmi les monuments remarquables d'Agra, je citerai encore la Moti Musjid, qui appartient au style de l'époque de Shah Jehan. Elle fut élevée par ce souverain en 1656. L'évêque Hébert disait, après l'avoir visitée, être humilié de voir que jamais les architectes de sa religion ne sauraient rien faire d'égal à ce temple d'Allah.

Jumma Musjid, à Delhi. - La ville de Delhi renferme plusieurs monuments de l'art mahométan de l'époque des Mongols, dont nous allons énumérer sommairement quelques-uns. Nous citerons d'abord la Jumma Musjid, ou grande mosquée, construite en 1060 de l'hégire (1650 de J.-C.). Ce magnifique monument est placé sur le sommet d'une immense esplanade, à laquelle conduisent de gigantesques escaliers aboutissant à une porte monumentale de style persan. La mosquée est bâtie en grès rouge ; la façade est couverte de marbres blancs et noirs très intelligemment combinés. Comme dans les monuments précédents, les arts hindou, arabe et persan y sont amalgamés. Notre gravure donne une idée suffisante de sa forme extérieure.

Palais du grand Mongol, à Delhi, ou Fort de Shah Jehan. - Ce palais, construit par Shah Jehan, fut terminé en 1058 de l'hégire (1640 de J.-C.). Il passait pour le plus beau palais musulman existant dans l'Inde et dans la Perse. Les mosaïques des salles faisaient de chacune d'elles une véritable pièce d'orfèvrerie.

Épargné par les barbares qui ont, à plusieurs reprises, pillé Delhi, ce palais célèbre, une des plus riches merveilles du monde, n'a pas trouvé grâce devant les Anglais. Ils ont détruit toutes les parties qui ne pouvaient pas être utilisées, et ont bâti avec ses matériaux et à sa place de belles casernes. Ils n'ont respecté que les salles qui pouvaient leur être de quelque utilité. Ces dernières étant ornées de mosaïques et d'ornements trop délicats pour qu'on pût les nettoyer facilement après qu'elles eurent été transformées en écuries, ou en dortoirs pour les soldats, on recouvrit soigneusement leurs parois d'un badigeonnage à la chaux. Cet acte de véritable sauvagerie, dont eût rougi le plus brutal des barbares, causa une telle explosion d'indignation, que les nouveaux maîtres de l'Inde durent se résigner à gratter le produit de leur petit travail. Ce qu'ils ont ainsi épargné suffit à donner une idée de ce que le palais pouvait être avant sa destruction, et le lecteur pourra en juger facilement par la reproduction de l'une des salles que nous donnons dans cet ouvrage : « L'intérieur, dit M. Rousselet, est d'une richesse inouïe, les piliers, les arches, les cordons de la voûte sont brodés de merveilleuses arabesques dessinées avec des pierres précieuses incrustées dans le marbre. Le soleil se jouant à travers les arcades sur ces ravissantes mosaïques semble donner la vie à ces guirlandes de fleurs de lapis-lazuli, d'onyx, de sardoines et mille autres pierres fines. »

Ce palais célèbre a été visité au temps de sa splendeur par deux Français, l'un médecin, Bernier, l'autre orfèvre, Tavernier. Leurs descriptions, publiées en 1670 et 1677, donnent les détails des richesses qu'il contenait. L'orfèvre Tavernier eut l'autorisation d'examiner et de dessiner toutes les pierres précieuses du grand Mongol. Il a donné l'estimation et les dessins les plus importants dans son livre. Le palais contenait sept trônes recouverts de diamants. Le plus important de ces sept trônes est estimé par lui à cent soixante millions cinq cent mille francs.

Il est facile, avec les documents que nous venons d'énumérer et les descriptions laissées par les anciens auteurs, de se faire une idée de ce que devait être la cour des souverains de l'Inde à une époque correspondant à peu près à celle où régnait en France le roi Louis XIII. Le voyageur qui approchait de Delhi apercevait de loin, se profilant sur l'azur du ciel, une forêt de coupoles et de minarets. Après avoir pénétré dans la ville il contemplait des centaines de palais et de monuments aux formes féeriques recouverts d'émaux de toutes couleurs dont la peinture seule pourrait redire la majestueuse beauté. Pour voir le maître de tant de merveilles, il n'avait qu'à s'informer de l'heure à laquelle le souverain se rendait à la mosquée et pouvait, en attendant, jeter un coup d'œil sur des jardins, ou des kiosques, couverts de mosaïques et ouvrages comme de la dentelle, se détachaient sur le fond sombre de bosquets de jasmins, d'orangers, de citronniers, d'arbres odorants inconnus à nos climats, et reflétaient leurs masses de marbre dans des bassins aux eaux profondes.

Pendant qu'il admirait ces choses merveilleuses en se disant que les génies des Mille et une nuits n'avaient jamais rien pu créer de plus beau, le bruit de milliers de cymbales éclatant dans le silence annonçait que l'empereur allait venir. De la porte monumentale du palais sortaient bientôt une foule de serviteurs vêtus de pagnes aux brillantes couleurs, de guerriers aux armures étincelantes, d'esclaves à la peau bronzée, aux chevilles entourées d'anneaux d'argent, soutenant des palanquins finement ouvragés abrités par des parasols de velours. Puis, au milieu d'un cortège de cavaliers hindous, persans et turcomans dont les cimeterres d'acier flamboyaient comme des flammes, de grands seigneurs et des dignitaires vêtus de costumes resplendissants d'or, d'argent et de pierreries, s'avançait d'un pas majestueux un éléphant gigantesque portant, sous un dais de soie semée de diamants et d'émeraudes, le tout-puissant empereur. La foule se prosternait devant ce grand Mogol, ombre vivante et redoutable de Dieu sur la terre, seigneur absolu de quinze royaumes : roi d'Agra, de Delhi, de Caboul, de Lahore, de Guezerat, de Malvate, du Bengale et d'Aymir, maître souverain de l'empire des Indes. À ses côtés, des courtisans agitaient des éventails de plumes de paon émergeant de longues gaines ciselées incrustées de pierreries ; et, sur cette pompe asiatique, éblouissante de couleur et d'éclat, un soleil radieux lançait des pluies d'or.

Chapitre IV
Les Arabes en Égypte

1. – L'Égypte au moment de l'invasion des Arabes

L'étude des Arabes en Égypte présente un intérêt considérable. Ce pays est un de ceux où ils ont séjourné le plus longtemps, fondé un de leurs plus importants empires et où leur influence a été la plus considérable. Rien n'est plus frappant que de voir ces descendants des antiques Égyptiens, qui avaient résisté à l'influence, si puissante pourtant des Grecs et des Romains, adopter la civilisation, la religion, la langue de leurs envahisseurs, au point de devenir complètement Arabes. En Perse et dans l'Inde, la civilisation arabe s'était mélangée à la civilisation ancienne, mais sans la détruire ; en Égypte, l'antique civilisation des Pharaons, de même que celle des Grecs et des Romains superposée à elle dans un petit nombre de villes disparut entièrement devant la nouvelle civilisation créée par les disciples du prophète.

L'étude des œuvres plastiques des Arabes en Égypte prouvera combien cette substitution a été complète. Bien que le pays fût couvert de nombreux monuments anciens, les Arabes ne leur ont rien emprunté.

Au point de vue ethnographique, l'étude des Arabes en Égypte présente également un intérêt très grand. Nous l'avons montré dans un précédent chapitre, en faisant voir que, malgré leur croisement, les deux peuples ne donnèrent pas naissance à une race intermédiaire. Devenus Arabes par la langue, la religion et tous les éléments de la civilisation, les Égyptiens ne le devinrent pas par le sang. La ressemblance étroite qui existe aujourd'hui entre le fellah des bords du Nil et les figures de ses ancêtres gravées sur les monuments du temps des Pharaons, prouve que le sang de l'ancienne race a gardé toute sa puissance.

Lorsque les Arabes arrivèrent en Égypte, ils y trouvèrent des conditions de milieu et d'existence fort différentes de celles qu'ils avaient connues en Arabie et en Syrie : civilisation, population, sol et climat, tout était nouveau pour eux.

Pour comprendre les causes de la rapidité de la conquête de l'Égypte par les Arabes et de l'action qu'ils y exercèrent, il est indispensable de jeter un coup d'œil sur l'histoire de cette contrée et sur les conditions d'existence particulières qu'elle présente.

Les recherches modernes font remonter à 7 ou 8 000 ans certains monuments des anciens Égyptiens. Si loin pourtant qu'on ait pu remonter dans l'histoire, on voit ce peuple en possession d'une civilisation avancée.

Son origine nous est absolument inconnue, mais nous savons qu'elle fut antérieure à toutes celles qui fleurirent sur les rives de la Méditerranée et qu'elle existait sur les bords du Nil bien des siècles avant que les peuples de Grèce vinssent lui emprunter ses croyances et ses arts.

Lorsque les recherches modernes firent revivre l'ancienne Égypte, on crut d'abord qu'elle n'avait jamais changé ; mais un examen plus attentif des monuments des diverses époques a montré qu'elle avait subi la loi commune de l'évolution des choses. Sa civilisation est cependant une de celles qui se sont modifiées le plus lentement. Tout semble fixe et éternel dans ses temples aux pylônes gigantesques, dans ses pyramides qui ont défié les âges, dans ses momies qui bravent les lois du temps et jusque dans ses institutions sociales qui interdisaient tout changement.

On comprend qu'un peuple possédant une civilisation semblable ne devait pas subir facilement l'influence de maîtres étrangers. Les conquérants se succédaient : il restait invariable, et on les regardait passer. Les Grecs et les Romains conquirent l'Égypte, mais ils renoncèrent eux-mêmes à lui imposer leur influence. Les monuments, commencés par les Égyptiens, continués sans changement de style sous les Ptolémées et les Césars, prouvent combien l'ancienne civilisation resta vivante à travers les âges.

Lorsque les Arabes apparurent sur la scène du monde, l'Égypte était devenue depuis plusieurs siècles la proie de conquérants divers. Elle avait été envahie 332 ans avant J.-C. par Alexandre, qui en avait chassé les Perses et avait fondé Alexandrie. En 306, un des généraux du conquérant, Ptolémée Soter, s'était proclamé roi d'Égypte et avait fondé une dynastie qui dura 274 ans, et dont le dernier souverain fut la célèbre Cléopâtre. L'an 30 avant J.-C., après la bataille d'Actium, où Cléopâtre et Antoine avaient été vaincus par Octave, l'Égypte était devenue province romaine. Enfin, lors du partage de l'empire romain, à la mort de Théodose, en 395, elle fit partie de l'empire d'Orient, et y resta jusqu'à l'an 640 de J.-C., époque de l'invasion des Arabes.

Sous les Ptolémées, l'Égypte avait continué ses anciennes traditions et vécu très prospère. Alexandrie était devenue un puissant foyer d'activité commerciale et intellectuelle. L'architecture produisait des monuments importants dans le style de ceux des Pharaons. Quelques-uns, tels que ceux de l'île de Philae, subsistent encore et nous prouvent, comme nous le faisions remarquer plus haut, que tous les conquérants nouveaux avaient accepté les traditions égyptiennes. En dehors des villes gréco-romaines, comme Alexandrie, l'influence de tous ces maîtres divers ne se fit que bien faiblement sentir.

Lorsque le christianisme devint la religion officielle de Constantinople, l'empereur Théodose fit abattre, en 389, tous les temples et statues des anciens dieux de l'Égypte, et tout ce qui pouvait rappeler ces derniers. Les monuments trop solidement construits pour pouvoir être détruits facilement eurent leurs inscriptions et leurs personnages martelés.

L'Égypte est encore couverte des débris de cette fanatique dévastation. Ce fut un des plus tristes actes d'intolérance et de vandalisme qu'ait connus l'histoire. Il est regrettable d'avoir à constater qu'un des premiers actes des propagateurs de la religion nouvelle, qui venait de remplacer les anciens dieux de la Grèce et de Rome, fut la destruction de monuments que la plupart des conquérants avaient respectés depuis cinq mille ans.

Cet acte de vandalisme entraîna comme conséquence rapide l'anéantissement de la civilisation égyptienne. La science des hiéroglyphes se perdit entièrement et ne fut retrouvée que de nos jours. l'Égypte devint forcément chrétienne, mais elle tomba dans un état de décadence, qui ne fit que s'accentuer chaque jour jusqu'à l'arrivée des Arabes.

Quand la conquête de l'Égypte fut tentée par le lieutenant du deuxième successeur de Mahomet, elle avait pour maître l'empereur de Constantinople, Héraclius. Son état était des plus misérables, elle était devenue le champ de bataille de nombreuses sectes chrétiennes qui pullulaient à cette époque, s'excommuniaient réciproquement et se livraient d'éternels combats.

Ensanglantée chaque jour par les dissensions religieuses, ruinée par les exactions des gouverneurs, l'Égypte professait une haine profonde pour ses tristes maîtres, et devait recevoir comme libérateurs ceux qui l'arracheraient aux mains des empereurs de Constantinople. C'est aux Arabes que fut réservé ce rôle.

Telle était la situation de l'Égypte au moment où parurent les disciples du prophète. Il nous reste à examiner maintenant les conditions d'existence particulières que cette contrée présente.

Pour connaître ces conditions d'existence ainsi que les caractères de la race qui habitait la terre des Pharaons, nous n'avons qu'à nous transporter sur les rives du Nil. Le sol de l'Égypte est tellement spécial, le milieu tellement identique à lui-même depuis les temps les plus reculés de l'histoire, que la vie semble y revêtir des formes immuables. Décrire l'Égypte et les populations du Nil d'aujourd'hui, c'est les montrer telles qu'elles étaient lorsque les Arabes apparurent dans cette contrée.

L'Égypte, nul ne l'ignore, est uniquement constituée par l'étroite vallée formée en plein désert par le Nil. Depuis la première cataracte, c'est-à-dire depuis la frontière de la Nubie. Jusqu'à la mer, cette bande de terre présente une longueur d'environ 200 lieues en ligne droite, et de plus de 300 en suivant tous les contours du fleuve.

Resserrée à sa partie supérieure au point de n'avoir que 5 kilomètres de largeur, la vallée du Nil atteint 20 à 25 kilomètres dans sa partie moyenne, et ne se développe en une vaste plaine que dans la région où le fleuve approche de son embouchure. Il se divise alors en deux branches écartées en forme de V. Entre ces deux branches se trouve une plaine nommée delta, par suite de sa ressemblance avec la lettre grecque de ce nom. Le triangle ainsi formé a 40 lieues environ dans sa plus grande longueur et 60 dans sa plus grande largeur, c'est-à-dire du côté de la mer.

La terre d'alluvion qui constitue l'Égypte est d'une fertilité extrême ; elle n'a besoin que d'être arrosée pour être fécondée ; et le Nil, en débordant, se charge lui-même de cet arrosement. Un système d'irrigation, contemporain sans doute des premiers Pharaons, permet de répandre les eaux sur toutes les parties du sol que le Nil n'atteint pas lui-même.

La fertilité de ce sol merveilleux est telle, qu'il donne sur beaucoup de points trois récoltes par an. Ces récoltes sont obtenues presque sans travail, car le sol n'a pas besoin, le plus souvent d'être labouré, pour recevoir la semence qu'on lui confie. Il produit cependant beaucoup plus que partout ailleurs : la terre rapporte, en effet, pour le froment quinze fois le produit de sa semence, alors que dans nos provinces françaises le produit varie entre quatre et dix fois seulement [1].

Sous le chaud climat de l'Égypte [2], l'alimentation n'a pas besoin d'être abondante, les vêtements bien chauds, ni les demeures bien closes ; aussi la vie y est-elle facile [3]. La nourriture du fellah se borne

---

[1] D'après des renseignements que j'ai recueillis dans la haute Égypte auprès de plusieurs négociants, les terres rapporteraient en moyenne 12 % tous frais payés. Le prix des céréales est cependant assez bas pour qu'il y ait intérêt à les expédier en Angleterre, bien que les prix de transport dépassent souvent 30 % de leur valeur.

[2] Dans la haute Égypte il ne pleut presque jamais et la température, même en hiver, est toujours très élevée. J'ai relevé en novembre et décembre 1882 la température jour par jour à midi entre Siout et Thèbes. Le minimum du thermomètre à l'ombre a été de 19° 4, le maximum 27° 3.

[3] Elle l'a été du moins jusqu'au jour où les Turcs et plus tard les Européens se sont abattus sur le fellah. Après ne lui avoir laissé de ses récoltes que le strict nécessaire pour l'empêcher de mourir de faim, on a commencé à entamer ce strict nécessaire, bien peu de chose pourtant, et aujourd'hui la plupart des paysans en sont réduits à se nourrir exclusivement d'herbages. Ils jouissent en échange des bienfaits de la civilisation, bienfaits consistant pour eux à savoir qu'il y a bien loin, bien loin, une grande ville, appelée le Caire, où il y a de belles rues et des

à quelques morceaux de galette plate desséchée, faite de farine et d'eau, et à quelques fruits et légumes. Sa maison est une modeste cabane faite simplement de limon du Nil mélangé de paille. Son vêtement se réduit à une grande chemise de toile bleue. Pour les enfants, ce costume déjà très simple est supprimé entièrement, et jusqu'à 14 ou 15 ans, ils vont entièrement nus. Cette simplification s'étend du reste souvent aux hommes : j'ai fréquemment rencontré dans la haute Égypte, et notamment sur les frontières de la Nubie, des laboureurs dont l'unique costume consistait en une ceinture d'étoffe de quelques centimètres de largeur passée autour de la taille. De nos jours, où la vie a pourtant très renchéri, la dépense annuelle totale d'un paysan égyptien, en y comprenant tout son vêtement, varie, suivant sa position, de 70 à 120 francs. La journée d'un travailleur des champs dépasse rarement 50 centimes. À Louxor, mon guide Achmet, qui appartenait déjà à la partie un peu élevée de la population, m'a assuré qu'il vivait très convenablement, lui, sa femme et quatre enfants, avec 400 francs par an.

Les procédés de culture et d'exploitation, en Égypte, sont restés aujourd'hui ce qu'ils étaient au temps des Pharaons, et on n'entrevoit pas qu'il puisse y avoir avantage à les modifier. Les méthodes les plus savantes de culture seraient inutiles dans une contrée où le Nil et le soleil dispensent d'engrais et de labourage.

L'aménagement de plus en plus perfectionné des eaux du fleuve par la multiplication des canaux est le seul point qu'on puisse améliorer, et qu'il y ait du reste utilité d'améliorer. Toutes les parties de l'Égypte où on peut amener de l'eau du Nil sont par ce seul fait soustraites au désert et rendues fertiles.

Une aussi riche contrée devait produire une impression profonde sur des peuples venus des arides déserts de l'Arabie. Les deux lettres suivantes échangées entre Omar et son lieutenant Amrou montrent

---

gens très riches. Bien que la population des rives du Nil soit d'une douceur et d'une résignation qui dépassent ce qu'on pourrait croire, elle a accueilli avec une explosion d'enthousiasme facile à comprendre le mouvement insurrectionnel récent qui prenait comme drapeau l'expulsion de tous les étrangers. Le fellah qu'on oblige, à coups de trique, à travailler sans relâche pour enrichir des spéculateurs financiers turcs et européens généralement fort véreux, l'Hindou réduit à la plus noire misère par les nouveaux maîtres de l'Inde, doivent se dire parfois que les nations civilisées modernes poussent l'art d'exploiter les peuples qu'elles envahissent à un degré qui eût rendu jaloux ces tyrans des vieux âges dont parle avec indignation l'histoire.

à quel point ils appréciaient leur conquête.

Le khalife Omar, successeur d'Abou-Bekr, à Amrou, son lieutenant.
« Amrou, ce que je désire de toi à la réception de la présente, c'est que tu me fasses un tableau de l'Égypte assez exact, pour que je puisse m'imaginer voir de mes propres yeux cette belle contrée. Salut. »
Réponse d'Amrou :
« O prince des fidèles, peins-toi un désert aride et une campagne magnifique au milieu de deux montagnes, dont l'une a la forme d'un monticule de sable, et l'autre celle du ventre d'un cheval maigre, ou bien du dos d'un chameau.

Telle est l'Égypte : toutes ses productions et toutes ses richesses depuis Isoar jusqu'à Mancha (depuis Assouan jusqu'aux frontières de Ghaza) viennent d'un fleuve béni, qui coule avec majesté au milieu d'elle ; le moment de la crue et de la diminution de ses eaux est aussi réglé que le cours du soleil et de la lune.

Il y a un temps fixe où toutes les sources de l'univers viennent payer à ce roi des fleuves un tribut auquel la Providence les a assujetties envers lui. Alors les eaux augmentent, elles sortent de leur lit, et elles arrosent la surface de l'Égypte pour y déposer un limon productif.

Il n'y a plus de communication d'un village à l'autre que par le moyen de barques légères, aussi innombrables que les feuilles du palmier.

Ensuite, lorsqu'arrive le moment où les eaux cessent d'être nécessaires à la fertilisation du sol, ce fleuve docile rentre dans les bornes que le destin lui a prescrites, pour laisser recueillir les trésors qu'il a cachés dans le sein de la terre.

Un peuple protégé du ciel, et qui, semblable à l'abeille, ne paraît destiné qu'à travailler pour les autres, sans profiter lui-même du fruit de ses peines et de ses sueurs, ouvre légèrement les entrailles de la terre, et y dépose des semences, dont il attend la prospérité de la bienfaisance de cet être suprême qui fait croître et mûrir les moissons ; le germe se développe, la tige s'élève, son épi se forme par le secours d'une rosée bénigne qui supplée aux pluies, et qu'entretient le suc nourricier dont le sol s'est abreuvé.

À la plus abondante récolte succède tout à coup la stérilité. C'est ainsi que l'Égypte offre successivement, ô prince des fidèles, l'image d'un désert aride et sablonneux, d'une plaine liquide et argentée, d'un marécage couvert d'un limon noir et épais, d'une prairie verte et ondoyante, d'un parterre orné des fleurs les plus variées, et d'un vaste champ couvert de moissons jaunissantes. Béni soit à jamais le nom du Créateur de tant de merveilles !

Trois déterminations contribuent essentiellement à la prospérité de l'Égypte et au bonheur de ses enfants ! La première est de n'adopter aucun projet tendant à augmenter l'impôt ; la seconde, d'employer le tiers des revenus à l'augmentation et à l'entretien des canaux, des digues et des ponts, et la troisième de ne lever l'impôt qu'en nature sur les fruits que la terre produit. Salut. »

Le fleuve qui fait la fortune de l'Égypte en fait aussi parfois la misère. Lorsque l'inondation ne s'élève pas à un niveau suffisant, une cruelle famine sévit sur le pays. Si la sécheresse dure plusieurs années, beaucoup de cultivateurs n'ont d'autres ressources que de mourir de faim. Les historiens arabes nous ont conservé le récit d'une épouvantable famine, survenue en 462 de l'hégire (1069 de notre ère), pendant la domination arabe. Depuis cinq ans, la crue du Nil avaient été insuffisante, et plusieurs guerres avaient empêché de faire venir du blé du dehors. La famine devint telle qu'un œuf se vendait 15 francs, un chat 45 francs. On mangea d'abord les dix mille chevaux ou chameaux du khalife. Le vizir s'étant rendu un jour à la mosquée, monté sur une mule, fut jeté à bas de sa monture, et cette dernière mangée, sous ses yeux ; on exécuta les auteurs de cette agression, mais leurs cadavres furent également mangés. La famine continuant toujours, les habitants se dévorèrent entre eux ; les femmes et les enfants qui se risquaient à sortir, étaient aussitôt saisis au passage et dévorés vivants malgré leurs hurlements. On montra pendant longtemps une femme qui avait été délivrée, après avoir été partiellement mangée, et avait eu la chance de survivre à cette opération.

2. - *Conquête de l'Égypte par les Arabes*

Ce fut l'an 18 de l'hégire (639 de J.-C.) qu'Amrou, lieutenant du khalife Omar, pénétra en Egypte. Nous avons dit déjà combien sa conduite envers la population envahie fut habile. Laissant aux Égyptiens leur religion, leurs lois, leurs usages, il ne leur demanda en échange de la paix et de la protection qu'il leur assurait, que

L'empire des Arabes

le paiement régulier d'un tribut annuel de 15 francs par tête. Ces conditions furent acceptées avec empressement. Il n'y eut qu'une partie de la population composée de Grecs, c'est-à-dire les soldats, les fonctionnaires et le clergé, qui refusa de se soumettre aux envahisseurs. Réfugiés à Alexandrie, ils y soutinrent un siège de quatorze mois qui coûta la vie à vingt-trois mille Arabes.

Malgré ces pertes importantes, Amrou se montra très indulgent pour les habitants de la grande cité ; il leur épargna tout acte de violence et ne chercha qu'à se concilier leur affection, en recevant toutes leurs réclamations et tâchant d'y faire droit. Il fit réparer les digues et les canaux et consacra des sommes importantes aux grands travaux publics. Quant au prétendu incendie de la bibliothèque d'Alexandrie, un tel vandalisme était tellement contraire aux habitudes des Arabes, qu'on peut se demander comment une pareille légende a pu être acceptée pendant si longtemps par des écrivains sérieux. Elle a été trop bien réfutée à notre époque, pour qu'il soit nécessaire d'y revenir. Rien n'a été plus facile que de prouver, par des citations forts claires, que, bien avant les Arabes, les chrétiens avaient détruit les livres païens d'Alexandrie avec autant de soin qu'ils avaient renversé les statues, et que par conséquent il ne restait plus rien à brûler.

Cette prise d'Alexandrie était aussi importante pour les Arabes que celle de Jérusalem. Elle leur assurait la conquête définitive de l'Égypte et devenait pour eux une puissante source de richesse en même temps qu'un solide point d'appui pour de nouvelles conquêtes.

Pour comprendre l'importance de la prise d'Alexandrie et le retentissement qui en résulta dans le monde, il est utile d'indiquer brièvement ce qui qu'était cette cité à l'époque de l'apparition des Arabes en Égypte.

Depuis sa fondation par Alexandre (332 ans avant J.-C.), jusqu'à sa conquête par Amrou, c'est-à-dire pendant mille ans, Alexandrie avait été une des premières villes du monde. Centre du commerce de toute la Méditerranée, elle pouvait être considérée comme la seconde ville de l'empire d'Orient. Constantinople seule, l'emportait sur elle. Sous les Ptolémées, Alexandrie avait attiré les savants et les philosophes les plus renommés du monde ; elle possédait les bibliothèques et les écoles les plus célèbres ; mais cette prospérité scientifique ne dura pas longtemps, et quand les Romains, conduits par César, y débarquèrent, 48 ans avant J.-C., elle languissait depuis longtemps.

Sous la domination romaine, Alexandrie reprit un nouvel essor, et devint bientôt la seconde ville de l'empire romain ; mais cette prospérité devait être éphémère encore. Elle se laissa envahir par la manie des querelles religieuses, et, à partir du troisième siècle, les émeutes, les révoltes s'y succédèrent constamment, malgré les sanglantes répressions des empereurs. Quand le christianisme devint la religion officielle, l'empereur chrétien, Théodose - et non le khalife Omar, - fit détruire, comme nous l'avons dit, tous les temples, statues et livres païens.

Sous les empereurs de Constantinople, Alexandrie ne fit que décroître, mais son importance commerciale était encore très grande, et elle possédait assez de débris remarquables pour avoir émerveillé le lieutenant d'Omar.

Jamais les Arabes n'avaient vu de ville si régulière. Nous n'avons pas de détails exacts sur l'état de la cité à cette époque ; mais nous savons parfaitement ce qu'elle était au deuxième siècle de l'ère chrétienne, et si les monuments avaient été en partie détruits, le plan ne pouvait pas avoir notablement changé. La ville couvrait alors un rectangle de 5,000 mètres de long sur 1,800 de large, dans lequel étaient tracées des rues se coupant à angles droits. Une de ces rues séparait la ville en deux parties.

Parmi les monuments dignes d'attention, on remarquait un vaste arsenal, des palais splendides, le temple de Neptune, dont les colonnes attiraient de loin les regards des navigateurs ; le Timonium, où, après sa défaite d'Actium, Antoine rêva de finir ses jours en misanthrope ; le Cesareum, où logea César lors du siège qu'il soutint ; deux obélisques et bien d'autres monuments remarquables. Le long des quais se trouvait l'Emporium, où se vendaient les marchandises venues de tous les points du monde connu, le Museum, où se trouvait la fameuse bibliothèque, alors la plus grande du monde. À cette époque de décadence, l'on n'y rencontrait que des savants occupés uniquement de thaumaturgie, de grammaire, d'étymologie et de subtilités religieuses. Sur une colline, où s'élève aujourd'hui la colonne de Pompée, se dressait le

Serapeum, temple aux pylônes massifs et aux statues colossales de granit.

En face d'Alexandrie se trouvait l'île de Pharos, où s'élevait le fameux phare en marbre blanc dont les feux se voyaient à 10 lieues en mer et qui comptait parmi les sept merveilles du monde. L'île était jointe à la terre ferme par une chaussée de 1,200 mètres.

Aussitôt qu'Alexandrie fut prise, Amrou y établit une garnison, puis retira ses troupes et les envoya camper dans l'intérieur de l'Égypte. Elles choisirent, sur le bord du Nil, une position ou avait déjà été posée la tente d'Amrou, et construisirent des cabanes temporaires qui, en peu de temps, se changèrent bientôt en maisons pour les soldats, en palais pour les généraux. Cette agglomération de constructions devait être l'origine de la ville du Caire, la future rivale de la future Bagdad. Elle reçut d'abord le nom de Fostatt (tente), en raison de son origine.

Trouvant la position de Fostatt excellente, Amrou résolut d'en faire sa capitale ; il la fortifia de murailles, et y établit sa résidence. Depuis cette époque, c'est-à-dire depuis plus de douze siècles, la ville d'Amrou est restée la capitale de l'Égypte.

L'organisation qu'Amrou donna au pays qu'il venait de conquérir indiquait chez lui un esprit très sage. La population agricole fut traitée avec une équité qu'elle ne connaissait pas depuis longtemps. Il établit des tribunaux réguliers et permanents et des cours d'appel, mais ces tribunaux ne pouvaient juger que les musulmans. Si une des parties était un Égyptien, les autorités coptes avaient le droit d'intervenir. Il respecta les lois, les usages, les croyances des indigènes et n'interdit que la coutume qui voulait que, chaque année, une jeune et belle vierge fut enlevée de force à ses parents, et précipitée dans le Nil pour obtenir du dieu du fleuve une élévation suffisante des eaux au moment de l'inondation. La jeune fille fut remplacée par un mannequin de terre, appelé la fiancée, qu'on précipite encore aujourd'hui dans le fleuve au jour fixé pour la cérémonie. Cet usage, vieux peut-être de plus de soixante siècles, est un indice certain de l'existence de sacrifices humains dans la primitive religion égyptienne.

De même qu'Omar à Jérusalem, Amrou accorda à la religion chrétienne la plus bienveillante protection. La population copte réclamant un patriarche qu'elle avait déjà eu autrefois, il s'empressa de le lui accorder. Il poussa la tolérance jusqu'à permettre aux chrétiens de bâtir des églises dans la ville musulmane qu'il venait de fonder.

Les disciples de Mahomet n'ayant pas encore de temples, et le nombre de chrétiens qui embrassaient l'islamisme s'accroissant chaque jour, Amrou résolut de construire une magnifique mosquée à l'image de celle de la Mecque. Le célèbre monument qu'il éleva est encore debout, malgré l'incurie de l'administration égyptienne qui le laisse tomber en ruines.

Amrou ne se borna pas à envahir la basse Égypte ; il porta ses armes jusqu'en Nubie, c'est-à-dire dans l'ancienne Éthiopie des Romains. Il y pénétra à la tête de vingt mille hommes ; mais ce ne fut qu'une simple expédition militaire qui n'entraîna pas une organisation sérieuse. Les Arabes ne furent jamais bien solidement établis en Nubie et se bornèrent dans la suite à y envoyer de temps en temps de petites expéditions. Les Nubiens, comme les Égyptiens, finirent cependant par adopter la langue et la religion des Arabes. Le pays est habité aujourd'hui par une population très mélangée où l'on trouve toutes les couleurs de la peau, depuis le blanc pur, qui paraît appartenir à des descendants des Arabes du Hedjaz, jusqu'au noir parfait. Il y a chez eux des individus fort beaux : j'ai eu l'occasion d'en photographier de splendides. Parmi eux figuraient des femmes nubiennes dont le type se rapprochait beaucoup de celui des Égyptiennes du temps des Pharaons.

Les Arabes ont envahi également à plusieurs reprises l'Abyssinie, ou du moins la partie de cette contrée voisine de la mer Rouge, mais leur influence y a été moins grande qu'en Nubie : la population, qui était chrétienne depuis le quatrième siècle, a conservé sa religion ; la langue arabe est cependant très répandue dans le pays. Quant à la population, elle est extrêmement mélangée.

Depuis la conquête de l'Égypte par les Arabes, en 639, jusqu'à son invasion par les Turcs, en 1517, on compte près de 900 ans.

Neuf dynasties se succédèrent pendant cette longue période. D'abord soumis aux khalifes d'Orient (639-870 de J.-C.), les gouverneurs de l'Égypte se rendent indépendants et fondent la dynastie des Toulonides (870-905) ; mais les khalifes de Bagdad reprennent bientôt leur influence pour quelques temps (905-934). Après avoir été gouvernée par la dynastie peu importante

L'empire des Arabes

des Ekhchydites (934-972), l'Égypte tombe sous la puissance des khalifes Fatimites (972-1171), dont l'empire embrassait tout le nord de l'Afrique, la Sardaigne, la Sicile, les îles de la Méditérranée et la Syrie. C'est sous cette dynastie que l'Égypte connut le degré de prospérité le plus élevé.

Les khalifes d'Égypte finirent, comme ceux de Bagdad, par tomber sous la puissance de la milice, qui sous le nom de mameluks, formait leur garde, et dont l'origine et l'histoire sont celles de la milice des khalifes de Bagdad. Ces mameluks ne leur laissèrent bientôt qu'un pouvoir nominal. En 1250, ils s'emparèrent même définitivement de l'autorité et fondèrent des dynasties qui durèrent 267 ans.

Deux dynasties mameluks d'origines différentes, ont régné sur l'Égypte. La première (1250-1381), dite dynastie des mameluks turcomans, se composait, comme à Bagdad, d'individus d'origine turque faits prisonniers de guerre dans les régions Caspienne et Caucasienne, et vendus comme esclaves. C'étaient des hommes beaux, vigoureux et qui semblaient tout indiqués pour former une garde de choix aux khalifes. Couverts de vêtements éclatants, de magnifiques armures sur lesquelles étaient incrustés des insignes à l'imitation desquels les chevaliers croisés inventèrent les armoiries, ils formaient en effet une garde d'aspect imposant. Comblés de faveur, leurs chefs s'élevèrent graduellement aux plus hautes dignités de l'État, jusqu'au jour où ils s'emparèrent de l'État lui-même.

La seconde dynastie des mameluks (1382-1516) est désignée par les historiens sous le nom de mameluks circassiens, parce qu'ils étaient originaires de la Circassie et ne faisaient pas partie des nations turques de la haute Asie.

Les derniers sultans mameluks d'origine turque avaient espéré trouver en eux un contrepoids à l'influence de l'élément turcoman aussi dangereux pour eux que pour leurs prédécesseurs de sang arabe. Mais l'équilibre ne subsista pas longtemps ; le nouvel élément l'emporta bientôt et réussit à faire passer le pouvoir dans ses mains.

Les mameluks circassiens gouvernèrent jusqu'à ce qu'ils fussent renversés en 1516, par le sultan Selim 1er, qui fit de l'Égypte une province turque. L'heure de la décadence commença alors pour elle. Dans les temps modernes elle est tombée sous la puissance à peine dissimulée des Européens et sa décadence n'a fait que s'accentuer.

Lorsque l'Égypte devint province turque, les mameluks, d'abord soumis, finirent bientôt par reprendre une autorité très réelle, et furent les plus dangereux adversaires qu'eut à combattre Napoléon. Le pays n'en fut délivré que lorsque le terrible, mais très intelligent Méhémet-Ali les eut fait massacrer jusqu'au dernier.

Les mameluks ne se recrutaient guère par la voie d'immigration. Le climat de l'Égypte, mortel pour les étrangers, ne leur permettait pas d'avoir des descendants, et ils ne pouvaient se perpétuer qu'en achetant des esclaves en Circassie pour compléter leurs cadres. Ils étaient soumis à un certain nombre de beys qui tenaient à honneur de recruter leur troupe parmi les plus beaux hommes qu'ils pouvaient se procurer.

3. - Civilisation des Arabes en Égypte

La civilisation des Arabes en Égypte a la même origine que celles de la Syrie et de Bagdad. Elle fut fondée avec des éléments empruntés surtout aux Byzantins. Les premiers monuments des Arabes en Égypte révèlent clairement cette origine, mais ceux des époques postérieures révèlent également que les Arabes se dégagèrent bientôt entièrement de toute influence étrangère.

La période culminante de la civilisation arabe en Égypte, c'est-à-dire celle des Fatimites, est caractérisée surtout par le développement des arts et de toutes les industries que la pratique des arts entraîne. Le Caire devint bientôt la rivale de Bagdad, mais cette rivalité se manifesta beaucoup plus dans les oeuvres artistiques que dans les oeuvres scientifiques, car la réputation des écoles du Caire n'atteignit pas celle des universités de Bagdad. Nous aurons du reste occasion de revenir sur ce point lorsque nous décrirons les côtés intellectuels de la civilisation dont nous n'examinons maintenant que la partie matérielle.

Grâce à la fertilité de l'Égypte, grâce surtout aux relations commerciales dont nous parlerons plus loin, les revenus des khalifes finirent par dépasser ceux des souverains de Bagdad. Ils en consacraient la plus grande partie à des dépenses de luxe et à la construction de palais. À cette époque lointaine, on devait élever les monuments à peu de frais dans la vallée du Nil, puisqu'au commencement du siècle actuel, un ouvrier maçon du Caire gagnait 80 centimes par jour, un terrassier 15 centimes, et que la pierre à moellon pour maçonnerie ne valait, extraction et transport compris, que 1 F 20 le mètre cube.

L'historien arabe Makrizi nous apprend - et ses assertions sont confirmées par l'étude des objets de l'époque - que sous les Fatimites (972 à 1171 de notre ère), l'industrie, et notamment l'orfèvrerie, l'art de fabriquer les tissus et tout ce qui concerne l'ameublement et la décoration, avaient atteint un grand degré de perfection. Les murs des maisons étaient revêtus de carreaux de faïence émaillée ou de stuc peint de couleurs éclatantes et décoré d'arabesques, dont les ornements de quelques palais arabes actuels nous permettent facilement de nous faire une idée. Les parquets étaient en mosaïque ou recouverts d'immenses tapis brodés, les meubles en bois précieux finement incrustés de nacre ou d'ivoire, ceux destinés au repos recouverts d'étoffes sur lesquelles figuraient des animaux tissés dans la trame. Les coussins étaient revêtus d'étoffes d'un rouge pourpre magnifique.

L'art de travailler les métaux finit également par être poussé très loin : les vases, les aiguières, les plateaux, les lampes et les mille objets divers qui existent encore et dont nous reproduisons plusieurs types dans cet ouvrage en sont la meilleure preuve.

Les palais des Khalifes étaient magnifiques. La décoration des anciennes mosquées du Caire, existant aujourd'hui, prouve que les descriptions des auteurs n'ont rien d'exagéré.

Un des plus anciens palais arabes d'Égypte dont les chroniqueurs fassent mention, est celui que fit construire en 271 de l'hégire (884 de J.-C.), et par conséquent à une époque antérieure aux Fatimites, Khoumarouyah, fils de Touloum. Il était, d'après les récits arabes, entouré de vastes jardins dont les fleurs dessinaient des passages du Coran. Dans les salons, resplendissant d'or et d'azur, on voyait des statues habillées de riches étoffes, représentant le prince et ses femmes. Une belle ménagerie renfermait des animaux nombreux. Sous une colonnade de marbre se voyait un bassin de 30 mètres de large plein de mercure réfléchissant la lumière du jour, et le soir celle de la lune et des étoiles. Du haut d'un belvédère élégant, on avait une vue magnifique sur les jardins du palais, le Nil et la campagne.

Les descriptions des auteurs arabes sont trop brèves pour nous donner une idée suffisante de ce qu'était un palais arabe en Égypte il y a un millier d'années; mais on peut compléter leurs indications par une autre description, faite par un Européen, Guillaume de Tyr, dans son histoire des guerres des princes chrétiens en Palestine, d'après le récit des ambassadeurs envoyés à la cour d'un souverain égyptien.

« Comme la maison de ce prince, écrit Guillaume de Tyr, a des splendeurs toutes particulières, telles qu'on n'en a jamais vu de notre temps, nous dirons ici avec soin ce que nous avons appris par les rapports fidèles de ceux qui ont été chez ce grand prince, sur sa splendeur, ses richesses incommensurables, sa magnificence extraordinaire. Après avoir traversé un assez grand nombre de cours et de passages, les ambassadeurs rencontrèrent des portiques pour les promenades d'agrément, qui étaient soutenus de colonnes de marbre, avaient des plafonds dorés, étaient ornés d'œuvres exquises et possédaient un carrelage bariolé ; si bien que tout marquait la splendeur royale. Tout cela était si beau de matière et de travail, que les deux envoyés ne pouvaient s'empêcher d'y porter le regard, et que leurs yeux ne pouvaient se rassasier de contempler ces ouvrages, dont la perfection surpassait tout ce qu'ils avaient vu jusqu'alors. Il y avait des viviers en marbre remplis de l'eau la plus pure et des oiseaux de toute espèce, qu'on ne connaît pas chez nous, de voix diverses, de formes et de couleurs étranges, et surtout d'apparence merveilleuse pour nos compatriotes. De là, les eunuques les conduisirent dans d'autres chambres, qui dépassaient les premières en beauté autant que celles-ci le faisaient pour celles qu'ils avaient vues tout d'abord. Il y avait là une multitude admirable de différents quadrupèdes, tels que le pinceau capricieux du peintre, la licence du poète, et l'âme perdue dans les rêves de la nuit, peuvent seuls en créer, tels que les pays du Midi et de l'Orient en produisent, que l'Occident ne voit jamais et dont il n'entend parler que rarement. »

On peut très facilement juger de ce qu'était la richesse des khalifes fatimites, en consultant l'inventaire que l'historien Makrisy nous a conservé des objets que le khalife Mostanser (427 de l'hégire, 1037 de J.-C.) fut obligé de vendre, pour satisfaire les exigences de la milice dont nous avons parlé et qui s'était à peu près rendue maîtresse de l'empire. Le témoignage est irrécusable, car c'est la copie du procès-verbal dressé par l'intendant du vizir, Nasser ed Doutah. À voir cette énumération, dit avec raison M. Marcel, à qui nous empruntons cet extrait, on dirait que toutes les richesses

L'empire des Arabes

du monde se sont donné rendez-vous dans ce point du globe, et s'y étaient accumulées depuis de longs siècles, pour être ensuite disséminées aux mains de la plus vile soldatesque.

« On trouve dans cette nomenclature curieuse je ne sais combien de boisseaux d'émeraudes, de rubis, de perles, de cornalines et autres pierreries :

Dix-huit mille vases de cristal de roche dont quelques-uns valaient jusqu'à 1000 dynars (15 000 F) ; trente-six mille autres pièces du même cristal ; une natte d'or pesant 54 marcs ; quatre cents grandes cages d'or ; vingt-deux mille bijoux d'ambre; un turban orné de pierreries, valant 130 000 dynars (1 950 000 francs) ; des coqs, des paons, des gazelles de grandeur naturelle, en or, incrustées de perles, de rubis ; des tables de sardoine assez grandes pour que plusieurs personnes pussent y manger à la fois ; un palmier d'or dans une caisse d'or ; les fleurs et les fruits de grandeur naturelle en perles et en rubis ; un jardin dont le sol était d'argent doré, la terre d'ambre, les arbres d'argent et les fruits d'or et de pierreries ; une tente de 500 coudées (625 pieds) de circonférence, et de 64 coudées (90 pieds) de hauteur, toute en velours et satin brodé d'or, et dont les tentures firent la charge de 100 chameaux ; une autre tente, tissée d'or pur, soutenue par six colonnes d'argent massif ; des cuves d'argent du poids de 3 quintaux ; deux mille tapis enrichis d'or, dont l'un avait coûté 22 000 dynars (33 000 F) et les moindres 1 000 dynars (15 000 F) ; cinquante mille pièces de damas enrichies d'or, etc.

Enfin Ebn-Abd-el-Azyz, inspecteur du trésor, déclare dans son rapport que plus de cent mille articles précieux et deux cent mille pièces d'armures ont été adjugées en sa présence. »

À voir l'énumération de telles richesses, une question s'impose. D'où pouvaient-elles venir ? De quelle source les khalifes tiraient-ils des revenus leur permettant d'amasser des trésors tels qu'aucun souverain n'en possède aujourd'hui de semblables ?

La richesse des khalifes avait deux sources très différentes : la production agricole du pays, d'une part, et les opérations commerciales, de l'autre.

l'Égypte était alors en effet l'entrepôt du commerce de l'Europe avec l'Inde et l'Arabie, et c'est par Alexandrie que devaient passer toutes les marchandises allant de l'Orient en Occident.

Le Florentin Frescobaldi assure que de son temps (1384), on

voyait plus de bateaux dans le port du Caire qu'à Gênes ou à Venise. Sur le Nil, il y avait 36 000 barques servant à charger ou à décharger les marchandises. On peut voir, par les prix courants insérés par un des compagnons de Vasco de Gama dans son voyage, combien étaient énormes les bénéfices prélevés sur elles par les khalifes. En raison de ces bénéfices, les épices coûtaient cinq fois plus cher au Caire qu'à Calcutta.

Cette source immense de richesse dura jusqu'à ce que Vasco de Gama ayant, en 1497, doublé le cap de Bonne-Espérance, arriva sur la côte de Malabar qu'aucun Européen n'avait vue avant lui, et qui n'était fréquentée jusqu'alors que par les Arabes.

Le coup porté à la fortune des Khalifes d'Égypte par cette découverte était terrible ; mais, malgré les flottes importantes qu'ils envoyèrent, ils ne purent empêcher les Portugais de s'établir dans l'Inde, et d'anéantir, par conséquent, du même coup, le commerce des Arabes avec l'extrême Orient, c'est-à-dire la principale source des revenus des souverains de l'Égypte.

4. - *Monuments laissés par les Arabes en Égypte*

L'Égypte est la seule contrée où l'on puisse voir des monuments arabes de toutes les époques depuis les premiers temps de l'islamisme et étudier par conséquent les transformations de l'art aux diverses périodes.

Presque tous les anciens monuments des Arabes encore debout sont des mosquées. Leur étude est d'autant plus facile que les plus importantes se trouvent réunies au Caire.

La ville du Caire elle-même - au moins dans les parties qui n'ont pas été envahies par les Européens - est restée entièrement arabe, et donne une idée assez juste de ce qu'était cette grande cité aux temps des khalifes.

Vue de loin, elle a un cachet oriental très frappant et qu'aucune autre ville ne possède peut-être au même degré. Elle forme une masse de maisons blanches à toits plats dominés par des centaines de minarets élancés se détachant sur un fond sombre de palmiers. Du haut de la citadelle, cette grande capitale présente un aspect féerique. Je ne connais aucune autre ville dont la physionomie soit aussi saisissante.

Les rues du Caire sont, comme toutes celles de l'Orient, étroites, irrégulières et sinueuses. Dans certains quartiers, notamment au vieux Caire, les fenêtres en saillie des maisons se touchent presque. Cette étroitesse des rues a pour résultat de protéger contre les rayons du soleil et de maintenir toujours une certaine fraîcheur. Il faut avoir eu l'occasion d'être obligé de traverser sous les terribles rayons du soleil égyptien les grandes places et les boulevards à l'européenne qu'on trouve au Caire aujourd'hui, pour comprendre combien sous un climat pareil des rues étroites pleines d'ombre sont préférables à de larges voies toujours échauffées par un soleil de feu.

L'animation des rues du Caire a vivement frappé tous les voyageurs. Alors même qu'on a visité Damas, le spectacle est encore des plus intéressants et nous avons consacré de longues heures à le contempler.

« Dans la foule bigarrée qui s'y presse, dit le Dr Isambert, on reconnaît à coté de l'humble fellah, du Bédouin à la démarche fière, du Copte ou du juif à la mine sombre et concentrée, du Grec actif et éveillé, du kawas arnaoute grave et digne, tous les types des nègres, depuis la couleur d'ébène des habitants du Soudan, jusqu'au teint clair des Berbérins. Les caravanes arrivant de tous les points de l'Afrique et de l'Arabie, les chameaux pesants et solennels, les ânes lestes et sémillants emportant au galop les Levantins petits-maîtres, ou des femmes enveloppées dans d'immenses voiles de couleur sombre, le pacha qui passe à cheval étouffant sous la redingote boutonnée du Nizam, les porteurs d'eau avec leurs outres de cuir visqueuses, les portefaix de toute nature, les saïs criards toujours prêts à frapper de la courbach l'Arabe indolent et jusqu'aux pauvres femmes fellâhines trop lentes à se ranger, tout cela forme un spectacle d'une variété toujours nouvelle dont l'étranger ne peut se lasser. »

La ville actuelle du Caire fut fondée en 359 de l'hégire (970 de J.-C.). Elle comprenait dans son enceinte l'ancienne ville de Fostatt fondée par Amrou, qu'elle devait remplacer.

La nouvelle cité reçut le nom de el Kahirah (la Victorieuse), dont les Européens ont fait le Caire. Fostatt aujourd'hui n'est plus qu'un faubourg de cette ville ; le nom de Vieux Caire, sous lequel on le désigne maintenant, est très impropre, puisque la ville d'Amrou n'a jamais porté ce nom.

La nouvelle ville du Caire fut terminée trois ans après que sa première pierre fut posée. Les Fatimites consacrèrent une grande partie de leurs immenses revenus à l'embellir. Chaque souverain s'efforçait de dépasser ses devanciers, et les Mameluks eux-mêmes, quand ils succédèrent aux khalifes arabes, tinrent à honneur de continuer à orner la ville. Ce ne fut que quand elle devint la capitale d'une province turque qu'elle cessa non seulement d'être embellie, mais même d'être entretenue. Aujourd'hui, les monuments les plus remarquables se dégradent de plus en plus, et comme on n'y fait jamais la plus légère réparation, ils sont destinés à disparaître dans un avenir très prochain. Vous faites bien d'être venu les visiter, me disait, pendant mon séjour au Caire, un des premiers personnages de l'Égypte, car dans peu d'années il ne restera plus rien à voir.

Nous allons examiner rapidement maintenant, par ordre chronologique, les plus importants monuments du Caire. Dans le choix que nous avons dû faire parmi les quatre à cinq cents mosquées que la ville contient, nous nous sommes attaché à celles qui représentent le mieux le style de chaque époque, depuis les origines du Caire jusqu'aux temps modernes.

Mosquée d'Amrou (21 de l'hégire, 642 de J.-C.). - La mosquée d'Amrou est un des plus anciens et des plus vénérés sanctuaires de l'islamisme : quatre-vingts des compagnons de Mahomet assistèrent à sa construction.

Élevée par le conquérant de l'Égypte, Amrou, elle a gardé son nom. Sous les quatre premiers khalifes, et jusqu'à la fin du règne des Omniades, ce fut la seule mosquée que possédait la ville. Véritable type des mosquées primitives, son plan servit longtemps de modèle.

Ce plan est très simple et lorsqu'on a vu en détail une de ces anciennes mosquées on les connaît toutes. Elles se composent d'une cour rectangulaire entourée de larges galeries couvertes à plusieurs rangées de colonnes. Un côté de la galerie, généralement plus profond que les trois autres, est consacré au sanctuaire. Au centre de la cour, existe toujours une fontaine pour les ablutions, et aux angles du monument un certain nombre de tours, plus ou moins élevées, appelées minarets.

Devant la plupart des anciennes mosquées se trouve une première cour entourée de bâtiments destinés à loger les étrangers, des écuries pour les chevaux et les chameaux, des bains publics et des abreuvoirs. Les mosquées primitives étaient non seulement des lieux de prière, mais des hôtelleries pour les voyageurs.

Les colonnes de la mosquée d'Amrou ont été empruntées à divers monuments grecs et romains; elles supportent des arcades ne différant des anciennes arcades à plein cintre que parce qu'elles sont très faiblement ogivales à leur sommet et forment très légèrement le fer à cheval à leur base. En s'accentuant plus tard, l'ogive et l'arc outrepassé deviendront caractéristiques de l'art arabe. Appliqué au profil des coupoles, l'arc en fer à cheval leur donnera une forme svelte et gracieuse bien supérieure aux lourdes calottes sphériques surbaissées des Byzantins.

La cour rectangulaire entourée de galeries de la mosquée d'Amrou n'a plus aujourd'hui de colonnes que sur deux côtés se faisant face : un de ces côtés n'a qu'une rangée de colonnes, l'autre côté, qui est celui du sanctuaire, en a six, et les arcades de chacune d'elles sont au nombre de 21, ce qui fait 126 colonnes ; mais, comme la première rangée est formée de colonnes doubles, cela fait en réalité 147 colonnes pour cette partie du monument.

Au centre du sanctuaire se trouve, comme dans toutes les mosquées sans exception, une niche surmontée d'une voûte (mihrab), tournée vers la Mecque devant laquelle les musulmans viennent faire leurs prières, et une chaire à prêcher (mimbar). Dans la mosquée d'Amrou, elles sont très simples.

Les deux minarets de la mosquée d'Amrou sont également fort simples ils sont peu élevés, n'ont qu'une galerie et se terminent en pointe.

On ne trouve dans la mosquée d'Amrou ni arabesques, ni ornements en stalactites, ni tous ces détails qui devaient caractériser plus tard l'art arabe. Malgré sa simplicité, sa forêt de colonnes et d'arcades, elle m'a semblé d'un effet réellement imposant. Elle tombe malheureusement en ruines, comme la plupart des vieilles mosquées du Caire [1].

---

1 Les auteurs ayant écrit sur le Caire répètent généralement, d'après les écrivains arabes, que « chaque nuit brûlaient dans la mosquée 18,000 lampes,

Mosquée de Touloun (243 de l'hégire, 876 de J.-C.). - La mosquée de Touloun est encore d'un style très simple, mais elle est cependant plus ornée que la précédente. Son plan général est le même : une cour carrée dont les côtés sont entourés d'arcades. Ces arcades, nettement ogivales, ont leur terminaison inférieure en fer à cheval plus accusée que dans la mosquée d'Amrou. Au lieu d'être supportées par des colonnes, comme dans cette dernière, elles le sont par de solides piliers dans les angles desquels sont engagées des colonnes surmontées de chapiteaux byzantins. Cette forme particulière de piliers paraît avoir été l'origine de ces colonnes agglomérées qu'on rencontre si souvent dans nos églises gothiques.

Le plafond supporté par les arcades est en bois comme dans la mosquée d'Amrou.

Les arabesques et les stalactites ne se montrent pas encore dans la mosquée de Touloun. Les fleurs et feuillages qui courent le long des frises, des fenêtres, et au-dessous des arcades rappellent le style byzantin, mais font présager déjà les arabesques.

Sur les frises au-dessous des plafonds on lit des inscriptions sculptées sur bois en caractères coufiques.

Le mur extérieur de la mosquée est surmontée de créneaux découpés à jour.

Le monument est construit en briques cuites recouvertes de stuc. Les ornements et moulures sont également en stuc.

Un seul des minarets existe encore : c'est une tour, à étages rentrants, carrée à la base, cylindrique ensuite, puis octogonale.

Au centre de la cour de la mosquée se trouve une belle fontaine couverte. Elle présente au-dessus de sa porte des fenêtres triangulaires à leur sommet.

La mosquée de Touloun est entièrement en ruines. L'administration égyptienne ne s'est pas plus souciée de ce monument de l'art arabe primitif qu'elle ne s'est souciée des autres. Plafonds, murs, tout croule, et, dans quelques années, la mosquée ne sera plus qu'un pour l'entretien desquelles on dépensait journellement 11,000 quintaux d'huile épurée. » Les observateurs les plus exacts, y compris Batissier, ont répété la même chose. Il suffit cependant d'un calcul très simple pour voir qu'une pareille quantité représenterait 61 kilogrammes d'huile par mèche, consommation absolument invraisemblable. 11,000 quintaux d'huile, soit environ 11,000 tonneaux de la valeur d'un hectolitre chacun à transporter tous les jours à la mosquée eussent nécessité une véritable armée de chameaux.

monceau de décombres. Pour la visiter il nous a fallu faire forcer une porte qu'on avait clouée pour empêcher d'y pénétrer.

Mosquée el Azhar (359 de l'hégire, 970 de J.-C.). - La mosquée el Azhar, marque un nouveau progrès sur la précédente, au point de vue de l'ornementation ; mais, en l'étudiant, il faut se souvenir que plusieurs détails du monument sont très postérieurs à l'époque de sa construction primitive.

En raison de l'université dont elle est dotée depuis l'année 378 de l'hégire, cette mosquée est une des plus célèbres de tout l'islamisme, et, aujourd'hui encore, elle exerce au loin une influence considérable : les étudiants y affluent de toutes les parties du monde mahométan. Elle est, en effet, le dernier foyer encore debout de la science des Arabes en Orient. Des professeurs, entretenus sur les revenus de la mosquée, y enseignent les sciences, la littérature, la théologie, la jurisprudence, la médecine, l'astronomie, les mathématiques et l'histoire. Le nombre de ses élèves était autrefois de 122 000, et n'est pas beaucoup moins élevé maintenant. Les étudiants les plus pauvres y sont entièrement entretenus.

Le plan de la mosquée d'el Azhar est analogue à celui des mosquées précédentes, mais elle est entourée d'habitations diverses qui en altèrent un peu l'ancien plan.

C'est principalement la grande cour de la mosquée qu'il faut examiner, pour avoir une idée exacte de l'architecture primitive du monument. Les arcades sont soutenues par trois cent quatre vingt colonnes en porphyre, marbre et granit, mais dont les bases et les chapiteaux proviennent d'anciens édifices. L'arc des arcades est plus aigu que dans les premières mosquées. Les minarets sont remarquables, mais ils sont postérieurs à la construction du monument. J'en donne dans cet ouvrage des photographies que j'ai prises de l'une des terrasses de la mosquée. Je donne également la reproduction d'un mihrab à ornementation polychrome que j'ai pris dans une salle servant de tombeau à un grand personnage.

Mosquée de Kalaoum (683 de l'hégire, 1283 de J.-C.) - Cette mosquée présente un échantillon de l'art arabe au moment ou il touche presque à sa plus haute période et il est fâcheux qu'on ait laisse des peintres en bâtiments quelconques salir abominablement, sous prétexte sans doute de restauration, certaines parties des murs et des plafonds.

L'ensemble de la mosquée de Kalaoum rappelle tout à fait les premiers édifices gothiques. Cette ressemblance a frappé tous les savants qui l'ont visitée, depuis Coste jusqu'à Ebers. Voici comment ce dernier s'exprime à son sujet :

« Ce qu'il y a de remarquable dans la façade de la mosquée et de la salle du tombeau de Kalaoum, c'est son aspect général et sa ressemblance avec la construction extérieure de nos églises gothiques. De longues arcades servant de contre-forts entre lesquels sont des arcades plus petites supportées par des colonnes ; point de corniches ; des colonnes sans entablements ; un portail servant de décoration à la porte d'entrée, où l'on voit plusieurs arcades les unes dans les autres, supportées par des groupes de colonnettes de différentes grandeurs ; tout cet ensemble, sans ordre ni symétrie, est positivement ce qui caractérise les édifices que l'on construisait à la même époque en France, en Allemagne, et dans le nord de l'Italie.

« En effet, si l'on ajoute à cette architecture arabe ce que le climat froid et pluvieux exige, ce que les usages religieux demandent, et ce que la sculpture statuaire permet alors, les combles élevés, les pignons pointus, les gouttières avancées, les clochetons, les statues, les bas-reliefs deviendront la décoration obligée de cette architecture arabe transplantée dans le nord, chez le peuple chrétien.

« Ce genre de construction sera positivement celui qu'on a appelé gothique et dont on voit un bel exemple dans la Sainte-Chapelle à Paris. La construction de l'édifice dont nous venons de parler et celle de la Sainte-Chapelle sont toutes deux du treizième siècle. »

On voit dans la mosquée de Kalaoum une chapelle à dôme contenant le tombeau du fondateur de la mosquée ; cette salle est d'une grande magnificence, et ses longues arcades, reposant sur des piliers avec colonnes incrustées dans leurs angles, ses croisées ogivales, rappellent également nos monuments gothiques. Il y avait autrefois un hôpital attaché à la mosquée de Kalaoum. Bien que longuement décrit dans un guide en Orient publié récemment, il n'existe plus.

Mosquée Hassan (757 de l'hégire, 1356 de J.-C.) - Nous voici graduellement arrivés à l'époque la plus brillante de l'art arabe, et nous allons le voir s'épanouir dans la mosquée d'Hassan, le plus beau monument du Caire.

Par ses dimensions gigantesques, la mosquée d'Hassan rappelle nos grandes cathédrales. Elle dépasse par son volume Notre-Dame de Paris. Sa grande coupole a 55 mètres de hauteur ; le plus haut de ses minarets atteint 86 mètres, soit le double de hauteur de la colonne Vendôme à Paris. La longueur du bâtiment est de 1140 mètres, sa largeur de 75. Les murailles ont 8 mètres d'épaisseur. Au lieu d'être en briques et marbre, comme ceux des anciennes mosquées, elles sont construites en pierre de taille.

L'ensemble du monument a un aspect majestueux qu'on ne rencontre que dans les grandes mosquées du sultan Hassan est assez différent de celui habituellement suivi. Au lieu d'être carrée elle affecte la forme d'une croix grecque. Au lieu d'être entourée d'arcades, comme dans les mosquées précédentes, la cour intérieure présente sur chacun de ses côtés l'entrée d'une vaste salle s'ouvrant sur elle par une gigantesque arcade ogivale. La plus grande de ces salles sert de sanctuaire : elle a une voûte de 21 mètres d'élévation. Au fond de ce sanctuaire sont le mihrab et la chaire à prêcher, qu'on trouve dans toutes les mosquées. Les parois de murs sont couvertes d'arabesques et d'inscriptions. Au centre de la cour se trouve une magnifique fontaine malheureusement en ruines.

La mosquée d'Hassan renferme le tombeau de son fondateur ; il est contenu dans une salle surmontée d'un dôme de 21 mètres de largeur avec un encorbellement en stalactites à sa base.

Tout autour de la salle court une magnifique inscription en bois sculpté ayant environ un mètre de hauteur.

Comme dans la plupart des mosquées précédentes, les arcades sont toujours un peu étranglées à leur base mais faiblement. L'arc tout à fait outrepassé, c'est-à-dire le véritable arc en fer à cheval, n'est employé d'une façon générale que par les Arabes d'Espagne.

Le grand portail du nord de la mosquée d'Hassan a 20 mètres de hauteur. Il est creusé en hémicycle. La demi-coupole qui le surmonte s'appuie sur des stalactites de pierre. Les parois sont couvertes de riches arabesques.

La mosquée du sultan Hassan n'est pas, bien entendu, mieux entretenue que les autres mosquées du Caire : mosaïques, sculptures, lambris de bois, tout tombe en ruines, et, avant peu d'années, il ne restera de ce splendide monument que des murs.

Toutes les mosquées de cette époque sont du reste fort

remarquables.

Elles représentent avec le siècle qui va suivre, le bel âge de l'art architectural arabe en Égypte. je mentionnerai surtout, parmi les monuments de cette période, la mosquée de l'émir Akhor, dont la coupole est fort gracieuse, et les monuments suivants :

Mosquée sépulcrale Barqouq (784 de l'hégire, 1384 de J.-C.) - Cette mosquée est construite en pierres alternativement blanches et rouges par assises réglées ; elle fait partie de la série de monuments dont nous parlerons plus loin sous le nom de tombeaux des khalifes. Son minaret représente, avec celui de la mosquée de Kaït bey, la plus haute expression de l'art arabe dans ce genre de constructions. Les coupoles, légèrement étranglées à leur base, sont d'une élégance frappante.

Vue de l'intérieur, la coupole qui recouvre le tombeau de Barqouq a un aspect très imposant. Elle est reliée aux angles de la salle carrée qui la supporte par des pendentifs formés de stalactites du plus grand effet.

La mosquée de Barqouq contient une admirable chaire à prêcher en marbre sculpté. Cette véritable dentelle de pierre est certainement un des plus remarquables chefs-d'œuvre de l'art arabe. Laisser tomber en ruines et saccager par le premier venu de pareilles oeuvres est véritablement de la barbarie sans excuse.

Mosquée de Mouaîyad (818 de l'hégire, 1415 de J.-C.) - Cette mosquée est inférieure comme ensemble à plusieurs de celles qui précèdent, parce qu'elle est un peu trop chargée d'ornements de détail ; mais par son ornementation, elle pouvait être considérée comme une des plus riches mosquées du Caire. Aujourd'hui elle est abandonnée entièrement et ne sera bientôt plus, comme la plupart des autres monuments que j'ai mentionnés, qu'un monceau de décombres. J'y ai remarqué de magnifiques plafonds à caissons sculptés, peints et dorés, fort rares au Caire aujourd'hui, des portiques à colonnes surmontées d'arcades à ogives légèrement étranglées à la base, de belles fenêtres ogivales entourées d'inscriptions et de gracieux pavés de mosaïque.

Mosquée sépulcrale de Kaït bey (872 de l'hégire, 1468 de J.-C.) - Cette mosquée est surtout remarquable par sa coupole revêtue d'un riche lacis d'arabesque, sculptées en relief et par son magnifique minaret à trois étages. Ce dernier est couvert de sculptures et peut être considéré comme la dernière expression de l'architecture arabe. On peut y observer avec quel sens artistique les Arabes y font usage des encorbellements, c'est-à-dire de ces saillies de pierre : consoles, corniches, galeries, etc., qui, dépassant la ligne du mur, donnent au minaret un aspect gracieux qu'une tour cylindrique ou carrée n'a jamais.

La mosquée de Kaït bey fait partie, comme celle d'El-Barqouq, d'une série de monuments, en ruines, désignés vulgairement sous le nom de tombeaux des khalifes. La plupart appartiennent à la période des mameluks circassiens. Ils se trouvent dans une plaine sablonneuse, près du Caire, et leur ensemble forme un des tableaux les plus imposants que j'aie jamais eu occasion de contempler. À l'autre extrémité de la ville, au pied même de la citadelle, se trouve une seconde plaine remplie également de monuments funéraires où on rencontre des minarets de mosquées et des dômes de toutes les formes possibles. Ils appartiennent à des époques différentes et présentent un intérêt très grand, mais leur étude nous entraînerait hors du cadre de ce chapitre. Cette nécropole est du reste représentée dans une de nos photographies.

Mosquées turques du Caire. - Parmi le petit nombre de mosquées et de palais construits depuis le commencement du seizième siècle, c'est-à-dire depuis que les Turcs se sont emparés de l'Égypte, je n'en connais aucun qui soit digne de la plus insignifiante mention. La plus remarquable par son volume est la gigantesque bâtisse de Mohamed Ali. Avec son dôme surbaissé, ses maigres minarets cylindriques terminés en éteignoir, elle peut servir à mettre en évidence l'abîme profond qui sépare le sens artistique d'un Arabe de celui d'un Turc. En arrivant en Égypte, les Arabes n'étaient certes pas des artistes accomplis, mais ils possédaient au plus haut degré le goût des arts, et surent tirer des éléments fournis par les Byzantins un style entièrement nouveau. Les maîtres et les modèles n'ont pas fait défaut aux Turcs depuis des siècles, mais l'art de les utiliser leur a toujours manqué. Voulant élever une mosquée au Caire, rien ne leur a paru préférable que de copier le lourd monument de Sainte-Sophie, c'est-à-dire une église chrétienne byzantine. Cet édifice représente une étape de l'art que les Arabes avaient franchie depuis longtemps. Les Turcs n'en ont jamais connu d'autres et n'ont jamais su la dépasser.

Autres monuments arabes du Caire : Portes de la ville, Citadelle,

Puits de Joseph, etc. - Parmi les monuments de l'époque des khalifes susceptibles de donner une idée de l'architecture arabe, je citerai encore deux portes de la ville : celles de Bab-el-Nasr et Bab-el-Foutouh, construites au onzième siècle de notre ère par le khalife fatimite Mostanser.

La citadelle du Caire est également un édifice remarquable. Elle est de la fin du douzième siècle, et fut construite par le sultan Salâh-êd-Dyn (Saladin). Elle est alimentée d'eau par un puits très habilement creusé dans le roc, qui donne une haute idée du talent des ingénieurs de cette époque. Ce puits a 88 mètres de profondeur et 8 mètres d'ouverture. Il est divisé en deux étages. L'eau est montée par des bœufs qui font mouvoir une roue à chapelets et à pots de terre. On descend jusqu'au premier étage par un chemin de ronde en rampe douce et à marches assez peu élevées pour que les bœufs puissent le monter et le descendre facilement.

Bien d'autres produits de la civilisation arabe : habitations, armes, objets d'industrie, etc., peuvent être observés au Caire. Ils seront décrits dans d'autres chapitres. En joignant leur étude à celle des monuments qui viennent d'être énumérés, le lecteur aura certainement une idée suffisamment claire de la civilisation que créèrent en Égypte les disciples du Coran.

Chapitre V
Les Arabes dans l'Afrique septentrionale

1. – L'Afrique septentrionale avant les Arabes

On désigne sous le nom d'Afrique septentrionale la région comprenant le Maroc, l'Algérie, la Tunisie et la Tripolitaine. Elle s'étend de l'océan Atlantique à la limite occidentale de l'Égypte, contrée généralement rattachée à l'Orient. La Méditerranée la limite au nord. Elle est bornée au sud par les parties du Sahara voisines du Soudan ;

Les Romains divisaient l'Afrique septentrionale en cinq parties : 1° la Cyrénaïque, à l'Ouest de l'Égypte ; 2° les provinces consulaires d'Afrique (Tripolitaine et Tunisie actuelles) ; 3° la Numidie (province de Constantine) ; 4° la Mauritanie Tingitane (Maroc) ;

5° la Mauritanie Cesarienne (une partie de l'Algérie actuelle). Ces diverses provinces étaient placées sous l'autorité de proconsuls, de légats ou de procurateurs.

Aux premiers temps de leurs conquêtes, les Arabes désignèrent l'Afrique septentrionale et l'Espagne sous le nom de Maghreb, c'est-à-dire Occident. Quand ils furent fixés à Kairouan et à Tunis, ils adoptèrent l'ancien nom d'Ifrikia pour toute la région qui devait devenir plus tard les régences de Tunis et Tripoli ; et, finalement, le mot Maghreb ne servit plus qu'à désigner les régions occidentales de l'Afrique. On donna alors le nom de Maghreb central au territoire comprenant à peu près l'Algérie actuelle, et celui de Maghreb extrême à celui qui forme maintenant le Maroc.

L'Afrique septentrionale a été conquise par des peuples divers qui ont laissé des traces plus ou moins profondes de leur passage : Carthaginois, Romains, Vandales, Visigoths, Byzantins la possédèrent, plus ou moins, avant les Arabes.

Malgré ces dominations diverses, le fond de la population avait peu changé. Elle se composait d'une race particulière, les Berbères, qui avait conservé, au moins en dehors des villes, sa religion, sa langue et ses mœurs.

L'histoire de l'établissement des Arabes en Afrique est celle d'une lutte prolongée qu'ils eurent à soutenir contre les Berbères. Le rôle joué par ces derniers dans l'histoire des Arabes en Afrique et en Espagne est tellement considérable, que cette histoire ne saurait être bien comprise sans leur étude préalable. Une telle étude est d'autant plus nécessaire, que de graves erreurs sont journellement professées à l'égard des Berbères par les écrivains qui s'occupent d'eux à propos de l'Algérie.

Tous les peuples de l'Afrique septentrionale, désignés par les Romains sous les noms de Numides, Libyens, Africains, Maures, Gétules, etc., font partie de la race berbère, et on peut dire qu'avant les Arabes tout ce qui n'était pas nègre dans le nord de l'Afrique était Berbère.

L'origine des Berbères nous est aussi parfaitement inconnue que celle de la plupart des races.

Leur présence sur tout le littoral supérieur de l'Afrique, où toute la population était noire, eux exceptés, permet cependant de penser qu'ils sont le résultat de l'immigration, à une époque fort reculée, de populations diverses étrangères à l'Afrique. Nous disons, époque fort reculée, parce que la tradition ni l'histoire n'ont conservé aucun souvenir de cette invasion ; et nous disons, populations diverses, parce que la présence de sujets blonds aux yeux bleus, parmi des individus aux cheveux noirs, indique les éléments d'origines différentes.

On peut, du reste, former des conjectures assez plausibles sur les points de départ de ces immigrations. Ne pouvant provenir du sud, puisqu'on ne trouve que des nègres dans cette direction, ni du nord, puisque le nord est occupé par une vaste mer que les peuples primitifs ne pouvaient songer à franchir, les invasions n'ont pu se faire que par l'est, c'est-à-dire par la bande étroite de terrain qui relie l'Afrique à l'Asie, ou par l'ouest, c'est-à-dire par le détroit de Gibraltar. C'est sans doute par l'extrémité asiatique de l'Afrique que sont venues, des bords de l'Euphrate, du nord de l'Arabie, ou peut-être de plus loin encore, les populations à cheveux noirs. Celles aux yeux bleus et aux cheveux blonds ont probablement pour origine des Européens venus par l'extrémité occidentale de l'Afrique. Ces derniers provenaient sans doute du nord de l'Europe, car les monuments mégalithiques qu'ils ont laissés en Afrique sont précisément identiques à ceux que nous trouvons dans les contrées septentrionales de notre continent, et tout à fait différents de ceux que les Vandales, qui pénétrèrent en Afrique à une époque postérieure à notre ère, savaient construire.

Certains documents historiques confirment ce qui vient d'être dit au sujet de l'antiquité de l'immigration blonde en Afrique. Il existe, en Égypte en effet, des monuments antérieurs de quatorze ou quinze siècles à notre ère, sur lesquels sont figurées des populations africaines aux yeux bleus et aux cheveux blonds. De plus, l'auteur du Périple de la Méditerranée, le géographe Scylax, qui vivait deux siècles environ avant J.-C., parle d'un peuple blond cantonné dans une province occupée actuellement par la régence de Tunis. Ces blonds sont aujourd'hui en très petite minorité. En Afrique, on ne les rencontre guère que par îlots isolés, mais ces îlots isolés existent sur des points très différents : on les a observés jusque chez les Touaregs du désert.

La prédominance de la population aux cheveux noirs sur celle aux cheveux blonds prouve que l'immigration asiatique fut la plus importante, ou au moins la plus puissante.

Les Berbères ont été refoulés du littoral par les Arabes ; mais avant l'invasion de ces derniers, ils occupaient l'immense région de l'Afrique septentrionale qui s'étend depuis la Méditerranée jusqu'au pays des noirs, c'est-à-dire jusqu'au Soudan. Sur cette limite méridionale, il devait exister, à en juger par ce qu'on observe aujourd'hui encore, un mélange intime entre les populations noire et berbère. Les types particuliers résultant de ce mélange de sangs si différents sont bien connus de tous ceux qui ont visité les grandes villes d'Afrique, celles du Maroc notamment.

Au point de vue politique, les Berbères forment plusieurs groupes importants, tels que les Kabyles de l'Algérie, les Touaregs du Sahara, les Chelouhs du Maroc ; mais ces groupes divers appartiennent toujours à des individus de la même race.

Il est beaucoup moins facile qu'on ne le croit généralement de donner une description anthropologique du Berbère qui soit bien exacte : ce n'est guère que dans les montagnes escarpées qu'il est à peu près pur de tout alliage. Dans les villes et dans les régions voisines du littoral, il est fortement altéré par son mélange, non seulement avec les Romains, les Grecs, les Vandales, etc., mais surtout avec les Arabes, qui, à une certaine époque, leur furent au moins égaux en nombre, comme nous le verrons bientôt.

C'est donc une entreprise fort délicate que de vouloir discerner dans de pareils mélanges le véritable type berbère. Ce qu'on peut dire, je crois, de plus exact, c'est que le type qu'on rencontre le plus souvent chez les vrais Berbères, diffère d'une façon générale du type arabe par des traits plus grossiers et des formes plus massives. La face est aplatie, élargie aux pommettes, rétrécie à la base, les lèvres sont grosses, le nez court, un peu épaté, et souvent retroussé à sa pointe, les cheveux noirs, les yeux foncés et petits. Je me hâte d'ajouter que j'ai observé chez les Berbères des types qu'il serait bien difficile de différencier d'avec le type arabe ; mais ils sont sans doute le produit des mélanges dont je parlais à l'instant.

Les Berbères possèdent une langue particulière extrêmement ancienne, probablement d'origine phénicienne. C'est dans cette langue que Jugurtha excitait ses soldats contre Marius et que s'entretenaient les Gétules. En dehors des idiomes européens, elle forme, avec l'arabe, la seule langue parlée dans toute l'Afrique septentrionale ; mais l'arabe est de beaucoup la plus répandue.

Le berbère n'est guère parlé que dans les montagnes ou dans les régions très éloignées des villes. Il forme plusieurs dialectes aussi différents entre eux que l'est le français de l'espagnol ou de l'italien. La langue berbère s'est, du reste, arabisée au contact de la langue arabe, comme s'est arabisée la population berbère elle-même. Le berbère actuellement parlé, surtout dans la grande Kabylie, compte un tiers environ de mots arabes. Ce fait curieux nous montre une fois de plus combien a été profonde l'influence des Arabes, et combien cette influence a été supérieure à celle des autres peuples. Bien qu'ayant dominé le pays pendant autant de temps que les Arabes, les Grecs et les Latins n'ont laissé aucune trace dans la langue berbère.

Les Berbères sédentaires actuels habitent des villages généralement situés au haut des montagnes, et peu différents comme aspect de nos villages européens. Ce sont de durs travailleurs que rien ne rebute et qui labourent avec ardeur le sol médiocre qu'ils possèdent. N'éprouvant que peu de besoins, ils réussissent facilement à les satisfaire. Ils sont assez industrieux pour fabriquer tous les objets : instruments, étoffes, armes, bijoux, etc., qui leur sont nécessaires, et exportent souvent au dehors l'excédent des produits de leur industrie. J'ai trouvé chez eux certains modèles de bijoux qui ne dépareraient certainement pas, au point de vue de la forme, les vitrines de nos plus élégants bijoutiers parisiens [1].

L'étude des mœurs et usages kabyles - mœurs et usages qui ont persisté sous tous les conquérants - est des plus curieuses.

Chaque village se compose de plusieurs familles comprenant tous les individus du même sang et de celles qui demandent et obtiennent d'en faire partie. Chacune de ces agglomérations, nommée kharouba, assez analogue à la gens romana, constitue une unité politique et juridique apte à posséder, aliéner et recevoir.

La réunion de plusieurs villages forme une tribu. L'unité politique des Berbères n'est pas cependant, comme chez les Arabes, la tribu, mais le village. Chaque village est une petite république indépendante administrée par un chef élu nommé amin. Ce chef civil et militaire a pour fonction principale de présider la djemâa,

---

[1] En visitant une collection d'objets rapportés de l'Asie centrale par M. de Uyfalvy, nous y avons trouvé des objets identiques à ceux fabriqués par les Kabyles. On pourrait peut-être attribuer leur origine aux relations qui existèrent entre l'Inde et l'Afrique pendant toute la durée de la domination arabe.

c'est-à-dire la réunion de tous les mâles majeurs du village. C'est uniquement dans cette assemblée que réside le pouvoir législatif et judiciaire, ainsi que celui de décider de la guerre et de la paix. Le pouvoir de l'amin est en réalité fort limité ; il est du reste contrôle par un second magistrat nomme oukil, dont le devoir est de dénoncer à la djemâa tous les actes répréhensibles de l'amin. L'autonomie communale rêvée par certains socialistes est, comme on le voit, complète chez les Berbères ; elle est même si complète qu'elle les a toujours empêchés d'arriver à former une véritable nation.

La propriété est individuelle chez les Berbères, mais la kharouba, comme le village, possède des biens indivis analogues à nos biens communaux. C'est elle qui hérite à défaut d'héritiers naturels, ou quand ces derniers sont parents à des degrés trop éloignés.

Le droit pénal des Berbères est très simple ; les peines sont surtout infamantes ; les prisons sont inconnues. Les crimes, le vol surtout sont très rares : l'individu est trop peu isolé pour que la crainte de la réprobation n'ait pas une influence considérable sur lui. Dans ces petites républiques microscopiques, ou chacun se connaît l'influence de l'opinion est souveraine.

Les Berbères professent aujourd'hui l'islamisme ; mais ce sont d'assez tièdes sectateurs du prophète. Avant les Arabes, ils adoraient les dieux de Carthage : Gurzil, Mastimane et autres divinités barbares. Suivant Tertullien, ils sacrifiaient des enfants à Saturne. Ils professaient également le culte du feu. Pendant la période chrétienne, plusieurs tribus voisines des colonies grecques se convertirent au christianisme.

Les Berbères sont monogames. Leurs femmes, quoique moins en tutelle que chez les peuples chrétiens, n'ont pas beaucoup plus de droits.

Les femmes berbères possèdent une énergie remarquable : on les voit parfois combattre auprès de leurs maris. L'histoire a consacré le souvenir de leur vaillance dans la fable de ces Amazones dont Homère a chanté la reine et qui auraient conquis la Libye, et une partie de l'Asie Mineure.

Plusieurs femmes ont exercé le pouvoir souverain chez les Berbères et ce fait seul, très anormal pour un Arabe, indique suffisamment que la façon de penser des deux peuples est complètement différente sur certains points. Les Arabes, au temps de la conquête, rencontrèrent la plus rude résistance de la part de la reine Kahina, qui commandait à plusieurs tribus et forma une ligue contre eux. Dans un premier combat, elle réussit à les mettre en déroute et à s'emparer de toute l'Afrique septentrionale. Les Arabes, étant revenus en plus grand nombre, elle résolut de ravager la contrée pour les empêcher de l'occuper, et fit détruire tous les villages depuis Tripoli jusqu'à Tanger. Cette femme remarquable inspirait une égale terreur aux Grecs et aux Arabes, et elle eût peut-être changé les destinées de son pays si elle n'avait trouvé la mort dans un combat.

Les auteurs qui ont parlé des Berbères ont professé à l'égard de leur caractère des opinions tout à fait contradictoires. Il est facile de concilier ces contradictions en ayant présent à l'esprit ce que nous avons dit à propos du caractère des Arabes, si variable suivant leurs conditions d'existence. Les descriptions que nous possédons sont généralement exactes pour les populations berbères auxquelles elles s'appliquent, mais ces populations étant très différentes, ce qui est exact pour les unes ne l'est plus pour les autres. Ce qui est vrai par exemple pour les Touaregs, nomades, pillards et perfides, ne l'est nullement pour les Berbères des montagnes.

La psychologie du Berbère peut être considérée comme très voisine de celle de l'Arabe, à condition, bien entendu, de comparer les sédentaires avec les sédentaires, les nomades avec les nomades. Les conditions d'existence sont chez tous les peuples un des plus puissants facteurs du caractère ; et, avec des conditions d'existence semblables, nous devons nous attendre à rencontrer souvent des modes de penser et d'agir identiques. Le Berbère sédentaire est, comme l'Arabe sédentaire, dur au travail, patient, énergique et industrieux. Le Berbère nomade est, comme l'Arabe nomade, indépendant, belliqueux, sobre et résistant à la fatigue ; il a comme lui une grande mobilité d'esprit ; comme lui encore, il est extrêmement perfide avec ses ennemis. Il n'en diffère guère que parce qu'il est plus vindicatif et plus cruel et surtout moins intelligent. Dès les premiers temps de la conquête arabe, les Berbères avaient déjà donné des preuves de leur perfidie. Mouza, conquérant de l'Espagne, interrogé à Damas par le khalife sur les Berbères, en fit le tableau suivant, qui me parait encore très juste aujourd'hui : « Ils ressemblent fort aux Arabes dans leur manière d'attaquer, de combattre et de se soutenir ; ils sont patients, sobres et hospitaliers comme eux ; mais ce sont les gens les plus perfides du monde : promesse ni parole ne sont sacrées pour eux. » Bien avant les invasions arabes, on savait qu'il ne fallait jamais compter sur la parole d'un Berbère. Ils étaient nombreux dans les armées Carthaginoises, et ont dû certainement contribuer à la mauvaise renommée de la foi punique.

La division en nomades et sédentaires n'est pas moins importante, comme on le voit, pour les Berbères que pour les Arabes. Elle avait été fort bien signalée, au quatorzième siècle, par Ibn-Khaldoun, dans le passage suivant de son ouvrage : « Depuis les temps les plus anciens, dit-il, cette race d'hommes habite le Maghreb, dont elle a peuplé les plaines, les montagnes, les plateaux, les régions maritimes, les campagnes et les villes. Ils construisent leurs demeures, soit de pierres, soit d'argile, soit de roseaux et de broussailles, ou bien de toiles faites de poil de chameau. Ceux d'entre les Berbères qui jouissent de la puissance, et qui dominent les autres, s'adonnent à la vie nomade et parcourent avec leurs troupeaux les pâturages auxquels un court voyage peut les amener ; jamais ils ne quittent l'intérieur du Tell pour entrer dans les vastes plaines du désert. Ils gagnent leur vie à élever des moutons et des bœufs, réservant ordinairement les chevaux pour la selle et la propagation de l'espèce. Une partie des Berbères nomades fait aussi métier d'élever des chameaux, se donnant ainsi une occupation qui est plutôt celle des Arabes. Les Berbères de la classe pauvre tirent leur subsistance du produit de leurs champs et des bestiaux qu'ils élèvent chez eux ; mais la haute classe, celle qui vit en nomade, parcourt le pays avec des chameaux, et toujours la lance en main, elle s'occupe également à multiplier ses troupeaux et à dévaliser les voyageurs. »

Ce qui précède met en évidence l'erreur dans laquelle beaucoup d'auteurs modernes tombent aujourd'hui, lorsqu'ils croient pouvoir différencier les Arabes des Berbères, en disant que les seconds forment une population sédentaire, adonnée à l'agriculture, alors que les premiers ne sont que des nomades. Ils en tirent naturellement cette conclusion, qu'ils appliquent ensuite à l'Algérie : que les Berbères sont civilisables, alors que les Arabes ne le sont pas. Mais cette conclusion repose sur une observation tout à fait erronée. L'Arabe et le Berbère sont également sédentaires ou nomades, suivant le milieu où ils se trouvent ; ces deux formes de vie sociale résultant de la nature du sol et non de la race. Dans les régions fertiles de l'Arabie, de l'Égypte ou de l'Algérie, l'Arabe a toujours été sédentaire. Dans les plaines sablonneuses des mêmes contrées, il a toujours été nomade, et ne pouvait être que nomade. Que se soient des Berbères, des Arabes ou tout autre peuple qui habitent le Sahara, on n'y verra jamais que des nomades. Les Touaregs du désert, ces descendants des Numides qu'on range parmi les plus purs des Berbères, sont exclusivement nomades, et, comme les Arabes du désert de l'Arabie, vivent surtout de guerre et de pillage. Dans les régions montagneuses aux hivers prolongés, où la vie nomade serait impossible, les mêmes Berbères se construisent des maisons et mènent la vie agricole.

Il en était ainsi avant l'invasion des Arabes en Afrique, et il en est encore de même aujourd'hui. Vouloir obliger des nomades, chez lesquels l'hérédité a fixé des habitudes devenues une seconde nature, à mener une vie sédentaire et à se livrer à l'agriculture, serait aussi difficile que d'empêcher un chien de chasse de suivre le gibier. On peut à la rigueur y arriver peut-être, mais une telle entreprise est l'œuvre des siècles et non celle d'un jour.

Alors même qu'on ne comparerait les Berbères sédentaires qu'avec les Arabes également sédentaires, je ne connais aucun fait qui puisse permettre de soutenir que les premiers soient plus civilisables que les seconds. Les événements historiques prouveraient plutôt le contraire, car l'Arabe est arrivé à posséder une civilisation très haute alors que celle du Berbère n'a jamais été bien élevée. En réalité, je crois qu'aujourd'hui l'Arabe et le Berbère présentent la même inaptitude à s'adapter à la façon de vivre, sentir et penser des Européens. Pour l'immense majorité de ces derniers, la civilisation implique la nécessité de passer la plus grande partie de son temps à travailler dans une usine, un bureau, ou à gratter laborieusement la terre dix ou douze heures par jour pour gagner le droit de recommencer le lendemain. Cette vie-là, l'Arabe et le Berbère n'en veulent pas ; ils n'ont pas les besoins artificiels créés par notre civilisation et refusent de se les créer. L'Européen pour l'Arabe ou le Berbère est simplement un maître qu'il faut subir tant qu'on ne peut pas faire autrement, mais dont on se débarrasse le jour où l'occasion s'en présente.

2. - *Établissement des Arabes en Afrique*

La conquête de l'Afrique par les Arabes fut beaucoup plus difficile que celle de l'Égypte, et ils ne s'y établirent que très lentement. Les Berbères ne cessèrent de lutter contre eux, et, à plusieurs reprises, arrivèrent à reconquérir leur indépendance.

Après avoir été soumise aux Romains durant plusieurs siècles, l'Afrique septentrionale avait été dominée pendant plus de cent ans (429-545) par les Vandales d'Espagne. Ils en furent chassés par l'expédition envoyée contre eux par Justinien et dirigée par Bélisaire. Les Visigoths d'Espagne l'envahirent à leur tour et l'occupaient en partie quand les Arabes se présentèrent.

L'histoire des provinces africaines à l'époque où parurent les Arabes est assez obscure. Nous savons cependant que lorsque l'empereur Héraclius allait avoir à se défendre contre les invasions de ces nouveaux conquérants, l'Afrique jouissait d'un peu de tranquillité, car ce monarque, voulant échapper aux troubles qui se produisaient à Constantinople, avait résolu de s'embarquer pour Carthage et d'en faire la capitale de son empire.

La tranquillité en Afrique n'était du reste que momentanée. En dehors des invasions venues de l'extérieur, les dissensions incessantes des sectes religieuses la troublaient constamment. De même que l'Égypte, l'Afrique était devenue chrétienne, mais la propagation du christianisme ne s'y était faite qu'en versant des torrents de sang. Lorsque Constantin monta sur le trône, il trouva les diverses sectes en proie à de telles fureurs qu'il fut oblige de les réduire par les armes.

Les Romains et les Byzantins avaient fondé en Afrique des cités importantes ornées de monuments dont on retrouve aujourd'hui les ruines ; mais leur influence était toute locale, et ne s'était pas étendue au-delà des villes. L'Afrique était moins colonisée que conquise.

La résistance des Byzantins aux Arabes fut aussi faible en Afrique qu'elle l'avait été en Égypte, et, sans les Berbères la conquête eût été rapide ; mais la résistance de ces derniers fut si énergique, qu'il ne fallut pas aux Arabes moins de cinq campagnes d'une durée totale de près d'un demi-siècle pour se rendre tout à fait maîtres du nord de ce continent.

Leur première invasion eut lieu l'an 23 de l'hégire (644 de J.-C.).

Ils envahissent d'abord la Cyrénaïque, province toute voisine de l'Égypte, puis soumettent la Tripolitaine. En 646, ils s'emparent de plusieurs villes, mais ils finissent par évacuer le pays moyennant rançon. Ils y reparaissent vingt ans plus tard, et portent leurs armes jusqu'à l'autre extrémité de l'Afrique, c'est-à-dire jusqu'à l'océan Atlantique.

En 675, ils fondent Kairouan, future capitale de l'Afrique arabe. En 691 (69 de l'hégire), ils s'emparent de Carthage et subjuguent une grande armée de Berbères que Kahina, reine de ces derniers, avait réunie pour les combattre. En 711, ils sont assez forts pour envahir l'Espagne.

Jusqu'au commencement du neuvième siècle de notre ère, l'Afrique fut gouvernée par des émirs nommés par les khalifes ; mais à partir d'Harounal-Raschid, la suprématie de ces derniers ne fut plus que nominale. L'Afrique fut désormais gouvernée par de véritables souverains indépendants résidant à Kairouan. De 800 à 909, onze princes arabes de la famille des Aglabites se succédèrent dans cette capitale. L'Afrique jouit d'une grande tranquillité sous leurs règnes, et ils dirigèrent tous leurs efforts vers la fusion des Arabes et des Berbères. Mais les Berbères finirent par renverser leur dynastie, et, reconnaissant comme khalife un prince fatimite d'origine berbère, ils rendirent l'Afrique complètement indépendante du khalifat d'Orient, auquel elle n'était du reste rattachée depuis longtemps que par des liens nominaux.

Jusqu'à l'invasion des Turcs, au seizième siècle, l'Afrique resta gouvernée par des dynasties berbères. Cette indépendance lui fut bientôt fatale. Obéissant à ces instincts héréditaires que nous avons constatés et qui les ont toujours empêchés de former une grande nation, les Berbères se divisèrent à l'infini et laissèrent l'Afrique se morceler en petits royaumes indépendants, toujours en lutte entre eux, et où la civilisation ne brilla jamais que d'un éclat bien faible.

On ne peut apprécier la nature de l'influence exercée par les Arabes en Afrique, qu'en se rappelant qu'il y eut dans leur conquête deux périodes fort distinctes et dont les conséquences ethnologiques furent très différentes.

La première de ces périodes fut celle de la primitive invasion du septième siècle. La conquête ne fut simplement alors qu'une occupation militaire forcément très restreinte.

Si l'invasion des Arabes se fût bornée à cette primitive occupation, il fût arrivé comme en Égypte et ainsi du reste qu'il arrive toujours en pareil cas, qu'après un petit nombre de générations les Arabes auraient disparu entièrement dans la masse des Berbères. Leur influence civilisatrice eut pu survivre, mais celle du sang se fût rapidement éteinte.

Une invasion nouvelle se produisant sur une immense échelle en décida autrement. En amenant en Afrique un nombre immense d'Arabes, elle eut pour résultat de transformer une partie de la nation berbère en un peuple arabe.

Ce fut vers le milieu du onzième siècle, alors que les Berbères avaient presque partout reconquis leur indépendance, qu'eut lieu la grande invasion qui devait avoir pour résultat le peuplement du nord de l'Afrique par les Arabes, et le refoulement des Berbères dans les montagnes du Tell et dans les régions du sud. Cette invasion se composa de tribus nomades venues de l'Hedjaz en Arabie, et qui, sous les Fatimites, avaient été cantonnées dans la haute Égypte. Leurs dépradations eurent bientôt rendu le pays qu'ils occupaient tellement inhabitable, que le khalife Mostanser résolut de s'en débarrasser en les lançant sur les Berbères de l'Afrique.

Ce fut bien plus l'invasion entière d'un peuple que l'arrivée d'une armée.

Les Arabes partirent, emmenant avec eux femmes, enfants et troupeaux. Leur nombre a été évalué par certains auteurs arabes à un million, et à deux cent cinquante mille seulement par quelques uns ; mais il paraît certain que la première invasion fut bientôt suivie de plusieurs autres.

Cette immigration fut assez lente, et ce n'est que progressivement qu'elle arriva à couvrir d'Arabes le nord de l'Afrique. Deux ans après ses débuts, elle n'avait pas dépassé la Tripolitaine. Procédant pas à pas, les Arabes s'insinuaient par groupes dans les vallées et se mélangeaient graduellement avec la population. Leurs masses augmentant toujours, ils réussirent en quelques générations, par le fait seul de leur nombre, à imposer aux Berbères leurs mœurs, leur religion et leur langue et à ne laisser à leurs souverains qu'un pouvoir nominal. Il n'y eut que des tribus refoulées dans les montagnes du Tell et certaines régions du sud qui échappèrent à l'influence étrangère.

Les résultats de ces invasions ne furent nullement civilisateurs, car les nomades de l'Arabie ont toujours mené une vie demi-sauvage incompatible avec toute culture sérieuse, et cette vie nomade, ils la continuèrent en Afrique. La civilisation, qui commençait à se développer sur le sol africain, pâlit rapidement. Les luttes intestines des tribus, celles des nombreuses dynasties rivales des diverses provinces devenues indépendantes eurent pour résultat une rapide décadence et lorsque les Turcs se présentèrent au seizième siècle à Alger, ils n'eurent pas de peine à s'emparer très rapidement du nord de l'Afrique. Un seul État arabe, le Maroc, resta indépendant. Il a gardé jusqu'ici cette indépendance, mais sans échapper à la décadence qui avait graduellement envahi toutes les provinces. La ville de Fez, qui était, au dixième siècle, une rivale de Bagdad et possédait, d'après les historiens arabes, cinq cent mille habitants, huit cent mosquées et une bibliothèque riche en manuscrits grecs et latins, est aujourd'hui à demi ruinée. La population du Maroc, évaluée aujourd'hui à six ou sept millions d'individus, n'est plus que le produit abâtardi du croisement des Berbères, des Arabes et des Nègres.

3. - *Monuments laissés par les arabes dans l'Afrique septentrionale*

La civilisation arabe de l'Afrique n'eut jamais l'éclat de celle de l'Égypte ou de l'Espagne. L'Afrique posséda cependant des villes importantes et quelques monuments remarquables, notamment sous les Aglabites. Ils élevèrent des villes comme Kairouan, Tunis, Fez, ou en transformèrent d'autres qui existaient à peine avant eux, telles que Tlemcen, Alger, Bougie, etc., mais l'éclat de ces cités fut très éphémère. Les rivalités des Berbères, leur peu d'aptitude à la civilisation, l'invasion des Arabes nomades, et enfin l'absence de centres importants, comme Bagdad en Orient, le Caire en Égypte, étaient de conditions peu favorables au progrès de la civilisation. Aussi ne faut-il pas nous attendre à trouver dans l'Afrique septentrionale des monuments arabes présentant l'originalité et la richesse de ceux de l'Espagne et de l'Égypte. Nous verrons dans notre chapitre consacré à l'histoire de l'architecture chez les Arabes que ces derniers ne réussirent jamais en Afrique

L'empire des Arabes

à se soustraire entièrement à l'influence byzantine. Nous nous bornerons actuellement à une simple énumération des édifices les plus remarquables, en choisissant surtout, comme nous l'avons déjà fait, parmi les monuments religieux, les seuls à peu près, du reste, qui soient conservés.

Mosquées de Kairouan. - Kairouan fut fondée par le célèbre Okba, le conquérant de l'Afrique. Il fit élever dans cette ville, l'an 55 de l'hégire (675 de J.-C.), une grande mosquée qui fut reconstruite à plusieurs reprises, et notamment l'an 205 de l'hégire (820 de J.-C.). Elle est recouverte de coupoles surbaissées et forme un quadrilatère entouré d'un mur d'enceinte, que domine un minaret constitué par une grande tour carrée, très large à la base, et couronnée de trois étages en retrait les uns sur les autres. Cette forme de tour carrée faisant fonction de minaret est très répandue dans toute l'Afrique septentrionale et le fut probablement aussi en Espagne.

Bien que la grande mosquée de Kairouan et les autres monuments religieux de cette ville aient été restaurés plusieurs fois, ils présentent, comme nous le verrons dans un autre chapitre, un intérêt archéologique considérable ; mais jusqu'à une époque toute récente, aucun Européen ne les avaient visités et ils n'avaient jamais figuré encore dans aucun ouvrage.

Ce même Okba qui fonda Kairouan fut enterré près de Biskra. La mosquée qui entoure son tombeau, dite mosquée Sidi Okba, est actuellement le plus ancien monument religieux de l'islamisme en Afrique. Elle possède également un minaret carré.

Mosquée de Sidi Bou-Médine, près de Tlemcen. - Tlemcen fut autrefois la capitale du Maghreb central. Sa mosquée fut fondée en 739 de l'hégire (1388 de J.-C.). Elle renferme dans ses dépendances une école fondée en 747 de l'hégire, et qui est un des rares monuments de cette sorte existant encore en Afrique. Les sciences et l'histoire y étaient enseignées à l'époque de la splendeur des Arabes. Notre figure donne une bonne idée de son architecture.

Mosquée d'Alger. - Presque toutes les mosquées d'Alger sont modernes et dépourvues d'intérêts ; la seule intéressante est la grande mosquée Djama el Kébir. Sa fondation remonte au dixième siècle de notre ère ; mais elle a subi à diverses époques des modifications importantes. Son minaret carré, notamment, est du quatorzième siècle.

L'intérieur de l'édifice, actuellement blanchi à la chaux, ne présente aucune décoration. Les arcades supportant la toiture reposent sur des piliers carrés. Elles ont la forme d'un arc en fer à cheval très légèrement ogival ; plusieurs sont dentelées.

Une des façades de la mosquée est entourée d'une belle galerie composée d'arcades ogivales et dentelées en fer à cheval à leur base comme les précédentes. Elles s'appuient sur des colonnes de marbre. Cette galerie, dont la construction est très postérieure à celle du monument primitif, rappelle tout à fait des colonnades qu'on voit dans les cours intérieures de l'Alcazar de Séville.

En dehors de la mosquée précédente, le seul monument mahométan qui me semble digne d'être mentionné à Alger est la petite chapelle funéraire d'Abd-er-Rhaman, ainsi nommée du nom du personnage qui y est enterré. Sa construction remonte au quinzième siècle. Elle est d'une architecture élégante, mais ne présente aucune particularité originale.

Mosquées du Maroc. - Le Maroc possède plusieurs belles mosquées, notamment celles de Muley Edris et d'El-Karoum, à Fez. Cette dernière, très célèbre encore dans toute cette région de l'Afrique, contient deux cent soixante-dix colonnes, et seize nefs de vingt arcades chacune. Les Européens ne peuvent y pénétrer sous peine de mort.

La plupart des mosquées du Maroc sont construites sur le plan des mosquées de l'Afrique septentrionale et ont comme elles des minarets carrés, forme assez rare en Égypte. Celui de la grande mosquée de Tanger, que nous reproduisons, est construit sur le même plan et donne une idée suffisante de ce genre de construction.

En dehors d'un petit nombre de mosquées, on ne rencontre guère de monuments arabes bien remarquables au Maroc ; mais ce qu'on y trouve, ce sont des mœurs, des costumes et un ensemble oriental qu'il serait difficile de trouver ailleurs. C'est encore au Maroc qu'il faut aller de préférence pour se faire une idée de la vie des Arabes au temps des khalifes. Les grandes villes demi-européennes de l'Algérie et de la Syrie, Damas exceptée, n'en sauraient donner qu'une très incomplète idée. Le voyage est facile, et je le conseille à tous les artistes. En quelques jours de chemin de fer, on traverse la France et l'Espagne dans toute leur longueur ; on s'embarque à Malaga et l'on est bientôt à Gibraltar, ville anglaise à la physionomie roide et morne ; mais le voyageur amoureux du pittoresque ne regrettera pas de retrouver l'Angleterre si loin, car le contraste qu'il éprouvera après quelques heures de mer, lorsqu'il abordera les côtes du Maroc à Tanger, n'en sera que plus frappant. Gibraltar, c'est la vie civilisée moderne ; Tanger, avec ses maisons blanches à terrasses, sa population bariolée, ses pachas à la justice sommaire, représente la vie arabe telle qu'elle était il y a un millier d'années. Cette vision fantastique de mosquées, de minarets, de tours crénelées, de bazars d'esclaves, de femmes voilées, d'Arabes vêtus de couleurs éclatantes, qu'évoque dans la pensée la lecture de certains chapitres des Mille et une nuits, se trouve réalisée d'une façon magique, quand on pénètre dans cette vieille cité, dont la légende fait remonter la fondation à Hercule, et qui était déjà célèbre au temps du commandeur des croyants, Haroun-al-Raschid, l'illustre contemporain du grand empereur Charlemagne.

Chapitre VI
Les Arabes en Espagne

1. – L'Espagne avant les Arabes

Après avoir réussi à expulser les Grecs, contenir les Berbères, et terminé ainsi la difficile conquête de ces vastes contrées africaines, jadis témoins des luttes de Rome et de Carthage et de ces guerres où Massinissa, Jugurtha et tant d'hommes illustres avaient combattu, les Arabes songèrent à conquérir l'Espagne.

Ce ne fut pas seulement le désir d'agrandir un empire, déjà trop vaste, qui les poussa à entreprendre cette conquête nouvelle. Les Berbères avaient été les plus rudes ennemis qu'ils avaient eus à combattre, ces adversaires étaient soumis, mais leur esprit d'indépendance, leur bravoure, leurs habitudes guerrières les rendaient encore redoutables. Les occuper et satisfaire leurs instincts turbulents, en les prenant pour alliés dans des expéditions guerrières, était d'une politique très sage.

Suivant Ibn Khaldoun, la première expédition qui franchit le détroit de Gibraltar et pénétra en Espagne, ne comptait que douze mille combattants et se composait presque entièrement de Berbères.

Avant de raconter comment se fit cette conquête, nous jetterons un coup d'œil sur l'histoire de l'Espagne avant l'invasion mahométane. C'est toujours dans le passé des peuples qu'il faut chercher les causes des événements présents. L'histoire passée de l'Espagne peut seule nous expliquer pourquoi elle fut si vite conquise par les disciples du prophète.

D'abord habitée par des Celtes venus de la Gaule et par des populations d'origine mal connue : Ibères et Ligures, l'Espagne avait reçu ensuite des colonies de Phéniciens, de Grecs et de Carthaginois. Ces derniers avaient conquis le pays et fondé Carthagène, succursale de Carthage. Deux siècles avant J.-C., la deuxième guerre punique leur avait enlevé leur conquête au profit des Romains.

Les Romains possédèrent l'Espagne jusqu'au cinquième siècle de notre ère. Sous leur empire, elle s'était couverte de villes florissantes, et avait fourni à la métropole des hommes illustres : Sénèque, Lucain, Martial, les empereurs Trajan, Adrien, Marc-Aurèle, Théodose, etc.

Après avoir suivi Rome dans sa grandeur, l'Espagne dut la suivre également dans sa décadence. Les barbares du nord, Vandales, Alains, Suèves, etc., s'abattirent sur elle, après avoir ravagé les Gaules ; mais ils furent bientôt vaincus par d'autres barbares, les Visigoths, qui s'emparèrent de l'Espagne pendant le sixième siècle et en étaient entièrement maîtres quand les Arabes y parurent.

Les Visigoths se mélangèrent assez vite avec l'élément latin qu'ils avaient rencontré en Espagne. La langue latine devint leur langue et ils avaient renoncé à leurs dieux pour embrasser le christianisme, alors la religion de l'empire. La civilisation latine avait donc subjugué ces barbares. Comme les autres conquérants de l'empire romain, ils avaient essayé de se l'assimiler dans la limite où leur intelligence rendait cette assimilation possible. Plusieurs faits prouvent qu'ils s'étaient assez intimement fusionnés avec l'élément latin qui occupait depuis si longtemps une partie du sol. Leur code (lex Visigothorum) resta la loi de l'Espagne chrétienne jusqu'au milieu du treizième siècle. Lorsqu'ils furent refoulés dans les montagnes des Asturies par l'invasion musulmane, ils achevèrent de se fondre plus intimement encore avec les populations chrétiennes, et, longtemps après que l'Espagne fut reconquise, le titre d'hidalgo, c'est-à-dire fils de Goth (hijo del Gotto), était considéré comme un titre de noblesse. C'est sans doute à l'influence du sang visigoth qu'il faut attribuer la présence des individus à chevelure blonde, qu'on rencontre assez fréquemment encore en Espagne.

Mais à l'époque de l'invasion arabe, la fusion des éléments goth et latin ne s'était faite que dans les couches supérieures de la population. La masse aborigène vivant dans le servage. N'ayant aucun intérêt à défendre, et rien à perdre à changer de maître ; elle était prête à subir passivement toutes les dominations. Il n'y avait donc pas à compter beaucoup sur une armée composée d'éléments semblables, et malheureusement pour la monarchie gothe, il n'y avait pas à compter davantage sur la noblesse qui la commandait. La royauté étant élective chez les Goths, et les candidats au trône toujours nombreux, leurs partisans étaient constamment en guerre et déchiraient le royaume par leurs dissensions.

Divisions sociales, dissensions intestines, absence d'esprit militaire, indifférence des masses chez lesquelles la servitude de la glèbe avait éteint tout sentiment national, telle était la situation de la monarchie des Goths quand les Arabes se montrèrent. Les rivalités qui déchiraient l'empire étaient telles que deux grands personnages espagnols, le comte Julien et l'archevêque de Séville, favorisèrent leur invasion.

2. - *Établissement des Arabes en Espagne*

Ce fut l'an 711 de l'ère chrétienne, alors que dixième successeur de Mahomet montait sur le trône de Damas, que les musulmans pénétrèrent en Espagne avec une armée de douze mille hommes.

On comprend aisément, quand on a parcouru des provinces si fertiles du sud de cette péninsule, les seules restées encore fertiles, l'impression que durent éprouver les Arabes en y pénétrant. Climat, sol, villes, monuments, tout était merveilleux pour eux. Dans une lettre adressée au khalife, le général de l'armée arabe dépeignait le pays de la façon suivante : « C'est la Syrie pour la beauté du ciel et de la terre, l'Yémen pour la douceur du climat, les Indes pour ses fleurs et ses parfums, l'Égypte pour sa fertilité, la Chine pour ses métaux précieux. »

Les musulmans envahirent la côte d'Espagne par un point qui fut appelé depuis Gibraltar (Djebel Tarick), du nom de leur chef Tarik, lieutenant berbère du général arabe Mouza.

Il avait fallu cinquante ans aux Arabes pour s'emparer de l'Afrique berbère, mais il ne leur fallut que quelques mois pour conquérir entièrement l'Espagne chrétienne. La première bataille importante, bataille dans laquelle les mahométans eurent pour allié l'archevêque de Séville, décida du sort de la monarchie des Goths. Ils perdirent dans la même journée l'Espagne et leur roi.

Mouza n'apprit pas un aussi prompt triomphe sans quelque surprise ; il avait souvenir des longues luttes qu'il avait dû soutenir pour conquérir l'Afrique et croyait trouver en Europe autant de sentiment d'indépendance et de bravoure que chez les Berbères. Reconnaissant son erreur, et ne voulant pas laisser à son lieutenant la gloire d'avoir conquis à lui seul l'Espagne, il traversa la mer à son tour et arriva avec une armée de vingt mille hommes, dont huit mille Berbères, pour continuer la conquête.

Elle fut achevée avec une rapidité surprenante. Les plus grandes villes s'empressaient d'ouvrir leurs portes aux envahisseurs. Des cités comme Cordoue, Malaga, Grenade, Tolède, furent conquises presque sans coup férir. À Tolède, capitale des chrétiens, les Arabes trouvèrent les couronnes de vingt-cinq rois goths. Ils y firent prisonnière la veuve chrétienne du roi Roderik, que le fils de Mouza épousa plus tard.

Les habitants de l'Espagne furent aussi bien traités que l'avaient été ceux de la Syrie et de l'Égypte. Les Arabes leur laissèrent leurs biens, leurs églises, leurs lois, le droit d'être jugés par leurs juges, et leur imposèrent seulement un tribut annuel de quelques provisions, plus un dinar d'or (15 fr.) pour chaque noble et un demi-dinar pour chaque serf Ces conditions paraissant fort douces à la population, elle se soumit sans résistance, et les Arabes n'eurent bientôt plus à lutter que contre l'aristocratie propriétaire du sol.

La lutte, au surplus, ne fut pas longue : en deux années, toute trace de résistance était effacée, et l'Espagne entièrement soumise. Elle ne l'était pas pour toujours ; mais il fallut aux chrétiens huit siècles de luttes pour la reprendre.

On assure qu'après avoir conquis l'Espagne, Mouza avait l'intention de revenir en Syrie par la Gaule et l'Allemagne, prendre

L'empire des Arabes

Constantinople à revers et soumettre au Coran tout l'ancien monde. Un ordre du khalife qui le rappela à Damas, l'empêcha de tenter cette grande entreprise. Elle eût rendu sans doute l'Europe entière mahométane, créé du même coup chez tous les peuples civilisés l'unité religieuse, et peut-être évité cette période du moyen âge que, grâce aux Arabes, l'Espagne n'a pas connue.

Avant de raconter ce que devinrent les Arabes en Espagne, recherchons d'abord, comment les anciens occupants du sol se fondirent avec leurs nouveaux maîtres.

Les primitifs envahisseurs de l'Espagne furent composés d'Arabes et de Berbères. Les armées qui l'occupèrent ensuite comptèrent quelques tribus syriennes, mais leur nombre ne fut jamais bien élevé et elles n'apparurent que dans les premiers temps de la conquête. L'influence des Arabes, des Berbères et de la population aborigène sont donc les seules dont nous ayons à apprécier le rôle.

Un examen attentif de l'histoire des musulmans en Espagne prouve que les Arabes constituèrent l'aristocratie intellectuelle de l'invasion et son élément civilisateur, alors que les Berbères se mélangèrent aux couches moyenne et inférieure de la population. Cette suprématie intellectuelle, les Arabes la conservèrent même à l'époque où les dynasties berbères arrivèrent au pouvoir.

Nous n'avons pas de document qui permettent de dire quelle fut la proportion réciproque des éléments berbère et arabe pendant les huit siècles que dura la domination musulmane en Espagne ; mais tout indique que l'élément berbère finit par devenir numériquement le plus important à partir du moment où l'Espagne se détacha du khalifat d'Orient, et surtout pendant la période des invasions berbères venues du Maroc. Lorsque l'Espagne fut séparée de l'Orient, les Arabes ne s'y maintinrent plus, en effet, que par voie de reproduction, alors que les Berbères n'avaient qu'à traverser le détroit de Gibraltar pour venir chercher fortune en Espagne.

Il paraît évident également que les Arabes et les Berbères durent se mélanger non seulement entre eux, mais encore avec le fond de la population constitué par les primitifs habitants du sol. Ce fut surtout avec des chrétiennes que les Arabes alimentèrent leurs harems et perpétuèrent leur race. Les chroniqueurs arabes rapportent que, dans les premières expéditions, trente mille d'entre elles furent employées à cet usage ; et il y a encore à l'Alcazar de

Séville une cour, dite cour des jeunes filles, dont le nom provient du tribut annuel de cent jeunes vierges que les chrétiens étaient obligés de payer à un souverain arabe. Si on considère que ces chrétiennes étaient d'origine bien différentes, et que du sang ibère, latin, grec, visigoth, etc. coulait dans leurs veines, on reconnaîtra facilement que ce mélange de chrétiens, de Berbères et d'Arabes, répété pendant des siècles, dans un milieu identique, dut finir par produire une race nouvelle sensiblement différente de celles qui avaient envahi l'Espagne. Les populations diverses qui contribuèrent à la former se trouvèrent en effet dans ces conditions de croisement et de milieu que nous avons décrites dans un précédent chapitre, et qui, suivant nous, déterminent la formation d'une race.

Je n'essaierai pas de tracer ici l'histoire des souverains arabes ou berbères qui se sont succédé en Espagne pendant huit cents ans. Il suffira, pour l'intelligence de ce chapitre, de mentionner brièvement les principaux faits politiques qui se sont produits durant cette longue période.

Depuis l'année 711 de l'ère chrétienne, date de la conquête des Arabes, jusqu'à l'an 756, l'Espagne fit partie de l'empire des khalifes de Damas et fut gouvernée pour leur compte par des émirs. En 756, elle se sépara du khalifat d'Orient et forma un royaume indépendant, désigné sous le nom de khalifat de Cordoue, du nom de sa capitale.

Après une période brillante de trois siècles, qui représente la phase culminante de la civilisation des Arabes en Espagne, leur décadence politique commença. Les chrétiens refoulés au nord profitent des dissensions des musulmans, et commencent à les attaquer. Pour s'opposer aux succès d'Alphonse VI, roi de Castille et de Léon, les Arabes appellent à leur aide, en 1085, les Berbères du Maroc. Venus d'abord en alliés ces derniers parlent bientôt en maîtres. L'empire déchiré par les querelles des deux races, se divise en une vingtaine de petits royaumes. Plusieurs dynasties berbères (Almoravides, Almohades, etc.) se succèdent, les Arabes se berbérisent de plus en plus et leur civilisation diminue. Les chrétiens en profitent pour continuer à s'agrandir à leurs dépens, et forment une série de petits royaumes tels que ceux de Valence, de Castille, de Murcie, etc., qui se réunissent graduellement les uns aux autres, jusqu'à n'en plus former que quatre (Portugal, Navarre, Aragon et Castille). À la fin du treizième siècle, il ne restait plus aux Arabes que le royaume

L'empire des Arabes

de Grenade. Ferdinand le Catholique, roi d'Aragon, ayant, par son mariage avec Isabelle, reine de Castille, réuni les deux couronnes, assiégea Grenade en 1492, et s'empara du dernier boulevard de l'islamisme en Espagne. Ayant annexé ensuite à son empire la Navarre, toute la péninsule, sauf le Portugal, se trouva réunie en une seule main.

La durée de l'empire des Arabes en Espagne fut d'environ huit siècles, c'est-à-dire à peu près égale à celle de la puissance romaine. Il périt victime de ses dissensions bien plus que des attaques étrangères. Son génie politique fut faible, mais son génie civilisateur le plaça aux premiers rangs.

Ferdinand avait accordé par traité aux Arabes le libre exercice de leur culte et de leur langue ; mais dès 1499 s'ouvrit l'ère de ces persécutions qui devaient se terminer au bout d'un siècle par leur expulsion. On commença par les baptiser de force ; puis, sous le prétexte qu'ils étaient alors chrétiens, on les livra à la sainte inquisition qui en brûla le plus qu'elle put. L'opération marchant avec lenteur, en raison de la difficulté de brûler plusieurs millions d'individus, on tint conseil sur la façon de purger le sol de l'élément étranger. Le cardinal-archevêque de Tolède, inquisiteur général du royaume, homme d'une grande piété, proposa de passer au fil de l'épée tous les Arabes non convertis, y compris les femmes et les enfants. Le dominicain Bleda fut plus radical encore. Considérant avec raison qu'on ne pouvait savoir si tous les convertis étaient bien chrétiens du fond du cœur, et observant justement qu'il serait d'ailleurs facile à Dieu de distinguer dans l'autre monde ceux qui méritaient l'enfer de ceux qui ne le méritaient pas, le saint homme proposa de couper le cou à tous les Arabes, sans aucune exception. Bien que cette mesure eût été appuyée avec énergie par le clergé espagnol, le gouvernement pensa que les victimes ne se prêteraient peut-être pas facilement à la subir et se borna, en 1610, à décréter l'expulsion des Arabes. On eut soin du reste de s'arranger de façon à ce que la plupart fussent massacrés pendant l'émigration. L'excellent moine Bléda, dont je parlais plus haut, assure avec satisfaction qu'on en tua plus des trois quart en route. Dans une seule expédition, qui en conduisait 140 000 en Afrique, 100 000 furent massacrés. En quelques mois, l'Espagne perdit plus d'un million de ses sujets. Sédillot et la plupart des auteurs estiment à trois millions le nombre de sujets perdus pour l'Espagne, depuis la conquête de Ferdinand jusqu'à l'expulsion des Maures. Auprès de pareilles hécatombes, la Saint-Barthélémy n'est qu'une échauffourée sans importance, et il faut bien avouer que, parmi les conquérants barbares les plus féroces, il n'en est pas un ayant eu d'aussi cruels massacres à se reprocher.

Malheureusement pour l'Espagne, ces trois millions de sujets, dont elle se privait volontairement, constituaient l'aristocratie intellectuelle et industrielle de la nation. L'Inquisition avait pris soin, d'un autre coté, d'abattre tout ce qui, parmi les chrétiens, dépassait le niveau de la plus faible médiocrité. Ce fut seulement lorsque cette double opération fut terminée qu'on s'aperçut de ses effets. Ils furent très nets. L'Espagne, qui s'était trouvée pendant quelques temps au faîte de la grandeur, tomba presque immédiatement au dernier degré de la plus honteuse décadence. Agriculture, industrie, commerce, sciences, littérature, population, tout s'écroula à la fois. Plusieurs siècles se sont écoulés depuis cette époque, mais, malgré ses efforts, elle ne s'est pas encore relevée de son abaissement. Tolède, qui comptait 200 000 habitants sous les Arabes, n'en possède plus que 17 000 aujourd'hui ; Cordoue qui avait un million d'habitants, en a 42 000 maintenant. Sur cent vingt-cinq villes que comprenait le diocèse de Salamanque, il en reste treize à peine. En étudiant, dans un autre chapitre, les successeurs des Arabes, nous montrerons à quel point la décadence produite par la destruction de ces derniers fut profonde. Si nous l'avons mentionnée ici, c'est qu'aucun exemple ne saurait mieux faire ressortir l'importance du rôle joué par ce peuple dans les contrées où il apporta la civilisation. On ne pourrait trouver d'exemples plus concluants pour montrer l'influence d'une race. Avant les Arabes, civilisation presque nulle ; avec les Arabes, civilisation brillante, après les Arabes, décadence profonde. L'expérience est complète.

3. - *Civilisation des Arabes en Espagne*

Sous les rois visigoths, l'Espagne chrétienne avait été dans une situation peu prospère. Sa culture était celle d'un peuple à demi barbare.

Aussitôt que les Arabes eurent terminé leur conquête, leur oeuvre de civilisation commença. En moins d'un siècle, ils avaient défriché les campagnes incultes, peuplé les villes désertes, créé des monuments magnifiques, établi des relations commerciales avec tous les autres peuples. Ils s'étaient ensuite adonnés à la culture des sciences et des lettres, traduisaient les auteurs grecs et latins, et fondaient des universités qui furent pendant longtemps les seuls foyers intellectuels de l'Europe.

Ce fut surtout à partir de l'avènement d'Abderraman, c'est-à-dire à partir du jour où l'Espagne se sépara de l'Orient par la proclamation en 756 du khalifat de Cordoue, que la civilisation arabe prit tout son essor. Pendant trois siècles, Cordoue fut certainement la plus éclairée sur toutes les cités de l'ancien monde.

À peine monté sur le trône, Abderraman tâcha d'habituer les Arabes à considérer l'Espagne comme leur véritable patrie. Pour les éloigner de la Mecque, il bâtit la célèbre mosquée de Cordoue, l'une des merveilles de l'univers. N'ayant pas à dissiper ses revenus dans des expéditions lointaines, il put les consacrer à améliorer le pays, et ses successeurs tinrent à honneur de suivre cet exemple.

Ce qui caractérisa surtout la civilisation des Arabes en Espagne, pendant cette période, ce fut leur goût éclaire pour les arts, les lettres et les sciences. Écoles, bibliothèques, laboratoires se fondent de tous côtés ; les Grecs sont traduits ; les mathématiques, l'astronomie, la physique, la chimie, la médecine sont cultivées avec succès et nous verrons dans des chapitres spéciaux que d'importantes découvertes furent réalisées dans ces diverses sciences.

L'industrie et le commerce furent cultivés avec la même ardeur. Les produits des mines, des manufactures d'armes, de soie, de drap, de maroquin, de sucre, étaient expédiés, dans toute l'Afrique et le Levant, par l'intermédiaire des juifs et des Berbères, principalement adonnés au commerce.

Les aptitudes agricoles des Arabes furent à la hauteur de leurs aptitudes scientifiques et industrielles. Les seuls travaux d'irrigation possédés aujourd'hui par l'Espagne ont été exécutés par eux. Ils introduisirent dans les plaines fertiles de l'Andalousie la canne à sucre, le mûrier, le riz, le cotonnier, le bananier, etc., et, sous leur savante culture, l'Espagne qui, sauf dans certaines parties du midi, est aujourd'hui un véritable désert, fut un immense jardin.

L'activité des Arabes s'étendait à toutes les branches des sciences, de l'industrie et des arts. Leurs travaux publics eurent l'importance de ceux des Romains. Routes, ponts, hôtelleries pour les voyageurs, hôpitaux, mosquées se multipliaient partout. Lorsque l'archevêque Ximénès faisait brûler plus tard, à Grenade, tous les manuscrits arabes, au nombre de quatre-vingt mille, qu'il avait pu réunir, il croyait rayer pour toujours du livre de l'histoire le souvenir des ennemis de sa foi ; mais, en dehors de leurs oeuvres écrites, les travaux dont ils ont couvert le sol suffiraient à perpétuer à jamais leur nom.

La capitale du khalifat de Cordoue fut un centre scientifique, artistique, industriel et commercial qu'on ne peut comparer qu'aux capitales modernes des plus grands États européens. L'antique cité est encore debout, mais ce n'est plus qu'une triste nécropole. J'ai rarement éprouvé d'émotion plus pénible qu'en parcourant cette ville immense qui compta jadis un million d'hommes, et où, avant de rencontrer un passant rasant silencieusement les murs, il faut parfois se promener des heures entières. Ce fut certes, un grand triomphe pour les chrétiens de remplacer le croissant par la croix à Cordoue ; mais le croissant régnait sur une des plus riches, des plus belles, des plus populeuses cités de l'univers, et la croix n'y abrite aujourd'hui que les tristes débris de la civilisation puissante que ses adorateurs ont pu détruire, mais non remplacer.

L'organisation du gouvernement arabe en Espagne fut très analogue à celle que nous avons décrite pour Bagdad. Le khalife, souverain absolu, représentant de Dieu sur la terre, réunissait tous les pouvoirs civils, religieux et militaires. Un conseil choisi par lui était chargé de donner son avis sur toutes les questions concernant l'administration de l'empire.

Des gouverneurs nommés par le khalife et réunissant comme lui tous les pouvoirs étaient chargés de l'administration des provinces.

La loi civile avait pour base le Coran et les interprétations du Coran, ainsi que nous aurons occasion de l'expliquer dans un autre chapitre. Ces livres sacrés servaient de guide aux personnages chargés de rendre la justice. Des tribunaux d'appel pouvaient réformer les décisions des premiers juges. Pas plus que les autres souverains de l'époque les khalifes n'avaient d'armée permanente. Le seul corps toujours sous les armes était constitué par la garde personnelle du souverain montant à dix ou douze hommes, mais pouvait réunir sous les armes à sa volonté tous les hommes valides de l'empire.

La marine était très puissante et c'est par elle que se faisait le commerce avec toutes les villes maritimes de l'Europe, de l'Asie et de l'Afrique. Les Arabes restèrent pendant longtemps les seuls maîtres de la Méditerranée.

De même qu'à Bagdad les revenus publics provenaient principalement du produit des impôts et des mines. Celles d'argent, d'or et de mercure étaient alors très riches. Les impôts se composaient d'un dixième du produit du sol en nature pour les musulmans et d'une capitation en argent pour les juifs et les chrétiens. À ces impôts se joignait le produit des douanes et des octrois. On évalue à la somme énorme de 300 millions les revenus de l'empire à l'époque de la plus grande puissance du khalifat d'Espagne, c'est-à-dire sous Al-Hakem II.

Les Arabes formaient, nous l'avons dit plus haut, l'aristocratie intellectuelle du pays. Les Berbères, et surtout l'ancienne population, constituaient le fond de la nation. Libres de concourir à tous les emplois, les chrétiens servaient surtout dans les armées, et les mariages entre musulmans et chrétiens étaient fréquents. La mère d'Abdéramane III notamment était une chrétienne.

Les Arabes réussirent en quelques siècles à transformer matériellement et intellectuellement l'Espagne, et à la placer à la tête de toutes les nations de l'Europe. Mais la transformation ne fut pas seulement matérielle et intellectuelle, elle fut également morale. Ils apprirent, ou au moins essayèrent d'apprendre aux peuples chrétiens, la plus précieuse des qualités humaines : la tolérance. Leur douceur à l'égard de la population conquise était telle qu'ils avaient permis à ses évêques de tenir des conciles : ceux de Séville en 782 et de Cordoue en 852 peuvent être cités comme exemples. Les nombreuses églises chrétiennes construites sous la domination arabe sont également des preuves du respect avec lequel ils traitaient les cultes placés sous leur loi.

Beaucoup de chrétiens s'étaient convertis à l'islamisme, mais ils n'avaient que bien peu d'intérêts à le faire, car les chrétiens vivant sous la domination arabe et nommés pour cette raison Mozarabes étaient traités, de même du reste que les juifs, sur le même pied que les musulmans, et pouvaient comme eux aspirer à toutes les charges de l'État. L'Espagne arabe étant le seul pays de l'Europe où les juifs étaient protégés, ces derniers avaient fini par y devenir très nombreux.

À leur grande tolérance, les Arabes d'Espagne joignaient des mœurs très chevaleresques. Ces lois de la chevalerie : respecter les faibles, être généreux envers les vaincus, tenir religieusement sa parole, etc., que les nations chrétiennes adoptèrent plus tard, et qui finirent par exercer sur les âmes une action plus puissante que celles de la religion même, furent introduites par eux en Europe.

De même que la chevalerie chrétienne plus tard, la chevalerie arabe avait son code. N'était digne du titre de chevalier que celui qui possédait les dix qualités suivantes : « La bonté, la valeur, l'amabilité, le talent poétique, l'éloquence, la force, l'adresse à monter à cheval, l'habileté à manier la lance, l'épée et l'arc. »

Les chroniques arabes d'Espagne sont remplies de récits qui prouvent combien de telles qualités étaient répandues. Le Wali de Cordoue ayant en 1139 assiégé Tolède, appartenant alors aux chrétiens, la reine Bérengère, qui y était enfermée, lui envoya un héraut pour lui représenter qu'il n'était pas digne d'un chevalier brave, galant et généreux d'attaquer une femme. Le général arabe se retira aussitôt, demandant pour toute faveur l'honneur de saluer la reine.

Ces mœurs chevaleresques finirent par se répandre chez les chrétiens ; mais ce fut assez lentement, et nous pouvons nous rendre compte de ce qu'était chez eux un chevalier, au onzième siècle, d'après le plus renommé d'entre eux, le Cid Campeador, Rodrigue de Vivar.

Ce héros célèbre tant chanté par les poètes, n'était en réalité qu'un chef de bande, combattant tantôt à la solde des Arabes, tantôt à celle des chrétiens, suivant qu'on le payait davantage. Ayant réussi à s'emparer de Valence par capitulation, il ne se fit aucun scrupule de faire rôtir vivant, à petit feu, le vieillard qui gouvernait la place, pour l'obliger à découvrir les trésors qu'il supposait exister dans l'Alcazar.

« Ce paladin célèbre, écrit M. Viardot, dont le nom réveille tous les souvenirs de la chevalerie, est le héros populaire de plus d'aventures que tous les Hercule, les Thésée, les demi-dieux de l'antiquité. Mais quelque pénible qu'il soit de dépouiller un grand nom d'une partie de l'éclat dont les siècles l'ont environné, l'histoire n'est pas tenue de sanctionner par ses jugements les récits des romanciers et les fictions des poètes. Rodrigue, ou Ruy Diaz de Vivar, n'eut que les vertus d'un soldat. Digne d'un chef d'une bande de condottieri, il fut dur, rapace, vindicatif, hardi dans le discours comme dans l'action, plein d'une fierté sauvage, mais se piquant peu de justice et de loyauté. Ce fut contre les chrétiens d'Aragon qu'il fit ses premières armes, et à la solde des musulmans, qui lui donnèrent alors le surnom arabe (syd, seigneur) sous lequel il est connu. Plus tard, il loua son épée à Sancho le Fort pour l'aider à dépouiller ses frères et ses soeurs de leurs États ; puis il promena d'alliance en alliance sa valeur vénale ; et, violant ses capitulations à Murviedro et à Valence, donnant ses prisonniers en pâture à ses dogues, ou les faisant torturer et brûler, pour qu'ils découvrissent leurs trésors, il ternit enfin son plus beau triomphe militaire par des traits de perfidie, d'avarice et d'atroce cruauté. Pour justifier cette opinion, je puis invoquer aujourd'hui la nouvelle biographie du Cid, donnée par M. Dozy, dans ses Recherches sur l'histoire politique et littéraire de l'Espagne au moyen âge. »

Il serait injuste de se montrer sévère pour le Cid, qui ne faisait en définitive que suivre les mœurs de son temps ; mais il était nécessaire d'indiquer ces mœurs pour montrer la grandeur des services rendus par la nation qui réussit à les faire disparaître par la seule influence de prescriptions n'ayant que l'opinion pour sanction. On assure que la religion adoucit les mœurs et je penche quelquefois vers cette croyance, bien que l'histoire ne fournisse vraiment que peu d'arguments en sa faveur, mais il est bien certain que les lois de la chevalerie, introduites par les Arabes, ont beaucoup plus contribué que toutes les prescriptions religieuses à les améliorer. Le Cid faisant brûler à petit feu un vieillard, pour lui extorquer son argent, nous semble un vulgaire barbare ; mais à cette époque, de telles actions étaient fort simples et tout autre chef chrétien eût fait comme lui. Pierre le Cruel, ayant invité le roi de Grenade, Abou Saïd, à sa cour, et trouvant admirables les bijoux qu'il portait, trouva tout naturel de le tuer traîtreusement pour s'en emparer [1].

De tels actes n'eussent jamais été commis par des Arabes, et, en

---

[1] Un des rubis volés au roi arabe fut donné à un prince anglais par le souverain espagnol. Il orne aujourd'hui la couronne de la reine d'Angleterre qui se trouve déposée, avec les autres bijoux royaux, dans la « Crown Jewel Room » de la tour de Londres, où j'ai eu occasion de la voir.

faisant prévaloir dans le monde les sentiments qui empêchaient de les commettre, ils ont rendu de puissants services à la cause de la civilisation.

Leur supériorité morale a été reconnue par les rares auteurs qui ont étudié leur histoire. Voici comment s'exprime à cet égard un des savants les plus compétents en cette matière : « Sous le point de vue moral, scientifique, industriel, dit M. Sédillot, les Arabes étaient bien supérieurs aux chrétiens : leur caractère, leurs mœurs avaient quelque chose de généreux, de dévoué, de charitable, qu'on eût vainement cherché ailleurs. On trouvait chez eux ce sentiment de la dignité humaine qui les avait toujours distingués, et dont l'abus devait produire la funeste manie des duels.

« Les rois de Castille et de Navarre avaient tellement confiance dans la loyauté et l'hospitalité arabes, que plusieurs d'entre eux n'hésitèrent pas à se rendre à Cordoue pour consulter les médecins si renommés de cette ville. Le plus pauvre des musulmans tenait autant à conserver intact l'honneur de sa famille que le cheik le plus orgueilleux. »

4. - *Monuments laissés par les Arabes en Espagne*

Pendant les premiers temps de leur séjour en Espagne, les Arabes se servirent d'architectes byzantins, mais l'influence de leur génie artistique sur les ouvriers employés par eux se révéla bientôt par l'emploi de certains motifs d'ornementation qui empêcheront l'observateur le moins exercé de confondre un édifice arabe avec un monument byzantin.

De même que leurs coreligionnaires d'Égypte, les Arabes d'Espagne s'affranchirent bientôt d'ailleurs de l'influence byzantine : les ornements sur fond or ne tardèrent pas à être remplacés par des arabesques entremêlées d'inscriptions. Ils firent fréquemment usage, comme en Orient, de pendentifs formés de petites arcades superposées en encorbellement, qu'on a comparés à des stalactites ou à des alvéoles d'abeilles, et qui font un si merveilleux effet quand on en garnit, comme à l'Alhambra, tout l'intérieur d'une coupole. Les arcades furent d'abord en fer à cheval prononcé, mais se mélangèrent bientôt d'arcs de toutes formes : ogives simples, ogives à lobes, ogives festonnées, etc. L'arc outrepassé finit même par disparaître presque entièrement.

La mosquée de Cordoue, du huitième siècle, et certains monuments de Tolède représentent la première époque de l'architecture arabe en Espagne ; la Giralda de Séville, du douzième siècle, et l'Alcazar une période intermédiaire, l'Alhambra de Grenade, du quatorzième siècle, son épanouissement complet.

Tous ces monuments, d'époques et de styles différents, présentent sous leur diversité un air de famille qui révèle immédiatement leur origine. Il en est de même de tous les monuments construits par les Arabes dans les diverses contrées où ils ont régné. L'Alhambra, à Grenade, la mosquée d'Hassan, au Caire, la porte d'Aladin à Delhi, appartiennent visiblement au même art, bien que dans chacun d'eux on sente l'influence du milieu où vivaient les artistes qui les ont construits. Ils révèlent l'habileté de leurs auteurs à créer des oeuvres nouvelles avec des matériaux étrangers. La porte d'Aladin, monument où l'on retrouve des éléments arabes, persans et indous, est un des plus remarquables exemples de cette puissance merveilleuse de l'art arabe d'imprimer sa personnalité à tout ce qu'il touche. Il emprunte aux Hindous dans l'Inde, aux Persans en Perse, aux Byzantins en Espagne, et reste toujours arabe.

Énumérons rapidement maintenant les principaux monuments musulmans existant encore en Espagne. Suivant la méthode que nous avons adoptée, nous en donnerons des figures exactes qui nous dispenseront de descriptions détaillées. Nous aurons à revenir d'ailleurs sur plusieurs d'entre eux dans le chapitre de cet ouvrage consacré à l'histoire de l'architecture des Arabes.

Monuments arabes de Cordoue. - Commencée en 780, par Abderraman, la célèbre mosquée de Cordoue, considérée par les auteurs musulmans comme la Mecque de l'Occident, est un des plus beaux monuments arabes que l'Espagne possède. « Elle fut bâtie, écrit Conde, vers la fin du huitième siècle par Abdérame 1er, qui passe pour en avoir été lui-même l'architecte. Il voulut, dit-on, la faire semblable, sur une plus vaste échelle, à la mosquée de Damas, et rappelant par la profusion de ses richesses les merveilles si vantées du temple de Salomon, à Jérusalem, détruit par les Romains. Cette aldjama (al-djami, métropole) surpassait en grandeur et en magnificence tous les temples de l'Orient. Son minaret s'élevait à quarante brasses du sol; sa coupole élégante, portée sur des lambris de bois ciselé, était soutenue par 1093 colonnes de différents marbres, disposées en quinconce, et formant dix-neuf larges nefs en longueur, coupées en largeur par trente huit nefs plus étroites. La façade principale, tournée au midi, en face du Guadalquivir, s'ouvrait par dix-neuf portes revêtues de lames en bronze de merveilleux travail, excepté celle du centre que recouvraient des lames d'or. Chaque face latérale, à l'orient et à l'occident, était percée de neuf portes semblables. » Bien que fort abîmée par les Espagnols et bien inférieure à ce qu'elle fut jadis, la mosquée de Cordoue est encore très remarquable. Pour la sanctifier, on a commencé par bâtir dans son intérieur une vaste église. Les ornements des murs et les inscriptions on été recouverts d'un lait de chaux ; les mosaïques du sol enlevées ; les magnifiques plafonds en bois peint et sculpté vendus. Pour avoir une faible idée de l'aspect réel de l'ancien monument, il faut examiner le mihrab, seule partie qui ait à peu près échappé à ce triste vandalisme.

Le plafond de la mosquée est supporté par des colonnes dont la réunion forme une série de grandes nefs parallèles aboutissant à la cour de la mosquée, et coupées par d'autres nefs perpendiculaires. Leur ensemble forme une véritable forêt de marbre, de jaspe et de granit. Sur ces colonnes s'élevèrent de magnifiques arcades en fer à cheval superposées. Le plafond n'étant qu'à une dizaine de mètres du sol, il en résulte que l'intérieur de l'édifice n'a pas la sombre majesté des anciennes cathédrales gothiques du moyen âge, Cologne ou Strasbourg, par exemple ; mais il possède, par suite de la superposition des arcades et de l'emploi de divers motifs d'ornementation, une originalité puissante que bien peu de monuments présentent au même degré.

Quant au mihrab de la mosquée, sans aller jusqu'à dire avec Girault de Prangey, « que sa richesse d'ornement et son éclat n'ont été surpassés par aucun ouvrage ancien ou moderne analogue, » on doit reconnaître que c'est une des plus belles choses qu'on puisse contempler.

L'art arabe n'était cependant qu'à son aurore. Il allait bientôt s'épanouir dans d'autres constructions admirables, comme l'Alhambra, dont l'éclatante magnificence devait révéler aux générations futures, le sens artistique, l'amour de la couleur et du merveilleux de la race qui les avait élevées.

L'empire des Arabes

Avant de quitter Cordoue, nous devons mentionner encore, mais seulement à titre de souvenir, car il n'existe plus, le palais d'Abderraman. Il ne nous est connu que par les chroniques de l'époque. Voici, d'après des écrivains arabes résumés par G. de Prangey, la description de ce palais féerique de Zahra, élevé au dixième siècle de notre ère, à quelques lieues de Cordoue. La précision avec laquelle les mêmes écrivains arabes ont décrit la mosquée de cette dernière ville est une preuve de l'exactitude de la description qui va suivre.

« Quatre mille trois cent colonnes de marbre précieux, et d'un travail achevé, décoraient l'édifice : les salles étaient pavées de pièces de marbre taillées avec art et offrant mille dessins variés ; les parois de ces salles étaient également revêtues de marbre et ornées de frises aux couleurs éclatantes, les plafonds peints en or et azur, offraient d'élégants entrelacs ; les poutres et les caissons, en bois de cèdre, étaient d'un travail délicat et d'un fini précieux. On voyait, dans quelques-unes de ces salles, d'admirables fontaines d'eau vive et transparente retombant dans des bassins de marbre de formes élégantes et variées. Dans la salle appelée du Khalife se trouvait une fontaine de jaspe ornée d'un cygne d'or, travail admirable exécuté à Constantinople ; au-dessus était suspendu au plafond la fameuse perle qu'Abderame avait reçue en présent de l'empereur grec. Près de l'Alcazar étaient des grands jardins, offrant à la fois des vergers d'arbres fruitiers et des bosquets de myrtes et de lauriers, entourés de pièces d'eau immenses. Au centre de ces jardins s'élevait, sur une hauteur, le pavillon du Khalife, supporte par des colonnes en marbre blanc dont les chapiteaux étaient dorés. C'était au milieu de ce pavillon que se trouvait cette grande vasque de porphyre remplie de vif-argent qui, par un mécanisme ingénieux, jaillissant continuellement, reflétait d'une manière éblouissante les rayons du soleil. On rencontrait aussi, dans ces jardins délicieux, des bains avec leurs réservoirs en marbre, avec leurs tapis et leurs étoffes tissées de soie et d'or, sur lesquels on voyait représentés des fleurs, des forêts et des animaux, ouvrages tellement merveilleux, que ces objets semblaient naturels...

« Le marbre blanc venait d'Almeria ; le rose et le vert de Carthage et de Tunis. La fontaine dorée et ciselée avait été faite en Syrie, d'autres disent à Constantinople : on y voyait sculptées des figures humaines apportées par le Grec Ahmad ; le khalife y fit placer douze figures d'animaux en or et en pierres précieuses, exécutées à la manufacture royale de Cordoue, et l'eau s'échappait continuellement par leur bouche.

« La salle du Khalife avait un plafond doré, formé de pièces transparentes de marbre de diverses couleurs ; les murailles offraient la même décoration. Au milieu était le grand bassin de marbre rempli de vif-argent, et sur chaque côté se trouvaient huit portes offrant des arcs d'ivoire et d'ébène, ornés d'or et de pierres précieuses, et supportés par des colonnes de marbres variés et de cristal pur. Ebn-Hayan raconte que ce palais renfermait 4 312 colonnes de diverses proportions ; 1 013 venaient d'Afrique, 19 venaient de la ville de Rome, et l'empereur de Constantinople en avait donné 140 en présent à Abdérame. On avait tire le reste des diverses contrées de l'Espagne, de Tarragone et d'autres lieux. Toutes les portes étaient en fer, ou bien en cuivre argenté et dore.

Monuments arabes de Tolède. - Telle qu'elle est aujourd'hui, l'antique ville de Tolède est un tableau fidèle de ce que pouvait bien être une ville d'Europe au moyen âge. Sa magnifique cathédrale et l'admirable cloître San Juan de los Reyes suffiraient à eux seuls à la rendre célèbre. Indépendamment de ces monuments, on peut y étudier à chaque pas l'influence exercée par les Arabes sur l'art des peuples qui les ont remplacés.

Tolède est encore entourée de ses fortifications et de ses tours arabes. Parmi les anciennes portes de la ville se trouve la célèbre Porte de Bisagra commencée au neuvième siècle et la non moins célèbre Porte du Soleil, édifice du dixième siècle qu'il me semble difficile de ranger parmi les constructions byzantines, comme on le fait généralement, car la forme des arcades, et les détails d'ornements et l'ensemble du monument ont un cachet absolument arabe.

Parmi les monuments arabes, ou au moins judéo-arabes de Tolède, je citerai encore Santa-Maria la Blanca, ancienne synagogue du neuvième siècle.

On compte par milliers, à Tolède, les motifs d'ornement exécutés par les ouvriers arabes qui vécurent sous la domination chrétienne avant l'expulsion générale qui suivit bientôt la conquête complète de l'Espagne. C'est à eux que sont dus ces détails arabes qu'on rencontre dans des monuments de style roman ou ogival. Il résulta de ce

L'empire des Arabes

mélange de l'architecture arabe et chrétienne un style particulier, dit mudejar, qui persista pendant fort longtemps en Espagne, et dont les traditions ne sont pas encore perdues. Il suffit d'observer certaines constructions modernes de Séville, pour s'en convaincre.

Monuments arabes de Séville. - Séville est, comme Tolède, bien qu'à un point de vue un peu différent, une cité où l'influence arabe se retrouve à chaque pas. L'architecture de la plupart des maisons modernes est arabe ; les danses et la musique populaire également arabes. L'influence du sang arabe y est reconnaissable chez les femmes, surtout, à bien des détails.

Le plus ancien monument arabe de Séville est la tour, nommée la Giralda. C'est un bel édifice carré, en briques roses, qui ressemble beaucoup au campanile de la place Saint-Marc, à Venise, et à la plupart des minarets de l'Afrique. Il est fort probable qu'elle fut le minaret de la mosquée que fit construire el Mansour en 1195.

La surface extérieure de la Giralda est couverte d'un réseau de sculptures et percée de fenêtres dont les unes sont à cintre outrepassé, les autres en ogives à festons. Elle était surmontée autrefois d'un globe de métal doré qu'on a remplacé par un clocher dominé par une statue représentant la Foi.

L'Alcazar de Séville est un ancien palais arabe dont la construction remonte à des époques différentes. Il a été commencé au onzième siècle, mais la plus grande partie du monument est du treizième. La façade fut construite par des ouvriers arabes sous le règne de Pierre le Cruel. Charles-Quint chercha aussi à embellir ce palais, mais il ne fit guère qu'y ajouter des ornements de style gréco-romain de fort mauvais goût.

Adopté comme demeure par les rois chrétiens, l'Alcazar de Séville est le seul monument de ce genre qu'ils aient épargné en Espagne. La riche ornementation polychrome des diverses salles, qu'on avait autrefois badigeonnées de chaux suivant la mode espagnole, mais que le duc de Montpensier a fait restaurer dans leur état primitif, donne une idée de ce qu'étaient les salles de l'Alhambra avant qu'on les eût, elles aussi, blanchies à la chaux. La cour des jeunes filles où, suivant la tradition, les rois maures de Séville recevaient chaque année les cent vierges que leur payaient en tribut les chrétiens, et la salle des Ambassadeurs, sont fort belles. Cette dernière, à l'exception d'un grand lustre de pacotille dont on a cru devoir l'orner, est une merveille. Ce n'est plus qu'à l'Alcazar de Séville qu'on peut étudier, en dehors de Damas et de quelques rares mosquées du Caire, ces plafonds de bois sculptés, peints et dorés qui feraient la gloire de nos plus somptueux palais.

Séville est certainement la plus vivante et la plus civilisée des villes de l'Espagne ; elle contraste étrangement, à ce point de vue, avec Grenade, qui a conservé toute la sauvagerie du moyen âge et une haine singulièrement féroce de l'étranger.

Monuments arabes de Grenade. - C'est dans l'Alhambra (Kal' at el hamra, le château Rouge), palais du quatorzième siècle, que l'architecture arabe de l'Espagne se manifeste dans toute sa splendeur.

Édifié dans un des plus beaux sites su monde, au pied des cimes neigeuses de la Sierra-Nevada, sur une colline située à l'extrémité de la ville, il domine Grenade et les immenses et fertiles plaines de la Vega.

Vu du bas des rochers qu'il couronne l'Alhambra ne montre au dehors que des tours carrées de couleurs vermeilles, dont le sommet se profile sur le ciel bleu et dont la base émerge d'une épaisse verdure. Si l'on s'engage sous les voûtes sombres des arbres séculaires qui l'entourent, et qu'animent seuls le chant des oiseaux et le murmure cristallin de l'eau circulant dans des rigoles le long des sentiers, on arrive bientôt à l'entrée de ce palais célèbre, tant de fois chanté par les poètes et notamment par l'auteur des Orientales.

> L'Alhambra ! l'Alhambra ! palais que les génies
> Ont doré comme un rêve et rempli d'harmonies.
> Forteresse aux créneaux festonnés et croulants
> Où l'on entend la nuit de magiques syllabes,
> Quand la lune, à travers les mille arceaux arabes,
> Sème les murs de trèfles blancs.

Il serait inutile de tenter une description de l'Alhambra qui puisse en donner une idée précise. Le crayon seul peut le faire, et c'est à lui que nous avons recours. Les gravures que je mets sous les yeux du lecteur remplaceront avantageusement ce que nous pourrions dire.

Tout est vraiment remarquable dans ce palais, et l'on ne peut que s'extasier devant ses murs recouverts de superbes arabesques sculptées, ressemblant à de la dentelle, ses ogives festonnées, ses voûtes d'où pendent d'admirables stalactites autrefois recouvertes d'azur, de rouge et d'or.

Comme beaucoup de palais arabes, l'Alhambra ne ressemble à aucun point de vue, aux édifices analogues de l'Europe. Il n'a point de façade, et son ornementation ne se montre qu'à l'intérieur. Tout y est merveilleux, mais tout y est petit. On n'y rencontre nulle part ces grandes salles solennelles, ennuyeuses et froides de nos palais européens faits pour exciter l'admiration des visiteurs aux dépens de la commodité de leurs habitants.

On reconstitue facilement la vie des souverains arabes, en étudiant l'Alhambra. De ses fenêtres, l'œil n'aperçoit que des horizons infinis, et ce n'est pas sans évoquer tout un monde de souvenirs qu'on erre dans ces jardins délicieux de Lindaraja, où les favorites des rois de Grenade, choisies parmi les plus séduisantes beautés de l'Occident et de l'Orient, venaient chercher la fraîcheur de bosquets toujours ombreux et respirer les parfums des fleurs les plus rares.

Entouré d'une cour d'artistes, de savants et de lettres qui étaient alors les plus illustres du monde, le possesseur de ces merveilles pouvait se dire que tous les souverains devaient envier son sort ; et, comme ce roi des Indes dont parle une légende, il eût pu écrire sur la porte de son palais : « S'il est un paradis sur la terre, c'est ici, c'est ici ! »

La photographie et le dessin ont popularisé les parties les plus belles de l'Alhambra : la cour des Lions, la salle des Deux-Soeurs, celles des Abencerrages, de la justice, sont maintenant célèbres. Les gravures que nous en donnons montreront aux lecteurs qui ne les connaîtraient pas qu'elles ne sont pas au-dessous de leur réputation. La cour des Lions est surtout renommée. « Il est difficile, dit G. de Prangey, d'exprimer la sensation vraiment unique que l'on éprouve lorsqu'on pénètre du patio de l'Alberca dans la cour des Lions ; des galeries décorées d'arcades de toutes formes, découpées en festons et en stalactites, chargées de dentelles en stuc autrefois peintes et dorées, s'étendent de toutes parts, et l'œil n'aperçoit qu'une forêt de colonnettes isolées, accouplées, groupées, toujours élégantes, et au travers desquelles étincellent les eaux jaillissantes de la fontaine des

Lions. »

C'est dans cette fontaine que, suivant la légende, tombèrent les trente-six têtes des Abencerrages. Une croyance populaire assure qu'on voit renaître chaque nuit leurs ombres sanglantes et menaçantes. Quant aux lions de la fontaine, ce sont des êtres fantastiques n'ayant qu'une ressemblance assez vague avec un animal quelconque. Leurs formes sont anatomiquement trop imparfaites pour que cette imperfection n'ait pas été intentionnelle chez l'artiste : ce sont, comme on l'a fort bien dit, de simples caprices d'ornement.

Les visiteurs de l'Alhambra auxquels on apprend que tous les ornements qui décorent les murs de ce palais ne sont pas, comme au Caire ou dans l'Inde, sculptés dans la pierre, mais de simples moulures en plâtre, éprouvent d'abord un vif sentiment d'incrédulité. Il semble vraiment impossible, quand on examine les arêtes si vives de ces moulures, et leur surface polie, qu'elles ne soient pas taillées dans du marbre. Je n'ai pu croire que c'était simplement du plâtre, qu'après en avoir fait analyser un petit fragment. M. Friedel, de l'Institut, qui a bien voulu faire cette analyse pour moi, n'a pu y trouver que du sulfate de chaux. Le plâtre, mélangé sans doute à une petite proportion de matière organique, est donc bien l'élément fondamental avec lequel ont été fabriquées toutes les moulures de l'Alhambra ; mais il faut bien avouer que du plâtre qui a résisté pendant cinq siècles à toutes les intempéries, sans s'être jamais altéré, devait être travaillé avec une habileté bien grande. Je ne crois pas qu'aucun architecte européen se chargeât aujourd'hui de fabriquer des moulures en plâtre capable de subir, sans se détériorer, toutes les injures du temps pendant une aussi longue période.

On ne saurait invoquer, en faveur de la conservation des murs de l'Alhambra, le climat de l'Espagne, car les parties restaurées à des époques très postérieures aux Arabes sont déjà fort altérées. On les reconnaît facilement du reste à l'absence d'arêtes vives, à leur surface bosselée et à leur aspect empâté.

Tous les artistes qui ont visité l'Alhambra ont parlé avec douleur de l'incroyable vandalisme avec lequel les Espagnols ont mutilé cette merveille. Sans parler de Charles-Quint qui en fit jeter à terre une partie pour édifier à sa place une lourde construction, tous les gouvernements l'ont traitée comme une veille ruine, bonne à être utilisée uniquement pour ses matériaux. « Les magnifiques plaques de faïence émaillée qui ornaient les salles étaient vendues, il y a quelques années encore, raconte M. Davilliers dans son livre sur l'Espagne, pour faire du ciment. La porte de bronze de la Mezquita a été vendue comme vieux cuivre ; les magnifiques portes de bois sculptées de la salle des Abencerrages ont servi de bois à brûler. Enfin, après qu'on eut vendu tout ce qui pouvait être enlevé dans l'Alhambra, on utilisa ses salles magnifiques en les transformant en prison pour les forçats et en magasins à provisions. » Pour rendre le nettoyage des murs plus facile, on avait eu soin de recouvrir toutes les arabesques d'un épais lait de chaux. Cet ingénieux système d'ornementation, aussi cher aux Espagnols qu'aux Anglais, est d'un usage trop général chez certains peuples civilisés [1] pour ne pas correspondre à un véritable besoin. Ces surfaces blanches bien lisses plaisent à l'œil de beaucoup de personnes, et satisfont sans doute ce besoin d'égalité et d'uniformité banale qui envahit de plus en plus l'Europe.

Il n'y eut pendant longtemps que les artistes qui se plaignirent de la détérioration de l'Alhambra. À force cependant de répéter

[1] Il est intéressant de comparer la profonde indifférence actuelle des Espagnols pour leurs objets d'art avec le culte des Italiens pour les mêmes objets. Les voyageurs qui ont visité Florence savent que toute une série de statues absolument uniques, telles que Persée, l'Enlèvement des Sabines, etc., sont exposées sur une place publique, à la portée de toutes les mains et respectées cependant par tout le monde. À Grenade, au contraire, j'ai eu occasion de constater qu'une des grandes distractions des promeneurs le dimanche était de s'exercer à casser à coups de pierres les sculptures des ruines du palais de Charles-Quint. Lorsque je visitai l'Escurial, ce sombre palais de Philippe II, triste demeure qui peint le caractère espagnol de cette époque, comme l'Alhambra peint celui des Arabes, je fus frappé de voir toutes les peintures à fresque du rez-de-chaussée du cloître horriblement rayées en tous sens, et en demandai l'explication au gardien. J'obtins cette réponse faite du ton le plus indifférent, que c'étaient les excursionnistes du dimanche qui s'amusaient à gratter les peintures avec leurs bâtons et leurs couteaux. La population florentine est certainement une des plus aimables du monde ; mais je crois cependant que des excursionnistes, qui se permettraient de pareilles fantaisies au palais Pitti, auraient des chances sérieuses d'être écorchés vifs ou lapidés sans miséricorde.

Je suis heureux d'avoir à ajouter à ce qui précède que le goût des choses d'art, au moins dans les classes éclairées, paraît se relever un peu en Espagne. J'en trouve la preuve dans les deux magnifiques publications consacrées aux anciens monuments de la péninsule dont j'ai parlé dans mon introduction et que toutes les nations pourraient certainement envier.

aux habitants de Grenade qu'ils possédaient une merveille digne d'attirer les touristes, on s'est décidé à ménager ce qui restait de ce féerique palais. On a un peu gratté la couche de chaux appliquée sur les sculptures et commencé quelques restaurations. Elles sont assez bien dirigées, mais marchent avec une extrême lenteur. Les ouvriers capables de faire convenablement ces restaurations, assez simples pourtant quand on a les modèles sous les yeux, étant fort difficiles à trouver en Espagne.

Auprès de l'Alhambra se trouve un autre palais arabe, appelé le Généralif ; mais il a été trop badigeonné à la chaux pour qu'on puisse juger de ce qu'il était autrefois. Il n'a de remarquable que son jardin et ne mérite en aucune façon, suivant nous, les enthousiastes descriptions des guides des voyageurs.

Quant à la ville de Grenade en elle-même, je n'engagerai personne à la visiter après avoir lu les récits des poètes arabes qui en parlent comme « de la ville la plus ravissante que le soleil puisse jamais éclairer dans son cours, et le Damas de l'Andalousie. » J'ignore ce que pouvait être l'ancienne cité arabe, mais la Grenade d'aujourd'hui n'est qu'un grand village, triste et malpropre, n'ayant pour lui que d'être placé dans un des plus beaux sites du monde, et de posséder des monuments hors ligne, comme sa splendide cathédrale et son Alhambra. Les maisons actuelles de Grenade n'ont absolument aucun style, et quant aux riches couleurs dont elles seraient peintes, d'après d'illustres littérateurs modernes, je les ai cherchées avec un soin scrupuleux sans avoir réussi à les découvrir. Grenade est aujourd'hui une ville morte, dont l'aspect contraste singulièrement avec celui de la si vivante cité de Séville. Sa population est renommée pour ses sentiments peu hospitaliers ainsi que pour son ignorance et sa lourdeur. J'ai eu occasion d'observer ce fait assez caractéristique que les libraires sont aussi rares à Grenade que nombreux à Séville.

Je ne pousserai pas plus loin cette brève énumération des principaux monuments arabes de l'Espagne ; si on y ajoute l'Alcazar de Ségovie, et quelques édifices que nous aurons occasion de représenter dans un autre chapitre en étudiant l'influence des Arabes en Europe, on aura un tableau suffisamment complet de ceux que l'Espagne possède encore aujourd'hui. Ce ne sont que de bien faibles épaves d'un passé brillant. Elles suffisent cependant, alors même que tous les travaux scientifiques et littéraires des Arabes auraient disparu, à nous donner une haute idée de la grandeur du peuple qui les a entrepris.

Chapitre VII
Les Arabes en Sicile, en Italie et en France

1. – Les Arabes en Sicile et en Italie

Lorsqu'on étudie avec soin l'histoire des Arabes dans les diverses contrées visitées par eux, on reconnaît bientôt que leurs invasions présentent des caractères très différents, suivant qu'ils eurent l'intention d'occuper définitivement les pays envahis, ou de n'y faire que quelques incursions rapides. Dans le premier cas, leur politique invariable est de se concilier les habitants. Contrairement à l'usage de tous les conquérants de leur époque, ils respectent la religion et les lois du vaincu et ne leur imposent qu'un faible tribut. Telle fut, nous l'avons vu, leur conduite en Syrie, en Égypte, en Espagne. Dans le second cas, c'est-à-dire quand les Arabes envahissent un pays sans intention de s'y fixer, leur méthode est toute différente. De même que les autres conquérants, ils considèrent le pays occupé comme une proie dont il faut tirer rapidement tout le parti possible pendant qu'on la tient. Ils pillent ce qui leur tombe sous la main, détruisent ce qu'ils ne peuvent emporter, et ne se préoccupent nullement de ménager les populations. C'est ainsi qu'ils opérèrent en Italie, et surtout en France.

Leurs invasions en Sicile présentent l'emploi successif de ces deux méthodes. Trop peu nombreux au début pour lutter contre les Grecs de Constantinople maîtres alors de la Sicile et d'une partie de l'Italie, ils se bornent à des invasions éphémères, et ces invasions sont toujours dévastatrices. Ils envahissent une province, s'emparent de ce qu'ils peuvent emporter, tuent les habitants qui leur résistent, et disparaissent rapidement. Encouragés plus tard par leurs succès répétés, ils entrevoient la possibilité de se fixer dans le pays, et commencent à ménager la population. Le jour enfin où ils sont solidement établis, ils renoncent entièrement à leurs habitudes de pillage, font jouir le pays de tous les bienfaits de la civilisation, et exercent, comme en Espagne, une influence progressive considérable.

Ce n'est qu'en ayant présente à l'esprit la distinction fondamentale que je viens d'établir, qu'on peut arriver à comprendre l'histoire des Arabes dans les diverses contrées qu'ils ont occupées, et s'expliquer pourquoi, dans des régions si voisines, la conduite des mêmes hommes fut si différente.

Les invasions de la Sicile et de l'Italie sont dues aux mahométans de l'Afrique, dont la majorité devait être composée de Berbères, car, à cette époque, les Arabes étaient en minorité sur ce continent. Ces Berbères appartenaient, comme nous l'avons montré, à une race des plus vaillantes, mais en même temps des moins civilisées, parmi toutes celles soumises à la loi du prophète.

Dès le premier siècle de l'hégire, les Arabes avaient fait quelques incursions en Sicile et dans toutes les îles de la Méditerranée, mais ce fut seulement au commencement du troisième siècle, alors que l'Afrique septentrionale était devenue indépendante des khalifes d'Orient, que sa conquête fut tentée sérieusement. Une circonstance particulière les amena à l'entreprendre. Cette île était alors régie par des gouverneurs envoyés de Constantinople. L'amiral de la flotte chargée de la défendre, Euphémius, sachant que l'empereur avait ordonné sa mort, tua le gouverneur, et se déclara souverain de la Sicile. Bientôt mis en péril par une révolte, il alla solliciter en Afrique la protection des musulmans et en revint avec une armée. Mais cette armée opéra bientôt pour son propre compte, et termina, après quelques années de luttes (212 à 217 de l'hégire), conquête de la Sicile par la prise de Palerme.

Durant les combats qu'ils eurent à soutenir contre les Grecs, les Arabes n'avaient pas borné leurs invasions à la Sicile : ils avaient envahi tout le midi de l'Italie, et s'étaient mêmes avancés jusqu'aux faubourgs de Rome où ils avaient brûlé les églises Saint-Pierre et Saint-Paul, alors situées hors des murs de la ville, et ne s'étaient retirés qu'après avoir obtenu du pape Jean VIII la promesse d'un tribut. Ils s'emparèrent de Brindisi, sur l'Adriatique, de Tarente et pénétrèrent dans le duché de Bénévent. Possesseurs de la Sicile, de plusieurs ports importants de l'Italie, de la Corse, de Candie, de Malte et de toutes les îles de la Méditerranée, ils devinrent bientôt les maîtres absolus de la mer, et Venise fut obligée pendant longtemps de renoncer à lutter avec eux.

L'empire des Arabes

La puissance politique des Arabes en Sicile fut renversée par les Normands au onzième siècle de notre ère ; mais leur action civilisatrice se continua longtemps encore. Assez intelligents pour comprendre la supériorité immense des Arabes, les rois normands s'appuyèrent sur eux, et, sous leur règne, l'influence des disciples du prophète resta considérable.

L'histoire des Normands en Sicile étant intimement liée à celle des musulmans, un rapide récit de leurs luttes est nécessaire pour comprendre l'histoire de la civilisation arabe dans cette île. Il n'est pas sans intérêt d'ailleurs d'indiquer de quelle façon se faisait la guerre à cette époque, et de montrer ainsi que tous les actes de dévastations reprochés aux Arabes par les chroniqueurs latins étaient d'une pratique universelle, à quelque nationalité que les belligérants appartinssent.

Les circonstances qui amenèrent de fort loin les Normands en Sicile sont assez curieuses. Vers l'an 1015 de J.-C., une petite troupe de chevaliers francs et normands revenant d'un pèlerinage en Palestine, se dirigea, suivant l'usage, vers l'Italie méridionale pour y visiter une grotte du mont Gorgano, célèbre par une apparition de l'archange Saint-Michel. Roffrid, comte d'Avellino, instruit de leur arrivée, vint demander leur secours pour défendre Salerne, alors assiégés par les Arabes. Ayant réussi à s'introduire dans la ville, les chevaliers relevèrent le courage des assiégés et, dans une sortie, les musulmans furent mis en déroute. Enthousiasmés d'un tel succès, les Salernitains et leur seigneur comblèrent les étrangers de présents et les invitèrent à se fixer dans leur pays.

Désireux de revoir leur patrie, les pèlerins n'acceptèrent pas ces propositions, mais promirent d'envoyer des jeunes gens prêts à défendre vaillamment la foi chrétienne, puis ils partirent, emportant comme présents des étoffes précieuses, de riches manteaux, des harnais de chevaux resplendissants d'or et d'argent, et des oranges, productions alors inconnues en France et qu'ils désiraient montrer à leurs compatriotes afin d'accroître leur désir de visiter un pays donnant de si beaux fruits.

De retour chez eux, les chevaliers normands firent à leurs compatriotes des récits qui enflammèrent leur enthousiasme, au point qu'un grand nombre se décidèrent à partir pour la Sicile.

Telle fut l'origine de l'invasion des Normands. Suivant les mœurs du temps, les nouveaux défenseurs de la foi s'occupèrent bien plus de s'enrichir par le pillage que de défendre leur religion. Ils pillèrent du reste, avec une ardeur égale, Grecs, Italiens, ou Arabes, et, pendant cinquante ans, c'est-à-dire jusqu'à la conquête définitive, la Sicile et les régions de l'Italie voisines ne furent considérées par les chevaliers chrétiens que comme un lieu béni du ciel où l'on pouvait aisément faire fortune.

Les exploits des défenseurs de la foi n'ayant eu pour résultat que de ruiner rapidement le pays, les habitants reconnurent bientôt que l'amitié des chevaliers normands était bien plus coûteuse encore que l'inimitié des Arabes, et ils s'adressèrent au pape pour obtenir protection contre les premiers. Les remontrances du souverain pontife n'ayant produit aucun effet, il écrivit à l'empereur de Constantinople la lettre suivante, qui donne une idée assez nette de la façon dont une armée chrétienne traitait, à cette époque, la population des pays qu'elle occupait en amie.

Voici la lettre du pape Léon IX à l'empereur de Constantinople :

> « Mon cœur s'est ému au douloureux récit que m'ont fait les envoyés de mon fils Argyrous, considérant l'indiscipline de la nation normande, sa méchanceté et son impiété plus que païenne, j'ai résolu de délivrer l'Italie de la tyrannie de ces étrangers. Dans leur rage, les Normands ne respectent rien ; ils égorgent les chrétiens, les soumettent aux tortures les plus affreuses. Insensibles à toute humanité, ils n'épargnent ni l'âge, ni le sexe, dépouillent les basiliques des saints, les incendient et les détruisent. Tout devient la proie de leur rapacité. Plusieurs fois je leur ai reproché leur perversité, le les ai avertis, suppliés, poursuivis de mes instances, menacés de la vengeance de Dieu : mais, comme dit le sage, celui qui est abandonné de Dieu reste toujours méchant, et le fou n'est pas corrigé par des paroles. Puisqu'il le faut, je suis décidé à faire la guerre à ces étrangers devenus insupportables à tous par leurs fréquents attentats, guerre sainte et légitime, car je ne l'entreprends que pour la défense des peuples et des églises. »

N'ayant rien obtenu de l'empereur, Léon IX tâche de former une ligue contre les Normands en s'adressant notamment aux Allemands. Mais l'évêque d'Eichstadt, qui se prétendait scandalisé de voir le pape à la tête d'une armée destinée à combattre des chrétiens, empêche le roi de Germanie Henri III de se joindre à lui. Léon IX réussit cependant à réunir une armée bien plus nombreuse que celle des Normands. Confiant dans la protection du ciel, il les attaqua hardiment, mais fut platement battu et fait prisonnier. Il essaya alors de se concilier la bonne grâce de ses vainqueurs, en levant l'excommunication lancée contre eux et en leur accordant sa bénédiction. Peu sensibles à ces bons procédés, les Normands gardèrent le pape prisonnier pendant un an et ne le relâchèrent que contre de solides garanties.

Libres désormais de se livrer à leurs déprédations, les Normands continuèrent à piller consciencieusement la Sicile et l'Italie, et la guerre entre protecteurs et protégés se prolongea avec ce caractère de férocité tranquille auquel les populations avaient sans doute fini par s'habituer à en juger par la placidité avec laquelle les pillages et les massacres sont relatés dans les chroniques, comme s'il s'agissait d'incidents journaliers sans importance. Quand les bons chevaliers pouvaient surprendre un monastère mal fortifié, ils le pillaient de fond en comble, et éventraient les moines jusqu'au dernier pour prévenir leurs réclamations. Lorsque, de leur côté, les moines pouvaient surprendre quelques chevaliers, ils usaient de larges représailles à leur égard. Les chroniques latines de l'époque sont pleines des récits où ces aménités réciproques sont complaisamment décrites. La suivante choisie entre mille, et empruntée par M. de la Primauderie aux archives latines des moines du Mont-Cassin, donnera une idée assez juste des mœurs du temps.

« Un jour le comte Radulf et quinze Normands se présentèrent au mont Cassin. Selon la coutume, les Normands ayant laissé leurs armes et leurs chevaux à la porte de l'église, y entrèrent pour prier. C'était assez mal choisir le moment. Tandis qu'ils étaient à genoux devant l'autel de saint Benoît, les frères servants du monastère fermèrent tout à coup les portes de l'église, s'emparèrent des armes et des chevaux et sonnèrent les cloches de l'alarme. À ce bruit bien connu, les vassaux de l'abbaye accourant en foule attaquèrent les Normands qui n'avaient pour se défendre que le chapelet à la main.

« En vain ils implorèrent le respect pour les lieux saints, qu'eux-mêmes n'avaient guère l'habitude de respecter ; en vain ils jurèrent qu'ils n'avaient eu d'autre intention en venant au monastère que celle de prier et de se réconcilier sincèrement avec l'abbé, les moines, ne voulant pas perdre une si belle occasion de se venger, refusèrent de les entendre. Les quinze compagnons du comte furent tués, et lui-même ne fut épargné que parce que l'abbé s'interposa. Celui-ci se hâta de mettre à profit cet heureux événement pour recouvrer toutes les possessions du monastère que le comte avaient envahies. Le château de Saint-André essaya seul de résister. »

Le pillage de la Sicile par les Normands dura jusqu'au jour où un de leurs chefs, Roger, homme très habile, songea à en faire définitivement la conquête. L'occasion était fort propice. Les musulmans étaient en proie à leurs éternelles dissensions : les rivalités entre Berbères et Arabes, qui devaient les perdre en Espagne, devaient les perdre également en Sicile. À cette époque, c'est-à-dire en 1061 de l'ère chrétienne, la Sicile était partagée entre cinq émirs établis à Palerme, Messine, Catane, Girgenti, Trapani. Celui de Palerme est appelé roi de Sicile par les chroniqueurs, mais, en réalité, il était toujours en lutte avec les autres. Alors même que les Normands étaient à moitié maîtres de l'île, les chefs musulmans continuaient de guerroyer entre eux.

Ces dissensions seules rendirent possible la conquête définitive de la Sicile. Elle fut terminée en 1072 par la prise de Palerme. C'est de cette époque que l'on peut dire que la puissance politique des Arabes en Sicile disparut ; mais grâce à la sagesse de Roger et de ses successeurs, leur influence civilisatrice dura longtemps.

Proclamé comte de Sicile, Roger 1er se montra aussi habile organisateur qu'il était vaillant guerrier. On doit le considérer comme un des hommes les plus remarquables de son temps, et le fils, qui lui succéda, mérite le même éloge.

Lors de la conquête définitive de la Sicile par les Normands, la civilisation des Arabes étaient déjà très florissante. Roger et ses successeurs eurent la sagesse de comprendre la supériorité des disciples du prophète. Ils adoptèrent leurs institutions, les couvrirent de leur protection, et assurèrent ainsi au pays une ère de prospérité qui dura jusqu'au jour où, par suite de l'avènement des rois souabes (1194), les Arabes furent expulsés.

Quand Roger organisa la Sicile, elle était habitée par cinq peuples de langues et coutumes différentes : Franks (Normands et Bretons notamment), Grecs, Longobards, juifs et Arabes. Tous avaient un droit différent : les Grecs suivaient le code Justinien, les Longobards le droit longobard, les Normands le droit frank, les Arabes le Coran. Pour maintenir des populations si diverses sous la même main, il fallait une tolérance et une équité très grandes. Les Arabes l'avaient compris, et Roger sut le comprendre également. L'aristocratie intellectuelle et industrielle de la nation étant constituée par les musulmans, Roger leur accorde une protection spéciale. Ses édits étaient fréquemment conçus en arabe, grec et latin. Les légendes des monnaies étaient moitié arabes, moitié grecques ou latines : les unes portaient le signe du Christ, les autres celui de Mahomet ; quelques-unes même réunissaient les deux symboles.

Les successeurs de Roger continuèrent la même politique. Guillaume II avait étudié la langue des Arabes et avait recours à ces derniers pour les affaires les plus délicates. Ils furent, du reste, reconnaissants de cette protection, car, sous Roger lui-même, nous les voyons s'enrôler sous ses drapeaux et l'aider à comprimer des révoltes.

En 1184, c'est-à-dire un siècle environ après la conquête, les Arabes étaient, d'après leurs chroniqueurs, très nombreux en Sicile. À Palerme, ils possédaient de vastes quartiers, avaient des mosquées, des imans et un kadi pour juger leurs procès. Grâce à eux, la cour des rois normands en Sicile était très brillante. Aboulfeda va même jusqu'à la comparer à celle des khalifes de Bagdad et du Caire.

2. - *Civilisation des Arabes en Sicile*

Les sources qui permettent de reconstituer l'état de la civilisation des Arabes en Sicile sont peu nombreuses. Quelques indications éparses dans les divers récits des chroniqueurs, un petit nombre de monuments échappés à la destruction et quelques monnaies sont les seuls éléments que nous possédions. Ils suffisent cependant à montrer que si la civilisation des Arabes en Sicile fut inférieure à ce qu'elle était en Égypte et en Espagne, elle fut cependant assez développée, et que le niveau intellectuel, industriel et social de la Sicile était bien plus élevé quand les Arabes la quittèrent que lorsqu'ils y entrèrent. C'est à l'amélioration exercée par un peuple sur un autre que peut se mesurer son influence civilisatrice. Appréciée ainsi, l'influence utile des Arabes sur la Sicile est considérable.

Lorsque la période de conquête des musulmans en Sicile fut terminée, la période d'organisation lui succéda bientôt. Depuis les Carthaginois, l'île était divisée en deux provinces, la Syracusaine et la Palermitaine. Les Arabes la partagèrent en trois valis, divisions mieux appropriées à la géographie du pays. Chacun de ces valis avait son gouverneur et comprenait plusieurs districts administrés par des caïds dépendants du gouverneur. Un mufti, ou juge suprême, était établi à Palerme, et, dans chaque localité, il y avait un cadi assisté d'un greffier. Chaque ville possédait un collecteur d'impôts. Un grand conseil, nommé divan, faisant fonctions de cour des comptes, vérifiait la comptabilité.

Pour tout ce qui ne concernait pas les sujets d'intérêt général, les chrétiens conservèrent leurs lois civiles et religieuses et le droit de se gouverner. Les anciens magistrats grecs, nommés stratèges, gardèrent leurs fonctions, leurs privilèges et jusqu'à leur ancien nom. Ils jugeaient tous les différends entre chrétiens, percevaient la capitation imposée par les Arabes, et qui était de 48 dinars par an pour un homme riche, de 24 pour l'individu simplement aisé et de 12 pour celui qui vivait du travail de ses mains. Cette taxe était très inférieure à celle payée sous les Grecs. Les moines, les femmes et les enfants étaient, du reste, exempts de toute contribution.

Tout ce qui concernait le droit civil : propriétés, successions, etc., avait été si bien approprié aux coutumes du pays par les Arabes, que les Normands maintinrent leur code en vigueur quand ils se furent emparés du pays.

Sous leur domination les chrétiens avaient conservé leurs lois, leurs usages et le libre exercice de leur culte. Suivant le dominicain Corradin, prieur de Sainte-Catherine de Palerme, les prêtres pouvaient sortir vêtus de leurs ornements sacerdotaux pour porter le viatique aux malades. L'abbé Maurocoli rapporte que dans les cérémonies publiques, à Messine, on voyait figurer deux étendards : l'un appartenant aux musulmans représentait une tour noire sur champ vert, l'autre appartenant aux chrétiens portait une croix d'or sur champ rouge. Toutes les églises existant au moment de la conquête furent conservées ; mais, contrairement à ce qui avait eu lieu en Espagne, il ne fut pas permis d'en construire de nouvelles.

Aussitôt qu'ils purent se considérer comme maîtres de la Sicile, les Arabes s'adonnèrent à l'agriculture et à l'industrie, et les relevèrent bien vite de la décadence où elles étaient tombées. Ils y introduisirent le coton, la canne à sucre, le frêne, l'olivier, établirent des travaux de canalisation qui subsistent encore et firent notamment connaître l'emploi des aqueducs à siphon, ignorés avant eux.

L'industrie leur dut également d'importants progrès. Les richesses naturelles du pays, en argent, fer, cuivre, soufre, marbre, granit, etc. furent systématiquement exploitées. Ils introduisirent dans l'île l'art de travailler la soie. On possède à Nuremberg un manteau de soie, à l'usage des souverains de la Sicile, recouvert d'une inscription en caractères coufiques avec la date de 520 l'hégire (1133 de J.-C.). Tout porte à croire que c'est de la Sicile que l'art de teindre les étoffes se répandit en Europe.

Le commerce, qui était presque nul avant les Arabes, devint très étendu nous en avons la preuve par les nombreux droits de douane existant sous leur domination, et dont une longue nomenclature se trouve consignée sur d'anciens diplômes normands des premiers temps de la conquête. Ils montrent combien, quand les Normands s'en emparèrent, le commerce de l'île était varié.

Il n'existe aujourd'hui en Sicile qu'un très petit nombre de monuments musulmans. Les plus remarquables sont les palais de la Ziza et de la Cuba près de Palerme. Ils prouvent que les anciens chroniqueurs n'ont rien exagéré en vantant la splendeur des anciens monuments. Le moine Théodose et le géographe Edrisi notamment parlent avec admiration des palais ornés de marbres précieux, d'éclatantes mosaïques, et entourés de merveilleux jardins existant sous les Arabes. Le moine Théodose fait prisonnier en 878 au siège de Syracuse, et conduit à Palerme, vante les palais, mosquées et faubourgs de cette importante cité.

L'arabe Edrisi, qui composa son grand traité de géographie à Palerme même, sous le roi Roger II, c'est-à-dire peu de temps après la conquête chrétienne, a laissé la description suivante de cette ville :

> « Palerme, métropole de la noble Sicile réunit tous les genres de gloire et toutes les splendeurs. Cette ville, une des plus illustres de l'univers, a été le siège du gouvernement dès les temps primitifs. Elle est située sur le bord de la mer et entourée de hautes montagnes. Au rapport de tous les voyageurs, il n'en est point où il soit plus agréable de résider. L'étranger qui débarque sur ses quais magnifiques, contemple avec admiration ses palais imposants, ses tours élevées et massives, les campaniles élancés des lieux de prière destinés aux chrétiens, et les vastes dômes des mosquées. Il s'émerveille surtout à la vue de la perfection du travail et de l'élégance des arts qui présidèrent à la construction de ces somptueux édifices. Palerme se compose de deux parties, le château et le faubourg. Le château (El-Kassr) doit

être compté au nombre des lieux les plus forts. Il se divise en trois quartiers qui renferment des marchés couverts, des bazars, de belles et nobles habitations. C'est là que demeurent tous les riches marchands chrétiens, musulmans et juifs. On y remarque aussi la grande mosquée, qui surpasse tout ce qu'il est possible d'imaginer de gracieux, de rare et d'exquis en fait de peintures, de sculptures et d'ornements. Au nord, s'élève une forteresse qui a été construite par ordre du roi Roger. La disposition de cet édifice est savamment ordonnée, et sa hauteur considérable ; il est couvert de curieuses arabesques et d'inscriptions tracées avec un art surprenant. Le faubourg entoure la ville de tous les côtés. Il est bâti sur l'emplacement de la cité nouvelle qui portait le nom d'El-Khalessa, et où résidait, du temps des musulmans, le lieutenant du khalife. Il est très vaste et contient un grand nombre de maisons, des marchés, des bains, des boutiques, des caravansérails. Autour de Palerme, on ne voit que fontaines jaillissantes, bosquets verdoyants et villas délicieuses. Il est impossible à l'intelligence de concevoir, et à la plume de décrire toutes les séductions des environs de cette ville, dont l'ensemble présente un coup d'œil vraiment admirable.

La supériorité des connaissances artistiques, industrielles et scientifiques des Arabes, explique facilement la protection que les rois normands leur accordèrent. Les moines eux-mêmes admiraient leur esprit sagace, mais attribuaient volontiers à des maléfices toutes leurs inventions. Parmi les passages curieux les concernant, je citerai un extrait d'une chronique latine qui indique assez bien l'opinion que leurs ennemis avaient d'eux.

« Dans une de ses expéditions, dit le chroniqueur, Robert Wiscard fit la découverte d'une statue élevée sur une colonne de marbre et couronnée d'un cercle de bronze où ces mots étaient gravés : « Le 1er mai, au soleil levant, j'aurai une couronne d'or. » Personne ne put dire ce que signifiaient ces paroles, mais un Sarrasin de Sicile, prisonnier du comte, très versé, comme tous les fils d'Agar, aux sciences occultes et secrets des figures, apprit à Robert qu'il avait deviné le sens caché sous ces paroles, et que, s'il voulait lui rendre sa liberté, il en donnerait l'explication. Robert ayant promis de le renvoyer libre en Sicile, le Sarrasin lui conseilla de faire creuser, le 1er mai, au soleil levant, à l'endroit qu'indiquerait l'extrémité de l'ombre de la statue. Le comte le fit et trouva un grand et riche trésor. »

3. - *Invasion des Arabes en France*

Après leur conquête de l'Espagne, les Arabes firent de fréquentes incursions en France, mais rien n'indique qu'ils aient jamais songé à s'y établir sérieusement. Ainsi qu'on l'a fait justement remarquer, le climat trop froid de ce pays ne pouvait guère les tenter. Ce n'était que dans les régions tempérées du midi qu'ils pouvaient prospérer, et ce ne fut, en effet, que dans les parties les plus méridionales de la France qu'ils séjournèrent pendant longtemps.

Lorsque les Arabes parurent en France au huitième siècle de notre ère, le pays était gouverné par des princes connus sous le nom de rois fainéants. Livré à la plus complète anarchie féodale, il offrait une proie facile aux envahisseurs. Aussi ces derniers s'emparèrent-ils sans peine de la plupart des villes du midi. Après avoir conquis Narbonne dans le Languedoc, et avoir assiégé inutilement en 721 Toulouse, capitale de l'Aquitaine, ils prirent successivement Carcassonne, Nîmes, Lyon, Mâcon, Autun, etc., et se répandirent dans toute la vallée du Rhône, dans le Dauphiné et la Bourgogne.

Toute la moitié de la France actuelle, depuis les bords de la Loire jusqu'à la Franche-Comté, fut graduellement envahie par eux. Leur intention n'étant pas de se fixer définitivement dans le pays, ils se bornaient à occuper militairement des points importants destinés à servir de centres pour diriger de nouvelles incursions dans les régions où ils espéraient trouver occasion de faire du butin.

La plus importante de ces incursions fut celle que commandait Abdérame, et qu'arrêta près de Poitiers, en 732 de notre ère, Charles Martel.

Après avoir réuni une armée assez importante en Espagne, Abdérame passa la Garonne, s'empara de Bordeaux malgré la résistance des Aquitains et des Vascons, commandés par le duc Eudes, puis se dirigea vers Poitiers.

Eudes alla implorer le secours de Charles Martel qui, avec le titre de maire du palais, régnait, au nom de deux faibles rois mérovingiens, sur l'Austrasie et la Neustrie. « Plusieurs seigneurs français, dit un chroniqueur arabe, étant allés se plaindre à Charles de l'excès des maux occasionnés par les musulmans, et parlant de la honte qui devait rejaillir sur le pays, si on laissait ainsi des hommes armés à la légère, et en général dénués de tout appareil militaire, braver des guerriers munis de cuirasses et armés de tout ce que la guerre peut offrir de plus terrible, Charles répondit : « Laissez-les faire, ils sont au moment de leur plus grande audace, et comme un torrent qui renverse tout sur son passage. L'enthousiasme leur tient lieu de cuirasses, et le courage, de place forte. Mais quand leurs mains seront pleines de butin, quand ils auront pris du goût pour les belles demeures et les aises de la vie, quand l'ambition se sera emparée des chefs, que la division aura pénétré dans leurs rangs, alors nous irons à eux, sûrs de la victoire. » Le raisonnement de Charles Martel était juste, mais il fallait que la terreur qu'inspiraient les Arabes fût bien grande pour qu'on préférât les laisser d'abord piller les pays qu'ils traversaient, plutôt que de tâcher de les arrêter.

Abdérame put donc continuer sans crainte sa marche triomphale, ravager les fertiles plaines qui séparent Bordeaux de Tours et s'emparer des richesses des villes. La règle invariable des Arabes étant, comme nous l'avons vu par de nombreux exemples, de ne jamais se livrer au pillage dans les pays où ils voulaient s'établir, la conduite d'Abdérame suffirait à prouver à elle seule qu'en venant en France, il ne rêvait qu'une expédition fructueuse. Elle le fut tellement du reste que quand les Arabes arrivèrent près de Tours, ils étaient entravés par leur butin au point de ne plus pouvoir avancer qu'avec peine. Apprenant l'arrivée de Charles Martel, qui avait convoqué dans un ban général les guerriers des royaumes réunis précédemment sous le sceptre de Clovis, Abdérame pensa que le moment de la retraite était venu et redescendit vers Poitiers. Suivi de près par Charles Martel, il finit par se décider à lui livrer bataille.

L'armée de Charles Martel se composait de Bourguignons, d'Allemands, de Gaulois, et celle d'Abdérame d'Arabes et de Berbères. Le combat resta indécis une partie de la journée, mais le soir, un corps de soldats francs s'étant détaché du gros de l'armée pour se porter vers le camp des musulmans, ces derniers quittèrent le champ de bataille en désordre pour aller défendre leur butin, et cette manœuvre maladroite entraîna leur perte. Ils durent battre en retraite et retourner dans les provinces du sud. Charles Martel les suivit de loin. Arrivé devant Narbonne, il l'assiégea inutilement, et s'étant mis alors, suivant l'habitude de l'époque, à piller tous les pays environnants, les seigneurs chrétiens s'allièrent aux Arabes pour se débarrasser de lui, et l'obligèrent à battre en retraite. Bientôt remis de l'échec que leur avait infligé Charles Martel, les musulmans continuèrent à occuper leurs anciennes positions, et se maintiennent encore en France pendant deux siècles. En 737, le gouverneur de Marseille leur livre la Provence, et ils occupent Arles. En 889, nous les retrouvons encore à Saint-Tropez, et ils se maintiennent en Provence jusqu'à la fin du dixième siècle. En 935, ils pénètrent dans le Valais et la Suisse. Suivant quelques auteurs, ils seraient même arrivés jusqu'à Metz.

Le séjour des Arabes en France, plus de deux siècles après Charles Martel, nous prouve que la victoire de ce dernier n'eut en aucune façon l'importance que lui attribuent tous les historiens. Charles Martel, suivant eux, aurait sauvé l'Europe et la chrétienté. Mais cette opinion, bien qu'universellement admise, nous semble entièrement privée de fondement. L'expédition d'Abdérame n'était qu'une campagne destinée à enrichir ses soldats, en leur procurant l'occasion de faire un riche butin. Sans le fils de Pepin d'Héristal, l'expédition se fût terminée par le pillage de Tours et de quelques autres villes, et les Arabes se fussent, suivant leur habitude, éloignés pour reparaître sans doute les années suivantes, jusqu'au jour où ils eussent rencontré une coalition capable de les repousser. Charles Martel ne réussit à les chasser d'aucune des villes qu'ils occupaient militairement. Il fut obligé définitivement de battre en retraite devant eux et de les laisser continuer à occuper tranquillement tous les pays dont ils s'étaient emparés. Le seul résultat appréciable de sa victoire fut de rendre les Arabes moins aventureux dans leurs razzias vers le nord de la France ; résultat utile, assurément, mais insuffisant tout à fait à justifier l'importance attribuée à la victoire du guerrier franc.

Les mêmes historiens, qui donnent une importance capitale à la victoire de Charles Martel près de Poitiers, supposent naturellement que sans cette victoire, les Arabes eussent continué leurs invasions, envahi l'Europe, et se demandent avec effroi ce qu'il serait advenu des peuples chrétiens sous la bannière du prophète. « C'était le sort du monde qui venait de se décider, écrit à propos de cette bataille, M. Henri Martin dans son Histoire de France populaire. Si les Francs eussent été vaincus, la terre eût été à Mahomet... Et alors l'avenir de l'Europe et du monde eût été perdu, car l'activité qui pousse les hommes vers le progrès n'était pas dans le génie des musulmans. Leur génie se résume dans l'idée qu'ils ont de Dieu. Le Dieu des musulmans qui, après avoir créé le monde, se repose dans sa solitude et dans son immobilité, n'incite pas les hommes au progrès. »

On peut répondre tout d'abord à ce qui précède, qu'alors même que les Arabes eussent triomphé, les destinées du pays n'eussent été modifiées aucunement. Vainqueurs, ils eussent pillé peut-être quelques villes de plus, comme nous le disions plus haut, puis se seraient retirés suivant leur habitude pour mettre leur butin à l'abri, et auraient recommencé les années suivantes leurs déprédations jusqu'à ce qu'ils eussent rencontre un ennemi assez fort pour les repousser comme Charles Martel réussit à le faire.

Supposons cependant que les chrétiens n'eussent jamais réussi à repousser les Arabes ; supposons encore qu'au lieu d'un climat froid et pluvieux, qui ne pouvait exercer aucun attrait sur eux, les musulmans eussent rencontré dans le nord de la France le même climat qu'en Espagne, et eussent cherché à s'y établir de façon définitive. Pour savoir ce qu'eût été dans ces hypothèses impossibles le sort du nord de l'Europe, il suffit de rechercher ce que fut celui de l'Espagne. Or, comme sous l'influence des Arabes, l'Espagne jouissait d'une civilisation brillante, alors que le reste de l'Europe était plongé dans la plus grossière barbarie, il est évident qu'au point de vue de la civilisation de l'époque, les populations chrétiennes n'auraient eu qu'à gagner à se ranger sous la bannière du prophète. Adoucis dans leurs mœurs, les peuples de l'Occident eussent sans doute évité ainsi les guerres de religion, la Saint-Barthélemy, l'inquisition, en un mot, toutes ces calamités qui ont ensanglanté l'Europe pendant tant de siècles, et que les musulmans n'ont jamais connues.

Pour soutenir, comme le fait le savant historien cité plus haut, que, sous les Arabes, l'avenir de l'Europe et du monde eût été perdu, parce que « l'activité qui pousse les hommes vers le progrès n'était pas dans le génie musulman », il faut pousser à des limites bien extrêmes l'oubli de l'histoire de la civilisation des Arabes. Quand on considère la prospérité brillante que firent régner les disciples du prophète dans des pays plongés avant eux dans la barbarie, on peut certainement renverser entièrement la proposition qui précède, et dire que l'activité qui entraîne les hommes vers le progrès n'a jamais été poussée chez aucune race aussi loin que chez les Arabes.

L'occupation du midi de la France par les Arabes pendant plusieurs siècles n'a laissé que de faibles traces. Les villes fréquentées par eux n'ayant été que des points stratégiques destinés à appuyer leurs incursions, ils se sont très peu occupés de civiliser le pays envahi, et, sous leur domination, il n'y eut en France aucun de ces grands centres de civilisation analogues à ceux qui brillaient alors en Espagne et en Orient.

Bien que le séjour des Arabes en France n'ait été constitué que par une série de courtes invasions, nous verrons dans un autre chapitre qu'ils ont laissé des traces profondes de leur passage dans la langue, et nous allons montrer maintenant qu'ils en ont laissé également dans le sang. Plusieurs d'entre eux s'étaient fixés définitivement sur notre sol, dans le voisinage des villes occupées par leurs compatriotes et s'adonnaient à l'industrie et à l'agriculture. On leur a attribué l'importation de la fabrication des tapis à Aubusson, ainsi que plusieurs méthodes agricoles nouvelles. Souvent alliés aux seigneurs chrétiens toujours en guerre, ils finirent sur beaucoup de points par se confondre avec les habitants. L'ethnologie nous en fournit la preuve, en retrouvant, après tant de siècles, des descendants des Arabes sur plusieurs parties de notre sol. Dans le département de la Creuse, dans les Hautes-Alpes, et notamment dans plusieurs localités situées autour de Montmaure (montagne des Maures), dans le canton de Baignes (Charente), de même que dans certains villages des Landes, du Roussillon, du Languedoc, du Béarn, les descendants des Arabes sont facilement reconnaissables. On les distingue à leur peau basanée, leurs cheveux couleur d'ébène, leur nez aquilin, leurs yeux foncés et perçants. Les femmes se reconnaissent à leur teint olivâtre, leur figure allongée, leurs grands yeux noirs, leurs sourcils épais, la forme conique de leurs seins, etc. Si ces caractères ne se sont pas effacés en se noyant dans ceux de la population environnante, suivant les lois anthropologiques que nous avons exposées cela tient à ce que, dans les régions où se rencontrent encore les descendants des Arabes, ils ont fini par former de petites agglomérations nettement séparées du reste de la population et ne se croisant qu'entre elles.

Ici se termine ce que nous avions à dire de l'histoire des Arabes dans les diverses contrées où l'islamisme a régné. Nous avons vu combien a été variée cette histoire, suivant les milieux où les disciples de Mahomet ont vécu, et surtout suivant le but qu'ils se proposaient en envahissant un pays. Dans toutes les contrées qu'ils ont occupées, la France peut-être exceptée, leur influence a été profondément civilisatrice. Partout où a flotté la bannière du prophète, les pays protégés par elle se sont transformés rapidement ; les sciences, les arts, les lettres, l'industrie et l'agriculture y ont brillé du plus vif éclat.

Laissant de côté les généralités auxquelles nous avons dû nous borner jusqu'ici, nous aborderons bientôt dans ses détails l'histoire de la civilisation des Arabes et nous examinerons les progrès qu'ils ont accomplis dans les différentes branches des connaissances humaines cultivées par eux. Quelque obscure ou brillante que puisse être l'histoire politique d'un peuple, l'importance réelle du rôle qu'il joue dans le monde peut se mesurer finalement à son influence civilisatrice et à la somme des découvertes qui lui sont dues.

Chapitre VIII
Luttes du Christianisme contre l'Islamisme

Les croisades

1. – Origine des croisades

À la fin du onzième siècle, c'est-à-dire à l'époque où les croisades commencèrent, la puissance politique des Arabes en Orient était en décadence, mais le prestige que leur nom exerçait dans le monde n'avait pas pâli. Ils possédaient encore l'Afrique et l'Espagne, et le temps n'était pas loin où, rois de la Méditerranée, maîtres d'une partie de la France, souverains de la Sicile, ils allaient dans Rome même forcer le pape à leur payer tribut. Jamais aux plus grandes époques de la puissance romaine, le nom d'un César n'avait inspiré autant de terreur aux barbares qu'en produisait sur l'Europe le nom redouté de Mahomet. Aller attaquer dans son propre foyer cette puissance devant laquelle le monde tremblait depuis cinq siècles était une entreprise hardie, et il fallut à l'Europe chrétienne toute l'ardeur des siècles de foi, la certitude de pouvoir compter sur la protection du ciel et une armée d'un million d'hommes pour oser la tenter.

On sait comment, à la voix d'un illuminé, toute la chrétienté se leva, et comment des populations entières se précipitèrent sur l'Orient; on sait aussi que ce déploiement formidable de forces n'aboutit qu'à un succès éphémère, et que, malgré les flots de guerriers envoyés pendant deux siècles par l'univers chrétien pour conquérir et garder Jérusalem, l'Europe coalisée dut céder au croissant.

C'est à ces luttes du christianisme contre l'islamisme qu'on donne le nom de croisades. Leur résultat sur l'histoire générale de la civilisation en Europe fut très important, et il nous était impossible de les passer sous silence dans un ouvrage destiné à décrire non seulement la civilisation des Arabes, mais encore l'influence qu'elle a jouée dans le monde.

Quelques mots d'abord de l'état de l'Occident et de l'Orient à l'époque des croisades.

La fin du onzième, époque de la première croisade, marque pour l'Europe, et surtout pour la France, une des plus sombres périodes de leur histoire. La France était en pleine féodalité et couverte de châteaux forts dont les possesseurs demi-barbares, toujours en guerre, régnaient sur des serfs ignorants. Une seule puissance, l'autorité spirituelle du pape, avait quelque influence, mais elle était beaucoup plutôt crainte que respectée.

En Orient, l'empire grec était toujours debout. Bien que dans un profond état de décadence, Constantinople était encore le centre d'un grand empire. Occupée uniquement de querelles religieuses et de spectacles, elle perdait chaque jour quelques lambeaux de cet empire. Sa puissance en Italie était éteinte. L'évêque de Rome et le patriarche de Byzance avaient fini par s'anathématiser réciproquement et fonder deux Églises.

La Syrie appartenait en partie aux Turcs Seldjoucides, en partie aux sultans d'Égypte. Le khalifat de Bagdad n'était plus qu'une ombre. L'empire politique des Arabes était en dissociation, mais leur civilisation avait gardé toute sa puissance. La lutte gigantesque qui se préparait allait être celle d'un monde encore barbare contre une des civilisations les plus élevées dont l'histoire ait gardé la mémoire.

Les seules relations suivies existant à cette époque entre le centre de l'Europe et l'Orient étaient celles qui résultaient des voyages des pèlerins en Palestine. Depuis Constantin, et surtout depuis les rapports d'amitié d'Haroun-al-Raschid et de Charlemagne, les pèlerinages chrétiens en Palestine avaient toujours continué, et chaque jour ils devenaient plus nombreux. Certaines bandes de pèlerins formaient de véritables bandes armées. En 1045, l'abbé Richard emmenait avec lui sept cents compagnons qui ne purent arriver, du reste, que jusqu'à Chypre. En 1064, Sigefroy, archevêque de Mayence, et quatre autres évêques conduisirent avec eux sept mille pèlerins, parmi lesquels des barons et chevaliers, qui eurent à livrer une véritable bataille aux Bédouins et aux Turkomans.

En raison des difficultés et des dangers des pèlerinages à Jérusalem, ils avaient fini par être imposés par le clergé comme pénitence expiatoire pour les plus vilains crimes. Les grands criminels n'étant pas rares à cette époque, et la crainte de l'enfer et du diable étant assez efficace sur ces âmes barbares, les pèlerins étaient fort nombreux. En dehors de quelques aventuriers et de dévots exaltés, ils se composaient généralement de gredins de la pire espèce, doués des plus dangereux instincts, et que la crainte seule de brûler en enfer amenait si loin.

Le nombre de ces pèlerins devenant chaque jour plus grand, leurs allures de plus en plus bruyantes, les Turkomans, beaucoup moins tolérants que les Arabes qu'ils avaient remplacés en Syrie, leur contestèrent le droit qu'ils s'arrogeaient de traverser sans permission un empire mahométan pour aller faire leurs dévotions au cœur même de l'islam. Au lieu de les laisser continuer à entrer à Jérusalem en véritables triomphateurs, au son des cymbales et à la lueur des torches, comme l'avaient toléré les Arabes, ils les obligèrent à des attitudes plus humbles, les rançonnèrent de toutes façons, et ne manquèrent pas une occasion de leur infliger mille vexations.

Parmi ces pèlerins se trouvait un ancien soldat qui, après de fâcheuses aventures conjugales, s'était fait moine. C'était un halluciné aussi fanatique qu'énergique : il s'appelait Pierre, et l'histoire a ajouté à ce nom celui de l'Ermite.

Indigné des mauvais traitements qu'il avait reçus en Palestine, et poursuivis par ses visions, Pierre s'imagina être chargé de la mission d'appeler l'Europe au secours de la terre sainte. Fort de cette mission imaginaire, il se dirigea vers Rome pour obtenir l'appui du pape. Urbain II l'autorisa à appeler les chrétiens à délivrer les lieux saints. Pierre l'Ermite se mit alors à parcourir l'Italie et la France, semant partout ses harangues violentes pleines de pleurs, de cris, de hurlements, de malédictions pour les infidèles et de promesses du ciel pour ceux qui iraient délivrer le tombeau du Seigneur. Son éloquence frénétique et imagée agissait puissamment sur les foules, et bientôt il fut considéré partout comme un prophète.

Mais les foules ébranlées par Pierre l'Ermite ne pouvaient rien à elles seules. Des circonstances particulières amenèrent bientôt les seigneurs, leurs maîtres, à appuyer ce mouvement. L'empereur de Constantinople, Alexis Comnène, dont l'empire s'en allait chaque jour par lambeaux, et qui voyait les Turcs assiéger Constantinople, accablait de ses lamentations le pape et tous les souverains de l'Europe. Jointes aux prédications de Pierre, elles émurent le monde chrétien. Afin d'encourager le mouvement qui se dessinait, le souverain pontife réunit en Italie un premier concile qui n'amena aucun résultat, puis un second à Clermont en Auvergne l'an 1095. Pierre l'Ermite assistait à ce dernier. Sous l'influence de ses prédications véhémentes, et au cri de « Dieu le veut » hurlé par une foule en délire, tous les assistants s'attachèrent des croix de drap sur l'épaule, et jurèrent d'aller en Palestine délivrer le tombeau de Dieu. Le départ de l'expédition fut fixé pour l'Assomption de l'année suivante, temps nécessaire pour réunir la nombreuse armée que pareille entreprise semblait devoir comporter.

2. - *Résumé des croisades*

L'idée d'une expédition en Palestine avait fini par enflammer au plus haut degré les âmes. En dehors du ciel à gagner, chacun y voyait les moyens d'améliorer son sort : serfs attachés à la glèbe rêvant l'indépendance, cadets de famille privés de fortune par le droit d'aînesse, seigneurs mal partagés et désireux de s'enrichir, moines fatigués des rigueurs du couvent ; en un mot, tous les déshérités de l'existence, - et ils étaient alors nombreux, - se bâtissaient en imagination le plus séduisant avenir.

Ce fut bientôt un véritable délire : seigneurs, serfs, moines, femmes, enfants, tout le monde voulut partir ; chacun vendait ce qu'il avait pour s'équiper, et plus de treize cent mille hommes furent bientôt prêts à partir pour la Palestine.

Le délire devenant chaque jour plus aigu, ceux qui étaient prêts les premiers ne voulurent pas attendre la formation de l'armée régulière, et, dès le printemps de l'année 1096, des bandes immenses s'ébranlèrent de tous les cotés à la fois et se dirigèrent vers le Danube. De la mer du Nord jusqu'au Tibre, le mouvement était général. Dans certains villages on voyait tous les habitants partir, emportant la totalité de ce qu'ils possédaient. L'Europe entière se ruait sur l'Asie.

À mesure que ces bandes s'avançaient vers le but si ardemment souhaité, leur folie devenait plus intense. Les miracles, les apparitions se succédaient chaque jour dans ces têtes échauffées dont la faible raison s'était évanouie pour toujours.

La plus importante des bandes qui s'acheminèrent d'abord vers l'Orient avait pour chefs Pierre l'Ermite lui-même et un pauvre chevalier surnommé Gauthier sans Avoir. Elle fut d'abord assez bien reçue dans les premiers pays européens qu'elle traversait ; mais arrivée en Bulgarie, elle rencontra des populations demi-chrétiennes qui refusèrent. d'héberger gratuitement de pareilles foules. Irrités de ces refus, les croisés n'hésitèrent pas à s'emparer par la force de ce qu'on ne voulait pas leur donner, et commencèrent à piller les villages et à en massacrer les habitants. Mais ils avaient affaire à des populations peu endurantes qui usèrent immédiatement de représailles et qui tuèrent ou noyèrent un nombre considérable de leurs agresseurs. Ces derniers n'eurent d'autre ressource que de se sauver précipitamment. Arrivés devant Constantinople déjà bien réduits, ils y rencontrèrent des bandes de Teutons, Italiens, Gascons, Gallois, Provençaux arrivés avant eux. Réunis à ces hordes demi-sauvages ils se mirent à piller et à massacrer et se livrèrent à des actes indescriptibles de férocité. Désireux de s'en débarrasser au plus vite, les Byzantins leur donnèrent les vaisseaux nécessaires pour les conduire au-delà du Bosphore.

Cent mille environ furent ainsi transportés en Asie Mineure. Ils y commirent bientôt, à l'égard de tous les habitants, musulmans ou chrétiens des actes de sauvagerie qu'excuse seul leur état d'aliénation évidente. D'après un récit d'Anne Comnène, fille de l'empereur chrétien de Constantinople, une de leurs distractions favorites était de tuer tous les enfants qu'ils rencontraient, de les couper en morceaux et de les faire rôtir.

Usant de légitimes représailles, les Turcs leur donnèrent

méthodiquement la chasse et les tuèrent comme des bêtes fauves. Avec leurs ossements, ils élevèrent une gigantesque pyramide.

La première armée des croisés, qui avait compté plusieurs centaines de mille hommes, se trouva bientôt totalement anéantie ; mais derrière elle s'avançaient les troupes régulières commandées par les plus puissants seigneurs de la chrétienté. Jamais les Arabes n'avaient eu sous leurs ordres une armée aussi imposante. Elle comptait en effet 700 000 hommes parfaitement équipes, séparés en plusieurs corps. L'un d'eux, commandé par Godefroy de Bouillon, duc de Basse-Lorraine, comprenait 80 000 Lorrains, Bavarois et Saxons.

Arrivés en Asie Mineure, les croisés assiégèrent Nicée. Ayant battu une armée turque, ils coupèrent la tête à tous les blessés et rentrèrent triomphalement dans leur camp avec ces trophées pendus à la selle de leurs chevaux et les lancèrent ensuite dans la ville assiégée.

Ce n'était pas là un moyen bien sûr de se concilier les habitants. Certains du sort qui les attendait, ces derniers se rendirent à l'empereur de Constantinople, et les croisés, ses alliés, durent battre en retraite.

Il restait environ deux cents lieues à faire pour arriver en Syrie. Loin de tâcher de ménager les habitants, ne fût-ce que pour s'assurer des ressources, les croisés ravagèrent le pays à un tel point qu'ils se virent bientôt en proie à la famine. La discorde se mit alors dans leurs rangs. Deux chefs importants, Tancrède et Baudouin, se livrèrent bataille, puis Baudouin se sépara de ses compagnons avec son armée pour aller piller et guerroyer pour son compte.

Les maladies et la famine continuant à décimer de plus en plus les croisés, Pierre l'Ermite lui-même désespéra du succès de l'expédition et s'échappa du camp. Bientôt rejoint et ramené, il fut reçu à coups de bâtons par Tancrède.

Le désordre le plus complet régnait du reste dans l'armée ; l'espionnage y était tellement fréquent que Bohémond décida que les espions seraient coupés en morceaux et rôtis pour servir de nourriture aux soldats affamés. De telles mesures montrent ce que pouvait être l'armée où elles étaient devenues nécessaires.

La conduite des croisés dans toute leur campagne ne peut être comparée d'ailleurs qu'à celle des plus féroces et en même temps des plus maladroits sauvages. Qu'il s'agisse d'alliés, d'ennemis ou de populations inoffensives, qu'ils aient devant eux des guerriers ou des réunions de femmes, d'enfants et de vieillards, leur conduite est la même ; ils tuent et pillent sans discernement. Les récits des chroniqueurs chrétiens de l'époque contiennent à chaque page des preuves de leur stupide férocité. Le récit suivant, dû à un témoin oculaire, Robert le Moine, de la conduite des croisés dans la ville de Marrat suffira, avec la relation de la prise de Jérusalem, que nous donnerons plus loin, à montrer comment les croisés faisaient la guerre.

« Les nôtres, dit le pieux et charitable chroniqueur, parcouraient les rues, les places, les toits des maisons, se rassasiant de carnage comme une lionne à qui on a enlevé ses petits ; ils taillaient en pièces et mettaient à mort les enfants, les jeunes gens, et les vieillards courbés sous le poids des années ; ils n'épargnaient personne, et pour avoir plus tôt fait, ils en pendaient plusieurs à la fois à la même corde. Chose étonnante ! spectacle étrange de voir cette multitude si nombreuse et si bien armée se laisser tuer impunément, sans qu'aucun d'eux fît résistance ! Les nôtres s'emparaient de tout de qu'il trouvaient, ils ouvraient le ventre aux morts, et en tiraient des byzantins et des pièces d'or. O détestable cupidité de l'or ! des ruisseaux de sang coulaient dans toutes les rues de la ville, et tout était jonché de cadavres. O nations aveugles et toutes destinées à la mort ! De cette grande multitude il n'y en eut pas un seul qui voulût confesser la foi chrétienne. Enfin Bohémond fit venir tous ceux qu'il avait invités à se renfermer dans la tour du palais ; il ordonna de tuer les vieilles femmes, les vieillards décrépits et ceux que la faiblesse rendait inutiles ; il fit réserver les adultes en âge de puberté et au-dessus, les hommes vigoureux, et ordonna qu'ils fussent conduits à Antioche pour être vendus. Ce massacre des Turcs eut lieu le 12 décembre, jour du dimanche ; cependant tout ne put être fait ce jour-là : le lendemain les nôtres tuèrent le reste. »

On conçoit quelle opinion des Orientaux, si civilisés alors, devaient avoir de tels adversaires, aussi leurs chroniques sont-elles pleines du profond mépris qu'ils leur inspiraient. « Ils ne méritent même pas le nom d'hommes, » écrivait plus tard le grand poète persan Saadi.

Quand les chrétiens arrivèrent devant Jérusalem, sur plus d'un million d'individus partis de l'Europe, il en restait 20 000. Cette armée gigantesque, qui aurait pu conquérir le monde si elle avait été composée d'autres hommes, était presque entièrement anéantie.

La famine, la peste, les excès, les luttes intestines, beaucoup plus que les batailles, l'avaient détruite.

Jérusalem appartenait alors au sultan d'Égypte, qui l'avait reprise sur les Turcs. Les croisés s'en emparèrent le 15 juillet 1099. Une vision, de saint Georges sur le mont des Oliviers les stimula tellement qu'ils se précipitèrent tous sur les murailles et parvinrent à les franchir.

Leur conduite dans la ville, sainte fut bien différente de celle du généreux khalife Omar à l'égard des chrétiens quelques siècles auparavant.

> « Quand les nôtres, écrit Raymond d'Agiles, chanoine du Puy, furent maîtres des remparts et des tours, on vit alors des choses étonnantes (!) parmi les Sarrasins ; les uns avaient la tête coupée, et c'était le moins qui leur put arriver (!) les autres, percés de traits, se voyaient forcés de s'élancer du haut des murailles, d'autres enfin, après avoir longtemps souffert, étaient livrés aux flammes. On voyait dans les rues et sur les places de Jérusalem, des monceaux de têtes, de mains et de pieds. Partout on ne marchait qu'à travers des cadavres. Mais tout cela n'est encore que peu de chose... »

Le doux chanoine donne du massacre de 10 000 musulmans, réfugiés dans la mosquée d'Omar, l'agréable description suivante :

> « Il y eut, dit-il, tant de sang répandu dans l'ancien temple de Salomon, que les corps morts y nageaient portés çà et là sur le parvis ; on voyait flotter des mains et des bras coupés qui allaient se joindre à des corps qui leur étaient étrangers, de sorte qu'on ne pouvait distinguer à quel corps appartenait un bras qu'on voyait se joindre à un tronc. Les soldats eux-mêmes qui faisaient ce carnage, supportaient à peine, la fumée qui s'en exhalait. »

Ce premier massacre ayant été jugé tout à fait insuffisant, un conseil des croisés décréta la destruction de la totalité des habitants de Jérusalem, mahométans, juifs ou chrétiens schismatiques. Leur nombre était d'environ 60 000. L'opération dura huit jours malgré le zèle qu'y apportèrent les pieux chevaliers. Femmes, enfants, vieillards, rien n'échappa.

Pour se reposer des fatigues occasionnées par ce massacre de toute une population, les croisés se livrèrent aux plus dégoûtantes orgies. Les chroniqueurs chrétiens eux-mêmes, malgré toute leur indulgence, s'indignent de la conduite des défenseurs de la foi : Bernard le trésorier les traite de fous, Baudin, archevêque de Dol, les compare à des juments qui se vautrent dans l'ordure « computruerunt illi, tanquam jumenta in stercoribus. »

La prise de Jérusalem produisit une aussi grande sensation dans le monde de l'islam que dans celui de la chrétienté. Le prestige des disciples du prophète, si grand depuis cinq siècles, sembla pour un instant ébranlé.

Mais si la consternation fut grande chez les mahométans, ce terrible revers eut pour résultat d'éteindre immédiatement toutes les divisions qui les déchiraient ; le sultan du Caire oublia ses rivalités avec le khalife de Bagdad, et ils s'envoyèrent des ambassadeurs chargés de concerter les mesures à prendre pour réparer cette calamité.

La conquête de Jérusalem avait coûté aux chrétiens un million d'hommes et ruiné une partie de l'Europe. On pouvait donc espérer qu'ils sauraient garder une conquête si coûteuse. Il n'en fut rien ; Jérusalem devait bientôt retomber, et pour toujours, sous la loi des disciples du prophète.

Godefroy avait été élu roi de Jérusalem. Il méritait cet honneur par la bravoure dont il avait fait preuve ; mais la bravoure ne suffit pas pour organiser un empire. Le nouveau roi se montra aussi pauvre administrateur qu'il avait été vaillant capitaine. Il mourut bientôt et son successeur Baudouin ne se montra pas plus capable que lui.

Lorsque Baudouin mourut à son tour en 1119, la domination franque durait depuis vingt ans en Palestine et n'avait eu pour résultats que la ruine et la dépopulation du pays. La féodalité y avait été introduite comme en Europe, et le territoire partagé entre les seigneurs : comtes de Tripoli, d'Ascalon, de Jaffa, etc., constamment en guerre entre eux. Tous ces petits tyrans, pressés de s'enrichir, avaient rapidement ruiné le pays, jadis si riche sous l'intelligente domination des Arabes. Voici, du reste, comment un auteur chrétien contemporain, Jacques de Vitry, évêque d'Acre, juge, dans son histoire de Jérusalem, les successeurs des premiers croisés :

> « Une génération méchante et perverse, des enfants scélérats et dégénérés, des hommes dissolus, des violateurs de la loi divine, étaient sortis des premiers croisés, hommes religieux et agréables à Dieu, comme la lie sort du vin et le marc de l'olivier, ou comme l'ivraie sort du froment, et la rouille de l'airain... Pour la plus légère cause ils étaient

entre eux en procès, en querelle, en guerre civile ; souvent même ils demandaient du secours contre les chrétiens aux ennemis de notre foi... Il n'y a, dans la terre de promission que des impies, des sacrilèges, des voleurs, des adultères, des parricides, des parjures, des bouffons, des moines lascifs et des religieux impudiques. »

Guillaume de Tyr n'est pas moins explicite. Après avoir traité les fils de croisés « de véritables enfants de perdition, d'enfants dénaturés contempteurs de la foi, se précipitant à l'envie dans toutes sortes d'excès, » il ajoute : « Telle est la monstruosité de leurs vices, que si un écrivain entreprenait d'en faire le tableau, il succomberait sous le poids d'un pareil sujet, et il paraîtrait plutôt composer une satire qu'une histoire. »

Pendant que les chrétiens continuaient à ruiner le pays, les musulmans reconquéraient graduellement ce qu'ils avaient perdu. Leurs progrès en Syrie, et notamment la prise d'Edesse, finirent par jeter une telle épouvante parmi les chrétiens de la Palestine qu'ils s'empressèrent de demander assistance à l'Europe.

Une seconde croisade fut organisée pour leur porter secours. Saint Bernard réussit à stimuler l'enthousiasme religieux. Louis VII, roi de France, partit pour la Palestine comme chef de la nouvelle croisade et Conrad III, d'Allemagne, se joignit à lui. Louis VII arriva en Asie Mineure avec une armée de cent mille hommes qui fut bientôt entièrement détruite. Il dut s'échapper précipitamment par mer, et gagna Antioche, d'où il se dirigea sur Jérusalem en simple pèlerin. L'armée de Conrad III eut exactement le même sort.

La conduite des croisés dans cette seconde croisade fut la même que dans la première : « Peu de croisés, dit le chanoine Anquetil, dans son histoire, eurent des intentions purement religieuses. Il n'y a pas de crimes atroces, de brigandages, d'actions honteuses qu'on ne leur reproche. » Saint Bernard en fut réduit à attribuer à tous ces horribles excès l'insuccès de la nouvelle croisade.

Il était réservé à l'illustre sultan Saladin d'expulser définitivement les chrétiens de Jérusalem. Après avoir réuni sous sa main, en un seul empire, l'Égypte, l'Arabie et la Mésopotamie, il pénétra en Syrie, battit et fit prisonnier le triste roi de Jérusalem, Guy de Lusignan, et s'empara en 1187 de la ville sainte. Loin d'imiter la conduite féroce des premiers croisés, et de massacrer à son tour tous les chrétiens, Saladin se borna à leur imposer un faible tribut et interdit tout pillage.

Le royaume latin de Jérusalem était détruit après une durée de 88 ans. Sept siècles se sont écoulés depuis ces événements, et, malgré tous les efforts du monde chrétien, la ville sainte est restée entre mains des disciples de Mahomet.

L'histoire des efforts infructueux faits par l'Europe pour reconquérir Jérusalem, c'est-à-dire l'histoire des six dernières croisades, présente un intérêt très faible ; aussi nous bornerons-nous à un résumé rapide.

Ce fut Guillaume, archevêque de Tyr, en Phénicie, qui prêcha la troisième croisade (1189-1192). Elle eut pour chef Philippe-Auguste, roi de France, Richard Cœur de Lion, roi d'Angleterre, et Frédéric Barberousse, empereur d'Allemagne, c'est-à-dire les trois plus puissants souverains de l'Europe.

Barberousse mourut en Asie Mineure à la suite d'un bain pris dans les eaux du Cydnus, et il n'arriva en Syrie que les débris de son armée. Philippe-Auguste se lassa bientôt, et, après un court séjour en Palestine, alla se rembarquer à Tyr en laissant derrière lui une armée de dix mille hommes sous les ordres du duc de Bourgogne. Resté chef suprême, Richard Cœur de Lion continua les actes de sauvagerie par lesquels s'étaient signalés les premiers croisés. Il commença par faire massacrer en face du camp des musulmans trois mille prisonniers qui s'étaient rendus, et auxquels il avait juré la vie sauve, et se livra à toutes sortes de meurtres et de pillages.

On conçoit l'effet que durent produire des actes pareils sur le chevaleresque Saladin, qui avait si généreusement épargné les habitants chrétiens de Jérusalem, et pendant une maladie de Philippe Auguste et de Richard Cœur de Lion leur avait envoyé des provisions et des rafraîchissements. Il entrevit l'abîme qui séparait alors la façon de penser et de sentir d'un homme civilisé de celle d'un barbare, et comprit qu'on ne pouvait traiter de semblables forcenés que comme des animaux sauvages. Richard fut bientôt obligé de quitter la Palestine sans avoir même pu se présenter devant Jérusalem.

La troisième croisade n'eut d'autre effet que de maintenir les chrétiens dans quelques villes du littoral qui leur restaient. Pour arriver à ce mince résultat, les trois plus puissants rois de l'Europe avaient coalisé leurs forces.

La quatrième croisade (1202-1204) eut pour chef Baudouin, comte de Flandre. Jusqu'alors les croisés s'étaient rendus en Palestine par terre : ils résolurent cette fois de s'y rendre par mer, et se dirigèrent directement de Zara à Constantinople, alors capitale d'un empire chrétien.

Arrivés à Constantinople, quelques croisés firent la remarque judicieuse que la Syrie était bien trop loin et trop épuisée par les précédents envahisseurs pour offrir une riche proie, alors que Constantinople, qu'on avait sous la main, contenait de grandes richesses. La justesse de cette observation ayant paru évidente, on résolut le pillage de la ville, où on était entré en allié, et les bons chevaliers se mirent à la saccager de fond en comble. Constantinople renfermait alors les plus précieux trésors d'art et de littérature accumulés par l'antiquité grecque et latine. Mais les trésors d'art et de littérature présentaient exactement autant d'intérêt à des croisés du commencement du treizième siècle, qu'ils auraient pu en offrir à une tribu de Peaux rouges. Ce qui n'était pas or et argent fut brisé ou jeté à la mer. Tous les marbres de Lysippe, Phidias Praxitèle furent détruits ; des ouvrages importants de Demosthène, Diodore, Polybe, etc., perdus pour toujours.

Rassasiés de butin, Baudouin et ses compagnons ne songèrent nullement à continuer leur voyage vers la Palestine. Baudouin se fit nommer empereur, et Innocent III, tout en reconnaissant que les chrétiens s'étaient rendus coupables des plus horribles excès, confirma l'élection. Il n'est pas besoin d'ajouter que le pouvoir du nouveau roi fut des plus éphémères : les guerriers chrétiens étaient de trop lourds barbares pour pouvoir fonder un empire durable ; ils ne savaient que détruire, et leur court séjour à Constantinople n'eut d'autre résultat que la perte des plus précieux trésors de l'antiquité gréco-latine.

Les cinquième et sixième croisades ne furent que des expéditions sans importance. Peu soucieuse d'aller se faire battre à Jérusalem, la majorité des croisés se dirigea vers l'Égypte dans l'espoir d'un riche butin. Ils ne s'avancèrent d'ailleurs pas bien loin et furent promptement obligés de battre en retraite.

Une petite armée, commandée par Frédéric II d'Allemagne, s'était dirigée à la vérité vers Jérusalem. Ce prince, grâce à un traité d'alliance avec les musulmans, obtint la permission d'entrer en allié à Jérusalem ; mais il dut revenir en Europe sans avoir obtenu d'autre résultat que cette petite satisfaction.

Les croisades perdaient du reste le caractère d'entreprises européennes qu'elles avaient d'abord revêtu. Les hordes d'hommes s'abattant sur l'Asie étaient remplacées par de petites expéditions où chacun agissait un peu à sa guise, cherchant avant tout à s'enrichir.

Malgré les cinq croisades qui avaient suivi la première, Jérusalem et la presque totalité de la Palestine restaient aux mains des musulmans. Saint Louis résolut de tenter un nouvel effort, et il entreprit, en 1248, une septième croisade. Parti d'Aigues-Mortes avec cinquante mille hommes, il se dirigea vers l'Égypte et débarqua à Damiette, dont il s'empara bientôt ; puis marcha sur le Caire ; mais son armée fut complètement battue, et lui-même fait prisonnier. Rendu à la liberté moyennant rançon, il se rendit en Syrie où, malgré deux ans de séjour, il ne put obtenir aucun avantage et dut revenir en France sans avoir même pu se présenter devant Jérusalem.

Malgré cet échec, saint Louis ne perdit pas courage, et, seize ans plus tard, il entreprenait une nouvelle croisade. Embarqué le 4 juillet 1270 à Aigues-Mortes, avec trente mille hommes d'infanterie et six mille de cavalerie, il se dirigea vers Tunis dans l'espoir chimérique que le gouverneur se ferait chrétien. Bientôt atteint de la peste, au siège de cette ville, il mourut le 25 août 1270.

Cette huitième croisade fut la dernière. L'ère de ces grandes expéditions était close pour toujours. L'Orient restait définitivement aux mains des disciples du prophète.

Les chrétiens perdirent bien vite les rares possessions qu'ils avaient conservées en Palestine. En vain les papes firent-ils tous leurs efforts pour réveiller l'ardeur des fidèles, il était trop tard, la foi était refroidie dans les âmes ; l'activité des peuples de l'Occident se tournait vers d'autres objets.

En terminant ce très court résumé de l'histoire des croisades, je n'essaierai pas de rechercher si cette agression de l'Europe contre l'Orient fut juste ou ne le fut pas. De telles questions peuvent utilement fournir matière de dissertation à de jeunes historiens, mais elles ne sont pas dignes d'une discussion sérieuse. Je ne connais pour mon compte aucun exemple de conquérants anciens ou modernes qui se soient préoccupés un instant de savoir si une entreprise guerrière était juste ou injuste, quand elle était nettement conforme à leurs intérêts et pouvait être entreprise sans trop de dangers. Si l'entreprise réussit, point n'est besoin de la justifier ; le succès suffit et si, par impossible, l'utilité d'une justification se faisait exceptionnellement sentir, les rhéteurs de profession ne sont nullement embarrassés pour la tenter. Il est facile aussi de récriminer contre l'injustice de la force, et de prouver par d'éloquentes tirades que le droit ne doit pas être primé par elle. Mais de telles récriminations ont sur la marche naturelle des choses aussi peu d'influence que nos lamentations contre les infirmités, la vieillesse et la mort. Les principes du droit théorique exposés dans les livres n'ont jamais servi de guides à aucun peuple. L'histoire nous montre que les seuls principes qui aient jamais été respectés sont ceux qu'on peut faire prévaloir les armes à la main. En prêchant les croisades et en inspirant des guerres meurtrières qui, au point de vue du droit théorique, seraient contraires aux lois de la plus élémentaire équité, les papes n'ont fait qu'imiter tous les conquérants passés ou futurs, et il serait injuste de le leur reprocher. Nous laisserons donc entièrement de côté toute appréciation sur ce point et ne nous occuperons que des résultats immédiats ou lointains engendrés par cette lutte colossale entre deux mondes.

3. - Résultats des luttes entre l'Occident et l'Orient

Les appréciations des historiens sur les résultats des croisades sont fort contradictoires. Très vantées par la plupart, elles sont considérées par d'autres comme n'ayant produit que des résultats funestes.

Si nous envisageons les croisades au point de vue du but direct qu'elles se proposaient d'obtenir, c'est-à-dire la possession de la Palestine, il est évident que leur résultat a été totalement nul, puisque, malgré une formidable dépense d'hommes et d'argent, continuée pendant deux siècles par l'Europe, les musulmans restèrent maîtres des contrées que les chrétiens voulaient à tout prix conquérir.

Mais si nous considérons les croisades au point de vue des résultats indirects dont elles furent l'origine, nous devons reconnaître que ces derniers furent très considérables. Parmi eux, il en est d'avantageux, d'autres de nuisibles ; mais les résultats utiles l'emportèrent certainement sur ceux qui ne le furent pas. Ce contact de deux siècles avec l'Orient fut un des plus puissants facteurs de développement de la civilisation en Europe. Il arriva ainsi que les conséquences des croisades furent très différentes de celles qu'elles se proposaient d'obtenir. Ce défaut de concordance entre le but poursuivi et le but atteint est tellement fréquent, du reste, dans l'histoire, qu'on pourrait facilement prouver qu'il est généralement la règle.

Si l'on se veut rendre un compte exact de l'influence réciproque de l'Orient sur l'Occident, il faut avoir présent à la pensée l'état de civilisation respective des peuples qui se trouvaient en présence. Nous savons que grâce aux Arabes l'Orient jouissait alors d'une civilisation brillante pendant que l'Occident était plongé dans la barbarie. Notre exposé des croisades nous a fait voir que les croisés se conduisirent partout en vrais sauvages, pillant et massacrant indistinctement amis ou ennemis, et détruisant dans Constantinople les plus inestimables trésors de l'antiquité grecque et latine.

Au contact de ces rudes barbares, l'Orient n'avait rien à gagner, et il ne gagna vraiment rien. Pour les Orientaux la principale conséquence des croisades, - et cette conséquence est un des résultats nuisibles dont nous parlions plus haut - fut de lui inspirer pour les Occidentaux un mépris qui a traversé les âges. L'ignorance, la grossièreté, la stupide férocité, la mauvaise foi des croisés leur donnèrent la plus triste idée des peuples chrétiens de l'Europe et de leur religion. Il s'est ainsi creusé entre les peuples de l'Orient et ceux de l'Occident un abîme que rien aujourd'hui ne saurait combler.

Cette inimitié profonde, et trop justifiée, des populations de l'Orient contre celles de l'Occident, ne fut pas le seul résultat nuisible des croisades.

Elles eurent encore pour effet fâcheux d'accroître outre mesure la puissance spirituelle des papes, chefs suprêmes des croisés, et celle du clergé enrichi par les terres que les seigneurs étaient obligés de lui vendre pour payer leurs frais d'expédition. De cet accroissement de puissance des uns et de richesse de l'autre, il résulta bientôt que le pape voulut régenter les peuples et les rois et que la corruption du clergé devint générale. Ces effets, devenus causes à leur tour, engendrèrent plus tard la Reforme et toutes les luttes sanglantes qui en furent la suite.

Une des plus funestes conséquences des croisades fut d'avoir établi pour des siècles l'intolérance dans le monde, et de lui avoir donné ce caractère de cruauté barbare qu'aucune religion, celle des juifs exceptée, n'avait connu encore. Avant les croisades, l'intolérance était assez grande, mais il était rare qu'elle allât jusqu'à la cruauté. Pendant les croisades, elle acquit un degré de frénésie furieuse qui se prolongea presque jusqu'à nos jours. Habitué à verser le sang, le clergé appliqua bientôt à la propagation de la foi et à l'extinction des hérésies les procédés d'extermination appliqués d'abord aux infidèles. La moindre velléité d'opposition lui paraissait digne des plus affreux supplices. Les massacres des juifs, des Albigeois et des diverses catégories d'hérétiques, l'inquisition, les guerres de religion et toutes ces luttes qui ensanglantèrent l'Europe pendant si longtemps, furent les conséquences du funeste esprit d'intolérance développé par les croisades.

Ces effets nuisibles des croisades étant bien mis en évidence, recherchons maintenant leurs résultats utiles.

Au point de vue politique, les croisades eurent pour conséquence, en France et en Italie au moins, d'ébranler fortement le régime féodal. Non seulement les seigneurs perdirent beaucoup de leurs terres par suite de la nécessité où ils se trouvèrent de subvenir à leurs frais d'expédition, mais ils durent vendre aussi aux villes des franchises et des privilèges qui en firent de petits États libres dans les États seigneuriaux, et soumis seulement à l'autorité du roi. L'affranchissement des cités devint bientôt général, et toutes les villes finirent par être érigées en communes indépendantes. Il en résulta un grand affaiblissement de la puissance féodale du moins celle des petits seigneurs. Les grands fiefs, au contraire, tendirent plutôt à s'étendre. La puissance du roi, devenu seul arbitre entre les vassaux et leurs anciens maîtres, s'accrut également. Les rois de France, si faibles avant les croisades, virent leur puissance s'étendre après elles aux dépens de leurs anciens vassaux, dont le pouvoir, d'abord presque égal au leur, finit en quelques siècles par être réduit à de simples apparences.

La diminution du pouvoir féodal, engendrée par les croisades, ne s'observa qu'en France et en Italie. En Angleterre et en Allemagne, le résultat fut tout à fait contraire : les seigneurs n'ayant pris qu'une part assez restreinte aux premières croisades ne virent pas leurs fiefs amoindris, alors que les rois, qui s'y étaient au contraire fort engagés, furent bientôt à la merci de leurs vasseaux. Les derniers en profitèrent aussitôt pour restreindre la puissance royale. Trois empereurs allemands prirent part aux croisades, et, quand le dernier, Frédéric II, mourut, le pouvoir impérial n'était qu'une ombre. Trois souverains français, aussi, avaient pris part aux croisades ; mais le voyage de Philippe-Auguste avait été bien court, et, pendant l'absence de Louis VII et de Louis IX, l'énergie de Suger et de la reine Blanche avait facilement contenu une noblesse trop affaiblie déjà pour être bien redoutable. Si nous voulions suivre les événements dans leurs conséquences lointaines, nous montrerions facilement que la constitution politique si solide de l'Angleterre eut ses racines dans les conditions particulières engendrées par les croisades.

Ces grandes luttes de l'Europe et de l'Asie eurent également une influence considérable sur le commerce. L'équipement, l'approvisionnement, les transports des immenses armées que L'Europe déversa pendant deux siècles sur l'Orient, produisirent un mouvement commercial et maritime considérable : Marseillais, Pisans, Génois, Vénitiens surtout y gagnèrent beaucoup. La marine de Marseille prit un tel accroissement, qu'en 1190 elle pouvait transporter en Terre Sainte toute l'armée de Richard Cœur de Lion.

Le développement commercial résultant des croisades ne s'arrêta pas après l'expulsion des croisés de l'Asie, car la plupart des républiques marchandes d'Italie firent des traités de commerce avec les princes musulmans. Ce commerce avec l'Orient devint même une des principales causes de la puissance de Venise, et il ne fit que s'accroître jusqu'au jour où la découverte de routes maritimes nouvelles le fit passer dans d'autres mains.

L'influence des croisades sur l'industrie et les arts ne fut pas moins grande. Tout grossiers qu'étaient les seigneurs croisés, ils furent frappés par l'éclat du luxe oriental et le commerce leur fournit les moyens de l'imiter. C'est au douzième et surtout au treizième siècle que nous voyons le luxe de l'Orient s'introduire dans les armes, les vêtements et les demeures des habitants de l'Occident.

Mais, à mesure que le luxe se développe, il entraîne forcément des progrès industriels importants. L'industrie cherche naturellement à obtenir les produits que le commerce lui demande, et la nécessité la conduit bientôt à satisfaire ses exigences. Le travail du bois et des métaux, la fabrication des émaux et des verreries exigeaient des connaissances variées. Inconnues avant l'époque des croisades, ces connaissances furent bientôt empruntées à l'Asie et répandues en Europe. Les verreries de Tyr servirent de modèles à celles de Venise. La fabrication des étoffes de soie, l'art de les teindre habilement, si développés chez les musulmans se propagèrent bientôt en Europe. Dans les armées que l'Occident envoya pendant deux siècles en Orient, des ouvriers de toutes sortes, armuriers, architectes, charpentiers, etc., se trouvaient représentés. Le séjour de tous ces artisans en Syrie fut assez long pour qu'ils pussent y acquérir les connaissances qui leur manquaient.

Dans les arts, l'influence de l'Orient sur l'Occident fut également très grande. Au contact des produits artistiques de tout genre que possédait le monde oriental, depuis Constantinople jusqu'à l'Égypte, le goût des croisés se dégrossit bientôt.

L'architecture elle-même finit pas se transformer entièrement en Europe, et il ne nous sera pas difficile de montrer, dans un autre chapitre, que ses premières transformations furent considérablement influencées par les oeuvres de la civilisation arabe.

Au point de vue de la science pure, les croisades n'eurent, contrairement à l'opinion de beaucoup d'historiens, qu'une influence extrêmement faible. Les savants étaient inconnus dans les armées croisées, et on n'importe pas, du reste, des connaissances et des méthodes comme la forme d'un monument ou une recette industrielle. Si nous ne disons pas que l'influence des croisades sur les progrès scientifiques de l'Europe fut entièrement nulle, c'est que l'industrie est assez proche parente de la science et qu'en étudiant l'une on est souvent conduit à s'occuper un peu de l'autre. Le moyen âge puisa certainement ses connaissances scientifiques et littéraires dans les livres des Orientaux mais nous montrerons dans un autre chapitre que ce ne fut nullement par les croisades qu'elles pénétrèrent en Europe.

Au point de vue exclusivement littéraire, l'influence des croisades, bien qu'également très faible, ne fut pas non plus absolument nulle. Elles inspirèrent une foule de poètes et de prosateurs. Les enchanteurs de l'Égypte, les merveilles de l'Orient, Godefroy, Tancrède, etc., furent le thème principal des récits que les trouvères allaient réciter de châteaux en châteaux.

Nous pouvons conclure de ce qui précède que, grâce aux croisades, l'influence civilisatrice de l'Orient sur l'Occident fut très grande, mais que cette influence fut beaucoup plus artistique, industrielle et commerciale que scientifique et littéraire. Quand on considère le développement considérable des relations commerciales et l'importance des progrès artistiques et industriels, engendrés par le contact des croisés avec les Orientaux, on peut affirmer que ce sont ces derniers qui ont fait sortir l'Occident de la barbarie, et préparé ce mouvement des esprits que l'influence scientifique et littéraire des Arabes, propagée par les universités de l'Europe, allait bientôt développer et d'où la renaissance devait sortir un jour.

Livre quatrième
Mœurs et institutions des Arabes

Chapitre I
Les Arabes nomades et les Arabes sédentaires des campagnes

1. – Reconstitution de la vie des anciens Arabes

Dans ce chapitre et dans celui qui va suivre nous essaierons de présenter une esquisse de la vie des Arabes, quelques siècles après Mahomet. Ce n'est qu'après avoir étudié leurs mœurs et leurs coutumes qu'il nous sera possible de saisir l'origine des institutions politiques et sociales qui ont régné dans leur empire.

Les traits principaux de cette esquisse seront puisés dans l'observation des Arabes actuels. Une telle méthode n'est applicable qu'à un petit nombre de peuples. Il est facile de montrer qu'elle l'est surtout aux populations de l'Orient dont nous étudions l'histoire.

Un des traits caractéristiques de la civilisation des nations de l'Occident est la rapidité des transformations qu'elles subissent. Quand on compare certaines époques un peu éloignées, celles de Charlemagne et de Louis XIV, par exemple, il semble qu'il s'agisse de mondes entièrement différents. Les arts, l'industrie, la science, la vie sociale, la langue elle-même, tout a changé. Mais les transformations constatées d'une époque à l'autre ne sont réellement profondes que parce que l'histoire ne s'occupe guère que des couches sociales les plus élevées. Elles sont très faibles dans les éléments moyen et inférieur qui forment le fond de chaque nation. Cette somme de connaissances scientifiques, littéraires, artistiques ou industrielles dont l'ensemble forme la civilisation d'une époque n'eut pendant des siècles qu'une influence fort minime sur le sort des foules. Il y a loin sans doute d'un compagnon de Charles Martel à son descendant du temps de Louis XIV, mais entre un forgeron, un marchand, un paysan de la première époque et les mêmes individus de la seconde, la différence est faible. Aujourd'hui encore, certains paysans bretons diffèrent bien peu de leurs ancêtres d'il y a mille ans.

Si faible que soit la différence, elle existe pourtant par le fait seul que le milieu a changé. Le paysan breton dont je parlais à l'instant pourra ne pas avoir une constitution mentale supérieure à celle de ses aïeux, mais au fond même du plus obscur village, alors même qu'il ne parlerait que le patois de ce village. Il vit dans un milieu différent de celui où vivaient ses pères et reçoit le reflet lointain d'une civilisation qui se transforme constamment.

Il est de tradition en Europe que les peuples de l'Orient ne changent pas.

Ils changent peu aujourd'hui sans doute, mais autrefois ils ont beaucoup changé, au moins dans les couches sociales susceptibles de transformation. La distance est grande entre un seigneur arabe de la cour du roi Boabdil et un des compagnons d'Omar, plus grande encore entre un savant des universités de Bagdad et de Cordoue et un ancien pasteur de l'Arabie. Ce n'est que dans les couches sociales inférieures que les changements ont été minimes et nous avons dit plus haut que le même phénomène s'observe partout. Il est donc tout simple qu'entre un Arabe sédentaire des campagnes et plus encore un nomade du temps de Mahomet, et leur descendant moderne la différence soit faible.

Nous devons donc faire pour les peuples de l'Orient les mêmes distinctions que celles que nous avons faites pour ceux de l'Occident, et ne pas confondre des catégories sociales dont l'évolution a été fort différente et dont l'étude doit être par conséquent séparée.

Mais tout en établissant ces distinctions essentielles il faut bien reconnaître cependant que les Arabes changent beaucoup moins maintenant d'un siècle à l'autre que les populations européennes. Leur stabilité actuelle résulte non seulement de ce que leur ancienne civilisation a disparu, mais surtout de ce que le Coran étant un ensemble de lois religieuses, politiques et civiles, intimement liées, la fixité des unes a entraîné forcément l'immobilité des autres. Les disciples du prophète se sont trouvés bientôt enfermés dans un réseau de traditions et de coutumes que l'hérédité a rendu tout-puissant sur les âmes et qui a fini par devenir trop solide pour pouvoir être brisé. Les mœurs et coutumes de la plus grande partie des Arabes ont fini ainsi par devenir presque invariables depuis des siècles et c'est pourquoi il est possible de reconstituer leur existence passée en étudiant leur vie actuelle.

C'est surtout pour les Arabes sédentaires des campagnes et plus encore pour les Arabes nomades que les changements ont été minimes. Pour les Arabes des villes, soumis à l'action de conquérants très divers, ils ont été plus importants. Mais ces conquérants ont toujours adopté le Coran et comme le Coran pénètre dans tous les détails de la vie arabe, le fond commun des mœurs et des coutumes a peu varié. Tout en n'étant plus l'image fidèle du passé, le présent lui ressemble assez pour permettre de le reconstituer.

La vie sociale des Arabes ayant toujours présenté des formes différentes, suivant qu'ils ont vécu dans le désert, dans les campagnes ou dans les villes, nous l'étudierons séparément sous ces trois aspects.

2. - *Vie des Arabes nomades*

Nous avons suffisamment décrit le caractère des Arabes nomades pour ne plus avoir à y revenir maintenant, et nous n'aurons qu'à compléter ce que nous avons dit par la description du côté matériel de leur existence.

Les mœurs et les coutumes de ces nomades sont bien plus faciles à exposer que celles des populations sédentaires des campagnes, et surtout que celles des habitants des villes. La vie est réduite, en effet, chez les premiers à ses formes les plus simples, et dégagée de ces additions compliquées que la fixité au sol entraîne. La description suivante que j'emprunte à Coste donne en quelques lignes un tableau suffisant de leurs coutumes. Elle a été faite il y a cinquante ans sur les tribus arabes indépendantes des déserts qui bordent la vallée du Nil ; mais les conditions d'existence créées par la vie au désert sont si peu susceptibles de changements, que la même description serait aussi applicable à des nomades contemporains de Salomon qu'à ceux qui vécurent du temps de Mahomet ou qui vivront dans la suite des siècles, jusqu'au jour où la nature ayant changé, il n'y aura plus de déserts en Arabie ni en Afrique.

> « L'Arabe monte à cheval le matin à la pointe du jour et ne rentre sous sa tente qu'au coucher du soleil. Pendant la journée il se nourrit de dattes, de quelques grains de dourah ou de blé, et fait paître à sa jument

les herbes parasites qu'il rencontre sur son passage. Le soir, lorsqu'il rentre sous sa tente, sa femme lui prépare un vase de lait, quelques dattes et du miel.

« L'Arabe ne fréquente les villes que pour trafiquer du produit de ses troupeaux, des chameaux et des juments ; il ne couche jamais dans aucune ville. Lorsqu'il est campé, il cultive quelques fédans de terre pour avoir du blé, de l'orge et du dourah à son usage. L'indépendance de sa vie lui donne un air de fierté ; il ne s'est point avili comme le fellah. Sa démarche est assurée, ses yeux vifs et perçants. La sobriété et une vie réglée l'éloignent, ainsi que sa famille, des maladies qui accablent les fellahs. Leur sang est aussi pur que l'air qu'ils respirent au désert.

« La principale occupation des femmes arabes est de traire les brebis et les vaches, de faire la farine sur deux petites meules en pierre mues à bras. Elles font le pain, préparent le repas, veillent sur les enfants, tissent des étoffes grossières pour se vêtir ; elles font également des tapis et de la toile pour leurs tentes.

« Quand la tribu est en marche, les femmes se placent deux à deux dans un haudedj, espèce de panier fixé sur le dos d'un chameau ; ce panier est construit de branches de laurier-rose, garni au fond d'une peau de mouton, et la partie supérieure est couverte d'une toile pour les garantir du vent et du soleil. Blotties dans cette cage, elles s'occupent du ménage en broyant le blé avec leurs petites meules, préparent la pâte de chaque jour, et à la première halte, elles font cuire le pain sur de la cendre chaude ou dans un petit fourneau, et quelquefois sur un âtre de terre. Elles se servent pour combustible de crottins de chameaux.

« La tente du chef est au centre, celles des enfants mariés à droite et à gauche viennent ensuite celles des autres parents, puis celles des serviteurs. Les juments sont placées devant les tentes pour s'en servir à la moindre alerte et les avoir sous les yeux. Après viennent sur une autre ligne, les vaches, les dromadaires, les chameaux, les brebis et les chèvres. Ces dernières sont parquées dans une enceinte de toile.

« Les chameaux sont très souvent rangés en cercle autour de la tente des gardiens. En dehors du camp, et à une certaine distance, sont placées de petites tentes pour les hommes qui font sentinelle pendant la nuit.

« Toutes ces tentes sont peu élevées, on ne peut s'y tenir debout que vers le centre. Leur forme est toujours carrée, jamais circulaire ; on peut les fermer dans tout leur pourtour, mais ordinairement on laisse ouverte la partie qui tourne au nord, pour recevoir la brise-fraîche de ce côté. Leur construction est en toile composée de fils de poils de chèvres et de chameaux. La pluie et la rosée ne font que glisser sur ces tissus sans jamais pénétrer dans l'intérieur, ce qui les garantit des orages, du vent et du soleil. »

Je compléterai ce qui précède en indiquant le mobilier, très rudimentaire du reste, que contiennent ces tentes. Chacune d'elles ne renferme que les objets strictement nécessaires à la vie nomade : les armes d'abord, et notamment une lance de 3 à 4 mètres de longueur, puis une plaque de fer pour cuire le pain, une marmite pour les aliments, une cafetière pour le café, un mortier pour le broyer, un sac de cuir pour puiser de l'eau, et quelques vêtements et menus objets. On conçoit facilement que des hommes dont les besoins sont si faibles n'aient jamais connu de maîtres.

3. - Vie des Arabes sédentaires des campagnes

Vie sociale. - L'Arabie et les contrées voisines ont possédé de tout temps des populations agricoles vivant dans les campagnes situées loin des villes, et qui, toujours soumises à l'action du même milieu, enfermées dans un réseau étroit de traditions et de coutumes, ne subirent d'autre changement important que celui de leur religion. Ce sont ces populations qu'il faut étudier pour comprendre l'origine de certaines institutions que le Coran contient.

Parmi les populations, nombreuses encore, que l'on pourrait prendre pour type, je choisirai les Arabes demi-indépendants qui vivent dans le Haouran, sur les confins du désert de Syrie. Ils ont déjà été fort bien étudiés par M. Le Play dans son bel ouvrage sur les ouvriers de l'Orient, et ils présentent surtout à nos yeux le très grand avantage de nous montrer comment des populations de mœurs et d'intérêt aussi différents que les sédentaires et les nomades peuvent vivre quand elles sont en contact, et quelles institutions sont nées de ce contact.

Bien que ne vivant pas dans l'Arabie proprement dite, les populations dont je vais étudier la vie sociale sont de race arabe. On sait, en effet, que le Haouran fut peuplé peu après Jésus-Christ par des tribus arabes (Kahtanides, suivant Wetzstein) venues du sud de l'Arabie, et qui créèrent le royaume des Sehilihides, puis celui des

Ghassanides, sous le protectorat des Romains. Un de ces Arabes du Haouran, Philippe, fut même empereur romain en 244. On sait aussi que le royaume arabe des Ghassanides dura cinq cents ans, et ne fut détruit que lorsqu'il fut englobé par les successeurs de Mahomet. C'est aux Ghassanides qu'on attribue les constructions gigantesques rencontrées dans le pays, et notamment dans son ancienne capitale Bosra. On y voit encore des inscriptions en caractères dits sabéens, du nom de la langue parlée par certaines tribus anciennes de l'Arabie.

Les Arabes du Haouran avoisinant Bosra se composent de nomades et de sédentaires. Les nomades ne se montrent que pendant la belle saison, et s'éloignent pendant l'hiver pour aller en Mésopotamie ou dans la vallée du Jourdain.

Les habitants sédentaires sont groupés par communautés composées de plusieurs générations de parents, sous l'autorité patriarcale d'un chef de famille. C'est là, comme on le voit, l'organisation primitive de la tribu.

Toutes ces communautés sont agricoles, et comme la population est très peu nombreuse, eu égard à la surface très grande des terres cultivables, chacune d'elles n'en exploite qu'une partie. La propriété du sol est commune à tous les habitants du village, et la portion attribuée à chacun proportionnelle au nombre de bœufs qu'il possède. Les céréales que chaque communauté récolte servent d'abord à nourrir les bœufs et les chameaux. L'excédent est vendu aux nomades du désert, ou à des marchands de Damas, ou même transporté sur les côtes de la Syrie par caravanes, pour être expédié en Europe.

Tous les produits appartiennent à la communauté, à l'exception de petits revenus d'origine diverses que possèdent quelques membres et qu'ils emploient à leur gré.

L'industrie de la région est à peu près nulle. Les habitants fabriquent fort peu d'étoffes, et se procurent celles dont ils ont besoin auprès des marchands de Damas qui viennent acheter leurs grains.

Chaque communauté comprend plusieurs ménages.

> « Le régime de la communauté, dit M. Delbet, réunissant un grand nombre de personnes sous un même toit, un nom commun employé seul ne pourrait pas désigner clairement les individus ; on y joint celui de père, et l'on dit alors : un tel, fils d'un tel. Quand la personne désignée,

homme ou femme, a elle-même un fils, on dit encore : un tel, père d'un tel, ou une telle, mère d'un tel ; souvent même, dans ce dernier cas, on dit simplement le père d'un tel, ou la mère d'un tel sans prononcer le nom propre de la personne dont il s'agit ; mais si, parmi les enfants, il n'y a pas de garçons, on n'emploie jamais ce mode de désignation, car ce serait faire injure à un homme que de lui rappeler qu'il n'a pas d'enfant mâle. Les noms de famille existent seulement pour ceux dont un ancêtre a acquis une renommée glorieuse dont puissent s'honorer ses descendants. Ce nom de famille n'est d'ailleurs habituellement donné qu'à son chef, bien qu'il appartienne à tous ses membres. »

Les différents ménages de chaque communauté forment, avec les domestiques, une trentaine de personnes qui sont placées sous l'autorité du plus ancien chef de famille. Les femmes s'occupent exclusivement du ménage et sont traitées avec une grande douceur, mais leurs mœurs sont surveillées sévèrement. Lorsqu'il arrive à une jeune fille de commettre une faute, ce qui est fort rare, elle est mise à mort par ses propres parents.

Au point de vue légal ces Arabes sédentaires sont régis par le Coran et la coutume ; les différends sont jugés par un cheik. En cas de meurtre, une compensation pécuniaire peut être admise ; mais le plus souvent les parents de la victime préfèrent la peine du talion ; il en résulte qu'un meurtre en entraîne une succession d'autres pendant plusieurs générations. Les conséquences très graves que les meurtres provoquent les rendent très rares. Les nomades eux-mêmes, dans leurs déprédations, respectent la vie humaine, de peur d'être exposés à des vengeances héréditaires. L'usage de venger le sang par le sang, qui semble au premier abord tout à fait barbare, est donc en réalité fort avantageux, puisqu'il a pour résultat certain d'empêcher des meurtres qui se produiraient infailliblement sous une loi plus douce. Chez tous les peuples primitifs, la peine du talion a toujours été la meilleure des lois, parce que c'était la seule efficace.

Aucun règlement n'oblige les individus à vivre en communautés, mais ces dernières se maintiennent en vertu d'un principe supérieur à tous les règlements : la nécessité. Chez des populations qui ne peuvent compter sur la protection d'aucun gouvernement, l'individu isolé et sans appui serait tellement faible qu'il serait bientôt condamné à disparaître. Ceci nous explique encore pourquoi nous rencontrons partout les Arabes groupés sous l'autorité d'un chef. Ces petits groupes ne sont en réalité que des associations indispensables à l'existence des membres qui les composent. L'organisation des tribus nomades des Bédouins repose sur les mêmes nécessités ; et, étant données leurs conditions d'existence invariables, il est visible que cette organisation ne saurait changer. Il est, du reste, probable que, dans tous les pays où les communautés s'observent, elles eurent pour origine l'impuissance complète de l'individu isolé dans une société sans organisation solide. Elles disparurent, ou tendirent à disparaître, aussitôt qu'un gouvernement central put se substituer à la communauté, et offrir à l'individu la protection que cette dernière seule pouvait d'abord lui donner.

En dehors des membres de la famille composant la communauté et qui en partagent les bénéfices, se trouvent un certain nombre de domestiques, provenant, soit d'étrangers cherchant à gagner leur vie, soit de membres détachés d'autres communautés avec lesquelles ils ne pouvaient s'entendre, ou de communautés dissociées par revers de fortune ou par toute autre cause. Ces domestiques sont utilisés surtout par les travaux agricoles, et sont en réalité de véritables associés. Leur salaire se compose, en effet, d'une portion, le quart habituellement, de la récolte produite par leur travail. Ils sont, du reste, considérés comme faisant partie de la famille, dont ils partagent la table. On voit fréquemment une fille de la maison épousée par un domestique. Il est généralement stipulé alors que ce dernier travaillera plusieurs années sans recevoir d'autre salaire que la nourriture et le vêtement. C'est un contrat qui rappelle celui que fit Jacob avec Laban pour obtenir Rachel en mariage. Ce genre de stipulation nous montre combien les usages ont peu varié chez les Arabes sédentaires depuis les temps bibliques. De même encore qu'à des âges reculés, il arrive parfois que le beau-père réclame des prolongations de service non stipulées dans le contrat.

Que le serviteur épouse une fille de son maître, ou qu'il finisse par économiser assez d'argent pour se marier, acheter quelques têtes de bétail, entrer dans une famille, et entreprendre une culture à son compte, la domesticité n'est, chez ces populations primitives, qu'un état transitoire destiné à conduire à une condition supérieure.

Comme tous les Orientaux, les populations dont nous venons de parler sont polygames. Leur polygamie est d'ailleurs la conséquence de nécessités sur lesquelles nous aurons à revenir dans un autre chapitre, nécessité telle que ce sont les femmes elles-mêmes qui

Mœurs et institutions des Arabes

sont les premières à y pousser leurs maris.

Ainsi qu'il arrive dans toutes les régions voisines du désert, c'est-à-dire par conséquent dans la plus grande partie de l'Arabie, les populations sédentaires du Haouran se trouvent en contact avec des Arabes nomades, qui, ne pouvant vivre uniquement des produits de leurs troupeaux et de l'élevage des chevaux et chameaux, sont obligés de s'adonner au pillage.

Les intérêts des nomades et ceux des sédentaires sont aussi opposés, que le sont ceux du chasseur et du gibier ; le premier ayant un intérêt évident à manger le second, et le second un intérêt non moins évident à ne pas être mangé par le premier. Mais la nécessité, cet éternel et puissant facteur de toutes les institutions humaines, est rapidement arrivée à concilier, du moins chez les Arabes, ces intérêts si contraires. Les sédentaires achètent la protection des nomades, moyennant une redevance annuelle, et les nomades protègent les sédentaires afin d'être sûrs de toucher ce tribut. Cela revient, pour les premiers, à abandonner une partie de leur récolte pour sauver le reste. C'est, sous une autre forme, exactement ce que fait l'homme civilisé, qui donne à une compagnie d'assurance une somme représentant une partie de sa récolte pour la garantir, et au gouvernement une autre partie de la même récolte pour entretenir les gendarmes, les juges et les divers fonctionnaires chargés de la protéger. Les Arabes dont je parle n'ayant pas de gouvernement capable d'entretenir une police et une armée pour empêcher les déprédations, préfèrent entretenir les déprédateurs. Le résultat est identique et les frais ne sont pas plus lourds.

En échange de la redevance versée par chaque village aux tribus nomades voisines, ces dernières deviennent les alliées des sédentaires et sont prêtes à les protéger contre les autres nomades qui pourraient les attaquer ; mais le fait se présente rarement, aucune tribu ne se souciant de s'attirer une guerre où elle aurait peu à gagner en attaquant un village protégé par une autre tribu.

Les habitations des sédentaires du Haouran sont à peu près les mêmes que celles qu'on rencontre en Syrie. Chaque maison comprend la partie réservée aux étrangers et celle réservée à la famille, plus des dépendances diverses, cours, écuries, etc. Les toitures sont disposées généralement en terrasse. La charpente est en bois, les murs en pisé. Le mobilier consiste en nattes sur lesquelles on s'étend pour dormir.

Demeures. - Laissant de côté maintenant ce qui concerne la vie sociale des Arabes que j'ai pris pour exemple, je dirai quelques mots de ce qui a rapport à la vie domestique : demeure, nourriture, costumes, etc., des Arabes sédentaires des campagnes de diverses contrées.

Les maisons des populations arabes des classes moyennes et inférieures sont parfois d'une simplicité extrême et diffèrent beaucoup, à ce point de vue, des maisons luxueuses des Arabes aisés que nous décrirons dans notre prochain chapitre.

Leur disposition générale est la même dans tout l'Orient ; mais dans les pays où se fait sentir l'influence européenne, elles perdent beaucoup de leur style primitif. Il faut aller dans certains villages de la Syrie, de l'Algérie ou du Maroc, pour retrouver ces maisons blanches carrées à terrasse, ayant la forme d'un cube percé d'étroites ouvertures et qui, lorsqu'elles sont entourées de palmiers, ont un aspect oriental si caractéristique.

Les éléments de construction de ces demeures : pierre, mortier, etc., varient naturellement suivant les matériaux que l'on trouve dans le pays et les nécessités du milieu. C'est ainsi que toutes les maisons des Arabes des bords du Nil sont construites uniquement avec le limon de ce fleuve. Elles sont édifiées simplement avec des briques faites d'un mélange de paille hachée et de limon séché au soleil. Leur hauteur dépasse rarement 3 mètres ; une très étroite ouverture leur donne accès. Celles des fellahs les plus pauvres n'ont qu'une porte pour toute ouverture. Celles des individus aisés se composent de plusieurs pièces, ou même de plusieurs constructions séparées : maison d'habitation, étables, pigeonniers, etc. Le tout est entouré d'un mur en pisé blanchi à la chaux. Des nattes, et rarement un divan, constituent tout l'ameublement. Les habits sont pendus aux murs. Les nattes et couvertures sur lesquelles on a couché sont roulées tous les matins, et placées sur des étagères pratiquées dans le mur. Au-dessus de la maison existe généralement une terrasse.

Je ferais remarquer en passant, que toutes les habitations arabes de l'Égypte, et le pigeonnier notamment, ont avec les anciennes constructions pharaoniques un air de parenté frappant, et il m'est fréquemment arrivé de prendre de loin ces pigeonniers, grands parfois comme des maisons européennes, et les dépendances qui les entourent, pour les ruines de quelque temple. Le pigeonnier a tout à fait la forme du pylône, et les habitations ont la même tendance à la forme pyramidale qui semble la loi architectonique de l'ancienne Égypte. C'est, du reste, le seul exemple qu'on puisse citer de l'influence de cette dernière sur l'architecture musulmane mais cet exemple perd toute valeur lorsqu'on sait que les populations des rives du Nil descendent des anciens Égyptiens beaucoup plus que des Arabes.

Alimentation. - La nourriture des Arabes dans les classes pauvres se borne à des galettes minces de pain et quelques légumes et fruits : bananes, figues et dattes notamment. Dans les classes plus aisées, elle est plus variée et comprend souvent de la viande. Le plat national, en Égypte, est le pilau, poulet découpé en morceaux et entouré de riz. En Algérie, c'est le kouskoussou, pâte de farine de blé granulée mélangée de diverses viandes, le mouton surtout.

L'Arabe le plus pauvre, fût-ce un simple nomade, fera toujours de grands frais pour recevoir un étranger. Les plats, généralement alors assez nombreux, sont servis sur un grand plateau de cuivre autour duquel on s'accroupit. Comme il n'y a ni cuillers ni fourchettes, chacun plonge la main dans le tas et en extrait ce qu'il peut. Généralement la viande est d'avance découpée, et on prend plusieurs morceaux sur diverses assiettes qu'on roule dans la paume de la main de façon à en faire une boulette. C'est une grande politesse d'offrir cette boulette à son invité, et ce serait une impolitesse non moins grande que de la refuser. J'avoue cependant que quand la boulette a été préparée par un Bédouin, peu respectueux des prescriptions du Coran relatives aux ablutions, elle constitue une pilule d'une digestion un peu lourde. Le repas terminé, on apporte à chaque invité un bassin plein d'eau pour se laver les mains.

La cuisine arabe est assez primitive, cependant j'ai eu l'occasion d'assister à des dîners arabes où j'ai remarqué plusieurs plats qui m'étaient complètement inconnus et n'auraient pas déparé une table européenne, notamment diverses pâtisseries et crèmes fort bien confectionnées. Du reste, pour toutes les sucreries, confitures et produits analogues, les Arabes sont très habiles.

La boisson habituelle des musulmans est l'eau, mais ils boivent souvent en Orient, sans trop se cacher, le raki, sorte d'eau-de-vie de dattes mélangée de mastic. Je n'ai pas besoin d'ajouter que dans les repas arabes les femmes et les hommes mangent séparément. Quand l'Arabe est seul chez lui, le père de famille est respectueusement servi par ses femmes et ses filles, qui ne mangent que quand il a terminé.

Costumes. - Lorsqu'on suit dans un journal illustré quelconque les variations du costume, en Europe seulement, depuis un siècle, on constate des transformations qui donnent une singulière opinion de la mobilité des idées européennes et des alternatives bizarres que peut subir le goût à certains moments. Si nous étudions, au contraire, les changements de costumes chez les Arabes depuis douze siècles, nous rencontrons une uniformité qui suffirait déjà, à défaut d'autres preuves, à révéler à l'observateur la force des traditions dans cette race. Sans doute le costume des mahométans est loin d'être identique dans toutes les parties de l'Afrique, de l'Égypte, de la Syrie et de l'Arabie ; mais sous la variété des formes, il est facile de constater une grande parenté. L'habillement se ramène toujours à une robe et à un manteau. Ce dernier est bleu ou noir en Égypte, blanc en Algérie, à raies blanches et noires en Syrie, etc.

La coiffure est peut-être ce qui a le plus varié et cependant ces variations sont comprises dans les limites bien étroites. En Égypte, on trouve le fez et le turban, en Syrie le kouffiéh, mouchoir à couleurs vives attaché autour de la tête avec une corde de poil de chameau, en Algérie le voile blanc fixé également par une corde de même nature.

Le costume des femmes ne présente de variété que dans les classes aisées. Dans les classes pauvres, il se compose généralement d'une longue robe de toile serrée à la ceinture et d'un voile qui cache les traits et ne laisse voir que les yeux. La robe est, en Égypte, une simple tunique de coton bleu sans traces de corset ou d'éléments analogues. Ces artifices sont inconnus et au surplus inutiles dans tout l'Orient. Les paysannes des bords du Nil ont cependant, malgré cette toilette bien sommaire, une démarche fière et majestueuse qui fait songer aux allures des déesses de la Grèce antique et frappe d'admiration les artistes. Quand on les voit s'avancer gravement, la poitrine bombée, les épaules effacées, portant gracieusement sur la tête une amphore ; on ne peut s'empêcher de songer que nos couturiers les plus habiles n'ont jamais réussi, avec leurs plus coûteux artifices, à donner à une Européenne une allure semblable.

Pour ne pas avoir à revenir sur ce qui concerne le costume lorsque j'étudierai les Arabes des villes, j'ajouterai que, dans les classes les plus aisées, les vêtements sont plus compliqués mais toujours fort gracieux : chemises de soie ou de gaze, petites vestes brodées d'or, larges pantalons, etc. Lorsque les femmes sortent, le corps est toujours recouvert d'un long manteau et la figure d'un voile.

Il serait inutile, du reste, d'insister davantage sur ce qui concerne le costume chez les Arabes. Les nombreuses gravures disséminées dans cet ouvrage sont préférables à toutes les explications. Qu'il s'agisse de costumes, de types, de monuments, de choses quelconques susceptibles d'être représentées, c'est en les représentant, bien plus qu'en les décrivant, que j'espère réussir à évoquer devant le lecteur l'image fidèle de ce monde oriental, si différent du nôtre et auquel on ne peut songer sans voir surgir dans l'esprit une lumineuse vision de formes séduisantes et de couleurs éclatantes.

Chapitre II
Les Arabes des villes. Mœurs et coutumes
1. – La société arabe

La stabilité des institutions des Orientaux, leur résignation devant les événements accomplis ou qu'ils ne peuvent empêcher de s'accomplir et la fraternité qui existe entre toutes les classes, forment un contraste frappant avec les révolutions perpétuelles, l'existence agitée et fiévreuse, les rivalités sociales des peuples européens.

Une politesse et une douceur extrêmes, une grande tolérance des hommes et des choses, le calme et la dignité dans toutes les conditions et toutes les circonstances, une modération très grande dans les besoins sont les caractéristiques dominantes des Orientaux. Leur acceptation tranquille de la vie leur a donné une sérénité d'esprit très voisine du bonheur alors que nos aspirations et nos besoins factices nous ont conduit à un état d'inquiétude permanente qui en semble fort éloigné.

Il est facile de critiquer cette résignation philosophique et d'en montrer les inconvénients ; on ne peut méconnaître cependant que les penseurs qui ont étudié le mieux l'envers des choses n'ont pas réussi encore à découvrir de conception plus sage de la vie. Une constitution mentale qui donne à l'homme le bonheur n'est pas à dédaigner alors même qu'elle ne serait pas toujours favorable aux progrès de la civilisation.

L'étude de l'état actuel de la société arabe combinée avec celle des anciennes chroniques permet facilement de se représenter ce qu'était cette société à l'époque où florissait la civilisation des disciples du prophète.

Notre description des Arabes dans les diverses contrées où ils ont régné nous a montré que les qualités d'urbanité et de tolérance mentionnées à l'instant étaient également générales à l'époque de leur civilisation. Nous avons décrit leurs habitudes chevaleresques et montré que l'Europe barbare les leur a empruntées.

La politesse et la dignité, qui ne se rencontrent guère en Europe que dans les classes les plus élevées, sont absolument générales en Orient. Tous les voyageurs sont d'accord sur ce point. Parlant des visites que se font les Arabes appartenant aux classes les plus pauvres, le vicomte de Vogué s'exprime ainsi : « Je ne peux m'empêcher d'admirer la décence et l'urbanité de ces réunions. Ces gens-là ne sont après tout que des villageois de petite condition. Quelle différence dans la gravité de leurs paroles et la noblesse de leur attitude, avec la turbulence et le sans gêne de nos populations ! »

J'ai eu bien des fois occasion moi-même d'être en contact avec des Arabes sur des points les plus différents du monde musulman, et j'ai toujours été frappé de la dignité et de l'aisance avec lesquelles j'étais reçu par des individus dont la position sociale ne dépassait pas cependant celle de nos paysans. Que le maître de la maison où vous pénétrez soit pauvre ou riche, l'accueil est le même. Il s'avance vers vous en vous saluant à l'orientale, c'est-à-dire la main sur le cœur et le front, vous invite à vous asseoir sur le divan, à la place d'honneur, en face de la porte, vous offre une cigarette ou un narghilé, fait servir du café, et attend, avec politesse, que vous lui expliquiez l'objet de votre visite.

2. - Les villes arabes. -
Habitations, bazars, etc.

Villes arabes. - Plusieurs villes arabes actuelles, telles que Damas

Mœurs et institutions des Arabes

et certains quartiers du Caire, donnent encore une idée assez exacte de ce qu'étaient les anciennes cités arabes. J'ai déjà décrit plusieurs fois la physionomie de leurs rues tortueuses et assez mal tenues, et il serait superflu d'y revenir maintenant. Toutes les villes de l'Orient, à l'exception de celles où l'influence européenne se fait aujourd'hui sentir, comme sur les côtes de Syrie, par exemple, se ressemblent beaucoup, et le voyageur qui y serait subitement transporté par une baguette magique, devinerait immédiatement sur quelle partie du globe il se trouve.

Dans toutes les villes arabes, la vie cesse entièrement dans les rues au coucher du soleil ; et comme l'éclairage artificiel est inconnu, on ne peut se hasarder dehors sans falot.

L'animation nocturne des villes européennes, leurs boutiques brillamment éclairées, leurs cafés, etc., sont inconnus des Orientaux. La vie de famille a du reste tant de charme pour eux, qu'ils n'ont besoin d'aucune autre distraction pour occuper leurs soirées. Lorsqu'ils viennent en Europe, le mouvement de nos grandes cités le soir les frappe toujours d'étonnement, et ils en concluent que les hommes de l'Occident doivent bien s'ennuyer chez eux pour éprouver le besoin d'être toujours dehors, ou d'aller s'enfermer dans des cercles ou des cafés. « C'est là, sans doute, une des tristes conséquences de la monogamie, » me disait gravement un négociant de Bagdad, qui avait visité plusieurs capitales européennes.

Les rues de l'Orient ne sont l'objet d'aucun entretien, l'enlèvement des immondices est abandonné aux chiens, qui s'en acquittent du reste parfaitement. Ces précieux animaux, qu'on rencontre par milliers dans chaque ville, n'appartiennent à personne. Ils vivent par tribus. Chacune est confinée dans un quartier, et ses membres ne pourraient en sortir sans être immédiatement dévorés. Posséder un chien à soi en Orient est, pour cette raison, presque impossible. Si on voulait se promener avec lui dans les rues, on serait certain de le voir bientôt déchiré par les chiens des divers quartiers qu'on serait obligé de traverser.

Les Orientaux traitent les chiens, de même, d'ailleurs, que tous les animaux, avec une grande douceur, et jamais on ne voit un Arabe maltraiter un animal, ainsi que cela est généralement la règle chez nos charretiers et cochers européens. Une société protectrice des animaux serait tout à fait inutile chez eux. L'Orient est le véritable paradis des bêtes. Chiens, chats, oiseaux, etc., y sont universellement respectés. Ces derniers volent librement dans les mosquées et fond leurs nids sur les corniches. Les ibis se promènent dans les champs sans crainte d'être tourmentés. Jamais un enfant n'attaque un nid d'oiseaux. On m'a assuré au Caire, et le fait est du reste consigné dans plusieurs auteurs, qu'il existe dans cette ville une mosquée où les chats viennent à certaines heures chercher la nourriture qu'un legs charitable leur assure depuis longtemps.

C'est par tous ces petits détails qu'on peut juger des mœurs du peuple. Ils montrent combien, par la douceur et l'urbanité l'Européen aurait à apprendre des Orientaux.

Les voitures sont à peu près inconnues en Orient ; il existe d'ailleurs peu de rues où elles pourraient circuler. Les seuls moyens de locomotion en usage sont le cheval, le chameau et l'âne. Ce dernier est surtout employé en Égypte. Au Caire, c'est la monture employée par tout le monde pour les courses journalières. Il est beaucoup plus élégant que ses collègues un peu décriés d'Europe, et les personnages les plus aristocratiques ne dédaignent pas de s'en servir. Les femmes le montent également, mais à califourchon, comme les hommes.

Chaque âne est suivi par son conducteur qui le stimule consciencieusement bien plus par ses cris que par le bâton, et c'est à qui trottera plus vite de l'ânier ou de sa bête. L'âne n'écoute d'ailleurs que son conducteur, et professe le plus large dédain pour tous les stimulants que peuvent lui prodiguer ses cavaliers provisoires.

Habitations. - Les Arabes des villes tendent aujourd'hui à transformer de plus en plus leurs habitations sous l'influence européenne. Les anciens palais arabes deviennent extrêmement rares.

Les plus belles maisons construites dans le style arabe se rencontrent à Damas. Leur extérieur n'a rien généralement qui attire les regards. La vie des Orientaux est toute intérieure, et ils sacrifient peu aux apparences. On pénètre généralement dans ces demeures par un corridor étroit et voûté, sous lequel se tiennent les domestiques. À son extrémité, on rencontre une grande cour, ou plutôt un véritable jardin pavé de marbre, au milieu duquel est un bassin entouré de saules pleureurs, d'orangers, de citronniers, de grenadiers et de plantes odorantes, qui remplissent l'habitation du parfum de leurs fleurs et de leurs fruits. Tout autour de cette cour sont disposés les divers corps de bâtiments qui servent d'habitation. Leur intérieur est d'une richesse merveilleuse. Le dessin que nous donnons dans un autre chapitre, d'après nos photographies, de l'intérieur du plus beau palais de Damas, en est la preuve. Aucune description ne pourrait donner une idée fidèle de ces plafonds à poutrelles saillantes et à caisson évidés, où de véritables artistes ont sculpté, dans le cèdre et le sycomore, les plus étonnantes arabesques ; de ces vitraux aux dessins étranges, de ces murs recouverts d'inscriptions, de ces moulures en forme de stalactites reliant le plafond aux parois des murs.

La pièce principale, haute comme une maison à deux étages, est généralement divisée en trois parties disposées autour d'une surface dallée, au milieu de laquelle est un bassin octogone de marbre sculpté contenant un jet d'eau.

L'ameublement se compose principalement d'un grand divan, revêtu de soie brodée d'argent et or, faisant le tour de la pièce. Les autres meubles sont des guéridons et des tabourets à incrustations de nacre. Des niches, pratiquées dans l'épaisseur des murs et revêtues de marbre, de marqueteries, de carreaux, de faïences persanes, supportent des porcelaines de Chine, de l'argenterie, des tasses à café sur de petites coupes en filigrane, des narghilés, des cassolettes à parfums, etc.

C'est dans ces retraites charmantes [1] pleines de fraîcheur et de

---

1 Ces merveilleux palais, dont chaque grande cité était pleine à l'époque de la civilisation des Arabes, ont presque entièrement disparu aujourd'hui. Il s'en construit encore à Damas, mais ils ont pour auteurs des juifs enrichis, et le mauvais goût et le faux luxe, si habituels dans cette race, ne peuvent que faire regretter l'argent dépensé à édifier ces tristes imitations d'un art en voie de disparaître. On y rencontre un affreux mélange d'objets orientaux de pacotille, de bibelots provenant de nos plus vulgaires bazars, et d'atroces peintures exécutées par des peintres en bâtiment de passage. Ces maisons, étant les seules ouvertes aux étrangers, sont généralement les seules que ces derniers visitent. On les considère très à tort comme des types de l'art arabe. La plus connue est celle d'un marchand juif, dont deux excellents auteurs, MM. Lortet et Guérin, ont cru devoir reproduire l'intérieur dans leurs ouvrages. Je n'ai pu y trouver de remarquable que l'extrême mauvais goût avec lequel les styles les plus divers ont été associés. On y voit de tout en effet : les meubles européens les plus communs, des chandeliers à treize sous, des statuettes de Napoléon et des peintures de paysage auprès desquelles les gravures coloriées d'Epinal seraient de purs chefs-d'œuvre.
Le palais dont j'ai reproduit la partie principale, celle consacrée au harem,

parfums, où les vitraux ne laissent tomber qu'un demi-jour et où le silence n'est troublé que par le murmure de l'eau dans les vasques de marbre qu'aime à se retirer l'Arabe. Entouré de ses femmes, il peut suivre dans la fumée de son narghilé les fantaisies de son imagination et se croire transporté dans le paradis de Mahomet.

Les maisons arabes de l'Algérie et du Maroc sont construites sur un type un peu différent de celles de Damas. L'espace étant plus restreint, il a fallu remplacer le plus souvent les jardins par une cour ; et les divers corps d'habitation se sont trouvés naturellement réunis en un seul circonscrivant cette cour.

Vues du dehors, ces maisons ont l'aspect de vastes cubes de pierres blanches surmontés d'une terrasse. Les pièces prennent leur jour principal sur une cour entourée d'arcades supportant plusieurs étages de galeries sur lesquelles s'ouvrent les chambres. Celles-ci sont pavées de briques émaillées ; leurs murs sont recouverts de faïences également émaillées, et les plafonds sont en bois sculpté. L'ameublement se compose de nattes et de tapis. Un divan placé à l'extrémité de la chambre sert de siège le jour et de lit la nuit. Des coffres en bois peint contiennent les habits et les bijoux. Pour abriter la cour des ardeurs du soleil, on tend au-dessus un velum retenu par des cordes fixées à la terrasse par des crochets. De telles constructions sont excellentes pour les pays chauds. Dans les anciennes villes arabes de l'Espagne, Séville notamment, beaucoup de maisons se construisent encore sur ce type.

L'architecture du peuple est tellement l'expression fidèle de ses besoins, que le même peuple, en changeant de pays, doit adapter

---

appartient à la famille d'un ancien gouverneur de Damas, Azhad pacha. C'est un des plus anciens, et certainement le plus beau de ceux qui existent encore dans cette ville. Malheureusement il menace ruine, et ses propriétaires, d'un tempérament d'ailleurs très peu artistique, ne seraient pas assez riches pour le réparer. Il m'a donc semblé intéressant, à plusieurs points de vue, de le reproduire par la photographie. Je n'ai fait qu'ajouter, d'après les documents exacts, l'ameublement qui manquait, et transposé une des parois afin de montrer l'ornementation de côté faisant face à l'entrée. Notre dessin représente un peu plus du tiers de la pièce. Lorsqu'on a franchi le seuil de la porte, et qu'on regarde le bassin de marbre qui est devant soi, on a sur sa gauche la partie rectangulaire figurée par le dessin, devant soi un second rectangle analogue et un troisième sur sa droite. L'ensemble a la forme d'une croix grecque dont on aurait coupé la branche inférieure remplacée par la porte d'entrée.

Je donne dans un autre dessin, exécuté également d'après mes photographies, la reproduction d'un des vitraux de la salle précédente.

aussitôt son architecture à son nouveau milieu. C'est pour cette raison que les maisons arabes du Caire diffèrent notablement de celles que nous venons de décrire. La place étant toujours limitée dans les grandes villes, il a fallu gagner par la hauteur des maisons ce qu'on ne pouvait obtenir par leur surface. Elles ont donc généralement trois étages, et les pièces ne peuvent avoir par conséquent la hauteur de celles des maisons de Damas. La nécessité de réduire la surface de la cour rendant l'aération intérieure insuffisante, il a fallu pratiquer des ouvertures sur la rue ; mais comme, en raison des mœurs arabes, ces ouvertures doivent être closes pour l'étranger, on a bientôt imaginé les grillages à jour en bois ouvragé comme de la dentelle, auxquels on a donné le nom de moucharabiehs.

Il n'y a plus au Caire qu'un fort petit nombre d'anciennes maisons construites dans le goût de celles des khalifes, et elles tombent en ruine : je citerai notamment celle du chef général des mosquées. Aujourd'hui les gens riches trouvent beaucoup plus élégant de construire des maisons à l'européenne.

Contrairement à ce qui s'observe dans la plupart des villes orientales, l'entrée des anciennes maisons du Caire était souvent richement ornée.

Bazars. - Une des parties les plus intéressantes des villes d'Orient est celle où se trouvent les bazars. Chaque ville importante contient toujours une série de bâtiments formant tout un quartier, exclusivement réservé au commerce, et dont l'ensemble constitue ce qu'on appelle le bazar. Il comprend un nombre plus ou moins grand de galeries recouvertes de planches ou de nattes, où se trouvent les boutiques groupées par espèces de marchandises. Un qualificatif tiré du nom des objets vendus dans chaque galerie, et ajoute au mot générique bazar, sert à les désigner ; c'est ainsi qu'il y a le bazar des armes, celui des costumes, celui des épices, etc. Sauf dans les très grandes villes, il n'y a d'autre marché, même pour les objets de consommation journalière, qu'au bazar.

Toutes ces boutiques n'ont aucune analogie avec nos magasins européens. L'art de l'étalage, notamment, y est totalement inconnu. Chacune d'elles est un simple renfoncement obscur de 2 à 3 mètres de largeur sur un peu moins de profondeur, dans l'intérieur duquel les marchandises se trouvent disposées, et devant lequel le marchand est assis. Malgré leur aspect misérable, ces réduits contiennent parfois de véritables richesses.

Le bazar est, en Orient, le rendez-vous favori des promeneurs. C'est souvent le seul endroit de la ville où on puisse trouver un peu de fraîcheur Les femmes viennent y passer de longues heures.

Toutes les boutiques des bazars orientaux, même celles des chrétiens, sont tenues sans exception par des hommes.

Assis gravement devant son échoppe, le marchand attend patiemment l'acheteur et n'importune jamais le passant, à moins qu'il ne soit juif. Dans ce cas, on a toutes les peines du monde à se débarrasser de ses basses obsessions.

Quelle que soit du reste la nationalité du marchand auquel on s'adresse, son habitude invariable est de demander quatre ou cinq fois la valeur des objets qu'on lui désigne, et une habitude non moins invariable est de ne les céder à un prix acceptable qu'après de longues discussions. Si l'objet est un peu précieux, il faut revenir plusieurs jours de suite avant de réussir à terminer la négociation. Ce n'est qu'après une semaine de pourparlers, que j'ai pu avoir à Damas, à un prix presque raisonnable, le narghilé de cuivre incrusté d'argent dont je donne le dessin dans cet ouvrage. Il semblerait que l'Oriental ne se dessaisit qu'avec peine de ce qu'il possède, et il faut une patience égale à la sienne pour traiter une affaire avec lui.

3. - *Fêtes et cérémonies : naissance, circoncision, mariages, enterrements*

Naissance et circoncision. - La naissance des enfants donne lieu à quelques réjouissances chez les Arabes, mais elles ont un caractère tout à fait privé. La circoncision, qu'on pratique sur tous les enfants mâles, donne lieu au contraire à des réjouissances publiques. Cette opération se fait habituellement vers l'âge de six à sept ans. L'enfant qui doit la subir est promené en grande pompe dans la ville, vêtu de riches vêtements, la figure couverte d'un voile, monté sur un cheval magnifiquement harnaché, et escorté d'autres enfants superbement vêtus. Le barbier chargé de la circoncision se place avec les musiciens, en tête du cortège. La marche est fermée par des femmes qui poussent des cris particuliers en signe d'allégresse. On se rend à la mosquée, richement illuminée pour la circonstance, et de là chez les parents, où est servi un festin, souvent suivi d'une représentation théâtrale. C'est généralement après le repas que le barbier procède à la circoncision, pendant que les cymbales retentissent pour étouffer les cris du patient. Les nombreux invités passent la nuit à boire des sorbets, du café, et à fumer des narghilés.

Mariage. - Les cérémonies du mariage sont également accompagnées de grandes réjouissances. Devant exposer suffisamment dans un autre chapitre ce qui concerne la condition des femmes en Orient, j'indiquerai simplement maintenant ce qui est relatif au cérémonial extérieur.

Lorsqu'un jeune homme veut renoncer à la vie de garçon, il charge une femme âgée d'aller examiner dans les familles les filles à marier. D'après la description qui lui est faite de leurs qualités physiques et morales, il fait son choix et charge l'intermédiaire de la demande officielle. La future est consultée pour la forme, mais ne devant voir le candidat qu'après le mariage, elle n'a aucune raison pour le refuser. Le futur entre alors en pourparlers avec le père de la jeune fille pour le règlement de la dot qu'il doit verser. Contrairement à ce qui se passe en Europe, c'est l'homme qui dote la femme et non pas la femme qui dote l'homme. L'affaire terminée le futur revient bientôt avec deux amis dans la maison du beau-père, où ce dernier doit l'attendre entouré d'amis, de témoins et d'un écrivain. On prononce la formule consacrée ; l'écrivain dresse une sorte de procès-verbal et, au point de vue légal, le mariage est terminé. C'est comme on le voit, un acte de convention privée n'exigeant ni sanction religieuse, ni formalités civiles. La fiancée n'est remise à son mari qu'au bout de quelques jours, à la suite de fêtes qu'on rend aussi brillantes que possible. La jeune fille voilée est d'abord conduite processionnellement au bain, au milieu d'un grand concours d'amis et de musiciens ; puis on retourne à la maison, où a lieu un festin. Ce n'est que le jour suivant qu'elle est envoyée, complètement voilée, et entourée d'un nombreux cortège précédé de musiciens, baladins, lutteurs, bouffons, à la maison de son mari, soigneusement ornée et illuminée pour la recevoir. Lorsque tout le monde est parti, le mari peut enlever à la femme son voile, et la contempler pour la première fois.

Généralement ces cérémonies n'ont lieu que pour les femmes légitimes. Pour celles qui ne le sont pas, l'opération est plus simple;

on va dans un des ces nombreux bazars aux esclaves, qui existent encore en Orient, et notamment au Caire, malgré les dénégations formulées dans les livres, et, pour une somme variable, suivant la qualité du sujet, mais qui atteint parfois 5 à 6 000 francs pour des Circassiennes ou Georgiennes d'une beauté exceptionnelle, on se procure l'épouse recherchée. Ces esclaves font du reste partie de la famille ; leurs enfants ont les mêmes droits que ceux des femmes légitimes, et leur existence est tellement douce qu'elles ne songent nullement à s'y soustraire, ce qui leur serait extrêmement facile, puisque dans les contrées qui ont dû subir les exigences européennes telles, qu'au Caire, elles n'ont qu'à exprimer devant les autorités le désir d'être rendues à la liberté.

Enterrements. - Les enterrements musulmans se font presque avec autant de pompe que les mariages. Le mort, enveloppé d'un drap et placé sur une civière recouverte de châles et de cachemires, est porté par cinq ou six amis du défunt relayés de distance en distance par d'autres. Le cortège est précédé d'aveugles et de mendiants psalmodiant des versets du Coran et suivi par des parents, des connaissances et des pleureuses. Le corps est porté d'abord à la mosquée, puis au cimetière, où il est enterré la face tournée du côté de la Mecque. La pierre qui recouvre la tombe est entourée, pour les grands personnages, d'une construction cubique surmontée d'une coupole. Les jours de fête, les tombeaux sont ornés de fleurs, et les femmes y passent des journées entières à prier.

4. - *Coutumes arabes diverses.* - *Bains, cafés, usage du tabac et du haschisch*

Bains. - Les établissements de bains des Orientaux diffèrent entièrement au point de vue de l'hygiène et du confort de ceux connus en Occident. Ils sont fort supérieurs à ces derniers. Ce sont en outre des lieux de réunion et de conversation dont le rôle est aussi important que chez les anciens romains.

Tous les bains orientaux sont construits d'après le même principe, et ne diffèrent que par leur luxe plus ou moins grand. Dans une première pièce, servant de vestiaire et de salle de repos, et où le baigneur est déshabillé se trouvent un grand divan, et, au centre, une fontaine de marbre. Recouvert d'un drap et les pieds chaussés de patins de bois, le baigneur est conduit dans une salle chauffée à 50° environ, où il est étendu sur une dalle de marbre et massé énergiquement. Il passe ensuite dans une troisième salle où après un nouveau massage et un savonnage vigoureux, il est soumis à des ablutions d'eau tiède et froide. Ramené ensuite dans la première salle, il y reste pendant quelque temps couché sur le divan, enveloppé de couvertures, en fumant son narghilé et prenant du café. Rien ne réconforte mieux, à la suite d'une journée fatigante, qu'un pareil bain, et il serait à désirer que toutes les villes importantes de l'Europe en possédassent de semblables.

Cafés, Usage du tabac et du haschisch. - Les cafés sont également très fréquentés ; mais le luxe des établissements analogues de l'Europe y est complètement inconnu. Des nattes, des tasses et des narghilés forment le plus souvent tout leur ameublement ; mais le café qu'on y fabrique est tellement parfait, qu'un des plus grands désagréments de l'Européen qui revient d'Orient est de s'habituer de nouveau à la détestable macération qu'on sert sous le même nom dans son pays.

L'usage du café chez les Orientaux est, comme on le sait, relativement moderne et était inconnu à l'époque où florissait la civilisation des Arabes.

En même temps qu'on boit le café, l'usage est de fumer ce délicieux tabac blond aromatique, dont on ne connaît que de mauvaises contrefaçons en Occident. On l'introduit généralement dans des narghilés à longs tuyaux dont il existe plusieurs modèles. Tous sont construits de façon à ce que la fumée passe dans un récipient plein d'eau, avant d'arriver à la bouche du fumeur ce qui a pour résultat de la dépouiller de ses principes toxiques. Pour charger le narghilé, le tabac est mouillé, puis exprimé à travers un linge, et placé dans le récipient supérieur. On pose au-dessus un charbon allumé, et il n'y a plus qu'à aspirer fortement à l'autre extrémité du tuyau pour entretenir la combustion. En dehors du narghilé, la cigarette est très répandue, mais le cigare est inconnu [1].

1 Le tabac d'Orient ne contient presque pas de nicotine, et cependant on ne pourrait pas le fumer en très grande quantité sous forme de cigarette sans être incommodé. Il était donc évident que d'autres principes que la nicotine, considérée pendant longtemps comme l'unique agent toxique de la fumée du tabac, devaient s'y rencontrer. C'est pour déterminer leur nature que je me suis livré il y a quelques années à une série de recherches qui m'ont conduit à découvrir dans la fumée du tabac un alcaloïde beaucoup plus toxique que la nicotine, et de

Parmi les grandes distractions de tous les peuples orientaux, une des plus générales depuis des siècles est l'emploi de la substance enivrante nommée haschisch. Avec elle, le plus misérable fellah peut se rendre si heureux pendant quelque temps, qu'il ne changerait pas son sort contre celui du plus puissant monarque de la terre. Grâce à cette plante précieuse, les Orientaux ont résolu le difficile problème de mettre le bonheur en flacon, et d'avoir toujours ce flacon sous la main. Cette plante a joué et joue encore un rôle si considérable dans la vie des Orientaux, qu'il ne sera pas sans intérêt d'entrer dans quelques détails sur ses propriétés.

Tout le monde sait que le haschisch se fabrique avec la plante connue sous le nom de Cannabis indica. Il est vendu au Caire et à Constantinople, sous des formes variées parmi lesquelles celles de confitures et confiseries diverses : pastilles, bonbons, etc., sont les plus répandues. Il est toujours mélangé de substances étrangères telles que la noix vomique, le gingembre, la cannelle, le girofle, et même, dit-on, les cantharides, qui modifient beaucoup ses propriétés.

Le haschisch paraît avoir été connu de toute antiquité. On suppose que le Népenthès d'Homère était une préparation de Cannabis indica. On croit aussi qu'il aurait été la base de la substance dont parle Diodore de Sicile, et qu'employaient les femmes de Dioscopolis, en Égypte, pour dissiper la colère et le chagrin de leurs maris. Ce qui est certain, c'est qu'il était déjà très employé en Syrie au temps des croisés.

Les effets que le haschisch produit dépendent beaucoup de l'état de l'expérimentateur au moment de l'expérience. Je crois qu'on pourrait résumer son action psychologique, en disant qu'il exagère prodigieusement les idées qui traversent l'esprit, et leur donne une intensité qui les fait confondre avec la réalité. Le sujet placé dans une disposition d'esprit agréable est bientôt plongé dans un monde de visions délicieuses, ayant trait généralement à ses préoccupations habituelles. C'est ainsi que les Orientaux, qui prennent cette substance au fond de leur harem, les yeux charmés par les danses de leurs femmes, et les oreilles par leurs chants, se

---

notables quantités d'acide prussique. Ces recherches ont été consignées dans le mémoire suivant : La fumée du tabac. Recherches chimiques et physiologiques, 2e édition, augmentée de recherches nouvelles sur l'acide prussique, l'oxyde de carbone et les divers principes toxiques contenus dans la fumée du tabac.

croient bientôt transportés au milieu des houris du merveilleux paradis de Mahomet [1].

Les effets du haschisch ont été étudiés également au point de vue scientifique mais d'une façon bien incomplète encore, je crois qu'ils fourniront une mine précieuse d'observations aux psychologues qui voudront les analyser sérieusement. Dans un travail publié récemment sur les effets psychologiques de cette substance, nous avons mis en évidence ce fait imprévu qu'elle produisait à hautes doses un dédoublement de la personnalité analogue à ce qu'on observe souvent dans le somnambulisme provoqué. La vie inconsciente de l'esprit inaperçue à l'état normal, bien qu'elle soit la base réelle de toute notre conduite, se substitue à certains moments à l'existence consciente ordinaire. L'individu perd alors toute notion de son individualité et parle de lui à la troisième personne. Son langage, ses allures, son caractère changent entièrement et le changement est caractérisé surtout parce qu'il se montre tel qu'il est réellement. On peut si facilement alors lui faire révéler le fond de ses pensées et ses plus intimes secrets que le haschisch manié par une main habile pourrait peut-être servir dans des cas graves à obtenir les aveux de certains criminels et éviter ainsi des erreurs judiciaires.

5. - Jeux et spectacles, danseurs, conteurs, etc.

---

[1] Il faut le style imagé des poètes pour décrire les visions qui hantent le cerveau placé sous l'influence du haschisch. Voici, à ce sujet, les observations de Gérard de Nerval :
« L'esprit, dégagé du corps, erre joyeux et libre dans l'espace et la lumière, causant familièrement avec les génies qu'il rencontre et qui l'éblouissent de révélations soudaines et charmantes. Il traverse d'un coup d'œil facile des atmosphères de bonheur indicible et cela dans l'espace d'une minute qui semble éternelle tant ces sensations s'y succèdent avec rapidité. Moi, j'ai un rêve qui reparaît sans cesse toujours le même et toujours varié lorsque je me retire dans ma cange chancelant sous la splendeur de mes visions, fermant les paupières à ce ruissellement perpétuel d'hyacinthes, d'escarboucles, d'émeraudes, de rubis qui forment le fond sur lequel le haschisch dessine des fantaisies merveilleuses. Comme au sein de l'infini, j'aperçois une figure céleste plus belle que toutes les créations du poète, qui me sourit avec une pénétrante douceur et qui descend des cieux pour venir jusqu'à moi. Est-ce un ange, une péri ? je ne sais. Elle s'étend à mes côtés dans la barque, dont le bois grossier se change aussitôt en nacre de perle et flotte sur une rivière d'argent poussée par une brise chargée de parfums. »

Les jeux des Arabes diffèrent peu de ceux que nous connaissons en Europe. Le jeu d'échecs, le trictrac, le jeu de dames leur sont familiers. La lutte, le tir à la cible, le jeu de paume, l'escrime du sabre et du bâton sont aussi très, répandus. Les nomades s'adonnent surtout au jeu du javelot, sorte de tournoi à cheval et à diverses fantaisies équestres.

Les spectacles forment également un des passe-temps favoris des Orientaux ; mais les acteurs sont le plus souvent des marionnettes. Quelquefois cependant les personnages sont réels ; mais, autant du moins que j'ai pu en juger par les représentations auxquelles j'ai eu l'occasion d'assister, le talent des acteurs est très médiocre. Ils débitent gravement leur rôle comme s'ils le lisaient, et leurs gestes ne correspondent pas du tout aux passions qu'ils sont censés exprimer.

La musique et les chants sont très goûtés des Orientaux, et il est rare d'entrer dans un café sans entendre aussitôt les notes aiguës de la flûte et du violon, soutenues par le tambourin. Ce sont des mélodies traînantes un peu tristes, qui ne plaisent pas aux Européens.

La danse est considérée en Orient comme un spectacle qui ne peut avoir pour acteurs que des individus payés pour s'y livrer, et la proposition de s'y adonner en public, comme nous le faisons dans nos salons, ferait rougir d'indignation les Arabes. Le fait qu'un homme doué d'une dose de bon sens à peu près normale puisse se donner en spectacle en sautant en cadence sur ses jambes, aux sons d'un instrument, leur semble tout à fait inexplicable.

Les danses sont exécutées en Orient par des femmes, nommées almées. Toutes celles que j'ai vues dans diverses villes de l'Asie et de l'Afrique, dans la haute Égypte notamment, m'ont paru au-dessous de leur réputation. Ces danses consistent surtout en mouvements de trépidation du bassin, le reste du corps restant immobile. Une des plus pittoresques est celle du sabre, à laquelle j'ai assisté, à Jéricho, la nuit, devant un feu de bivouac. Des fellahines, munies de grands sabres très effilés, exécutaient de rapides moulinets autour de ma tête, en venant pousser dans mon oreille d'une voix stridente un cri particulier, pendant que les autres danseuses entonnaient des chants où la valeur, la renommée et surtout la générosité supposée de leur

Mœurs et institutions des Arabes

noble visiteur étaient vantées : « Il avait vaincu tous ses ennemis dans les combats, son bras était invincible, le son de sa voix faisait pâlir de terreur les plus terribles guerriers, etc. » Le grand talent consiste à raser de très près avec le sabre la tête du noble visiteur, sans trop l'entamer. Bien que le cheik de mon escorte m'eût assuré que cet accident arrivait assez rarement, je fis, infructueusement du reste, les plus consciencieux efforts pour persuader à ces filles du désert d'essayer, de préférence, leur habileté sur la tête de leurs compatriotes.

Quant aux almées de la haute Égypte, elles sont bien tombées de leur antique splendeur. Le costume qu'elles ont en public consiste en une longue tunique, qui leur ôte toute grâce ; mais dans l'intimité elles s'en débarrassent sans difficulté et dansent volontiers dans le costume simplifié que la légende attribue à Ève.

Parmi les divertissements favoris des Arabes, un de ceux qu'ils préfèrent est d'écouter les récits merveilleux que leur font des conteurs de profession. On rencontre ces derniers dans tout l'Orient, et leur succès est partout considérable. Quelquefois ils improvisent, mais le plus souvent ils se bornent à réciter une poésie ou un conte des Mille et une Nuits. Je me souviens encore de l'étonnement avec lequel je contemplai un soir, dans un quartier populaire de Jaffa, un groupe d'Arabes composé de portefaix, bateliers, domestiques, etc., écoutant avec la plus religieuse attention un conteur qui leur lisait, à la lueur d'une lanterne, un poème d'Antar. Je doute fort qu'il eût obtenu le même succès en lisant devant un groupe de paysans français une poésie de Lamartine ou de Chateaubriand.

C'est en voyant l'influence de ces conteurs sur les foules qu'on peut comprendre un des côtés intéressants du caractère des Arabes : leur vivacité très grande sous la gravité du maintien, et la puissance de leur imagination représentative. Ce qu'ils entendent, ils le voient, et sont presque aussi impressionnés que s'ils le voyaient réellement.

> Il faut avoir vu ces enfants du désert, s'écrie un voyageur, quand ils écoutent leurs contes favoris ; comme ils s'agitent, comme ils se calment, comme leur oeil étincelle sur leur visage basané ! Comme la colère succède à des sentiments tendres, et des rires bruyants à leurs pleurs ! Comme ils perdent et recouvrent tout à tour la respiration, comme ils partagent toutes les émotions du héros, et s'associent à ses joies et à ses peines ! C'est un véritable drame, mais dont les spectateurs sont aussi les acteurs. Les poètes de l'Europe, avec tous les moyens

dont ils disposent, le prestige des beaux vers, le charme de la musique, la magie des décors, ne produisent pas sur les âmes engourdies des Occidentaux la centième partie des impressions que produit ce conteur à demi sauvage. Le héros de l'histoire est-il menacé d'un danger imminent, les auditeurs frémissent et s'écrient : « Non, non, Dieu l'en préserve ! » Est-il au sein de la mêlée, combattant avec son glaive les troupes de son ennemi, ils saisissent leurs sabres, comme s'ils voulaient voler à son secours. Est-il enveloppé dans les pièges de la trahison, leur front se contracte péniblement, et ils s'écrient : « Malédiction aux traîtres ! » A-t-il succombé sous le nombre de ses adversaires, un profond soupir s'échappe de leur poitrine, suivi des bénédictions ordinaires pour les morts : « Que Dieu le reçoive dans sa miséricorde, qu'il repose en paix ! » Que si, au contraire, il revient triomphant et vainqueur, l'air retentit de ces bruyantes acclamations : « Gloire au Dieu des armées ! » Les descriptions des beautés de la nature, et surtout celles du printemps, sont accueillies avec des cris répétés Taïb ! Taïb ! Bien ! Bien ! Mais rien ne peut égaler le plaisir qui brille dans leurs regards, lorsque le conteur fait avec développement et con amore le portrait d'une belle femme. Ils l'écoutent en silence et la respiration suspendue, et quand il termine sa description en disant : « Gloire à Dieu qui a créé la femme ! » ils répètent tous en chœur, avec un accent pénétré, cette expression d'admiration et de reconnaissance : « Gloire à Dieu qui a créé la femme ! »

6. - L'esclavage en Orient

Le mot d'esclavage évoque immédiatement dans l'esprit d'un Européen, lecteur des romans américains d'il y a trente ans, l'image de malheureux chargés de chaînes, menés à coups de fouet, à peine nourris et n'ayant pour demeure qu'un sombre cachot.

Je n'ai pas à rechercher ici si ce tableau de l'esclavage, tel qu'il existait chez les Anglais de l'Amérique il y a quelques années, est bien exact, et s'il est vraisemblable qu'un propriétaire d'esclaves ait jamais songé à maltraiter et par conséquent à détériorer une marchandise aussi coûteuse que l'était alors un nègre. Ce qui est au moins certain, c'est que l'esclavage chez les mahométans est fort différent de ce qu'il était chez les chrétiens. La situation des esclaves en Orient est bien préférable en effet à celle des domestiques en

Europe. Ils font partie de la famille, arrivent parfois, comme nous l'avons vu précédemment, à épouser une des filles de leur maître et peuvent s'élever aux plus hauts emplois. Aucune idée humiliante ne s'attache en Orient à l'esclavage, et on a dit avec raison que l'esclave y est plus près de son maître qu'un domestique chez nous.

> « L'esclavage, dit M. About, est si peu méprisé en pays musulman, que les sultans de Constantinople, chefs sacrés de l'islam, naissent tous de femmes esclaves, et n'en sont pas moins fiers, il s'en faut. Les mameluks, qui ont longtemps régné en Égypte, continuaient leurs familles en achetant les enfants du Caucase, qu'ils adoptaient à leur majorité. Souvent encore un grand seigneur égyptien, instruit et développe un enfant esclave qu'il marie ensuite à sa fille et substitue à tous ses droits ; et on rencontre au Caire des ministres, des généraux, des magistrats de l'ordre le plus élevé qui ont valu mille à quinze cents francs dans leur première jeunesse. »

Tous les voyageurs, qui ont eu occasion d'étudier sérieusement l'esclavage en Orient, ont dû reconnaître à quel point étaient peu fondées les réclamations aussi bruyantes que peu désintéressées des Européens contre cette institution. La meilleure preuve qu'on puisse alléguer en sa faveur, c'est qu'en Égypte les esclaves qui veulent leur liberté peuvent l'obtenir par une simple déclaration faite devant un juge, et cependant n'usent presque jamais de ce droit. « Nous ne pouvons dissimuler, ajoute M. Ebers après avoir fait la même remarque, que le sort de l'esclave chez les peuples attachés à l'islam doit être qualifié de relativement agréable. »

Je pourrais multiplier facilement des citations identiques ; je me bornerai à mentionner l'impression produite par l'esclavage en Orient sur les auteurs qui ont eu occasion de l'observer récemment en Égypte.

> « L'esclavage en Égypte est une chose si douce, si naturelle, si utile et si féconde, dit M. Charmes, que sa disparition complète y serait un vrai malheur. Le jour où les peuplades sauvages de l'Afrique centrale ne pourront plus vendre les captifs qu'elles font à la guerre, ne voulant pas les nourrir gratuitement, il est clair qu'elles s'en nourriront : elles les mangeront, or, si l'esclavage est une plaie hideuse, qui fait honte à l'humanité, elle paraît bien préférable à l'anthropophagie, du moins lorsqu'on se place au point de vue des mangés ; car il est certainement des philanthropes anglais qui trouvent plus conforme à la dignité humaine que les noirs soient avalés par leurs semblables que soumis à

un joug étranger. »

« Aujourd'hui, la liberté accordée aux esclaves, écrit M. de Vaujany, directeur de l'école des langues du Caire, leur permet de vivre à leur guise sans être inquiétés ; cependant très peu profitent de ce privilège ; ils préfèrent leur état de servitude exempte de toute oppression, à l'insécurité d'une situation qui souvent ne serait pour eux qu'une source de peines et d'embarras.

Loin d'être malheureuse, la condition des esclaves en Égypte les élève presque toujours au-dessus de celle d'où ils ont été tirés. Beaucoup d'entre eux, les blancs principalement, sont arrivés aux postes les plus éminents. Un enfant né d'une esclave est l'égal d'un enfant légitime, et s'il est l'aîné de la famille, il a droit à toutes les prérogatives attachées à son rang. Cette fameuse milice des mamelouks, qui a si longtemps gouverné l'Égypte, ne se recrutait que parmi les esclaves. Ali bey, Ibrahim bey, le farouche Mourad bey, défait à la bataille des Pyramides, avaient été achetés dans les bazars. Aujourd'hui encore, il n'est pas rare de rencontrer un officier supérieur ou un fonctionnaire de haut rang, qui a été esclave dans sa jeunesse, on en voit même, devenus fils adoptifs, ayant reçu une éducation soignée, épouser la fille de leur maître. »

Ce n'est pas en Égypte seulement que les esclaves sont traités avec la plus grande douceur ; il en est de même dans tous les pays soumis à la loi de l'islam. Dans la relation de son voyage au Nedjed, une Anglaise, lady Blunt, relatant une de ses conversations avec un Arabe, écrit les lignes suivantes :

« Une chose qu'il ne pouvait pas comprendre de la part du gouvernement britannique, c'est qu'il eût quelque intérêt à entraver partout le commerce d'esclaves. Nous lui dîmes que c'était dans l'intérêt de l'humanité. « Mais, répondit-il, ce commerce n'a rien de commun avec la cruauté. » Il insista : « Qui a jamais vu maltraiter un nègre ? » Nous n'aurions pu dire, en effet, que nous l'avions vu faire quelque part en Arabie, et, de fait, ajoute l'auteur anglais, il est notoire que parmi les Arabes, les esclaves sont des enfants gâtés plutôt que des serviteurs. »

Rien sans doute n'est plus condamnable en principe que l'esclavage, mais les principes artificiels créés par les hommes ne jouent qu'un rôle bien faible dans la marche des choses. En ne se plaçant même qu'au point de vue du nègre, il est clair que pour une créature aussi inférieure, l'esclavage est chose excellente. Rien ne peut valoir pour ces natures enfantines, faibles et imprévoyantes, un maître que son intérêt oblige à prévoir tous leurs besoins. Nous en voyons la preuve dans la triste décadence où sont tombés la plupart des anciens esclaves de l'Amérique devenus libres après la guerre de sécession, et n'ayant plus qu'à compter sur eux-mêmes.

Quant à détruire la traite des nègres, comme prétendent le faire les Anglais, il faudrait, pour réussir dans cette tentative, empêcher la demande des esclaves, c'est-à-dire transformer entièrement les mœurs de tout l'Orient, et, du même coup, modifier quelque peu le reste du monde. Jusque-là, l'intervention hypocrite des Européens dans des affaires qui les intéressent en réalité fort peu sera entièrement inutile et n'aura d'autre résultat que de les faire détester davantage des Orientaux.

> « Les expéditions contre les négriers du Soudan, dont on a fait grand bruit, n'ont été en réalité, dit un Anglais J. Cooper, dans son récent ouvrage sur la traite en Afrique, que des razzias ajoutant des massacres à des massacres. On a détruit quelques postes de chasseurs d'esclaves, bien vite rétablis sans doute après la retraite de l'expédition ; mais, en somme, cette énorme dépense d'argent et de sang humain a peu servi, et jamais des tentatives de ce genre n'ont entravé la traite. »

Les Européens, qui interviennent en Orient pour empêcher par la force le commerce des esclaves, sont assurément des philanthropes vertueux animés des intentions les plus pures ; mais les Orientaux ne sont pas du tout persuadés de la pureté de ces intentions, et font remarquer que ces mêmes philanthropes vertueux, si tendres pour les noirs, forcent à coups de canon les Chinois à subir des importations d'opium, qui font périr plus d'hommes en une année que la traite des nègres n'en détruit dans une période dix fois plus longue.

Chapitre III
Institutions politiques et sociales des Arabes

1. – Origine des institutions des Arabes

Les institutions politiques et sociales de la plupart des peuples dont s'occupe l'histoire ont présenté des différences très grandes d'une nation à l'autre. L'observation démontre que leur valeur est tout à fait relative. Celles qui sont excellentes pour les uns sont fort souvent détestables pour d'autres.

Cette vérité est une de celles qui ont besoin de démonstration et ne s'imposent pas immédiatement à l'esprit. Ce qui paraît évident au premier abord, au contraire, c'est que les institutions auxquelles on croit pouvoir attribuer la grandeur d'un peuple doivent être prises pour modèle. Rien ne semble par conséquent plus sage que de les adopter alors même que la force est nécessaire pour les faire prévaloir. C'est ainsi qu'ont raisonné pendant longtemps les hommes politiques et les historiens. C'est ainsi que la plupart d'entre eux raisonnent encore.

Nous commençons aujourd'hui seulement à comprendre combien une conception semblable est dangereuse. L'étude un peu approfondie de la vie des peuples a montré que leurs institutions sont la simple expression de leurs sentiments et de besoins héréditaires créés par un long passé, et ne peuvent être modifiées à volonté. Les historiens nous disent bien sans doute que des législateurs comme Moïse, Lycurgue, Solon, Numa, et d'autres, ont imposé à leurs peuples des codes sortis de toutes pièces de leur cerveau ; mais en réalité il n'en a jamais été ainsi. Aucun législateur n'a possédé un tel pouvoir. Les conquérants les plus puissants, les révolutions les plus violentes ont pu à peine l'exercer pour quelque temps. Il est certainement possible d'obliger un peuple à subir momentanément des institutions absolument différentes de celles qu'il possédait, de même qu'on peut forcer un animal à prendre pour un instant une attitude contraire à sa nature ; mais aussitôt que cesse la compression, le passé reprend tout son empire. Sous des noms nouveaux, les institutions anciennes reparaissent bientôt et il n'y a eu en définitive que quelques mots de changés.

Bien des faits historiques paraissent au premier abord en contradiction avec ce qui précède. Il suffit de les approfondir pour voir cette contradiction s'évanouir. Les Arabes, par exemple, semblent avoir imposé les mêmes institutions à des peuples fort différents ; mais quand on étudie les nations de l'Asie et de l'Afrique où s'est propagée leur doctrine, on voit que les institutions antérieures de la plupart de ces peuples différaient très peu de celles des Arabes. Lorsqu'elles en différaient sur des points essentiels, comme chez les Berbères par exemple, le Coran n'a eu qu'une influence faible. Plus sages que bien des hommes politiques modernes, les Arabes savaient fort bien que les mêmes institutions ne sauraient convenir à tous les peuples et ils avaient pour règle de toujours laisser les nations conquises libres de conserver leurs lois, leurs coutumes et leurs croyances.

Les institutions, n'étant que l'expression des besoins et des sentiments de la nation où elles ont pris naissance, ne peuvent changer que lorsque ces besoins et ces sentiments ont eux-mêmes changé. L'histoire démontre que leur transformation ne peut se faire que par une série d'accumulations héréditaires et par conséquent avec une lenteur extrême. Il y a loin des barbares qui envahirent le monde romain à leurs descendants de la Renaissance ; mais il a fallu mille ans de moyen âge pour opérer un tel changement. Les lois qui régissent l'évolution de tous les êtres vivants régissent aussi celle des institutions sociales. Certains animaux vivant au sein des mers pendant les âges géologiques ont fini, dans la suite des temps, par acquérir les organes nécessaires pour vivre dans l'air. L'époque n'est pas lointaine où, considérant la grandeur de telles métamorphoses, et ignorant la succession des formes intermédiaires qui relient ces types extrêmes, les naturalistes croyaient qu'une puissance supérieure avait dû intervenir à diverses périodes pour les créer. Une science plus avancée a montré que ces transformations considérables ne s'étaient jamais produites brusquement, et résultaient simplement de modifications insensibles acquises par chaque génération et qui accumulées par l'hérédité pendant une longue série de siècles ont fini par produire des transformations très grandes.

La race, le milieu, les conditions d'existence et divers facteurs, parmi lesquels la nécessité figure au premier rang et la volonté des hommes au dernier, sont les principaux agents de la formation des institutions. Le temps seul a la puissance de les fixer. Lorsque nous voyons un peuple posséder les mêmes institutions depuis longtemps, nous pouvons affirmer que ce sont les meilleures qui puissent lui convenir. Si la liberté est chose excellente pour certaines races, la dure loi d'un maître est préférable pour d'autres. Il faut s'être formé à cette conception superficielle des choses, que donne notre dangereuse éducation classique, pour s'imaginer que des institutions exactement adaptées par des siècles de remaniements et d'efforts aux besoins d'un peuple puissent s'adapter utilement à ceux d'un autre. Vouloir obliger un poisson à respirer dans l'air sous le prétexte que la respiration aérienne s'observe chez tous les animaux élevés ne serait pas moins sage. Dans le même milieu où le mammifère trouvait la vie, le poisson trouverait bientôt la mort. La lenteur extrême avec laquelle se forment et se transforment les institutions des peuples fait que nous n'apercevons généralement les transformations que lorsqu'elles ont été consacrées par quelque grand législateur. Nous attribuons naturellement alors à ce dernier la création de codes qui sont en réalité la conséquence d'un long travail antérieur. Le rôle véritable des législateurs n'est que de fixer définitivement par leur autorité les coutumes à demi fixées déjà par l'opinion, d'éliminer enfin celles devenues inutiles ou dangereuses et qui sans eux auraient pu durer encore. Leur influence est importante sans doute, mais ne s'exerce qu'à la condition que les changements dus à leur initiative soient fort minimes. Tous pourraient répéter avec Solon : « J'ai donné aux Athéniens, non les meilleures lois qu'on puisse concevoir, mais les meilleures qu'ils puissent supporter. » Ces lois meilleures dues à Solon n'avaient été choisies par lui que parmi des coutumes antérieures que l'opinion et les croyances avaient déjà commencé à fixer.

Tel fut aussi le rôle de Mahomet. Il sut choisir, parmi les anciennes institutions des Arabes, celles qui paraissaient les meilleures et leur donna le tout puissant appui de son autorité religieuse ; mais son code ne détruisit pas plus l'ensemble des coutumes qu'il venait remplacer que la loi des Douze Tables ne détruisit les vieilles lois romaines. Lorsqu'il arriva au prophète d'abolir d'anciennes coutumes, telles que celle de tuer les filles après leur naissance, cette défense répondait à des sentiments assez répandus pour qu'elle fût respectée.

Le code de Mahomet n'est donc, dans ses parties non religieuses, qu'un extrait d'anciennes coutumes ; et, comme tous les codes, il révèle facilement l'état social de la nation où il a pris naissance. Aucun livre d'histoire ne vaut parfois l'étude des lois d'un peuple. Avec les besoins que ces lois prévoient, les choses qu'elles autorisent et celles qu'elles défendent, il est facile - nous le montrerons plus d'une fois - de se faire une idée exacte de l'état social qui l'a engendré.

Ce travail de reconstitution d'un état social, basé uniquement sur l'étude d'un code, n'est d'ailleurs nécessaire que lorsque le peuple qui l'a créé, n'a pas laissé d'autres traces dans l'histoire. Lorsqu'il a laissé une civilisation et des descendants, il est beaucoup plus simple d'étudier les restes de cette civilisation et de ses descendants. C'est là précisément ce que nous avons fait dans les chapitres qui précèdent. En décrivant la vie des Arabes et nous reportant autant que possible aux temps où leurs institutions ont pris naissance, nous avons suffisamment préparé le lecteur à concevoir la nécessité des institutions que nous allons décrire maintenant et reconnaître à quel point le hasard ou l'influence des législateurs eurent une part minime dans leur formation.

Cette étude préalable des peuples dont on veut décrire et surtout comprendre l'organisation sociale, est indispensable, qu'il s'agisse des Arabes ou d'un peuple quelconque. Il est à souhaiter que les juristes finissent un jour par en comprendre l'importance. La science du droit cessera alors d'être constituée par de sèches énumérations d'articles de lois compliquées de dissertations véritablement byzantines.

2. - *Institutions sociales des Arabes*

Les institutions sociales les plus importantes des Arabes : la communauté des familles, l'esclavage, la polygamie, etc., ayant été ou devant être décrites dans divers chapitres de cet ouvrage, je me bornerai à étudier dans ce paragraphe les prescriptions légales les plus essentielles du Coran.

Chez les Arabes, la loi civile et la loi religieuse sont intimement confondues et forment une science unique basée sur l'interprétation du Coran.

Le Coran ne pouvait prévoir tous les cas qui devaient se présenter chaque jour, et, en fait, il n'en prévoyait que fort peu. Dès le début de l'islamisme, on fut obligé de consulter le prophète, puis ses premiers successeurs, pour la solution des questions de droit qui se présentaient journellement. La tradition orale de leurs préceptes, composée dès les premiers siècles de l'hégire, forme de recueil nommé la Sonnah.

La Sonnah et le Coran étant bientôt reconnus insuffisants, on sentit le besoin de les compléter en créant un code civil et religieux dérivé de l'interprétation du Coran.

Ce travail fut entrepris pendant les deux premiers siècles de l'hégire par plusieurs interprétateurs dont quatre seulement : les imans Hanifa, Schaféi, Malek, Hanbal, sont reconnus comme orthodoxes. Les quatre rites nommés hanéfite, schaféite, malékite et hanbalite, des noms de leurs fondateurs, formèrent la loi fondamentale des divers peuples de l'islam. Le rite malékite est suivi en Afrique, le rite hanéfite en Turquie et dans l'Inde, le rite schaféite prédomine en Égypte et en Arabie, les tribunaux égyptiens jugent cependant d'après le rite hanéfite. Le rite hanbalite est aujourd'hui abandonné.

Chaque rite fondamental eut ensuite plusieurs interprétateurs. C'est ainsi que le rite malékite, suivi en Algérie, eut notamment pour commentateur Khalil, mort en 1422. Son livre, dont il existe deux traductions, une par le docteur Perron, l'autre par M. Seignettes, est considéré comme le meilleur traité de jurisprudence malékite.

Outre ces sources de la théologie et de la jurisprudence musulmanes, on possède encore, pour les cas où il n'y a pas de règles fixes, et ou on ne peut procéder par analogie, des recueils des décisions des souverains, nommés Fetwas.

En dehors des lois écrites, il existe d'ailleurs un droit coutumier variant suivant les lieux ; ce qui fait qu'en réalité le droit musulman est moins dépendant du Coran, qu'on pourrait le croire tout d'abord. Il arrive même que la coutume l'emporte sur la loi écrite. C'est ainsi que chez les Kabyles le droit de succession, donné aux femmes par le Coran, a été abrogé. Chez les tribus de l'Yémen, il n'existe qu'un droit coutumier variable de tribu à tribu, et fort différent souvent des prescriptions du prophète. « Chaque tribu, dit un des récents voyageurs dans l'Yémen, M. Halévy, a une législation à elle. »

Le droit criminel est également réglé par le Coran et les interprétations du Coran. Il a pour base, comme le code de Moïse, la peine du talion. Elle est du reste, comme nous l'avons dit, le principe fondamental de tous les codes primitifs et le seul possible. Nous avons montré également dans notre précédent ouvrage que le droit de punir appartenait d'abord à l'offensé, et était exercé sur le coupable ou sur sa famille ; car, dans toutes les sociétés antiques, l'unité est toujours la famille. Si le crime ne pouvait être vengé sur le père, il l'était sur le fils ou sur le petit-fils. C'est ainsi que nous voyons le Dieu de la Bible venger l'iniquité du père « sur les enfants jusqu'à la troisième et quatrième génération. »

La peine du talion avait l'avantage de restreindre beaucoup le nombre des meurtres, mais elle présentait l'inconvénient d'entraîner une série de revanches qui duraient souvent pendant longtemps. On finit par lui substituer une compensation pécuniaire payée aux parents de la victime, et ce système dura jusqu'au jour où le droit de punir, exercé d'abord par l'individu offensé ou sa famille, ne le fut plus que par la société ; mais cette dernière phase du droit criminel ne fut atteinte que chez les sociétés dont l'organisation centrale était puissante. Cette organisation centrale n'existant pas au temps de Mahomet, le droit criminel fixé par le Coran en est resté aux formes primitives du talion et de la compensation. Assujetti par la loi religieuse dans cette forme ancienne, il y est toujours resté.

La loi du talion de Moïse, oeil pour oeil, dent pour dent, adoucie par le système de la compensation, est donc le principe fondamental du droit criminel dans le Coran. Le pardon est cependant recommandé comme préférable à la vengeance, ce qui est déjà un progrès immense, car aux époques primitives celui qui ne se vengeait pas était déshonoré. Voici du reste les principaux passages du Coran relatifs aux crimes et à leur châtiment.

> Quand vous exercez des représailles, qu'elles soient pareilles aux offenses que vous avez éprouvées mais si vous préférez les supporter avec patience, cela profitera mieux à ceux qui auront souffert avec patience. (XVI, 127.)
>
> O croyants ! la peine du talion vous est prescrite pour le meurtre, un homme libre pour un homme libre, un esclave pour un esclave, et une femme pour une femme. Celui auquel une remise de cette peine (du talion) sera faite par son frère doit être traité avec humanité, et il doit à son tour s'acquitter généreusement envers celui qui lui a fait une remise. (II, 173.)
>
> C'est un adoucissement de la part de votre Seigneur et une faveur de sa miséricorde ; mais quiconque se rendra coupable encore une fois d'un crime pareil sera livré à un supplice douloureux. (II, 174.)
>
> Celui qui aura tué un homme sans que celui-ci ait tué un homme ou semé le désordre dans le pays, sera regardé comme le meurtrier du genre humain ; et celui qui aura rendu la vie à un homme, sera regardé comme s'il avait rendu la vie à tout le genre humain. (V, 35.)
>
> Quant à un voleur et à une voleuse, vous leur couperez les mains comme rétribution des œuvres de leurs mains, comme châtiment

venant de Dieu, (V, 42.).

Les commentateurs ont réglé le détail de tout ce qui concerne le prix du sang. En cas de meurtre volontaire, la peine est celle de mort, à moins que l'héritier du défunt n'accepte le prix du sang.

En cas de meurtre involontaire, le prix du sang est de cent chameaux, et ne peut être refusé. Pour les simples blessures le prix varie suivant la gravité de la blessure.

Le prix du sang est dû par tous les parents du meurtrier, ou par tous les membres de la famille. Si le meurtrier est inconnu, il est payé par la communauté à laquelle il appartient. On voit par là quelle étroite solidarité doit exister entre les Arabes de la même famille ou de la même association.

Le meurtre et les blessures sont, dans le Coran, de même que dans la plupart des législations anciennes, la seule classe de crimes donnant lieu au rachat. Le vol, le brigandage sont punis par des peines variées. Le voleur par exemple, perd la main droite la première fois et le pied gauche la seconde. La prison, la mutilation ou le gibet menacent le brigandage. L'adultère est lapidé, mais il faut que le fait soit prouvé par la déposition de quatre témoins oculaires et l'aveu du coupable. L'infraction à la défense de boire du vin est punie, ou du moins était autrefois punie, par quarante coups de fouet.

Les prescriptions relatives au droit civil sont très nombreuses dans les ouvrages mentionnés plus haut. Les détails que nous allons exposer sur la propriété, les successions, etc., suffiront à donner une idée de leurs parties fondamentales.

Le Coran est entré dans peu de développements sur le droit de propriété, mais tout ce qui le concerne a été bien réglé par les commentateurs. Ce droit a toujours été très respecté par les Arabes, même à l'égard des peuples vaincus. La terre, qui était enlevée à ces derniers par la conquête, leur était rendue moyennant un tribut qui dépassait rarement le cinquième de la récolte.

L'occupation individuelle fondée sur le travail constituait pour les Arabes un droit à la propriété. Dans leur opinion, défricher c'est vivifier la terre morte, créer une valeur, et par conséquent un droit à la propriété.

La prescription n'étant pas reconnue par la plupart des commentateurs, le droit de revendication est illimité. Le rite malékite admet cependant la prescription par dix ans entre étrangers, quarante entre parents.

L'étranger ne peut acquérir de terre ni posséder d'esclaves sur le sol musulman, mais ce terme d'étrangers s'adresse seulement aux infidèles, les musulmans, à quelque nation qu'ils appartiennent, ne sont jamais des étrangers les uns pour les autres. Un Chinois mahométan, par le seul fait qu'il est mahométan, a sur le sol de l'islam tous les droits que peut posséder l'Arabe qui y est né. Le droit musulman diffère à ce point de vue d'une façon fondamentale du droit civil chez les peuples Européens.

Le droit relatif aux successions a été réglé avec une grande équité par le Coran. Le lecteur pourra en juger par les passages que je vais reproduire. Tous les cas réglés plus tard par les commentateurs n'y sont pas prévus, mais l'esprit général de la loi y est suffisamment indiqué. Les rapprochements que j'ai faits avec les codes français et anglais montrent que les femmes mariées, qu'on dit si maltraitées par les mahométans, sont beaucoup plus favorisées par leur loi que par la nôtre, au point de vue des successions.

> Les hommes doivent avoir une portion des biens laissés par leurs pères et mères et leurs proches ; les femmes doivent avoir aussi une portion de ce que laissent leurs pères, leurs mères et leurs proches. Que l'héritage soit considérable, ou de peu de valeur, une portion déterminée leur est due [1]. (IV, 8.)
>
> Dieu vous commande, dans le partage de vos biens entre vos enfants, de donner au garçon la portion de deux filles ; s'il n'y a que des filles, et qu'elles soient plus de deux, elles auront les deux tiers de ce que le père laisse, s'il n'y en a qu'une seule, elle recevra la moitié [2]. Les père et mère du défunt auront chacun le sixième de ce que l'homme laisse, s'il a laissé un enfant [3] ; s'il n'en laisse aucun, et que ses ascendants lui succèdent, la mère aura un tiers [4] ; s'il laisse des frères, la mère aura un sixième [5], après que les legs et les dettes du testateur auront été

---

1 Les enfants (filles ou garçons) prennent toute la succession de leurs père et mère, dans la loi française.
2 En France, les filles reçoivent la même part que les garçons.
3 Les père et mère n'héritent pas, en France, quand le défunt a des enfants ou autres descendants. En Angleterre tout revient au contraire à la mère : s'il y a une épouse, elle partage avec elle.
4 Les ascendants masculins ou féminins sont traités également par la loi française.
5 En France, la mère, en concours avec des frères a un quart, les frères ont trois quarts. Si le père et la mère survivent, ils ont chacun un quart, et les frères moitié.

acquittés. Vous ne savez pas qui de vos parents ou de vos enfants vous sont plus utiles. Telle est la loi de Dieu. Il est savant et sage. (IV, 12.)

À vous, hommes, la moitié de ce que laissent vos épouses [1], si elles n'ont pas d'enfants, Si elles en laissent, vous avez le quart, après les legs qu'elles auront faits et les dettes payées. (IV, 13.)

Vos épouses auront le quart de ce que vous laissez [2], après les legs que vous aurez faits et les dettes payées, si vous n'avez pas d'enfants ; et si vous avez des enfants, elles auront le huitième de la succession, après les legs que vous aurez faits et les dettes payées. (IV, 14.)

Si un homme hérite d'un parent éloigné ou d'une parente éloignée, et qu'il ait un frère ou une sœur, il doit à chacun un sixième de la succession. S'ils sont plusieurs, ils concourent au tiers de la succession, les legs et les dettes prélevés. (IV, 15.)

Ils te consulteront. Dis-leur : Dieu vous instruit au sujet des parents éloignés, si un homme meurt sans enfants, et s'il a une sœur, celle-ci aura la moitié de ce qu'il laissera. Lui aussi sera son héritier si elle n'a aucun enfant. S'il y a deux sœurs, elles auront deux tiers de ce que l'homme aura laissé ; s'il laisse des frères et des sœurs, le fils aura la portion de deux filles. [3] (IV, 175.)

Ceux d'entre vous qui mourront laissant après eux leurs femmes, assigneront à celles-ci un legs destiné à leur entretien pendant une année et sans qu'elles soient obligées de quitter la maison. (II, 241.)

L'organisation judiciaire et la procédure sont très simples chez les musulmans. La justice est rendue par le cadi, juge unique nommé par le souverain et statuant sans appel. Les parties comparaissent en personne, sur la citation qui leur est donnée. Elles s'expliquent verbalement, fournissent leurs preuves, qui peuvent être l'aveu, les témoins ou le serment, et le jugement est rendu séance tenante. J'ai eu l'occasion d'assister, au Maroc, à ces jugements sommaires. Le cadi était assis en plein air dans la cour qui précède le palais

1 Les maris, d'après la loi française, n'héritent qu'en l'absence de parents au degré successible. Dans la loi anglaise, ils reçoivent au contraire le montant total de la succession.
2 Les femmes n'héritent de leurs maris, en France, qu'en l'absence de parents au degré successible. Dans la loi anglaise, la femme, si elle est seule survivante hérite de moitié. Le reste revient à l'État. S'il y a à la fois une femme et des enfants, un tiers revient à la femme, le reste aux enfants ou à leurs descendants.
3 S'il n'y a ni enfants ni ascendants, les frères ou sœurs dans la loi française, comme dans la loi anglaise, ont toute la succession. Si le père ou la mère survit, il partage d'après le code français avec les frères et sœurs dans les proportions indiquées plus haut.

du pacha, plaideurs et témoins accroupis en rond autour de lui, expliquaient brièvement leur cas. Toutes les fois que la chose était possible - par exemple lorsqu'il s'agissait d'administrer un certain nombre de coups de bâton à un délinquant - le jugement était exécuté séance tenante.

Ces formes simplifiées de procédure offrent peut-être moins de garanties que nos procédures européennes compliquées ; mais elles présentent, en tout cas, l'avantage immense de ne pas faire perdre un temps précieux aux parties, et surtout de ne pas les ruiner totalement comme cela est trop souvent la règle chez les peuples civilisés.

Malgré leur forme sommaire, ces jugements sont généralement du reste très justes. Le sentiment de l'équité est très développé, en effet, chez les Arabes, non seulement parce que la justice est représentée comme une des plus belles vertus dans le Coran, mais encore parce qu'elle était, pour ces sociétés encore primitives, une condition d'existence essentielle.

Nous terminerons ce qui concerne les institutions sociales des Arabes en signalant le sentiment de profonde égalité dont elles sont toutes empreintes, et que nous allons retrouver bientôt dans leurs institutions politiques. Les sentiments d'égalité, proclamés si haut en Europe, mais qu'on n'y voit guère pratiqués que dans les livres, sont profondément enracinés dans les mœurs de l'Orient. Les divisions entre classes, qui ont engendré de si violentes révolutions en Occident, et en préparent pour l'avenir de plus terribles encore, sont absolument inconnues des mahométans. Le serviteur épouse sans difficulté la fille de son maître ; et les anciens domestiques devenus grands personnages ne pourraient se compter.

Les écrivains qui n'ont examiné que de loin ces populations, si peu comprises encore des Européens, jugent fort dédaigneusement toutes ces institutions, les déclarent bien inférieures aux nôtres, et appellent de tous leurs vœux le moment où l'Europe pourra s'emparer de ces contrées de l'Orient tant convoitées par elle. Mais les observateurs, dont les études ont été plus approfondies, professent des opinions fort différentes. Voici, par exemple, la conclusion à laquelle est arrivé, dans un remarquable ouvrage, un des auteurs qui ont le mieux étudié l'Orient, le savant et très religieux M. Le Play.

« Les musulmans, en ce qui touche le bien-être des populations ouvrières, restent jusqu'à ce jour à peu près à l'abri des redoutables erreurs de l'Occident. Ils conservent, dans toute leur pureté, les admirables institutions qui, chez eux, ont toujours fait régner la paix entre le riche et le pauvre, entre le maître et le serviteur. On ne saurait trop le redire, le peuple que les Occidentaux prétendent réformer est précisément celui qui, sur ce point essentiel, donne le meilleur exemple. »

3. - *Institutions politiques des Arabes*

Nous avons déjà donné, dans le chapitre consacré aux Arabes à Bagdad, quelques détails sur les éléments les plus importants de leur constitution politique, nous avons montré le fonctionnement de leur gouvernement, particulièrement en ce qui concerne les finances, les impôts, la police etc., et fait voir que leur administration était très sage. Malheureusement cette administration très sage s'appuyait sur des institutions politiques très faibles.

Rien de plus simple que le principe des institutions politiques des Arabes : égalité complète de tous sous un seul maître, le khalife, représentant Dieu sur la terre et détenteur unique de toute autorité civile, religieuse et militaire. Aucune autorité ne pouvant exister en dehors de la sienne, ou de celle déléguée par lui, les Arabes n'ont jamais connu de régime féodal, d'aristocratie, ni de fonctions héréditaires.

Leur régime politique était en réalité un régime démocratique sous un maître absolu. Sous cette autorité souveraine, l'égalité était complète. J'ai déjà cité ce jugement d'Omar, rendu sur la plainte d'un Arabe qui avait été frappé par un roi de Ghassan, converti à l'islamisme après la bataille de Yarmouk : le khalife décida que la peine du talion serait appliquée au roi, « parce que, disait-il, il ne doit y avoir sous la loi de l'islam ni privilèges, ni castes, et que les mahométans étaient égaux aux yeux du prophète. »

Sous les premiers khalifes, successeurs de Mahomet, le khalifat était électif, mais il devint bientôt héréditaire : le khalife choisissait parmi ses enfants mâles celui qui lui paraissait le plus digne. La mesure semble très bonne puisqu'elle n'accordait pas le pouvoir uniquement à la naissance ; mais elle engendra de sanglantes compétitions et des rivalités entre les fils des khalifes, qui eussent été évitées si la naissance seule eût décidé entre eux.

Les khalifes, ne pouvant exercer leur pouvoir sur tous les points de leur empire, étaient obligés de le déléguer à des gouverneurs dépositaires, comme eux, de tous les pouvoirs, et par conséquent à la fois juges, généraux et administrateurs. Leur autorité n'étant balancée par aucune autre, il en résulta bientôt pour eux la tentation de se rendre indépendants, et leur puissance absolue leur en fournit les moyens. Les khalifes d'Orient et d'Occident eurent toujours à lutter contre les perpétuelles révoltes de leurs gouverneurs.

Ces révoltes continuelles des gouverneurs étaient une cause très grande de faiblesse pour les khalifes ; mais la constitution politique de l'empire arabe en comportait bien d'autres. Une des plus profondes fut la diversité des races où régnait le Coran depuis le Maroc jusqu'à l'Inde. Très bien adapté aux besoins de certains peuples, le Coran ne l'était pas également aux besoins de tous. Syriens, juifs, Berbères, chrétiens, etc. pouvaient bien accepter pour quelques temps les institutions de leurs vainqueurs, mais, après avoir reconnu bientôt qu'elles n'étaient pas suffisamment adaptées à leurs besoins, ils devaient faire tous leurs efforts pour tâcher de s'y soustraire.

Ce furent pourtant ces institutions politiques si faibles qui firent les Arabes si grands. Cette concentration de tous les pouvoirs civils, militaires et religieux en une seule main, était certainement le meilleur système que Mahomet pouvait établir à une époque où l'Arabie était profondément morcelée, et nous pouvons juger de sa valeur par ses résultats. Avant Mahomet, les Arabes vivaient à l'état de tribus demi-barbares, toujours en guerre : un siècle après la mort du prophète, ils avaient fait la conquête du monde.

Des institutions semblables peuvent donc, suivant les temps, amener la grandeur d'un peuple ou engendrer sa décadence. Nous avons fourni l'explication de cette anomalie apparente dans le chapitre de notre précédent ouvrage consacré à l'influence qu'exerce sur l'évolution des sociétés leur aptitude à varier. Après avoir montré d'une part que ce furent seulement les peuples ayant réussi à se plier au joug de lois fixes qui purent sortir de la barbarie, nous avons prouvé d'autre part que parmi les nations arrivées à la civilisation, celles-là seules continuèrent à progresser qui surent se soustraire graduellement au joug des coutumes auxquelles elles avaient dû se plier tout d'abord. Grâce à Mahomet, les Arabes surent réaliser la première de ces conditions et sortirent de la barbarie. N'ayant pas su se plier à la seconde, ils tombèrent dans la décadence. Après avoir trouvé un grand homme pour réunir en un seul faisceau sous une loi rigide toutes les forces disséminées avant lui, ils ne purent en découvrir un second capable de les soustraire à cette loi. Le Coran, qui était d'abord l'expression exacte des sentiments et des besoins du peuple arabe, au temps de Mahomet, ne le fut plus quelques siècles plus tard. S'il n'eût été qu'un code religieux, l'inconvénient eût été relativement faible, mais c'était également un code politique et civil, et surtout un code que son origine rendait immuable. Il y eut donc bientôt défaut de concordance entre les besoins, toujours en voie de transformation, des peuples et leurs institutions invariables. En les retenant dans les liens du passé, ces dernières les empêchèrent de progresser.

Tout invariables qu'étaient la plupart des institutions dérivées du Coran, elles présentaient cependant quelque élasticité encore ; mais ce qui n'en présentait pas, c'était le principe fondamental de l'islam, c'est-à-dire la concentration de tous les pouvoirs entre les mains d'un chef suprême et absolu, représentant unique de la divinité sur la terre.

À quelque époque qu'aient régné les Arabes, ou les peuples divers qui continuèrent après eux à propager le Coran, leurs institutions politiques se sont toujours présentées sous forme de monarchie militaire et religieuse absolue. Puissantes pour fonder rapidement de grands empires, de telles institutions réussissent rarement à les faire durer. L'histoire des Arabes, des Mongols et des Turcs en donne la preuve. Ayant à lutter journellement contre les difficultés de toutes sortes au dedans et au dehors, ces grands empires n'ont de chance de prospérer que lorsqu'ils ont à leur tête des hommes tout à fait supérieurs.

C'est pour cette raison que les vastes monarchies militaires élevées si vite s'effondrent souvent plus vite encore. Qu'une ou deux individualités médiocres succèdent à l'homme de génie qui les a créés et la décadence commence.

L'Espagne et l'Orient nous en donne la preuve. L'époque d'Haroun et de son fils Mamoun est la plus brillante du khalifat de Bagdad, et immédiatement après eux la décadence arrive. En Espagne, le règne du dernier des Ommiades représente, grâce à son grand ministre Al Mansour, le plus haut point de la puissance arabe dans la péninsule ; mais, lorsque ce dernier meurt, au commencement du onzième siècle, la dynastie et l'empire succombent avec lui. Les Berbères deviennent les maîtres ; chaque gouverneur de province se fait roi. Vaincus par leurs luttes intestines bien plus que par leurs ennemis du dehors, les Arabes voient bientôt leur puissance politique s'éteindre, prouvant ainsi, comme nous le disions plus haut, que les mêmes institutions, qui ont conduit un peuple au faîte de la grandeur, peuvent l'amener ensuite au dernier degré de la décadence.

Chapitre IV
Les femmes en Orient

1. – Causes de la polygamie en Orient

L'intelligence d'une institution quelconque d'un peuple étranger n'est possible qu'à la condition de se mettre à la place de ce peuple et d'oublier un peu les idées moyennes du milieu où l'on vit soi-même. C'est surtout quand il s'agit d'institutions aussi peu comprises et aussi mal jugées que la polygamie qu'une telle opération intellectuelle est indispensable. Il n'en est guère de plus décriées en Europe et sur lesquelles il ait été énoncé autant d'erreurs. Pour les historiens les plus sérieux, la polygamie serait la pierre angulaire de l'islamisme, la cause principale de la diffusion du Coran et en même temps de la décadence des Orientaux. Ces singulières assertions sont généralement suivies de tirades indignées sur le sort infortuné des malheureuses entassées au fond des harems, gardées par des eunuques féroces et tuées sans pitié lorsqu'elles ont cessé de plaire à leur maître.

Un tel tableau est le contraire de la vérité, et le lecteur qui voudra lire ce chapitre, en mettant de côté ses préjugés d'Européen, se convaincra, je l'espère, que la polygamie orientale est une institution excellente qui élève beaucoup le niveau moral des peuples qui la pratiquent, donne beaucoup de solidité à la famille et a pour résultat final de rendre la femme infiniment plus respectée et plus heureuse qu'en Europe.

Avant d'aborder cette démonstration, je rappellerai, tout d'abord, que la polygamie est tout à fait indépendante de l'islamisme, puisqu'elle existait avant Mahomet chez tous les peuples de l'Orient : Juifs, Perses, Arabes, etc. Les nations qui adoptèrent le Coran n'avaient donc rien à gagner de ce point de vue en l'adoptant. Il n'y eut jamais, d'ailleurs, de religion assez puissante pour transformer les mœurs, au point de créer ou d'empêcher une institution semblable. Elle est la simple conséquence du climat, de la race et des diverses conditions d'existence particulières aux Orientaux.

L'influence du climat et de la race est trop évidente pour qu'il soit besoin d'insister. La constitution physiologique de la femme, la nécessité de la maternité, ses maladies, etc., l'obligeant à rester souvent éloignée de son mari, et ce veuvage momentané étant impossible sous le climat de l'Orient et avec le tempérament des Orientaux, la polygamie était absolument nécessaire.

En Occident, où le climat et le tempérament ont cependant bien moins d'exigences, la monogamie ne se rencontre guère que dans les codes, et personne ne contestera, je pense, qu'elle s'observe fort rarement dans les mœurs. Je ne vois pas en quoi la polygamie légale des Orientaux est inférieure à la polygamie hypocrite des Européens, alors que je vois très bien, au contraire, en quoi elle lui est supérieure. On conçoit donc parfaitement que les Orientaux qui ont visité nos grandes cités trouvent notre indignation à leur égard fort singulière et la jugent sévèrement.

Il est facile de comprendre comment cette institution, après avoir été imposée par les raisons physiologiques indiquées plus haut, a été bientôt reconnue par les lois. Le désir des Orientaux d'avoir beaucoup d'enfants, leur goût très prononcé pour la vie de famille, les sentiments d'équité qui ne leur permettent pas d'abandonner la femme illégitime que ne leur plaît plus, ainsi que cela se pratique en Europe, et des causes diverses sur lesquelles j'aurai à revenir bientôt devaient nécessairement conduire les codes à sanctionner les habitudes créées par les mœurs. Si l'on admet que les lois finissent toujours par se conformer aux coutumes, on doit admettre également que la polygamie extra légale des Européens

Mœurs et institutions des Arabes

finira également un jour par être consacrée par nos codes.

Parmi les causes diverses de la polygamie que je n'ai pas énumérées encore il s'en trouve de spéciales à certaines classes et qu'il n'est pas inutile de mentionner ici pour montrer à quel point cette institution s'impose dans certains pays. Les Européens les plus religieux sont obligés eux-mêmes de reconnaître sa nécessité, lorsqu'ils ont attentivement étudié les peuples où la polygamie a pris naissance. C'est ainsi que le savant auteur des Ouvriers en Orient, M. Le Play se trouve naturellement conduit à mettre en évidence la nécessité où se trouvent les chefs de famille agricole de multiplier le nombre de leurs femmes. Il montre également que, loin de se plaindre de cette situation, ce sont les femmes elles-mêmes qui la sollicitent.

> « Comme les aînés des familles se marient très jeunes en général, dit-il, leur première femme, mère d'une nombreuse famille, se trouve déjà vieille quand ils sont eux-mêmes encore dans la force de l'âge. Ces hommes contractent alors un nouveau mariage, souvent à la prière, et presque toujours avec le consentement de la première femme... On s'étonnera peut-être, continue M. Le Play, qu'une femme puisse engager elle-même son mari à contracter un second mariage. Mais il faut se rappeler que dans les familles musulmanes (agricoles) les femmes de la maison doivent exécuter tous les travaux du ménage, quelque difficiles et pénibles qu'ils puissent être. La domesticité féminine étant inconnue chez les paysans, les femmes ne peuvent avoir pour aides que des esclaves ou des parentes vivant dans la même communauté. Les parentes peuvent faire défaut ; plus souvent encore l'occasion manque pour acheter des femmes esclaves. Celles-ci, d'ailleurs, deviennent le plus souvent concubines du chef de la famille où elles sont introduites, et rivales de la première femme qui n'a ainsi aucune raison de les préférer à d'autres femmes légitimes. On conçoit que, dans ces circonstances, une femme conseille à son mari de contracter un nouveau mariage, surtout si on réfléchit que déjà elle commence à vieillir et qu'elle est absorbée par les devoirs de la maternité. »

L'auteur montre également que, parmi les motifs importants de la polygamie chez les Orientaux, domine « en général le désir de laisser une nombreuse postérité. À leurs yeux, la privation d'enfant est le plus grand malheur dont un homme puisse être frappé ; ceux mêmes qui n'en ont que quelques-uns veulent en avoir un plus grand nombre, et ils épousent successivement plusieurs femmes dans cette seule intention. »

Le même observateur fait voir ensuite que la jalousie et la rivalité n'existent pas dans ces mariages polygames. Avec nos préjugés Européens il nous semble impossible sans doute qu'il en soit ainsi ; mais cela ne nous paraît impossible que parce que nous raisonnons toujours avec nos sentiments sans vouloir nous représenter ceux des autres. Il suffit de quelques générations pour éteindre ou créer certains préjugés et nous pouvons concevoir combien notre opinion sur ce point a dû changer en nous reportant aux époques primitives des sociétés, où les femmes étaient communes à tous les membres d'une tribu ou aux époques beaucoup plus rapprochées et jusqu'à nos jours où ces mœurs s'observent encore dans certaines parties de l'Inde, où la même femme a pour maris tous les membres d'une même famille.

2. - Influence de l'islamisme sur la condition des femmes en Orient

L'islamisme ne s'est pas borné à accepter simplement la polygamie qui existait avant lui. Il a exercé sur la condition des femmes en Orient une influence considérable. Loin de les abaisser, comme on le répète aveuglement, il a, au contraire, considérablement relevé leur état social et leur rôle. Le Coran, ainsi que je l'ai montré en examinant le droit de succession chez les Arabes, les traite beaucoup mieux que la plupart de nos codes européens. Il permet sans doute de se séparer d'elles, comme le font du reste les codes européens qui admettent le divorce ; mais il stipule formellement qu'un « entretien honnête est dû aux femmes répudiées. »

Le meilleur moyen d'apprécier l'influence exercée par l'islamisme sur la condition des femmes en Orient est de rechercher ce qu'était cette condition avant le Coran et ce qu'elle fut après.

La façon dont les femmes étaient traitées avant le prophète nous est clairement indiquées par les défenses suivantes, que nous trouvons consignées dans le Coran : « Il vous est interdit d'épouser vos mères, vos filles, vos sœurs, vos tantes paternelles et maternelles, vos nièces, vos nourrices, vos sœurs de lait, les mères de vos femmes, les filles confiées à votre tutelle et issues de femmes avec lesquelles vous avez cohabité. N'épousez pas non plus les filles de vos fils que vous avez engendrés, ni deux sœurs. »

De telles défenses ne donnent pas une haute idée des mœurs du peuple où elles furent nécessaires, mais on les considérera certainement d'un oeil moins sévère, si l'on se rappelle qu'on pouvait observer autrefois les mêmes mœurs chez tous les peuples sémitiques. Les défenses contenues dans la Bible (Lévitique, ch. XVIII, versets 6 à 18) sont identiques à celles du Coran, et prévoient même des cas plus graves encore.

Avant Mahomet, les femmes étaient considérées comme des créatures intermédiaires, en quelque sorte, entre l'animal et l'homme, bonnes uniquement à faire des enfants et à travailler pour leurs maîtres. La naissance des filles était considérée comme un malheur, et l'habitude de les enterrer vivantes fort répandue. Un tel droit n'était pas plus contesté que celui de jeter à l'eau une portée de petits chiens. L'opinion des anciens Arabes à cet égard est bien indiquée dans le dialogue suivant que, selon Caussin de Perceval, Cays, chef des Bénou-Ténim, eut un jour avec Mahomet qu'il rencontra tenant une de ses filles sur ses genoux.

« Qu'est-ce que cette brebis que tu flaires ? demanda Cays.

- C'est mon enfant, répondit Mahomet.

- Par Dieu, reprit Cays, j'en ai eu beaucoup de petites filles comme celle-là ; je les ai toutes enterrées vivantes sans en flairer aucune.

- Malheureux ! s'écria Mahomet, il faut que Dieu ait privé ton cœur de tout sentiment d'humanité ; tu ne connais pas les plus douces jouissances qu'il soit donné à l'homme d'éprouver. »

Si nous voulons juger maintenant de l'influence qu'exerça le Coran à l'égard des femmes, nous n'avons qu'à rechercher ce qu'elles devinrent pendant la période de la civilisation arabe. Les récits des historiens que nous allons mentionner montrent qu'elles jouèrent alors un rôle identique à celui qu'elles devaient jouer plus tard en Europe, lorsque les mœurs galantes et chevaleresques des Arabes d'Espagne s'y furent répandues.

C'est aux Arabes, nous l'avons vu, que les habitants de l'Europe empruntèrent, avec les lois de la chevalerie, le respect galant des femmes qu'imposaient ces lois. Ce ne fut donc pas le christianisme, ainsi qu'on le croit généralement, mais bien l'islamisme qui releva la femme du sort inférieur où elle avait été jusque-là maintenue. Les seigneurs de la première période du moyen-âge, tout chrétiens qu'ils étaient, ne professaient aucun égard pour elle. La lecture de nos vieilles chroniques ne laisse aucune illusion sur ce point. Avant que les Arabes eussent appris aux chrétiens à traiter les femmes avec respect, nos rudes guerriers du temps de la féodalité les malmenaient d'une façon très dure. La chronique de Garin le Loherain nous montre, par exemple, comment les femmes étaient traitées du temps de Charlemagne et par Charlemagne lui-même. « Dans une discussion avec sa sœur, le monarque se jette sur elle, la saisit aux cheveux, la rosse d'importance et lui casse trois dents d'un coup de son gantelet de fer, non sans recevoir, il est vrai, force horions pour sa part. » Un charretier moderne se fût montré certainement plus tendre.

L'importance des femmes pendant la période brillante de la civilisation arabe est prouvée par le nombre des femmes qui se sont illustrées par leurs connaissances scientifiques et littéraires. En Orient, sous les Abassides, en Espagne, sous les Ommiades, beaucoup d'entre elles acquirent une grande célébrité. Waladat, la fille d'un khalife qui régnait en 860, avait été nommée la Sapho de Cordoue.

> « Dans les délices de Medynat-al-Zorah, écrit Conde résumant les historiens arabes d'Abdérame III, il se plaisait à entendre chanter les élégantes compositions de Mozna, son esclave secrétaire, d'Ayscha, demoiselle noble de Cordoue, qui fut, au dire d'Aben-Hayan, la plus sage et la plus belle, la plus savante de son siècle, et de Safya, très belle aussi et très docte poétesse... » « En ce temps, ajoutent les historiens d'Al-Hakem II, où l'érudition et la poésie étaient si estimées en Espagne, les femmes mêmes, dans leur retraite, étaient studieuses, et plusieurs se distinguaient par leur esprit et leurs connaissances. Le khalife avait dans son alcazar Lobnah, demoiselle d'une grande beauté, docte en grammaire, en poésie, en arithmétique et autres sciences ; elle écrivait avec une singulière élégance et le khalife se servait d'elle pour écrire ses affaires réservées, et personne dans le palais ne l'égalait en finesse de conception et en suavité de rythmes poétiques. Fatima écrivait avec une rare perfection, et copiait des livres pour le khalife ; tous les savants admiraient ses compositions, elle avait une précieuse collection de livres d'art et de sciences. Khadidjah faisait de très beaux vers, et les chantait avec une très douce voix. Maryem enseignait l'érudition et la poésie aux demoiselles des principales familles de Séville, avec une grande célébrité, et de son école sortirent plusieurs femmes de talent. Rhadyah, nommée l'Étoile heureuse, affranchie du khalife Abdérame,

qui la céda à son fils Al-Hakem, était l'admiration de son siècle pour ses vers et ses élégantes histoires. Après la mort du khalife elle voyagea en Orient, et partout fut applaudie des savants. »

Sous les successeurs des Arabes, et notamment sous les Turcs, la civilisation brillante des anciens khalifes s'éteignit et le rôle des femmes diminua beaucoup d'importance. je montrerai cependant plus loin que leur condition actuelle, même chez les Turcs, est encore préférable à ce qu'elle est en Europe. Ce qui précède prouve, en tout cas, que si leur rôle a diminué, ce fut malgré le Coran, et non à cause du Coran.

Nous pouvons donc conclure, en répétant ce que nous avons dit plus haut, que, loin d'avoir abaissé la femme, l'islamisme l'a considérablement relevée. Nous ne sommes pas, du reste, le premier à soutenir cette opinion, défendue déjà par Caussin de Perceval, et plus récemment par M. Barthélemy Saint-Hilaire.

L'islamisme a relevé la condition de la femme, et nous pouvons ajouter que c'est la première religion qui l'ait relevée. Il est facile de le prouver en montrant combien la femme a été maltraitée par toutes les religions et tous les peuples qui ont précédé les Arabes. Nous nous sommes déjà expliqués sur ce point dans notre dernier ouvrage et n'avons qu'à répéter ce que nous y avons dit pour convaincre le lecteur.

Les Grecs considéraient généralement les femmes comme des créatures inférieures, utiles seulement pour s'occuper du ménage et propager l'espèce.

Si la femme donnait naissance à un être contrefait, on se débarrassait d'elle. « À Sparte, écrit M. Troplong, on mettait à mort cette malheureuse créature qui ne promettait pas à l'État un soldat vigoureux. » « Lorsqu'une femme était féconde, dit le même auteur, on pouvait l'emprunter à son mari pour donner à la patrie des enfants d'une autre souche. » Même aux époques les plus brillantes de leur civilisation, les Grecs n'eurent guère d'estime que pour les hétaïres. C'étaient alors d'ailleurs les seules femmes ayant reçu quelque instruction.

Tous les législateurs antiques ont montré la même dureté pour les femmes. Le Digeste des lois hindoues les traite fort mal. « La destinée finale, le vent, la mort, les régions infernales, le poison, les serpents venimeux et le feu dévorant, dit-il, ne sont pas pires que la femme. »

La Bible n'est pas beaucoup plus tendre ; elle assure que la femme est « plus amère que la mort. » « Celui qui est agréable à Dieu se sauvera d'elle, dit l'Ecclésiaste. Entre mille hommes, j'en ai trouvé un ; de toutes les femmes, je n'en ai pas trouvé une seule. »

Les proverbes des divers peuples ne sont pas plus aimables : « Il faut écouter sa femme et ne jamais la croire, » dit le Chinois. Le Russe assure « qu'en dix femmes il n'y a qu'une âme. » L'Italien conseille l'emploi de l'éperon pour un bon comme pour un mauvais cheval, et du bâton pour une bonne comme pour une méchante femme. L'Espagnol recommande de se garder d'une mauvaise femme, mais de ne pas se fier à une bonne.

Tous les codes : hindous, grecs, romains et modernes, ont traité la femme en esclave ou en enfant. La loi de Manou dit : « La femme pendant son enfance dépend de son père, pendant sa jeunesse de son mari ; son mari mort, de ses fils ; si elle n'a pas de fils, des proches parents de son mari, car une femme ne doit jamais se gouverner à sa guise. » Les lois grecques et romaines disaient à peu près exactement la même chose. À Rome, le pouvoir de l'homme sur sa femme était absolu ; c'était une esclave qui ne comptait pas dans la société, ne pouvait avoir d'autre juge que son mari, et sur laquelle il avait droit de vie et de mort. Le droit grec ne traitait guère mieux la femme ; il ne lui reconnaissait aucun droit, même pas celui d'hériter.

J'ajouterai à ce qui précède que, sans aller si loin que les religions, et les lois, dans leur appréciation de l'infériorité intellectuelle et morale des femmes, des auteurs modernes ont démontré cette infériorité en s'appuyant sur des raisons anatomiques et psychologiques diverses. On a même essayé de prouver, dans ces derniers temps, qu'à mesure que les civilisations progressent, la femme tend, au point de vue de l'intelligence, à se différencier de plus en plus de l'homme [1].

---

[1] Je n'ai aucune raison de taire que cette proposition, fertile en conséquences diverses, a été établie par l'auteur de cet ouvrage dans un mémoire publié sous ce titre : Recherches anatomiques et mathématiques sur la loi des variations du volume du crâne. On a également essayé de démontrer dans ce travail, que les inégalités de l'intelligence existant entre les hommes s'accroissent constamment à mesure qu'ils se civilisent, et que par conséquent, loin de nous conduire vers l'égalité, la civilisation nous mette vers une inégalité de plus en plus accentuée.

Il ne faudrait pas croire du reste que les Arabes, tout en respectant beaucoup plus les femmes que ne l'avait fait aucun peuple, n'aient pas professé l'ancienne opinion générale relativement à leur infériorité intellectuelle et morale. Leur scepticisme à l'égard de la fidélité féminine est extrême. Elles sont pour eux de petits êtres charmants, aptes à procurer les plus agréables distractions de l'existence, mais sur la constance desquels il n'y a pas à compter un instant. Plus de 2 000 ans avant Mahomet, l'antique législateur des Indes, le grave Manou, était formel sur ce point : « Sera réputée adultère, disait-il, toute femme restée seule avec un homme le temps nécessaire pour cuire un oeuf. »

Le délai fixé par Manou pour porter un jugement aussi sévère doit paraître un peu court ; mais ce n'est pas l'avis des Orientaux et c'est de leur conviction sur ce point qu'est née l'idée de restreindre la liberté des femmes en les confinant dans des harems. Ce n'est pas qu'ils soient bien convaincus que les murailles et les ennuques, constituent un moyen infaillible de protéger la vertu et ils ne l'ont adopté qu'à défaut d'autres plus efficaces. Leurs contes populaires portent la trace évidente de leur croyance à cet égard. Le merveilleux livre des Mille et une Nuits, débute, comme on le sait, par un apologue ingénieux ou il est démontré que la femme a naturellement le besoin de tromper, et qu'alors même qu'elle est enfermée dans une cage de verre et gardée par un génie jaloux, elle réussit à tromper aussi souvent qu'il lui plaît. Les Orientaux, assez psychologistes par instinct, sont convaincus qu'il est dans sa nature de trahir, comme dans celle de l'oiseau de voler, et comme ils tiennent à assurer la pureté de leur race, ils prennent les précautions qui leur semblent les meilleures pour avoir quelque chance de prévenir les accidents qu'ils redoutent.

3. - Le mariage chez les Arabes

Le Coran autorise les musulmans à prendre quatre femmes légitimes en mariage, plus un nombre indéterminé d'esclaves ; mais les enfants de ces esclaves sont légitimes au même titre que ceux des femmes mariées.

Le mari peut divorcer à son gré, mais est obligé d'assurer le sort de la femme divorcée.

Avec de telles facilités pour le mariage et l'habitude qu'ont les hommes et les femmes de se marier fort jeunes, on conçoit que les mœurs puissent être beaucoup plus sévères qu'en Europe. Elles le sont généralement, en effet, et il est fort rare de voir courtiser en Orient la femme d'autrui. La chose paraît aussi monstrueuse aux Orientaux qu'elle semble naturelle aux Européens. Comme le dit justement le Dr Isambert : « On ne peut pas dire que le foyer conjugal y soit aussi souvent troublé que chez nous par l'inconduite ou l'infidélité [1], plus démoralisantes peut-être que la polygamie. »

Les femmes sont entourées en Orient d'une surveillance sévère ; elles ne reçoivent jamais de visites d'hommes, et ne sortent que la figure voilée. Sauf peut-être à Constantinople, elles sont généralement accompagnées et ont bien rarement par conséquent occasion d'être tentées. Il ne faut donc pas trop nous étonner de voir les Orientaux soutenir que la vertu de leurs femmes est fort supérieure à celle des Européennes.

L'autorité du père de famille, si faible aujourd'hui chez les peuples chrétiens, a conservé en Orient toute sa force. Les femmes ne parlent qu'avec le plus grand respect à leurs maris, et les enfants suivent naturellement cet exemple. Le père de famille possède en réalité toute l'autorité et les privilèges de celui de la Rome antique. Sur ce point encore, les Orientaux ne nous envient point.

Le célibat, si fréquent en Occident, et qui, d'après les statistiques, tend à le devenir de plus en plus, est fort mal vu chez les Arabes. Dès l'âge de vingt ans pour les hommes, et de dix à douze ans pour les filles, on est généralement marié. Ebers reconnaît l'utilité de cette coutume et ajoute : « Nous ne pouvons nous empêcher de rendre bon témoignage à leur esprit de famine et à leur vie domestique. »

En dehors du principe de la polygamie, le mariage présente encore en Orient bien des particularités qui le distinguent profondément de nos unions européennes. Chez la plupart des Occidentaux, la femme est obligée, - au moins dans les classes aisées - de donner, sous le nom de dot, une somme plus ou moins considérable pour

1 L'auteur aurait pu ajouter que l'infidélité conjugale suit, chez tous les peuples monogames, une marche singulièrement progressive. D'après les statistiques officielles publiées récemment, le nombre des adultères poursuivis, - poursuivis seulement, - est devenu neuf fois plus fort en France de 1826 à 1880.

réussir à se procurer un mari. C'est le contraire chez les Orientaux. Ils doivent payer à la famille de leur femme une somme variable suivant leur état de fortune.

La situation légale de la femme mariée, telle qu'elle est réglée par le Coran et ses commentateurs, est bien plus avantageuse que celle de la femme européenne. Non seulement elle reçoit une dot, mais encore conserve la jouissance de ses biens personnels, et n'est nullement tenue de contribuer aux dépenses du ménage. Répudiée, elle doit recevoir de quoi vivre. Devenue veuve, elle est entretenue aux frais de la succession pendant une année, et recueille à titre héréditaire une portion des biens du mari.

En dehors de ces privilèges, la femme est traitée avec le plus grand respect ; il en résulte pour elle une situation dont les avantages ont été reconnus par tous les observateurs consciencieux, alors même que par des raisons de sentiment ils se montraient ennemis de la polygamie.

C'est ainsi que M. de Amicis, après un sévère réquisitoire contre la polygamie, qu'il juge à son point de vue exclusivement européen, s'exprime, à propos de la femme en Orient, de la façon suivante : « Elle est généralement respectée, avec une sorte de politesse chevaleresque. Aucun homme n'oserait lever la main sur une femme au milieu de la rue. Aucun soldat, même dans le tumulte d'une émeute, ne se risquerait à maltraiter la plus insolente des femmes du peuple. Le mari traite la femme avec une certaine déférence cérémonieuse. La mère est l'objet d'un culte particulier. Il n'y a pas d'homme qui ose faire travailler une femme pour tirer parti de son travail. C'est l'époux qui dote l'épouse ; elle n'apporte dans la maison de son mari que son trousseau et quelques esclaves. En cas de répudiation ou de divorce, le mari est obligé de donner à la femme autant qu'il lui faut pour vivre à l'aise ; et cette obligation l'empêche d'user contre elle de mauvais traitements qui lui donneraient le droit d'obtenir la séparation. »

La seule objection qu'on pourrait faire en apparence à la polygamie, c'est qu'elle rend la femme malheureuse. C'est là en effet ce qu'on a soutenu pendant longtemps, mais cette assertion est absolument erronée, et tous les Européens ayant observé de près les Orientaux sont unanimes sur ce point.

Tout en se montrant, - assez faiblement du reste - hostile à la polygamie, M. Ebers reconnaît que les musulmanes ne sont nullement à plaindre. « Elles peuvent paraître méprisables, dit-il, à leurs sœurs européennes, mais elles ne se sentent nullement prisonnières, et ont assuré souvent à celles de nos femmes qui leur rendaient visite, qu'elles ne voudraient pas changer de condition avec elles. »

M. de Vaujany, directeur des études à l'école des langues du Caire, n'est pas moins explicite :

> « Les musulmanes, dit-il, sont loin de se considérer malheureuses dans la vie de réclusion que leur impose le harem. Nées pour la plupart dans son enceinte, elles y ont grandi sans savoir qu'il pût exister, parmi les autres personnes de leur sexe, un autre séjour et une manière de vivre préférables. Elles regardent comme n'étant pas de bon ton la liberté dont jouissent les Européennes. C'est le harem qui a été le théâtre des jeux de leur enfance, de leurs premières joies, de leurs premiers soucis. L'habitude, dit-on, est une seconde nature ; la vie du harem est à ce titre la nature pour les filles de l'Orient : accoutumées à se mouvoir dans un cercle dont elles connaissent les limites, la pensée ne leur vient même pas de la franchir. Lorsqu'arrive l'époque du mariage, elles passent du harem de leur mère dans celui de leur époux ; elles sont entourées de jouissances nouvelles, et leur cœur, dans lequel une éducation raffinée n'a pas allumé des passions inquiètes et dangereuses, va au-devant du bonheur que leur offre la vie qui s'ouvre à elles. Les soins que leur époux leur prodigue rendent ce bonheur facile à atteindre. Tout ce qu'un musulman a de beau et de riche, il le consacre à son harem, il aime à déployer dans les appartements de ses femmes une somptuosité éclatante, tandis qu'il se contente pour lui-même d'un logement relativement modeste. »

Le même auteur fait également justice de cette autre opinion, fort répandue, que les femmes orientales vivent dans une profonde ignorance. Elles sont infiniment plus instruites, au contraire, que la plupart des femmes européennes, en y comprenant celles de la meilleure société : « L'instruction, dit-il, s'est beaucoup répandue dans les harems, et l'on voit fréquemment des dames et des jeunes filles parlant et écrivant l'arabe, le français, l'anglais et le turc. Très souvent, au sein même du harem, lorsque plusieurs musulmanes de distinction sont réunies, la conversation s'établit en français. » Je ne connais pas pour mon compte beaucoup de Parisiennes capables de s'exprimer correctement ou même incorrectement, en quatre langues.

Il est bien évident, d'ailleurs, que les conditions d'existence des femmes en Orient n'ont été en aucun temps un obstacle à leur instruction, puisque nous avons montré plus haut qu'aux époques brillantes de la civilisation arabe, le nombre de femmes renommées par leurs connaissances littéraires ou scientifiques était très grand. Les auteurs qui ont parlé de l'ignorance des femmes orientales n'en ont jugé que d'après des esclaves venues de contrées lointaines, achetées dans les bazars, qu'on trouve dans certains harems. C'est exactement comme si on voulait juger de l'éducation d'une grande dame parisienne d'après celle de sa femme de chambre.

4. - *Les harems de l'Orient*

Le mot harem est un terme général qui indique chez les Arabes tout ce qui est sacré. Appliqué à une demeure, il en désigne la partie la plus inaccessible et véritablement sacrée pour un musulman : celle qu'habitent ses femmes.

Les Européens se font généralement la plus fausse idée des harems de l'Orient. Ils n'y voient guère que des lieux de luxure où d'infortunées prisonnières, passent dans l'oisiveté une vie misérable en maudissant leur sort.

Nous avons montré déjà à quel point de telles appréciations étaient inexactes. Les européennes qui pénètrent dans les harems sont tout étonnées d'y trouver des femmes aimant beaucoup leur mari, très occupées du soin de leurs enfants et de la direction de leur ménage, fort heureuses de leur sort, et qui se trouveraient très dégradées si elles devaient en changer avec les femmes d'Europe. Elles plaignent sincèrement ces dernières, obligées de s'adonner aux affaires, aux travaux manuels, alors qu'elles ne s'occupent que de leur famille, existence pour laquelle il leur semble, ainsi qu'à leur mari, que la femme est principalement faite. Les Orientaux regardent les Européens, qui obligent les femmes au négoce, à l'industrie, aux affaires, etc., du même oeil que nous pourrions considérer le propriétaire d'un cheval de race qui l'emploierait à traîner une charrue ou à tourner la meule d'un moulin. Pour eux, les femmes ne doivent avoir d'autre occupation que de charmer l'existence de l'homme et d'élever sa famille ; et ils n'admettent pas que celles adonnées en même temps à d'autres occupations puissent remplir convenablement ce rôle. On subit toujours un peu l'influence des peuples qu'on a visités, et c'est sans doute pour cette raison que j'en suis arrivé à partager tout à fait les idées des Orientaux sur ce point.

Je suis très loin de soutenir d'ailleurs que tout soit parfait dans les harems. Ils ont engendré chez les Turcs, au moins dans certaines grandes cités, et principalement à Constantinople, de graves abus. Les mœurs des harems de cette dernière ville sont aujourd'hui presque aussi légères que celles qu'on observe dans nos grandes capitales de l'Occident. L'influence des Européens, l'accroissement du luxe coïncidant avec une pauvreté croissante, surtout depuis la dernière guerre, ont considérablement relâché les mœurs ; et on y trouve beaucoup de femmes, même parmi celles appartenant à de hauts personnages, dont il n'est pas bien difficile de se procurer les faveurs moyennant une certaine somme remise à quelque intermédiaire pour les gardiens du harem. Souvent même il n'est pas nécessaire de se donner tant de mal. Dans son livre récent, Thirty years in the Harem, Mme Kilbrizli-Mehemed pacha, femme d'un ancien premier ministre ottoman, et qui a passé sa vie dans des harems de grands personnages, raconte que les femmes du sultan Abdul-Medjid avaient l'habitude d'appeler les passants par les fenêtres de leur palais. Comme il était de tradition de faire étrangler le lendemain l'invité de la veille pour s'assurer de sa discrétion, ces aventures galantes n'étaient pas généralement ébruitées. Nazli hanum, fille de Mehemet-Ali, alors vice-roi d'Égypte, avait aussi contracté, toujours d'après le même auteur, la prudente habitude de faire mettre à mort tous ses amants de passage. La même Nazli hanum était, malgré cela, très jalouse : Feu son mari ayant dit une fois à l'esclave qui lui servait de l'eau : « Assez, mon agneau ! » ce seul mot, rapporté à la princesse, la mit hors d'elle. La pauvre fille fut égorgée par son ordre, puis sa tête bourrée de riz et cuite au four fut placée sur un plat, et, quand le prince revint dîner, on lui servit cet étrange régal. - Prenez donc un morceau de votre agneau, lui dit sa femme. - Là-dessus il jeta sa serviette, s'en alla, ne reparut pas de longtemps, et depuis n'eut plus d'affection pour elle. »

J'ai rapporté les faits qui précèdent pour mettre sous les yeux du lecteur les arguments qu'on peut invoquer en faveur de la polygamie, et ceux qu'il est possible d'articuler contre elle. Les inconvénients sont applicables surtout aux harems des grands personnages turcs, où s'entrecroisent des intrigues beaucoup plus politiques que galantes, mais ils ne le sont nullement aux familles des classes moyennes. Vouloir juger de la vie dans les harems par des histoires analogues à celles que j'ai rapportées, serait apprécier la valeur de la monogamie des Européens, par les scandales dont les tribunaux retentissent chaque jour, ou de la morale du clergé d'après les procès faits à quelques-uns de ses membres par suite de l'oubli de leurs vœux de chasteté. De l'ensemble des faits et opinions divers que j'ai eu occasion de citer, il se dégagera sûrement, je pense, pour mes lecteurs, la conviction que la polygamie est une institution excellente, que le sentiment de la famille, la moralité et le respect des bonnes mœurs sont beaucoup plus développés généralement chez les nations polygames que chez celles qui ne le sont pas ; que l'islamisme enfin a considérablement relevé la condition des femmes et qu'il est la première religion qui l'ait relevée. Toujours plus respectée en Orient qu'en Europe la femme y est généralement plus instruite et presque toujours plus heureuse.

Chapitre V
Religion et morale

1. – Influence de la religion chez les Musulmans

Nous avons déjà exposé la doctrine du Coran telle qu'elle fut enseignée il y a treize siècles par Mahomet ; mais le Coran, c'est la loi écrite, et il y a loin souvent des prescriptions écrites à la façon dont elles sont observées. Leur importance ne peut se mesurer que par l'action qu'elles exercent dans la vie. Ce sont donc les limites de cette action qu'il importe de connaître. Nous ne pourrons le faire qu'en pénétrant dans des détails que nous n'avons pas exposés encore.

Mesurée au degré d'influence exercée sur les hommes, la religion de Mahomet ne le cède à aucune autre. Quelles que soient les races où a été enseigné le Coran, ses prescriptions sont aussi fidèlement observées aujourd'hui qu'elles l'étaient il y a treize siècles. On pourra rencontrer chez les musulmans des indifférents et quelques rares sceptiques, on ne trouvera personne capable de braver l'opinion en n'observant pas les prescriptions fondamentales de la loi religieuse, telles que le jeûne et la prière dans les mosquées. Le jeûne du Ramadan est autrement rigoureux que celui que s'imposent quelques chrétiens pendant le carême, et cependant il est observé par tous les musulmans avec la plus scrupuleuse exactitude. De même pour la prière. Dans toutes les régions de l'Asie et de l'Afrique que j'ai parcourues, j'ai toujours constaté que cette prescription fondamentale du Coran était très ponctuellement suivie. Ayant eu occasion de naviguer sur le Nil, en compagnie d'une bande d'Arabes enchaînés, composée d'individus arrêtés pour toutes sortes de crimes, j'ai été très frappé de voir que ces hommes, qui avaient bravé, au mépris des plus redoutables châtiments, toutes les lois sociales, n'osaient pas cependant braver celles du prophète. Lorsqu'arrivait l'heure de la prière, tous soulevaient leurs chaînes pour se prosterner et adorer le redoutable Allah.

Il faut avoir présent à l'esprit cet immense ascendant des prescriptions religieuses sur les Orientaux pour arriver à connaître ces peuples, que les Européens comprennent généralement si peu. La religion, dont l'influence est si faible sur nous, exerce au contraire une action prépondérante sur eux, et c'est par elle seulement qu'on peut agir sur leur esprit. Ce n'est que par elle, en effet, qu'on a réussi à les soulever lors de la récente révolution qui a ensanglanté l'Égypte. Je n'ai jamais aussi bien compris à quel point il était difficile d'arriver à se représenter les idées d'un autre peuple, qu'en voyant les journaux européens s'imaginer que les Arabes de l'Égypte se révoltaient pour réclamer des droits politiques, qui eussent été en réalité complètement incompréhensibles pour eux. Habitués à obéir aux caprices d'un Dieu souverain, ils obéissent aussi facilement à ses représentants. L'homme qui leur parle au nom d'Allah est toujours sûr de se faire obéir, et la seule question qu'ils puissent se poser est de savoir si cet homme parle bien, en réalité, au nom d'Allah. Sceptique ou croyant, l'observateur doit respecter cette loi profonde. Elle a permis autrefois aux Arabes de faire la conquête du monde et leur permet aujourd'hui de supporter avec la plus complète résignation toutes les duretés du sort. De telles croyances créent aux foules ces illusions heureuses qui sont l'image du bonheur. En leur faisant espérer pour une vie future les félicités que l'heure présente leur refuse, elles les préservent des noirs désespoirs et des révoltes furieuses que ces espoirs engendrent. Celui qui dédaigne de telles illusions devrait, pour être conséquent,

Mœurs et institutions des Arabes

les dédaigner toutes, et mépriser aussi la gloire, l'ambition, l'amour et toutes ces chimères vénérables ou charmantes que nous passons notre vie à poursuivre, et qui, elles aussi, ne sont, au fond, que des illusions. Mais ces illusions ont été jusqu'ici les plus puissants mobiles de la conduite des hommes, et le penseur qui découvrira le moyen de les remplacer n'est pas né encore.

2. - *Cérémonies religieuses de l'islamisme*

Sectes diverses de l'islamisme. - Avant de décrire les principales cérémonies de la religion des Arabes, je dirai quelques mots des sectes diverses de l'islamisme. Comme tous les cultes possibles, il en renferme plusieurs. Dès les premiers temps de l'hégire, on en comptait soixante-douze. Le protestantisme en compte à lui seul davantage.

Les deux plus anciennes, et également les deux plus importantes des sectes mahométanes, sont celles des Chiites et des Sunnites. Les Chiites prétendent que la succession de Mahomet revenait à Ali, gendre du prophète, et accordent à celui-ci presque autant d'importance qu'à Mahomet lui-même. Les Sunnites soutiennent, au contraire, que la succession des khalifes, telle qu'elle eut lieu, a été régulière. Ils représentent le parti orthodoxe.

En dehors de ces deux sectes, il en existe beaucoup d'autres secondaires. La seule vraiment importante est celle des wahabites, qui, bien que ne comptant qu'un siècle à peine d'existence, a réussi à fonder au centre de l'Arabie un puissant empire. Elle prétend rétablir l'islamisme dans son ancienne pureté. Les wahabites sont, en réalité, les protestants de l'islamisme.

Les Persans appartiennent à la secte chiite, les Turcs et les Arabes à la secte sunnite ; les habitants du Nedjed sont wahabites.

Ces branches diverses du même culte se supportent généralement avec beaucoup de tolérance ; et, à ce point de vue, elles pourraient servir d'exemple, surtout en Syrie, aux diverses sectes chrétiennes. Il n'y a jamais eu dans l'islamisme d'inquisition chargée de faire prévaloir par le fer et le feu une doctrine sur l'autre. À la mosquée El Azhar, le foyer de l'enseignement religieux le plus important de l'Orient, les professeurs bien qu'appartenant à des rites différents vivent dans la meilleure intelligence.

Énumérons à présent les principales cérémonies religieuses des Arabes :

Prières. - Parmi les pratiques religieuses prescrites par la loi de Mahomet, une des plus importantes est la prière, et le musulman, à quelque race ou catégorie sociale qu'il appartienne, ne s'y soustrait point.

D'après la règle établie par le prophète, la prière doit être répétée cinq fois par jour, à des heures régulières ; et, sur toute la vaste surface du globe qui a le Coran pour loi, les muezzins rappellent aux fidèles, du haut des minarets, ce devoir sacré. Cet appel a lieu au point du jour, à midi, une heure et demie environ avant le coucher du soleil, au coucher du soleil, et une heure après que celui-ci a disparu de l'horizon. À ces heures réglementaires, on voit apparaître sur toutes les tours des mosquées les muezzins chantant d'une voix sonore : « Dieu est grand ; il n'y a d'autre dieu que Dieu ; Mahomet est son prophète ; venez à la prière. »

À cet appel, tous les croyants portent la main à la tête et à la ceinture, en récitant des passages du Coran, et se prosternent plusieurs fois la face contre terre à des intervalles déterminés. Le vendredi, jour de réunion dans les mosquées, la prière du midi a lieu trois quarts d'heure plus tôt et est suivie d'une prédication.

La prière doit être précédée d'ablutions, et ces ablutions, pour lesquelles il existe une fontaine spéciale dans toutes les mosquées, sont religieusement observées.

Jeûnes. - Le jeûne est également une des prescriptions fondamentales de l'islamisme, et il est suivi par toutes les classes de la société, sans exception, avec une sévérité dont l'Européen peut se faire difficilement une idée.

Ce jeûne est pratiqué pendant le mois du Ramadan qui tombe à des époques différentes de l'année. Il consiste à ne rien prendre, pas même un verre d'eau ou la fumée d'une cigarette, du soleil levé au soleil couché.

La privation de boisson, et surtout de tabac, est si grande pour les musulmans, qu'on les voit, le narghilé ou la cigarette d'une main, le charbon allumé de l'autre, attendre, avec impatience, que les muezzins aient annoncé, du haut des mosquées, que l'heure de la rupture du jeûne a sonné. On tâche alors de compenser la rigueur de l'abstinence du jour par un abondant repas. Les cafés sont brillamment éclairés ; les jeux et les spectacles succèdent aux repas, et les mosquées restent illuminées toute la nuit.

Fêtes religieuses. - En dehors du Ramadan que je viens de mentionner, l'islam compte beaucoup de fêtes religieuses. Je citerai parmi elles celle de la naissance du prophète, celle du milieu du mois de Shaabân, nuit redoutée où sont pesées et réglées les destinées des hommes, et enfin celle du sacrifice d'Abraham, ou grand Beyrâm, qui dure quatre jours et se célèbre le dernier mois de l'année. Cette dernière est l'occasion de grandes solennités. Chaque famille tue un agneau ou un autre animal, le peuple se pare de ses plus beaux vêtements et circule dans les rues. Les mosquées sont brillamment illuminées de ballons de couleur. Un des plus féeriques spectacles que j'ai eu occasion de contempler est celui de l'imposante rade de Rhodes vue de la mer un soir de la fête du Beyrâm.

La religion des Arabes a tellement pénétré dans tous les détails de leur vie intime qu'ils n'ont guère de cérémonies qu'on ne puisse qualifier de religieuse. C'est ainsi, par exemple, que le mariage, la circoncision, etc., décrites dans un précédent chapitre, sont des cérémonies à la fois religieuses et civiles.

Pèlerinage de la Mecque. - Le pèlerinage de la Mecque, que chaque mahométan doit tâcher d'accomplir une fois au moins dans sa vie, est une des prescriptions les plus importantes de Mahomet, une de celles dont l'influence politique est la plus considérable.

Le pèlerinage de la Mecque se fait par grandes caravanes, dont les principales partent du Caire et de Damas. Le voyage est long et coûte la vie à bien des pèlerins ; mais pour voir ce temple sacré de la Kaaba, déjà célèbre au temps de Mahomet, et dont l'origine remonte aux plus lointaines périodes de l'histoire, aucune fatigue n'est trop grande.

Arrivés près de la Mecque, les pèlerins se font raser, ôtent leurs vêtements, se purifient par des ablutions, et ne conservent qu'un pagne pour costume. Ils font alors sept fois le tour de la Kaaba, baisent la fameuse pierre noire dont nous avons parlé dans un autre chapitre, vont entendre la prédication sur le mont Arafa, près de la

Mecque, et jettent des pierres à Satan dans la vallée où Abraham repoussa de la même façon le démon qui le tentait. Le pèlerinage se termine en immolant des animaux. Les mahométans les plus fervents visitent ensuite, Médine où est le tombeau du prophète.

Le pèlerinage de la Mecque amène tous les ans dans cette ville un nombre de musulmans qui s'élève souvent à 200 000. Il met en présence des mahométans venus des divers points de l'islam, depuis le Maroc et le centre de l'Afrique jusqu'à l'Inde et les frontières de la Chine. Or, d'après les prescriptions du Coran, tous les mahométans sont frères ; et ce serait même, suivant les théologiens arabes, afin de rendre cette fraternité effective que le pèlerinage aurait été institué. Il en résulte que les pèlerins doivent se voir, s'enquérir les uns les autres de leurs besoins, et s'entendre sur tout ce qui concerne les questions religieuses. Idées et projets d'avenir élaborés dans ces réunions solennelles où, sous peine de mort, un chrétien ne pourrait pénétrer, sont ensuite portés par les pèlerins sur tous les points de l'islam. Il n'est point besoin d'insister sur l'importance politique que peuvent avoir, à un moment donné, de telles réunions d'hommes venus de si loin et unis par des intérêts religieux communs.

En dehors de son importance religieuse et politique, la Mecque a encore une importance commerciale très grande. C'est un des plus importants marchés de l'univers, et les produits venus des points les plus reculés du monde y sont échangés.

Cérémonies pratiquées par les derviches. - L'ascétisme et l'exaltation religieuse se sont rencontrés dans l'islamisme, comme dans les autres cultes, et ont eu nécessairement pour résultat la formation de corporations religieuses exclusivement occupées de leur salut. Il en est généralement ainsi dans toutes les religions dont le fond est pessimiste, et le Coran est presque aussi pessimiste que le Nouveau Testament. Lui aussi considère la vie terrestre comme un temps d'épreuve, qui ne doit servir à l'homme qu'à se préparer à la vie future. Il en résulte pour les âmes timorées et scrupuleuses le désir de s'affranchir des mécomptes de l'existence, en gagnant le ciel par une vie ascétique.

Parmi les corporations religieuses les plus intéressantes, il faut mentionner surtout les derviches hurleurs et tourneurs. Ces noms leur viennent, comme on le sait, des manœuvres qu'ils exécutent pour se mettre dans un état d'extase analogue à celui qui s'observait si fréquemment autrefois chez les moines de nos couvents.

J'ai eu l'occasion d'observer de près les derviches tourneurs à Constantinople, et l'état dans lequel ils tombent m'a paru très voisin de certaines formes de somnambulisme artificiel. C'est en tournant sur eux-mêmes pendant longtemps qu'ils arrivent à ce résultat. Leurs danses sont précédées de chants auxquels j'ai trouvé une analogie frappante avec ceux de nos églises. La musique en est plus sourde, mais possède en même temps plus de douceur et de mélodie. Le thème aigu des flageolets sautille sans cesse sur le roulement des tambourins et sur la basse ronflante d'une sorte de violoncelle, qui marque le rythme.

J'ai compris facilement l'influence de cette musique devait avoir sur les croyants qui l'entendent, en constatant qu'elle me plongeait moi-même dans une rêverie très voisine du sommeil. Th. Gautier a très nettement noté cet effet dans les lignes suivantes :

> « Cet air, d'un charme bizarre, me faisait naître au cœur des nostalgies de pays inconnus, des tristesses et des joies inexplicables, des envies folles de m'abandonner aux ondulations enivrantes du rythme. Des souvenirs d'existences antérieures me revenaient en foule, des physionomies connues et que cependant je n'avais jamais rencontrées dans ce monde me souriaient avec une expression indéfinissable de reproche et d'amour ; toutes sortes d'images et de tableaux, des rêves oubliés depuis longtemps s'ébauchaient lumineusement dans la vapeur d'un lointain bleuâtre ; je commençais à balancer ma tête d'une épaule à l'autre, cédant à la puissance d'incantation et d'évocation de cette musique si contraire à nos habitudes, et pourtant d'un effet si pénétrant. »

Lorsque l'action de cette musique et de ces chants a continué pendant un certain temps, les derviches se débarrassent de leurs manteaux, ne conservent que leur tunique, étendent les bras en croix, et exécutent au son des instruments une sorte de valse en tournant circulairement sur eux-mêmes et progressant fort lentement. Leur tête est penchée de côté ou à demi renversée, leurs yeux presque fermés, leur bouche entr'ouverte. Dans cet état, ils sont évidemment inconscients et insensibles. La pose fatigante de leurs bras, qu'un sujet à l'état normal ne pourrait conserver quelques minutes, ne leur occasionne aucune gêne apparente pendant plus d'un quart d'heure. Leurs mouvements ont une douceur et une régularité remarquables. Ils me semblaient perdus dans des rêves infinis dont aucune plume ne saurait rendre le charme :

> « Que voyaient-ils dans ces visions qui les berçaient ? Les forêts d'émeraude à fruits de rubis, les montagnes d'ambre et de myrrhe, les kiosques de diamants et les tentes de perles du paradis de Mahomet ? leurs bouches souriantes recevaient sans doute les baisers parfumés de musc et de benjoin des houris blanches, vertes et rouges ; leurs yeux fixes contemplaient les splendeurs d'Allah scintillant avec un éclat à faire paraître le soleil noir, sur un embrasement d'aveuglante lumière ; la terre, à laquelle ils ne tenaient que par un bout de leurs orteils, avait disparu comme un papier brouillard qu'on jette sur un brasier, et ils flottaient éperdument dans l'éternité et l'infini, ces deux formes de Dieu. »

Quand les derviches tourneurs sont sortis de leur extase, ils s'arrêtent, s'agenouillent et sortent de la salle.

Je n'ai pas assisté aux cérémonies des derviches hurleurs ; mais, d'après les descriptions qu'on en a données, il me semble évident qu'ils tombent dans un état hypnotique analogue à celui produit par la danse et la musique chez les derviches précédents. En hurlant sans cesse certaines phrases et en accompagnant les mêmes paroles des mêmes gestes, ils arrivent à un état d'insensibilité tel qu'ils peuvent, comme les Aissaouas, se percer les membres avec des instruments pointus, sans rien sentir.

Monuments religieux divers : mosquées, couvents, écoles, etc. - Le véritable centre de la vie arabe est la mosquée. Au lieu d'être, comme le temple chrétien, un édifice exclusivement consacré à adorer le Seigneur, elle sert, à la fois, d'endroit de réunion, d'adoration, d'enseignement et même d'habitation.

Nous avons déjà indiqué le plan général des mosquées. Les plus anciennes sont toutes construites sur le même type. Elles sont formées par une cour rectangulaire entourée de galeries, dont un coté, plus profond que les trois autres, sert de sanctuaire. Au milieu de cette cour existe une fontaine pour les ablutions. Dans le sanctuaire, on trouve toujours le mihrab, niche creusée dans le mur et dirigée du côté de la Mecque ; le minbar, chaire d'où le prédicateur parle aux fidèles ; et, dans leur voisinage, un pupitre sur lequel le Coran reste ouvert pendant le service religieux. Un grand nombre de lampes sont suspendues au plafond de l'édifice.

Mœurs et institutions des Arabes

Le mobilier ne consiste qu'en nattes et en tapis.

À côté de ce sanctuaire se trouve généralement une salle formant chapelle contenant le tombeau du fondateur de la mosquée.

Aux angles de chaque mosquée se trouvent toujours des tours, nommées minarets, du haut desquelles les crieurs appellent les fidèles à la prière.

Dans les dépendances des mosquées on voit souvent des bains publics, une hôtellerie pour les voyageurs, des écuries pour les animaux, un hôpital pour les malades, et une école (medressé) pour les enfants. La confusion de la vie civile et de la vie religieuse, si caractéristique chez les mahométans, se retrouve, comme on le voit, dans leurs mosquées.

Les mosquées sont ouvertes depuis la pointe du jour jusqu'à l'heure de la dernière prière du soir, c'est-à-dire deux heures environ après le coucher du soleil.

Chaque mosquée est indépendante. Elle s'entretient avec les revenus des biens qui lui ont été attachés par ses fondateurs, et qu'augmentent souvent les pieuses donations. Elle est gérée par un intendant, assisté d'un certain nombre d'imans, sortes de prêtres secondaires exerçant souvent d'autres métiers en même temps, et qui sont chargés de lire chaque jour la prière aux heures canoniques. Imans, portiers, crieurs, porteurs d'eau, domestiques, etc. forment un personnel assez nombreux même dans les moindres mosquées.

Centre de réunion et de prière, lieu d'abri pour l'étranger, de secours pour le malade, les mosquées sont encore un centre d'enseignement. Les plus petites servent d'école aux enfants, les plus grandes sont de véritables universités parfois aussi importantes que celles d'Europe. Telle est, par exemple, la célèbre mosquée el Azhar, au Caire, qui compte 300 professeurs et plus de 10 000 étudiants venus de tous les points de l'islam. Elle constitue un centre religieux et littéraire très important, car c'est dans son sein que se forment les personnages les plus influents, prêtres, savants, magistrats, etc. L'enseignement y est malheureusement resté ce qu'il était lorsqu'a commencé la décadence des Arabes, et représente à peu près le programme de nos universités à la fin du moyen âge. Outre la lecture et l'explication du Coran, on y enseigne l'arithmétique, la géométrie, l'astronomie, la grammaire, la littérature, la rhétorique et la logique.

L'analogie de l'enseignement donné dans les mosquées avec celui de nos anciennes universités ne s'arrête pas seulement aux programmes, elle s'étend encore aux méthodes et à la vie de l'étudiant. En parcourant la mosquée el Azhar pendant les cours des professeurs, il me semblait qu'une baguette magique m'avait transporté dans une de nos vieilles universités du treizième siècle. Même confusion dans les études théologiques et littéraires, mêmes méthodes, même organisation des étudiants réunis en corporations, et jouissant des mêmes immunités et franchises. Dans l'immense salle, qui sert aussi de sanctuaire, chaque maître est assis sur des nattes, entouré d'un cercle d'élèves vêtus d'un cafetan noir et d'un turban blanc, la plume de roseau à la main pour prendre des notes et l'écritoire passée à la ceinture.

À la mosquée el Azhar, les étudiants les plus pauvres sont entretenus par la mosquée et logent dans ses dépendances.

Tous ces jeunes gens m'ont semblé ardents au travail et animés d'un goût très vif pour l'étude. Pour le satisfaire, quelques-uns viennent des points les plus reculés de l'islam, tels que l'Inde ou le Maroc. La science, si dédaignée par d'autres religions, est estimée très haut par les musulmans. C'est à eux, du reste, qu'est due cette réflexion très juste : « Sont hommes ceux qui apprennent ou qui savent ; le reste est vermine ou bon à rien. »

En dehors des mosquées, il existe d'autres monuments religieux de moindre importance, tels que les tombeaux de saints, dits marabouts, petites constructions cubiques surmontées d'une coupole ; on les rencontre dans presque tous les pays mahométans. Celui représenté dans cet ouvrage a été pris dans un site charmant, le bois sacré, près de Blidah.

Il faut encore rattacher aux monuments religieux les couvents, ou tekkés, dans lesquels vivent certaines corporations de derviches ; mais leur nombre est fort restreint, surtout si on les compare aux établissements analogues si répandus chez tous les peuples chrétiens de l'Europe. Ils diffèrent, du reste, très peu des autres habitations musulmanes et n'ont nullement le sombre aspect de nos monastères.

3. - *La morale dans l'islamisme*

Mœurs et institutions des Arabes

Les prescriptions morales du Coran sont excellentes. La charité, la bienfaisance, l'hospitalité, la modération dans les désirs, la fidélité à la parole donnée, l'amour du prochain, le respect des parents, la protection des veuves et des orphelins, et même, la recommandation plusieurs fois répétée de rendre le bien pour le mal, y sont enseignés. La morale du Coran est à peu près identique, d'ailleurs, à celle de l'Évangile.

Mais l'étude de la morale qu'un livre enseigne n'a pas une importance bien grande. Il n'y a guère de religions dont les principes moraux ne soient excellents. Ce qu'il importe de connaître quand on étudie un peuple, ce ne sont pas les vertus qu'on lui enseigne, mais bien celles qu'il pratique. L'observation démontre que la ressemblance existant entre les premières et les secondes est généralement très faible.

Dans le chapitre de notre précédent ouvrage consacré à l'étude du développement de la morale, nous avons essayé de montrer que parmi les divers facteurs qui déterminent sa formation : l'utilité, le milieu, l'opinion, la sélection, les prescriptions légales, l'éducation, l'intelligence, etc., les religions ne jouaient généralement qu'un rôle secondaire. Nous y avons vu que dans les anciens cultes, il n'y avait pas de recommandations relatives à la morale. Ce n'est que dans les religions des Hindous et celles créés par Moïse, Jésus-Christ et Mahomet, que l'on trouve des prescriptions morales, mais ces religions ne firent qu'apporter à des principes déjà enseignés l'appui de leurs sanctions. Ces sanctions sont constituées uniquement par l'espoir d'une récompense et la crainte d'un châtiment dans une autre vie, mais la facilité d'obtenir le pardon des crimes enlève à la crainte du châtiment l'influence qu'elle pourrait avoir sur la majorité des hommes.

Il suffit, du reste, d'avoir un peu parcouru le monde, et étudié les hommes ailleurs que dans les livres, pour reconnaître que la religion est tout à fait indépendante de la morale. S'il y avait parenté réelle entre elles, les peuples les plus religieux seraient les plus moraux ; et il s'en faut de beaucoup, en réalité, qu'il en soit ainsi. L'Espagne et la Russie m'ont paru être les pays de l'Europe où les pratiques religieuses sont le plus scrupuleusement observées, et je crois être d'accord avec les observateurs qui les ont étudiés avec soin, en assurant qu'il faut les ranger parmi ceux dont la moralité se trouve précisément au niveau le moins élevé.

Ce n'est donc pas dans la religion d'un peuple qu'il faut chercher les causes de l'état de sa morale. Toutes les religions, je le répète, ont des principes de morale excellents, et s'ils étaient observés, l'âge d'or régnerait sur la terre ; mais la façon dont ces principes sont suivis varie selon le milieu, l'époque, la race et des conditions fort diverses, et c'est pour cette raison qu'avec une même religion, des peuples divers possèdent le plus souvent une morale très différente.

Ce qui précède s'applique à toutes les religions possibles, y compris celle des mahométans. Les principes de la morale du Coran sont parfaits ; mais leur action a été bien différente, suivant les races, les milieux et les âges.

Pendant les premiers temps de l'islamisme, la moralité des Arabes fut plus élevée que celle de tous les autres peuples vivant alors, les chrétiens surtout. Leur justice, leur modération, leur bienveillance et leur tolérance à l'égard des peuples vaincus, le respect de leurs engagements, leur caractère chevaleresque, sont frappants et contrastent étrangement avec la conduite des autres peuples, notamment avec celle des Européens, à l'époque des croisades.

Si nous attribuons à la religion l'influence qu'on lui accorde généralement, nous devrions dire que la morale du Coran fut supérieure à celle de l'Évangile, puisque les peuples qui pratiquaient l'islamisme avaient une moralité beaucoup plus élevée que celle des chrétiens. Mais ce que nous avons dit plus haut de l'indépendance de la religion et de la morale prouve à quel point serait erronée une conclusion semblable. La moralité des musulmans varia, comme celle des chrétiens, suivant les divers facteurs que nous avons énumérés plus haut. Très élevée à certaines époques, elle fut très inférieure à d'autres. La longue domination des Turcs, et leur régime politique a bien abaissé la moralité des Orientaux soumis à leur action. Dans un pays où le caprice d'un maître et de ses subalternes est la seule loi, où chacun est en butte aux exactions de mille petits tyrans qui ne cherchent qu'à s'enrichir, où il n'y a aucune justice à espérer et où on n'obtient quelque chose qu'à force d'argent, la corruption devient bientôt générale, et il n'y a pas de moralité possible. La moralité actuelle des Orientaux soumis à la Turquie est donc forcément très abaissée ; mais le Coran est aussi étranger à cet abaissement, que l'Évangile est étranger à l'état d'abaissement identique où se trouvent les populations chrétiennes vivant sous le même régime.

Ce qui précède montre suffisamment le peu de fondement de cette opinion si générale aujourd'hui en Europe, que c'est la religion de Mahomet qui a conduit certains peuples orientaux au degré d'infériorité morale où ils sont maintenant. Une telle croyance est la conséquence de cette série d'erreurs : que le Coran a créé la polygamie, que le fatalisme prétendu qu'il enseigne conduit les hommes à l'inaction, et enfin que Mahomet n'exige de ses disciples que des pratiques faciles à observer. Le lecteur qui nous a suivi jusqu'ici voit immédiatement combien de telles propositions sont inexactes. Nous avons vu que la polygamie existait dans tout l'Orient bien des siècles avant Mahomet, que le Coran n'est pas plus fataliste qu'aucun autre livre religieux, et que si les Arabes sont fatalistes par caractère, ce fatalisme ne les a pas conduits à l'inaction, puisqu'ils ont fondé un gigantesque empire. Nous avons montré enfin que les prescriptions morales du Coran sont aussi élevées que celles des autres livres religieux. S'il était vrai d'ailleurs que c'est le Coran qui a dégradé les musulmans d'Orient, nous devrions constater, comme je le disais plus haut, que les Orientaux qui ne sont ni polygames, ni fatalistes, tels que les chrétiens de la Syrie, devraient avoir échappé à cette décadence. Or, je ne connais aucun auteur ayant étudié un peu l'Orient, qui ne soit obligé de confesser que ces derniers sont à un niveau moral bien inférieur encore à celui des mahométans.

Nous pourrions clore ce chapitre en disant que la morale du Coran est aussi élevée que celle d'aucune autre religion et que les peuples régis par lui ont présenté, comme ceux vivant sous la loi du Christ, un niveau de moralité très variable, suivant les temps et les races, et dépendant de facteurs parmi lesquels les prescriptions religieuses n'ont jamais été au premier rang.

Mais la conclusion la plus importante qu'on puisse dégager de tout ce qui le précède est l'influence véritablement immense exercée par le Coran sur les peuples soumis à sa loi. Bien peu de religions ont eu un pareil empire sur les âmes, aucune peut-être n'en a exercé de plus durable. Le Coran est le véritable pivot de la vie en Orient, et nous retrouvons son influence dans les moindres actes de l'existence.

L'empire des Arabes ne vit plus que dans l'histoire, mais la religion qui fut mère de cet empire n'a pas cessé de s'étendre. Du fond de son tombeau, l'ombre du prophète règne en souveraine sur ces millions de croyants qui peuplent l'Afrique et l'Asie, du Maroc jusqu'à la Chine, de la Méditerranée à l'Équateur. L'homme est le jouet inconscient de bien des maîtres ; mais les plus tyranniques, ceux qu'il passe sa vie à implorer et à craindre, pour lesquels il s'agite dans le sang et les larmes, et a livré les guerres les plus meurtrières et commis les crimes les plus terribles, ces maîtres souverains sont des ombres fugitives habitant le monde des illusions et celui des rêves. Ombres légères, mais redoutables. Bien des conquérants ont dominé le monde et fait plier les hommes sous leur loi ; aucun n'a possédé une puissance égale à celle de certains morts.

Livre cinquième
La civilisation des Arabes

Chapitre I
Origines des connaissances des Arabes
Leur enseignement et leurs méthodes

1. – Source de connaissances scientifiques et littéraires des Arabes

Deux grandes civilisations, celles des Perses et des Byzantins, jetaient leurs derniers feux lorsque les Arabes commencèrent leurs invasions. Le monde nouveau où pénétraient les disciples du prophète frappa vivement leur imagination ardente et ils apportèrent bientôt dans l'étude des arts, des lettres et des sciences, autant d'ardeur qu'ils en avaient mis dans leurs conquêtes. Aussitôt que les khalifes virent leur empire assuré, ils fondèrent dans toutes les villes importantes des centres d'enseignement, et réunirent autour d'eux tous les savants capables de traduire en arabe les ouvrages les plus célèbres, ceux des Grecs surtout.

Des circonstances particulières rendirent cette entreprise facile. Depuis un certain temps les connaissances scientifiques de l'antiquité gréco-latine s'étaient répandues en Perse et en Syrie. Lorsque les nestoriens avaient été exilés de l'empire d'Orient, ils avaient fondé à Édesse, en Mésopotamie, une école qui propageait les connaissances des Grecs en Asie. Quand cette dernière fut détruite sous Zénon l'Isaurien, ses professeurs furent bien accueillis par les rois Sassanides et cet accueil eut pour résultat d'amener plus tard en Perse les savants des écoles d'Athènes et d'Alexandrie lorsqu'elles furent fermées par Justinien. Ils traduisirent dans les langues les plus répandues de l'Orient, le syriaque, le chaldéen, etc., les auteurs grecs les plus estimés tels qu'Aristote, Galien et Dioscoride.

Lorsque les Arabes s'emparèrent de la Perse et de la Syrie, ils y trouvèrent une partie du précieux dépôt de la science grecque. Sous leur influence, les versions syriaques furent traduites en arabe ; les anciens auteurs qui n'avaient pas encore été traduits le furent bientôt, et les études scientifiques et littéraires reçurent une impulsion très vive.

Les Arabes ne se contentèrent pas longtemps de ces traductions ; beaucoup d'entre eux apprirent à lire les anciens auteurs, les Grecs surtout, dans leur propre langue, de même qu'ils devaient apprendre en Espagne, le latin et le castillan. La bibliothèque de l'Escurial contient des dictionnaires arabes-grecs, arabes-latins, arabes-espagnols, qui eurent des musulmans pour auteurs.

Pendant cette première période d'initiation que l'on peut comparer au séjour que l'enfant doit faire au collège pour recevoir le trésor de connaissances accumulé par les générations qui l'ont précédé, la connaissance de l'antiquité gréco-latine formait la base essentielle de l'éducation de tout Arabe instruit. Les Grecs furent donc les premiers maîtres des Arabes, mais ces derniers possédaient trop d'originalité dans la pensée et trop d'ardeur pour pouvoir se contenter longtemps de ce rôle de disciples qui devait suffire à l'Europe pendant tout le moyen âge. Cette première phase de toutes connaissances fut franchie bientôt.

L'ardeur qu'ils apportèrent dans l'étude est véritablement frappante, et si, sous ce point de vue, plusieurs peuples les ont égalés, il n'en est pas peut-être qui les ait surpassés. Lorsqu'ils s'emparaient d'une ville, leur premier soin était d'y fonder une mosquée et une école. Dans les grands centres, ces écoles étaient toujours nombreuses ; Benjamin de Toulède, mort en 1173, raconte en avoir vu vingt à Alexandrie.

Indépendamment des simples écoles pour l'enseignement, les grandes cités telles que Bagdad, le Caire, Tolède, Cordoue, etc., possédaient des universités munies de laboratoires, d'observatoires, de riches bibliothèques, en un mot, de tout le matériel nécessaire aux recherches scientifiques. L'Espagne, seule, avait soixante-dix bibliothèques publiques. Celle du khalife El Hakem II, à Cordoue, contenait, d'après les auteurs arabes, six cent mille volumes, dont quarante quatre pour le catalogue seulement. On a fait justement remarquer à ce propos que, quatre cent ans plus tard, Charles le Sage ne put réunir, dans la bibliothèque royale de France, plus de neuf cent volumes, sur lesquels un tiers à peine n'étaient pas consacrés à la théologie.

2. - *Méthodes scientifiques des Arabes*

Les bibliothèques, les laboratoires, les instruments sont des matériaux d'instruction et de recherches indispensables, mais ce ne sont en définitive que des matériaux et leur valeur dépend uniquement de la façon dont on les utilise. On peut être rempli de la science des autres et incapable cependant de penser par soi-même et de créer quelque chose, être un disciple sans jamais réussir à devenir un maître. Les découvertes exposées dans les chapitres qui vont suivre montreront le parti que les Arabes surent tirer des éléments d'étude réunis par eux. Nous nous bornerons maintenant à indiquer les principes généraux qui dirigèrent leurs recherches. Après avoir été de simples élèves ayant pour maîtres les ouvrages grecs, ils comprirent bientôt que l'expérience et l'observation valent mieux que les meilleurs livres. Banale aujourd'hui, cette vérité ne le fut pas toujours : les savants du moyen âge ont travaillé pendant mille ans avant de la comprendre.

On attribue généralement à Bacon la substitution de l'expérience et de l'observation, bases des méthodes scientifiques modernes, à l'autorité du maître ; mais il faut reconnaître aujourd'hui qu'elle appartient tout entière aux Arabes. Cette opinion a été énoncée d'ailleurs par tous les savants qui ont étudié leurs oeuvres, Humboldt notamment. Après avoir établi que le degré le plus élevé de la science consiste à provoquer soi-même et à son gré des phénomènes, c'est-à-dire dans l'expérimentation, l'illustre observateur ajoute : « Les Arabes s'élevèrent à ce degré presque inconnu des anciens. »

« Ce qui caractérise surtout l'école de Bagdad à son début, dit M Sedillot, c'est l'esprit véritablement scientifique qui préside à ses travaux ; marcher du connu à l'inconnu, se rendre un compte exact des phénomènes pour remonter ensuite des effets aux causes, n'accepter que ce qui a été démontré par l'expérience, tels sont les principes enseignés par les maîtres. Les Arabes du neuvième siècle étaient en possession de cette méthode féconde, qui devait être si longtemps après, entre les modernes, l'instrument de leurs plus belles découvertes. »

Expérimenter et observer, telle fut la méthode des Arabes. Étudier dans les livres et se borner à répéter l'opinion du maître, fut celle de l'Europe au moyen âge. La différence est tout à fait fondamentale. On ne peut apprécier justement la valeur scientifique des Arabes, qu'après l'avoir constatée.

Les Arabes expérimentèrent donc, et furent les premiers dans le monde - les seuls pendant longtemps - qui comprirent l'importance de cette méthode. « Si l'on compte à peine, écrit Delambre dans son Histoire de l'astronomie, deux ou trois observateurs parmi les Grecs, on en voit au contraire un nombre assez considérable chez les Arabes. » Pour la chimie, on ne peut citer aucun expérimentateur chez les Grecs, alors qu'on les compte par centaines chez les Arabes.

L'habitude de l'expérimentation donna à leurs travaux cette précision et cette originalité qu'il ne faut jamais s'attendre à trouver chez l'homme qui n'a étudié les phénomènes que dans les livres. Ils ne manquèrent d'originalité que dans une science où l'expérimentation était alors impossible : la philosophie.

La méthode expérimentale inaugurée par eux devait nécessairement les conduire à des découvertes importantes. L'examen que nous allons faire de leurs travaux scientifiques montrera en effet qu'ils réalisèrent plus de découvertes en trois ou quatre siècles que les Grecs pendant une période indéfiniment plus longue. Ce dépôt de la science passée, que les Byzantins avaient reçu avant eux, mais dont ils ne tiraient plus parti depuis longtemps, les Arabes le transmirent entièrement transformé à leurs successeurs.

Le rôle des Arabes ne se borna pas uniquement à faire progresser les sciences par leurs découvertes. Ils les propagèrent, aussi par leurs universités et leurs livres. L'influence qu'ils exercèrent à ce point de vue en Europe fut véritablement immense. Nous verrons, dans le chapitre spécial consacré à l'étude de cette influence, qu'ils furent pendant plusieurs siècles les seuls maîtres que les nations chrétiennes connurent et que c'est uniquement à eux que nous devons la connaissance de l'antiquité gréco-latine. Ce fut seulement dans les temps modernes que l'enseignement de nos universités cessa de reposer sur des traductions de livres arabes.

Chapitre II
Langue, philosophie, littérature et histoire

1. – La langue arabe

L'arabe fait partie du groupe des langues sémitiques et a beaucoup d'analogie avec l'hébreu. Il contient des sons très différents de ceux de la plupart des langues européennes, ce qui rend sa prononciation fort difficile pour les étrangers.

On ignore à quelle époque s'est constituée la langue arabe, telle que nous la connaissons aujourd'hui ; mais nous savons, par les anciens poètes, antérieurs à Mahomet, qu'un siècle au moins avant le prophète elle était déjà arrivé à son degré de perfection actuelle. Il existait plusieurs dialectes, mais d'après la tradition, admise par les écrivains musulmans, la tribu à laquelle appartenait Mahomet se signalait par la pureté de son langage. L'influence du Coran fit de l'idiome dans lequel il était écrit une langue universelle.

La langue arabe est une de celles qui présentent le plus d'homogénéité. Elle possède bien sans doute plusieurs dialectes, tels que ceux de Syrie, d'Arabie, d'Égypte et d'Algérie, mais ils ne diffèrent entre eux que par des nuances assez légères. Alors que les habitants d'un village du nord et d'un village du sud de la France ne comprennent pas un mot de leurs idiomes réciproques, un habitant du Maroc comprendra aisément un habitant de l'Égypte ou de l'Arabie. Voici d'ailleurs ce que dit à ce sujet un des hommes les plus compétents dans la matière, le voyageur Burckhardt :

> « Il existe certainement dans l'arabe parlé une grande diversité de dialectes, plus grande peut-être que dans toute autre langue ; mais, malgré la vaste étendue de pays où il est parlé, de Mogador à Maskât, quiconque a appris un de ces dialectes comprendra aisément tous les autres. La prononciation peut avoir éprouvé l'influence de la nature des différents pays, conservant sa douceur dans les vallées basses de l'Égypte et de la Mésopotamie, et devenant rude dans les montagnes froides de la Barbarie et de la Syrie. Autant que j'ai pu le savoir, la plus grande différence existe entre les Mangrébins du Maroc et les Bédouins du Hedjaz, près de la Mekke ; mais leurs dialectes respectifs ne diffèrent

pas plus entre eux que l'allemand d'un paysan de Souabe ne diffère de celui d'un Saxon. »

La langue a donc fort peu changé depuis Mahomet ; mais l'écriture a subi d'importantes transformations. L'écriture primitive, dite koufique, du nom de la ville de Koufa, où on assure qu'elle aurait été inventée, était d'une lecture fort difficile parce qu'elle ne représentait pas les voyelles. Elle s'est transformée vers le huitième siècle de notre ère par l'adjonction de signes diacritiques destinés à les indiquer ; on continua cependant à faire fréquemment usage de caractères koufiques dans les inscriptions, ce qui fait qu'on ne peut juger toujours de leur ancienneté par les caractères employés pour les graver.

On peut faire à l'égard de la langue arabe la remarque faite dans un autre chapitre à l'égard de la religion ; c'est, qu'alors que les conquérants qui ont précédé les Arabes n'ont jamais pu imposer leur langue, ces derniers ont réussi à faire accepter la leur. Devenue la langue universelle de tous les pays où ils ont pénétré, elle a remplacé entièrement les idiomes précédemment parlés, tels que le syriaque, le grec, le copte, le berbère, etc. Il en fut de même en Perse pendant longtemps ; et, malgré la renaissance du persan, l'Arabe est resté la langue de tous les lettrés et son écriture la seule en usage. Tous les ouvrages de théologie et de science connus en Perse sont écrits dans cette langue. Elle joue dans cette partie de l'Asie un rôle analogue à celui du latin en Europe au moyen âge. Les Turcs eux-mêmes, qui furent les conquérants des Arabes, ont adopté leur écriture, et en Turquie les personnes simplement demi-instruites sont capables de comprendre facilement le Coran.

On ne pourrait citer que les nations latines de l'Europe, où l'arabe n'ait pas plus ou moins supplanté les langues anciennes existant avant lui ; mais il y a laissé cependant des traces profondes : MM. Dozy et Engelmann ont pu composer tout un dictionnaire avec les mots espagnols et portugais dérivés de l'arabe.

En France même, la langue arabe a laissé des traces importances. Sedillot fait remarquer avec raison que les patois de l'Auvergne et du Limousin sont « peuplés de mots arabes et que les noms propres y affectent à chaque pas une forme tout arabe. »

Il était tout naturel, écrit l'auteur que je viens de citer, que les Arabes, maîtres de la Méditerranée depuis le huitième siècle, donnassent à la France et à l'Italie la plupart des termes de marines : amiral, escadre, flotte, frégate, corvette, caravelle, felouque, chaloupe, sloop, barque, chiourme, darse, calfat, estacade, et, en première ligne, la boussole, improprement attribuée aux Chinois ; que dans la formation des armées permanentes on adoptât les titres donnés aux officiers des armées musulmanes, le cri de guerre des Arabes, l'emploi de la poudre à canon, des bombes, des grenades, des obus ; que dans l'administration, les termes de syndic, aides, gabelle, taille, tarif, douane, bazar, etc., fussent empruntés aux gouvernements de Bagdad ou de Cordoue. Les rois de France de la troisième race les imitaient en tout, c'est ainsi que la plupart des termes de grandes chasses sont arabes ; chasse, meute, laisse, curée, hallali', cor de chasse, fanfares, etc. ; que le mot tournoi, que les lexicographes modernes font venir de torneamentium, est bien l'arabe tournou, spectacle militaire ; mais c'est principalement à la nomenclature scientifique que nous devons nous attacher. Notre astronomie est peuplée d'expressions arabes : azimuth, zenith, nadir, les pièces de l'astrolabe, alidade, alancabuth ; les noms d'étoiles Aldébaran, Rigel, Althair, Wéga, Acarnar, Aghol, etc. ; il en de même pour les mathématiques ; chiffres, zéro, algèbre, etc. ; pour la chimie : alchimie, alcool, alcali, alambic, etc. ; pour l'histoire naturelle et la médecine : bol, elixir, sirops, juleps, sorbet, mirobolans, etc. ; et ce haschich d'où nous est venu le terme assassins.

L'auteur d'un récent Dictionnaire étymologique de la langue française assure que le séjour des Arabes dans le midi de la France n'a laissé aucune trace ni sur les patois ni sur la langue. On peut juger, par ce qui précède, de la minime valeur d'opinions semblables. Il est étonnant qu'elles puissent encore être répétées par des hommes instruits.

La langue arabe est d'une richesse très grande, et cette richesse n'a fait que s'accroître constamment par l'adjonction d'expressions nouvelles empruntées aux idiomes avec lesquels elle s'est trouvée en contact. Le dictionnaire d'Ibhn Seid, mort en 1065, comprenait delà vingt volumes.

2. - *Philosophie des Arabes*

Lorsque les Arabes débutèrent dans la civilisation, leur philosophie se bornait à ces notions de psychologie pratique, filles de l'expérience, qui ne s'enseignent pas dans les livres, bien qu'elles soient généralement les seules dont on fasse usage dans la vie.

Les Grecs, leurs premiers maîtres dans les diverses sciences, le furent aussi en philosophie. Aristote, Thalès, Empédocle, Heraclius, Socrate, Épicure et tous les auteurs de l'école d'Alexandrie furent bientôt traduits.

Dans toutes les sciences susceptibles de vérification expérimentale les Arabes dépassèrent promptement leurs maîtres. La philosophie ne se prêtant pas alors à de telles vérifications, les progrès qu'ils y réalisèrent furent peu sensibles.

Tenus en haute estime dans les universités arabes, les philosophes étaient assez mal vus des foules, et, pour éviter les soulèvements populaires provoqués par leurs doctrines, les khalifes se virent souvent obligés de les exiler pendant quelque temps.

L'opposition populaire avait du reste de sérieux fondements, car les philosophes avaient fini par rejeter la plupart des préceptes de l'islamisme et ne plus admettre que les dogmes fondamentaux tel que l'unité de Dieu et la mission de Mahomet. Au lieu de se borner à exposer leurs idées devant des personnes éclairées, ils les répandaient publiquement et scandalisaient ainsi les croyants.

Il faut faire remonter en réalité aux Arabes les premières manifestations de ce qu'on a nommé dans les temps modernes la libre pensée. Malgré la grande réserve que les philosophes étaient naturellement obligés de conserver dans leurs livres, il leur échappe souvent des réflexions qui indiquent une forte dose de scepticisme. C'est ainsi par exemple que Aboulala Tenouki, qui vivait au dixième siècle, assure que « le monde est partagé en deux sortes de gens : les uns ayant de l'esprit et pas de religion, les autres de la religion et peu d'esprit. »

Pour rester en paix avec la foule, les philosophes arabes avaient fini par nettement séparer la religion de la science. Leur conclusion à cet égard a été très bien formulée par le célèbre Al-Gazzali, qui enseignait au onzième siècle, à Bagdad.

> « Les vérités consacrées par la raison, dit-il, ne sont pas les seules ; il y en a d'autres auxquelles notre entendement est absolument incapable de parvenir ; force nous est de les accepter, quoique nous ne puissions les déduire, à l'aide de la logique, de principes connus. Il n'y a rien de déraisonnable dans une supposition qu'au-dessus de la sphère

La civilisation des Arabes

de la raison il y ait une autre sphère, celle de la manifestation divine ; si nous ignorons complètement ses lois et ses droits, il suffit que la raison puisse en admettre la possibilité. »

Le philosophe arabe le plus connu, celui dont l'influence a été la plus considérable en Europe, est le célèbre Averroès. On le considère habituellement comme un simple continuateur d'Aristote ; mais il me semble que ce commentateur a quelquefois singulièrement dépassé son maître, et que sur bien des points ses doctrines seraient fort acceptables encore. S'il ne fut pas, peut-être, un libre penseur dans le sens moderne de ce mot, on peut assurer cependant qu'il pensa fort librement sur certains sujets. Les passages suivants sur l'immortalité de l'âme, les bases de la morale, que j'emprunte à M. Renan, donneront une idée de sa grande indépendance :

> Suivant Averroès l'intellect universel est incorruptible et séparable du corps ; l'intellect individuel est périssable et finit avec le corps.
>
> « Il professait la négation de l'immortalité et de la résurrection, la doctrine que l'homme ne doit attendre aucune récompense que celle qu'il trouve ici-bas dans sa propre perfection.
>
> « La distinction des individus vient de la matière, la forme au contraire est commune à plusieurs ; or ce qui fait la permanence, c'est la forme et non la matière. La forme donne le nom aux choses ; une hache sans tranchant n'est pas une hache mais du fer. C'est seulement par abus qu'un corps mort peut s'appeler homme. Donc en tant que pluralité l'individu disparaît, mais en tant que représentant un type, c'est-à-dire en tant qu'appartenant à une espèce il est immortel.
>
> « L'âme individuelle d'ailleurs ne perçoit rien sans l'imagination. De même que le sens n'est affecté qu'en présence de l'objet, de même l'âme ne pense que devant l'image. D'où il suit que la pensée individuelle n'est pas éternelle, car si elle l'était les images le seraient aussi. Incorruptible en lui-même l'intellect devient corruptible par les conditions de son exercice.
>
> Quant aux mythes populaires sur l'autre vie Averroès ne cache pas l'aversion qu'ils lui inspirent. « Parmi les fictions dangereuses, dit-il, il faut compter celles qui tendent à ne faire envisager la vertu que comme un moyen d'arriver au bonheur. Dès lors la vertu n'est plus rien puisqu'on ne s'abstient de la volupté que dans l'espoir d'en être dédommagé avec usure. L'Arabe n'ira chercher la mort que pour éviter un plus grand mal ; le juif ne respectera le bien d'autrui que pour acquérir le double. Ces fables ne servent qu'à fausser l'esprit du peuple et

surtout des enfants, sans avoir aucun avantage réel pour les améliorer. Je connais des hommes parfaitement moraux qui rejettent toutes ces fictions, et ne le cèdent point en vertu à ceux qui les admettent. »

3. - *Littérature des Arabes*

La poésie chez les Arabes. - L'ancienne littérature de l'Yémen, et des diverses parties civilisées de l'Arabie, nous est totalement inconnue. Les oeuvres les plus récentes sont postérieures à l'ère chrétienne, et à peine antérieures à Mahomet. Ce sont uniquement des poésies guerrières destinées à célébrer les combats et l'amour. Comme les Grecs des âges héroïques, les Arabes aimaient à entendre la musique sonore des poètes répéter leurs exploits.

Ces poésies procèdent le plus souvent par images et symboles, seules formes accessibles à des peuples primitifs sentant vivement, mais pensant peu. Elles diffèrent beaucoup des poésies bibliques, dont elles n'ont jamais les allures prophétiques ni le lyrisme sanguinaire et sombre. Leurs tableaux de bataille ne ressemblent pas à ces récits de massacres sauvages, d'égorgements, d'écrasements, de malédictions perpétuelles de Jéhovah, dont l'Ancien Testament est rempli.

La popularité de la poésie chez les Arabes a eu pour résultat de donner une grande influence aux poètes. Ils excitaient à volonté les ressentiments et appelaient à leur gré la célébrité ou la honte sur une tribu. Leur influence était telle qu'au temps de Mahomet, les Koréischites donnèrent au poète Ascha cent chameaux pour le déterminer à ne pas faire connaître des vers qu'il avait composés en faveur du prophète.

Le culte de la poésie était si développé chez les Arabes, qu'ils avaient fondé, plusieurs siècles avant Mahomet, des congrès littéraires ou l'on se rendait de tous les points de l'Arabie. Ces congrès se tenaient à Okadh, petite ville près de Taïf, à trois journées de la Mecque. Les œuvres des vainqueurs étaient écrites en lettres d'or, sur des étoffes précieuses, et suspendues dans la Kaaba de la Mecque pour être transmises à la postérité.

C'est dans le siècle qui précéda Mahomet que la poésie arabe prit son essor. Elle eut pour résultat de généraliser partout le langage épuré que parlaient les poètes, et de contribuer à fondre en une langue unique les dialectes qui se parlaient sur les différents points de l'Arabie.

Grâce à l'usage de conserver dans la Kaaba les poésies les plus remarquables, sept de ces poèmes, ou moallakas, sont parvenus jusqu'à nous. Ils sont consacrés à décrire les guerres de l'Arabie, la rude et sauvage nature du désert, les aventures des nomades, etc.

L'extrait suivant est dû au poète Tarafa. L'auteur y expose une conception de la vie à laquelle les philosophes les plus sceptiques ne me semblent pas avoir ajouté beaucoup.

« L'homme qui, par une conduite généreuse, soutient la noblesse de son extraction, abandonne son âme à l'ivresse des plaisirs, tandis qu'il jouit de la vie. Si la mort nous enlève demain, tu connaîtras alors qui de nous deux sentira le regret de n'avoir pas étanché aujourd'hui l'ardeur de sa soif je n'aperçois aucune différence entre le sépulcre de l'avare follement économe de ses richesses, et celui du libertin qui les a prodiguées à ses plaisirs. Un tertre de poussière les couvre l'un et l'autre, et de larges dalles des pierres les plus dures ferment leurs tombeaux.

« La vie est à mes yeux un trésor dont chaque nuit enlève une portion. Un trésor que les jours et le temps diminuent sans cesse est bien près d'être réduit à rien. Certes, il en est des délais que la mort accorde à l'homme, tant qu'elle ne frappe pas sur lui le coup fatal, comme de la corde qui retient un chameau dans un pâturage. Si la mort laisse aux hommes une ombre de liberté, en laissant flotter quelques instants la corde qui les attache, elle n'en tient pas moins le bout dans sa main. »

Je rapprocherai de ces pensées remarquables un chant de guerre que Palgrave a recueilli dans le Nedjed. L'époque de sa composition est inconnue ; mais, comme le précédent, il donne une idée assez nette de la façon de penser d'un guerrier arabe.

« J'ai dit à mon âme un instant saisie de crainte à la vue des menaçants bataillons :

« Honte sur toi, pourquoi tant de frayeur ?

« Quand tu emploieras toute la puissance de tes facultés pour prolonger seulement d'un jour ton existence au-delà des termes fixés par le destin, tes efforts seraient inutiles.

« Les flots de la mort nous environnent de toutes parts ; notre vie en ce monde ne doit pas être éternelle. De longs jours ne sont pas pour le guerrier un vêtement d'honneur. C'est une robe qui sied seulement aux cœurs faibles et lâches.

« La mort est le but de la vie ; tous les chemins y conduisent.

« Celui qui ne tombe pas sur un champ de bataille devient la proie de la souffrance et de la décrépitude.

« La vie n'est pas un bienfait pour l'homme ; elle n'est pas digne de son amour, car la vieillesse le rend bientôt un objet inutile et méprisable. »

La poésie continua à être cultivée pendant toute la durée de la civilisation arabe ; mais il ne semble pas qu'elle ait jamais dépassé le niveau atteint avant le prophète. Tout homme instruit, qu'il fut diplomate, astronome ou médecin, était doublé d'un poète ; et ce n'est pas sans raison qu'on a pu dire que les Arabes ont produit à eux seuls plus de poésies que tous les autres peuples du monde réunis. Ils poussaient l'amour de la poésie jusqu'à écrire quelquefois la théologie, la philosophie, l'algèbre même en vers. La plupart de leurs récits sont entremêlés de morceaux poétiques.

Il paraît démontré aujourd'hui que la rime a été empruntée par les Européens aux Arabes. Les dissertations de Viardot et de divers auteurs me semblent avoir fixé l'opinion sur ce point, énoncé d'ailleurs depuis longtemps et notamment par l'évêque Huet.

On a attribué à l'influence des poètes arabes de l'Espagne l'origine des poésies espagnoles et provençales. Cette opinion me semble aussi fondée que la précédente ; mais un exposé suffisant des raisons sur lesquelles elle s'appuie exigerait trop de développements pour qu'on puisse le tenter ici.

Romans et nouvelles. - En dehors de la poésie, tous les genres de littérature : romans d'aventures, d'amour, de chevalerie, etc., ont été cultivés par les Arabes. Tout ce qui concerne la psychologie des personnages est faiblement traité ; mais les aventures merveilleuses dont sont semés les récits leur donnent toujours un intérêt très vif. Avec leur imagination brillante, ces incomparables artistes embellissent tout ce qu'ils touchent. [1]

---

1 L'imagination des Arabes, leur tendance à tout embellir, se manifestent dans les choses les plus ordinaires. Le lecteur pourra en juger par quelques-unes des périphrases qu'emploient dans les rues de Damas les vendeurs pour attirer l'attention des acheteurs. Le marchand de fleurs les annonce en criant « Apaise ta belle-mère » chose aussi difficile, paraît-il, en Orient qu'en Occident. Le vendeur de cresson certifie que « la vieille femme qui en mangera sera jeune le lendemain. » Pour annoncer que des amandes sont bien grillées, leur propriétaire assure que « les dents ne peuvent les attaquer. » De simples gâteaux sont de la « nourriture d'hirondelles. » La figue est le « fruit de Baal, » etc.

Les Arabes ont été les véritables créateurs des romans de chevalerie. « En Espagne, dit Sedillot, l'imagination des poètes s'exerçait dans les nouvelles et les romances ; les sectateurs de Mahomet furent toujours de grands conteurs ; le soir ils se rassemblaient sous leurs tentes pour entendre quelque récit merveilleux auquel se mêlaient, comme à Grenade, la musique et le chant ; le romancero, composé de pièces traduites ou imitées de l'arabe, retrace avec exactitude les fêtes du temps, les jeux de bagues, les courses de taureaux, les combats des chrétiens et des musulmans, les hauts faits et les danses des chevaliers, et cette galanterie délicate et recherchée qui rendit les Maures espagnols fameux dans toute l'Europe. »

Parmi les contes arabes les plus connus, il faut surtout mentionner ceux d'Hariri, d'Hamadrani et des auteurs des Mille et une Nuits.

Les « Séances d'Hariri » sont célèbres dans tout l'Orient. Né en 1054, Hariri mourut en 1121, à Bassorah, après avoir eu la réputation d'être un des hommes les plus savants de son siècle. La Bibliothèque nationale de Paris et celle de M. Schéfer possèdent un bel exemplaire illustré d'un manuscrit de cet ouvrage.

Hamadrani, mort en 1007, acquit également une grande célébrité dans ce genre de composition. Sa mémoire était telle, qu'il récitait un poème qu'il avait entendu une seule fois. Il était célèbre égalementé par la pureté du langage et le choix des expressions dans ses improvisations.

De tous les ouvrages des conteurs arabes, le plus connu est assurément le merveilleux livre des Mille et une Nuits. Son origine a été très discutée ; il semble démontré aujourd'hui que c'est un recueil composé de morceaux d'époques fort différentes. Quelques-uns sont antérieurs au dixième siècle, comme le prouve la mention faite par Maçoudi dans son livre Les Prairies d'or, composé à cette époque. On y trouve des récits d'origine hindoue et persane ; mais la plupart ont été composés du treizième siècle au quinzième siècle par des Arabes d'Égypte. M. Weil, professeur de langues orientales à Heidelberg, dit, dans la préface de l'édition allemande qu'il a donnée des Mille et une Nuits d'après le texte oriental, que, sans le moindre doute, la plupart de ces contes sont arabes, et fort différents de ceux d'origine persane et hindoue figurant dans le recueil qui était également connu sous le même nom dans les premiers siècles de l'islamisme.

Ce livre est certainement, malgré ses défauts trop visibles, un des plus intéressants ouvrages qui aient jamais été écrits. J'ajouterai que sa lecture est aussi instructive qu'intéressante, et peut fournir des renseignements très précis sur les mœurs des Arabes, leur façon de sentir et de penser à certaines époques.

L'histoire qui sert de préambule à l'ouvrage est, à ce dernier point de vue fort curieuse. Elle jette une vive lumière sur la psychologie intime des Orientaux, le côté impulsif de leur caractère, leur opinion sur les femmes, etc. Les contes et les légendes d'un peuple constituent une source de documents que l'histoire a négligés pendant longtemps, mais dont on commence aujourd'hui à comprendre l'importance. Dans notre étude d'une population fort curieuse que nous avons eu l'occasion d'observer dans les monts Tatras, l'analyse des chants populaires et les légendes nous ont fourni les plus précieux renseignements pour la reconstitution psychologique des ancêtres d'un peuple dont on n'avait jamais écrit l'histoire.

Fables et proverbes. - Les fables, apologues et proverbes, sont très en faveur chez les Orientaux. Ils constituent un genre de littérature qui parle clairement à l'esprit, et se fixe aisément dans la mémoire, alors que les raisonnements abstraits fatiguent et s'oublient vite.

Le plus célèbre des fabulistes est le légendaire Lokman : Mahomet en fait dans le Coran le type de la sagesse. Certains auteurs le font contemporain de David et même d'Abraham ; d'autres supposent que l'auteur des fables est un personnage différent postérieur à Mahomet, La ressemblance de ses apologues avec ceux d'Ésope semble indiquer qu'ils furent empruntés à cet auteur ou au moins qu'ils dérivent d'une source commune.

Les proverbes arabes sont très nombreux. L'Espagne et le reste de l'Europe en ont emprunté beaucoup. Une grande partie de ceux qui constituent le fonds inépuisable de la sagesse de Sancho Pança ont une origine musulmane.

Pour donner une idée des proverbes arabes, j'en citerai quelques-uns empruntés à un travail de M. Piesse :

> La vie sous l'aile d'une mouche vaut encore mieux que le sommeil du cimetière. Profite de ta jeunesse, la vie n'a qu'un instant.
>
> Dissipe tes chagrins ce soir ; tu ne sais pas ce qui t'arrivera demain.
>
> Fréquente un forgeron, tu attraperas de la suie ; fréquente un

La civilisation des Arabes

parfumeur, tu emporteras l'odeur du bouquet.

L'amour se passionnerait pour un morceau de bois sec.

Qui prend une femme pour sa beauté sera dupé, qui l'épouse à cause de sa fortune est un être cupide ; mais celui qui la choisit pour son bon sens peut dire qu'il est marié.

Si les femmes vous aiment, que de portes elles vous ouvriront ! mais si elles vous détestent, avec un fil d'araignée elles dresseront devant vous une muraille de fer.

Une médiocre aisance avec la paix du cœur vaut mieux que l'opulence avec des soucis.

Dans une bouche qui sait se taire une mouche ne saurait entrer.

La prudence, c'est la moitié de la vie. On dit même que c'est la vie toute entière.

La souris ne peut engendrer qu'une souris.

L'arbuste qui produit la rose produit aussi l'épine.

Prends conseil de celui qui te fait pleurer et non de celui qui te fait rire.

Faire à propos c'est le succès.

Il y a trois qualités qui en valent trente : la beauté, la pitié et la discrétion en amour.

Il y a deux créatures qui ne sont jamais rassasiées : l'homme de science et l'homme d'argent.

Histoire. - Les historiens arabes furent nombreux : Hadji Khalfa, dans sa Bibliothèque orientale, en cite douze cents. Comme tous les historiens du moyen âge, imités en cela par beaucoup d'auteurs modernes, ils manquent généralement d'esprit critique. Je dis généralement parce qu'il en est un petit nombre, Ibhn Khaldoun entre autres, qui possédèrent à un haut degré cette faculté maîtresse.

Un des plus anciens historiens arabes est Tabari, qui composa à la fin du neuvième siècle une chronique universelle allant du commencement du monde jusqu'à 914 de J.-C. Un des plus célèbres est Maçoudi, qui vivait au dixième siècle, et composa plusieurs ouvrages historiques tels que : l'Histoire du temps, les Prairies d'or, etc. « Lorsqu'on parcourt ses ouvrages, dit M. Quatremère, on est vraiment stupéfait en songeant sur quelles matières diverses il avait écrit, et combien de questions importantes et difficiles se trouvaient résolues dans ses diverses productions. Son érudition était immense pour le temps où il florissait ; non seulement il avait lu et médité tous les livres qui concernaient les Arabes, mais il avait embrassé dans ses vastes recherches l'histoire des Grecs, des Romains, et de toutes les nations orientales, soit anciennes, soit modernes. »

Les historiens arabes ont composé plusieurs histoires universelles. On peut citer notamment parmi eux Aboulfarage, mort en 1286.

Ibhn Khaldoun, né en 1332, est l'historien doué du sens critique dont nous parlions plus haut. Il est l'auteur d'une Histoire des Berbères où sont exposés, en débutant, d'excellents principes de critique historique. Son ouvrage a été traduit en français.

Makrisi, contemporain du précédent, composa une histoire d'Égypte qui est encore la meilleure source à consulter pour cette contrée. Elle devait faire partie d'une chronique générale qui aurait eu 80 volumes.

Howairi, qui mourut en Égypte en 1331, composa une grande Encyclopédie historique.

Aboulfeda, souverain de Hamah, mort en 1331, connu à la fois comme historien, géographe et guerrier, écrivit une histoire du genre humain fort utile à consulter pour tout ce qui concerne l'Orient.

Les biographies furent également nombreuses chez les Arabes. La plus connue est la Bibliothèque orientale d'Hadji Khalfa, mort en 1658. Elle contient 18 500 indications d'ouvrages orientaux, avec les noms des auteurs et une notice bibliographique sur chacun d'eux.

Rhétorique et éloquence. - Les auteurs arabes attachaient une grande importance à la forme de leurs écrits ; aussi leur doit-on beaucoup d'ouvrages de rhétorique et de grammaire. Dans la seule bibliothèque de l'Escurial, qui ne représente qu'un insignifiant débris de la littérature arabe de l'Espagne, échappé par hasard à la destruction, Casiri en a trouvé plus de trois cents sur la rhétorique. Ces ouvrages n'ont pas été traduits, et je crois qu'il n'y aurait qu'un intérêt bien faible à ce qu'ils le fussent. L'étude de la grammaire et de la rhétorique peut servir à polir le style, mais ne le crée pas. Ce sont les oeuvres d'un peuple, et non ses traités de grammaire qu'il faut étudier, pour juger de sa littérature. Ce n'est guère d'ailleurs qu'avec ses oeuvres littéraires que se forment sa rhétorique et sa grammaire.

Ce n'est pas non plus dans les traités de rhétorique et de grammaire que nous pouvons juger de l'éloquence des Arabes. En dehors de l'enseignement des universités, ils ne pouvaient connaître que l'éloquence religieuse. Leur régime politique n'en comportait pas d'autre. Cette éloquence sacrée est toute-puissante sur les foules en Orient ; mais les productions de leurs orateurs ne sont pas venues jusqu'à nous.

Le résumé qui précède ne doit être considéré que comme un court extrait d'un sommaire de l'histoire de la littérature des Arabes. Il peut suffire cependant à faire pressentir l'importance et la variété de leurs travaux littéraires. Dans un ouvrage aussi condensé que le notre nous ne pouvions nous proposer d'autre but.

Chapitre III
Mathématiques et astronomie

1. – Mathématiques

L'étude des mathématiques fut très répandue chez les Arabes. Ils cultivèrent surtout l'algèbre, et on leur a même attribué l'invention de cette science ; mais ses principes étaient déjà connus depuis longtemps. Les progrès qu'ils lui firent subir la transformèrent d'ailleurs entièrement. C'est à eux, également que sont dues les premières applications de l'algèbre à la géométrie.

Le goût de l'algèbre était si répandu que, sous le règne d'El Mamoun, au commencement du neuvième siècle de notre ère, ce prince chargea un mathématicien de sa cour, Mahommed ben Musa, de composer un traité d'algèbre populaire. Ce fut dans la traduction de cet ouvrage que les Européens puisèrent plus tard leurs premières notions de cette science.

L'impossibilité d'exposer les travaux mathématiques des Arabes, sans entrer dans des détails trop techniques, m'oblige à mentionner seulement les plus importants. Telles sont l'introduction des tangentes dans les calculs trigonométriques, la substitution des sinus aux cordes, l'application de l'algèbre à la géométrie, la résolution des équations cubiques, l'étude approfondie des sections coniques. Ils transformèrent entièrement la trigonométrie sphérique, en ramenant la résolution des triangles à un certain nombre de théorèmes fondamentaux qui lui servent encore de base.

L'introduction des tangentes dans la trigonométrie fut d'une importance considérable. « Cette heureuse révolution dans la science, dit M. Chasles, dans son Aperçu historique des méthodes en géométrie, qui en bannissait les expressions composées et incommodes contenant le sinus et le cosinus de l'inconnue, ne s'est opérée que cinq cents ans plus tard chez les modernes ; on en fait honneur à Regiomontanus ; et près d'un siècle après lui, Copernic ne la connaissait pas encore. »

2. - *L'astronomie chez les Arabes*

L'astronomie fut une des premières sciences cultivées à Bagdad. Elle eut pour adeptes, non seulement les Arabes, mais encore leurs successeurs, et notamment Oloug Beg, petit-fils de Tamerlan, célèbre par la publication de ses Tables astronomiques et qu'on peut considérer comme le dernier représentant de l'école de Bagdad. Cette dernière fleurit en réalité de 750 à 1450 de notre ère, c'est-à-dire pendant sept cents ans.

Bagdad fut un des principaux centres de cet enseignement ; mais ce ne fut pas le seul. De l'Asie centrale à l'Atlantique, les observatoires étaient nombreux ; on en trouvait à Damas, Samarcande, le Caire, Fez, Tolède, Cordoue, etc.

Les principales écoles d'astronomie furent celles de Bagdad, du Caire et de l'Espagne. Nous dirons quelques mots de chacune d'elles.

Dès que les khalifes Abassides eurent fixé à Bagdad, ville fondée en 762, le siège de leur empire, ils donnèrent une grande impulsion à l'étude de l'astronomie et des mathématiques, firent traduire Euclide, Archimède, Ptolémée, et tous les livres grecs traitant de ces sciences, et appelèrent à leur cour les savants jouissant de quelque réputation.

Sous Haroun al Raschid, et surtout sous son fils Mamoun (814-833), l'école astronomique de Bagdad produisit d'importants travaux. Le recueil des observations faites dans les observatoires de Bagdad et de Damas fut consigné dans un ouvrage dit Table vérifiée, qui ne nous est pas malheureusement parvenu ; mais nous pouvons juger de l'exactitude des observations qui y étaient relatées, en voyant qu'à cette époque l'obliquité de l'écliptique avait été déterminée avec une grande précision. Elle avait été fixée, en effet, à 23° 33' 52», nombre presque identique au chiffre moderne.

Leurs observations d'équinoxes permirent de fixer avec assez de précision la longueur de l'année. On tenta même l'opération fondamentale, qui ne devait bien réussir que mille ans plus tard, de mesurer un arc du méridien terrestre. Cette mesure fut effectuée en tâchant d'apprécier exactement la distance comprise entre l'endroit choisi pour point de départ par les observateurs et le lieu où ils se trouvèrent lorsque la hauteur du pôle eut varié de 1°. Nous ignorons le résultat, parce que la valeur exacte de l'unité de longueur employée ne nous est pas encore connue. Il est peu probable cependant, étant donné la minime étendue de l'arc mesuré, que le chiffre obtenu ait pu être bien précis.

Parmi les autres travaux des astronomes de l'école de Bagdad, il faut mentionner leurs éphémérides des lieux des planètes et la détermination exacte de la précession des équinoxes.

Les noms de quelques-uns des savants de cette époque sont arrivés jusqu'à nous. Un des plus célèbres est Albatégni, qui vivait au neuvième siècle et mourut en 929 de J.-C. Il joua chez les Arabes un rôle analogue à celui de Ptolémée chez les Grecs. Son ouvrage contient, comme ceux de ce dernier, l'exposé des connaissances acquises de son temps. Les tables qu'il a laissées ne nous sont point parvenues et ne furent connues en Europe que par une version latine, malheureusement peu fidèle, intitulée : « De Scientia stellarum. » L'illustre Lalande place cet auteur au rang des vingt astronomes les plus célèbres du monde.

Amadjour et son fils, qui observèrent de 883 à 933, rédigèrent également des tables astronomiques. Le dernier reconnut que les limites de la plus grande latitude de la lune étaient variables, contrairement à l'opinion de ses prédécesseurs, et notamment Ptolémée. L'étude de ces anomalies fut le point de départ de la découverte d'une troisième inégalité lunaire.

Les trois fils de l'historien Mousa-ben-Schaker, qui vivaient au neuvième siècle, furent également très réputés comme astronomes. Ils déterminèrent la précession des équinoxes avec une précision inconnue jusqu'à eux, dressèrent des éphémérides pour les lieux des planètes, et mesurèrent, en 959, la latitude de Bagdad qu'ils fixèrent à 33° 20', chiffre exact, à dix secondes près.

Parmi les nombreux astronomes qui succédèrent aux précédents, le plus célèbre fut Aboul-Wéfa, mort à Bagdad en 998. La découverte d'un important manuscrit arabe, faite par Sédillot il y a quelques années, prouve que cet astronome reconnut l'inégalité lunaire dont nous parlions plus haut. Frappé par l'imperfection de la théorie de la lune de Ptolémée, il en rechercha les causes, et constata, en dehors de l'équation du centre et de l'évection, une troisième inégalité, celle connue aujourd'hui sous le nom de variation. Cette découverte, qu'on supposait avoir été faite six cents ans plus tard par Tycho Brahé, est considérable ; et M. Sédillot en tire la conclusion, qu'à la fin du dixième siècle, l'école de Bagdad était parvenue à l'extrême limite des connaissances qu'il était possible d'acquérir sans le secours des lunettes et des télescopes. Aboul-Wéfa possédait, du reste, des instruments très perfectionnés. Il observa l'obliquité de l'écliptique avec un quart de cercle de vingt et un pieds de rayon, dimension considérable même pour les observatoires modernes.

Les événements qui eurent pour résultat, à partir de la fin du dixième siècle, la décadence de la puissance politique du khalifat de Bagdad, amenèrent aussi le ralentissement des études. Le démembrement de l'empire, les invasions des Seldjoucides, les croisades, les invasions des Mongols, troublèrent longtemps le pays, et Bagdad se laissa remplacer, comme capitale scientifique de l'islam, par le Caire et par les grandes universités arabes de l'Espagne.

Les sciences ne cessèrent pas cependant d'être cultivées à Bagdad. Leur goût était tellement répandu chez les Arabes que les guerres, les luttes intestines, les invasions n'empêchaient pas ces derniers de s'en occuper. Par l'étendue de leurs connaissances, ils exercèrent un tel ascendant sur les envahisseurs, qu'ils finirent bientôt par les avoir pour protecteurs.

Rien n'est plus frappant que de voir la civilisation des Arabes triompher de la barbarie de tous les conquérants, et ces derniers se mettre aussitôt à l'école de leurs vaincus. Leur action civilisatrice survécut longtemps à leur puissance politique et, grâce à elle, la prospérité scientifique de Bagdad se continua après que cette ville

La civilisation des Arabes

fut tombée dans des mains étrangères. Son école d'astronomie continua à fleurir jusqu'au milieu du quinzième siècle et elle ne cessa pas de publier d'importants travaux. Albirouni, conseiller de Mahmoud le Ghaznévide (1030), publia des tables de longitude et de latitude des principaux lieux du monde ; il visita l'Inde, et fit connaître aux Hindous les travaux de l'école de Bagdad. En 1079, le sultan Seldjoucide, Melek Schah, ordonna des observations dont la conséquence fut une réforme du calendrier qui précéda de six siècles la reforme grégorienne, et lui fut supérieure. La durée de l'année grégorienne comporte en effet une erreur de trois jours en 10 000 ans, alors que la durée de l'année arabe ne présente que deux jours seulement d'erreur pour la même période.

Les Mongols ne furent pas moins favorables aux savants que les Seldjoucides. En 1259, le khan des Mongols, Houlagou, attira à sa cour les Arabes les plus distingués. Il éleva à Megarah un grand observatoire modèle. Kublaï khan, frère de Houlagou, transporta bientôt en Chine, dont il fit la conquête, les travaux astronomiques des savants de Bagdad et du Caire. Nous savons aujourd'hui que c'est dans leurs livres que les astronomes chinois, notamment Co Cheou King (1280), puisèrent leurs principales connaissances, en sorte que l'on peut dire que c'est en réalité par les Arabes que la science astronomique s'est propagée dans le monde entier.

Lorsque Tamerlan fixa à Samarcande le centre du gigantesque empire qui devait absorber le Turkestan, la Perse et l'Inde, il s'y entoura également de savants arabes. Son petit-fils, Oloug Beg, souverain de Samarcande, qui vivait au milieu du quinzième siècle, avait aussi un goût très vif pour l'astronomie, et s'environnait de nombreux savants musulmans. Ses richesses lui permirent de faire construire des instruments d'une perfection jusqu'alors inconnue. On prétend qu'il faisait usage d'un quart de cercle dont le rayon égalait la hauteur de Sainte-Sophie de Constantinople. Oloug Beg peut être considéré comme le dernier représentant de l'école de Bagdad. Par l'importance de ses travaux il relie les anciens aux modernes. Un siècle et demi seulement le sépare de Kepler.

L'ouvrage que publia Oloug Beg en 1437 de notre ère donne le tableau exact des connaissances astronomiques de l'école arabe au milieu du quinzième siècle. Sa première partie est un véritable traité d'astronomie. L'auteur traite des divisions du temps, du calendrier et des principes généraux de la science ; il aborde ensuite les questions d'astronomie pratique : calcul des éclipses, construction et usage de tables, etc. Ces dernières contiennent des catalogues d'étoiles, les mouvements de la lune, du soleil et des planètes, la longitude et la latitude des principales villes du monde. Parmi les latitudes, se trouvait notamment celle de Samarcande, que je n'a, pas trouvée dans les ouvrages modernes, et que l'auteur fixe à 39° 27' 28». L'ouvrage se termine par des considérations d'astrologie, science imaginaire très en honneur au temps d'Oloug Beg, et qui causa sa mort. S'étant imaginé, d'après certaines conjonctions planétaires, qu'il serait tué par son fils aîné, il le dépouilla de ses charges. Ce dernier se révolta aussitôt contre lui, le vainquit et l'obligea à fuir dans le Turkestan. Étant revenu à Samarcande, malgré la prédiction des astres, il fut assassiné par son fils. La croyance à l'astrologie fut générale du reste chez tous les astronomes, y compris ceux de l'Europe jusqu'à une époque assez rapprochée de nous. Elle eut pour adepte le grand Képler lui-même, auteur de plusieurs almanachs prophétiques.

À côté de l'école d'astronomie de Bagdad, il faut citer celle du Caire. Séparé du khalifat de Bagdad, à la fin du dixième siècle, cette grande cité rivalisa bientôt avec l'ancienne capitale scientifique de l'islam. Ses souverains tinrent à honneur, comme ceux de Bagdad, de protéger l'astronomie. L'observatoire, placé sur le sommet du Mokattan, où est aujourd'hui la citadelle, devint un établissement de premier ordre. C'est la que Ibhn Jounis, qui mourut en 1007 de J.-C., rédigea, sous le règne d'el Hakem (990-1021), la grande table, dite hakémite, qui remplaça aussitôt celles existant auparavant. Elle fut reproduite dans tous les ouvrages d'astronomie, y compris celui écrit en Chine par Co Cheou King en 1280.

Suivant Ben-al-Nabdi, qui résidait au Caire en 1040, la bibliothèque de cette ville contenait alors deux globes célestes et 6 000 ouvrages sur les mathématiques et l'astronomie.

Les travaux astronomiques des Arabes d'Espagne ne furent pas moins importants que ceux des musulmans d'Orient ; mais la destruction systématique de la presque totalité de leurs manuscrits n'a laissé survivre qu'une bien faible partie de leurs travaux. Le petit nombre de ceux qui ont échappé au bûcher n'ont pas été traduits, et ne le seront probablement jamais, car leur traduction impliquerait chez la même personne une connaissance approfondie de l'arabe et des connaissances techniques spéciales qu'on ne peut demander qu'aux astronomes de profession.

La civilisation des Arabes

Nous ne connaissons la plupart des astronomes arabes de l'Espagne que de nom, et les indications que nous possédons sur leurs travaux sont des plus succinctes. Elles suffisent cependant à montrer leur importance. Nous savons, par exemple, qu'Arzachel, qui vivait vers l'an 1080 de J.-C, fit 402 observations pour la détermination de l'apogée du soleil. Il établit aussi avec une grande précision la valeur annuelle du mouvement de précession des équinoxes qu'il fixa à 50», nombre qui est précisément celui de nos tables modernes. Il observait avec des instruments de son invention et avait construit des horloges très admirées à Tolède.

À défaut des ouvrages des Arabes d'Espagne, nous pouvons avoir une idée de leur contenu par les emprunts que leur firent les auteurs chrétiens contemporains. C'est ainsi que, de l'étude des oeuvres astronomiques du roi Alphonse X de Castille, et de divers documents analogues, Sédillot tire la conclusion que les Arabes avaient devancé Kepler et Copernic dans la découverte du mouvement elliptique des planètes et la théorie de la mobilité de la terre. Les tables astronomiques d'Alphonse X, dites tables Alphonsines, sont entièrement empruntées aux Arabes.

Les astronomes des écoles d'Afrique, et notamment de Tanger, de Fez et du Maroc, rivalisèrent avec ceux d'Espagne ; mais leurs oeuvres ne nous sont pas plus connues que celles de ces derniers. Nous savons cependant que l'un d'eux, Aboul Hassan, du Maroc, qui vivait au commencement du treizième siècle, détermina, avec une précision bien supérieure à celle des anciens, la latitude et la longitude de 41 villes de l'Afrique entre le Maroc et le Caire, c'est-à-dire sur une étendue de plus de 900 lieues. Aboul Hassan a consigné ses observations dans un livre intitulé : Des Commencements et des Fins, traduit en partie par Sédillot. Il contient des renseignements précieux sur les instruments astronomiques des Arabes.

Les Arabes ne connurent que les cadrans solaires comme moyen de mesurer le temps avec précision. Le pendule n'ayant pas encore été de leur temps appliqué aux horloges, ces dernières ne pouvaient posséder la précision nécessaire aux recherches astronomiques.

Ils observaient les angles avec des quarts de cercle et des astrolabes ; plusieurs de ces derniers instruments sont venus jusqu'à nous. La bibliothèque nationale de Paris en possède trois. L'un d'eux est reproduit dans cet ouvrage. Leur construction révèle une habileté très grande. Aujourd'hui même il serait fort difficile de faire mieux.

Le principe de l'astrolabe est fort simple : c'est un disque métallique divisé en degrés, et sur lequel peut tourner une alidade percée d'un trou à chaque extrémité. L'instrument étant suspendu par l'anneau qui le surmonte, et par conséquent maintenu verticalement, on dirige l'alidade sur le soleil, et quand les rayons lumineux passent à travers les deux trous qui la terminent, on n'a qu'à lire la hauteur de l'astre sur le point où elle s'est arrêtée.

Les quarts de cercle qui figuraient dans les observatoires atteignaient parfois des dimensions énormes. Elles seraient inutiles aujourd'hui, parce que nous possédons, grâce à l'ingénieuse invention du vernier, le moyen de lire les minutes et même les secondes sur de petits instruments ; mais pour avoir un cercle sur lequel les divisions des degrés en minutes et à plus forte raison en secondes puissent être représentées, il faut naturellement que son rayon soit très grand. Les constructeurs musulmans se contentaient habituellement de diviser la minute en douze parties, c'est-à-dire de faire des divisions représentant cinq secondes.

Les Arabes mesuraient aussi la hauteur du soleil par la longueur de l'ombre qu'un style de dimension connue projette sur un plan horizontal. L'observation est assez exacte lorsqu'on donne à l'instrument une grande hauteur.

On peut résumer les découvertes astronomiques des Arabes dans l'énumération suivante : introduction dès le dixième siècle des tangentes dans les calculs astronomiques ; construction de tables du mouvement des astres ; détermination rigoureuse de l'obliquité de l'écliptique et de sa diminution progressive ; estimation exacte de la précession des équinoxes ; première détermination précise de la durée de l'année. On leur doit enfin la constatation des irrégularités de la plus grande latitude de la lune et la découverte de la troisième inégalité lunaire désignée aujourd'hui sous le nom de variation, et qu'on croyait avoir été déterminée pour la première fois en 1601 seulement, par Tycho-Brahé.

Chapitre IV
Sciences géographiques

1. – *Explorations géographiques des Arabes*

Les Arabes ont toujours été d'intrépides voyageurs ; les distances ne les ont jamais effrayés. De nos jours encore, on les voit venir à la Mecque des contrées les plus éloignées ; et les Européens, qui ont tant de peine à pénétrer dans l'intérieur de l'Afrique, y rencontrent le plus souvent des caravanes accomplissant ce voyage comme une chose fort simple.

Dès les premières années de la formation de leur empire, les Arabes étaient en relations commerciales avec des régions à peine soupçonnées alors des Européens, telles que la Chine, certaines contrées de la Russie, les parties inexplorées de l'Afrique, etc.

Les pays avec lesquels les musulmans ont été en rapports commerciaux, et les routes qu'ils ont suivies pour s'y rendre devant être indiquées dans le chapitre consacré à leurs relations commerciales, je me bornerai à donner maintenant un aperçu sommaire de leurs travaux géographiques, et de leurs explorations.

Les premiers explorateurs arabes furent des marchands voyageant pour leur commerce. Bien que les individus de cette classe ne possèdent guère habituellement les aptitudes nécessaires pour les observations scientifiques, leurs relations peuvent fournir quelquefois cependant des indications utiles. Tel est précisément le cas de la plus ancienne relation qui nous ait été laissée par les Arabes : celle du voyage en Chine que fit au neuvième siècle de notre ère un marchand nommé Soleyman. Parti de Siraf, port du golfe Persique où abordaient assez fréquemment des jonques chinoises, il dépassa la mer des Indes et arriva sur les cotes de la Chine. Sa relation, écrite en 851, fut complétée, en 880, par un de ses compatriotes, Abou-Zeid, qui y ajouta des renseignements fournis par d'autres Arabes ayant visité la Chine.

Le livre de Soleyman fut le premier ouvrage publié en Occident sur la Chine. Il a été traduit en français au commencement du dernier siècle.

Soleyman n'était qu'un observateur fort ordinaire ; mais il en était tout autrement du célèbre Maçoudi, né à la fin du neuvième siècle de notre ère à Bagdad. Ce dernier consacra vingt-cinq ans de sa vie à parcourir l'immense empire des khalifes et les provinces environnantes, y compris l'Inde. Ses observations furent publiées dans plusieurs ouvrages importants, dont le plus remarquable est celui connu sous ce nom : Les Prairies d'or. Le savant historien arabe, Ibhn Khaldoun, que nous avons eu occasion de citer plusieurs fois, et qui écrivait quatre siècles après Maçoudi, l'apprécie de la façon suivante :

> « Dans les Prairies d'or, Maçoudi a dépeint l'état où se trouvaient les peuples et les pays de l'Orient et de l'Occident à l'époque où il écrivait, c'est-à-dire en l'an 330 de l'hégire (941 de J.-C.). Ce traité nous fait connaître leurs croyances, leurs mœurs, la nature des contrées qu'ils habitaient, leurs montagnes, leurs mers, leurs royaumes, leurs dynasties, les ramifications de leur race et celles des nations étrangères ; aussi est-il un modèle sur lequel les autres historiens se règlent, un ouvrage fondamental sur lequel ils s'appuient pour montrer la vérité d'une bonne partie de leurs enseignements. »

Ibhn Haukal, né à Bagdad comme Maçoudi, commença ses voyages lorsque ce dernier venait de finir les siens. Il a donné lui-même de son livre la description suivante :

> J'ai décrit la terre en long et en large, et j'ai fait connaître les provinces musulmanes. Chaque région particulière est accompagnée d'une carte qui en offre la situation respective. J'indique les limites de chaque région, les villes et les cantons qui s'y trouvent, les rivières qui l'arrosent, les dépôts d'eau qui en modifient la surface, les ressources qu'elle présente, les impôts de diverse nature qu'elle paye, les routes qui la traversent, les distances qui la séparent des contrées voisines, le genre de commerce qui y réussit le mieux ; en un mot, j'ai rassemblé tous les renseignements qui ont fait de la géographie une science qui intéresse les princes et les personnes de toutes les classes.

Albirouni, qui accompagna Mahmoud le Ghaznévide dans son expédition dans l'Inde en l'an 1000, publia de bonnes observations sur la province du Sindh et le nord de l'Inde, et chercha, par ses calculs astronomiques, à rectifier la carte de la contrée.

Aboul Hassan, dont nous avons parlé comme astronome, et qui vivait au commencement du treizième siècle, peut être rangé parmi les voyageurs. Il parcourut en effet toute la côte nord de l'Afrique, du Maroc à l'Égypte, et releva astronomiquement la position de quarante-quatre points importants, dans le but de rectifier la carte des contours de l'Afrique de Ptolémée.

Le dernier des grands voyageurs que nous citerons, fut Ibhn

La civilisation des Arabes

Batoutah. Il commença ses voyages en 1325. Parti de Tanger au Maroc, il visita l'Afrique septentrionale, l'Égypte, la Palestine, la Mésopotamie, le nord de l'Arabie jusqu'à la Mecque, la Russie méridionale, Constantinople, etc. ; puis se rendit dans l'Inde à travers la Boukharie, le Khoraçan et le Kandahar. À Delhi, alors capitale d'un royaume musulman, le sultan lui confia une mission pour l'empereur de la Chine. Il s'y dirigea par mer, et, après avoir visité Ceylan, Sumatra, Java, il arriva dans la ville actuellement connue sous le nom de Pékin, puis revint par mer dans sa patrie. Ces premiers voyages avaient duré vingt-quatre ans. Ne se sentant pas encore fatigué, Batoutah visita l'Espagne, pénétra dans l'intérieur de l'Afrique et atteignit Tombouctou. Il mourut à Fez, en 1377, après avoir ainsi, visité la presque totalité du monde alors connu. De nos jours même, de telles explorations suffiraient à illustrer un voyageur.

2. - *Progrès géographiques réalisés par les Arabes*

Les explorations dont je viens de parler, et les connaissances astronomiques des Arabes, eurent pour résultats des progrès géographiques importants. Lorsqu'ils commencèrent l'étude de cette science, ils prirent d'abord pour guides les auteurs grecs qui les avaient précédés, et surtout Ptolémée ; mais, suivant leur habitude, ils eurent bientôt dépassé leurs maîtres.

Les positions géographiques qu'assignait Ptolémée aux diverses villes étaient fort erronées. Rien que sur la longueur de la Méditerranée, il se trompait de 400 lieues. Pour mettre en évidence les progrès réalisés par les Arabes dans cette branche de la géographie, il suffit de comparer les positions déterminées par eux avec celles données par les Grecs. Cette comparaison prouve que chez les premiers les latitudes sont exactes à quelques minutes près alors que les Grecs commettaient des erreurs de plusieurs degrés. Pour les longitudes dont la détermination était fort difficile à une époque où on n'avait ni chronomètres ni tables exactes de la lune, les erreurs sont plus fortes, mais elles dépassent rarement 2 degrés, c'est-à-dire beaucoup moindres que celles commises par les Grecs. Les positions déterminées par ces derniers étaient entachées parfois d'erreurs énormes. La longitude de Tanger, ramenée au méridien d'Alexandrie, serait en effet de 53° 30' suivant Ptolémée, alors qu'elle est de 35° 41' en réalité, soit près de 18° d'erreur. Dans les tables arabes le grand axe de la Méditerrannée de Tanger à Tripoli en Syrie est déterminé avec une erreur inférieure à 1 degré. Dans les tables de Ptolémée la longueur du même axe est de 19° trop grande, ce qui constitue une erreur d'environ 400 lieues.

Les Arabes nous ont laissé des ouvrages de géographie importants, dont quelques-uns ont servi pendant plusieurs siècles à enseigner cette science en Europe.

Le plus ancien traité de géographie arabe que nous connaissions est un manuel publié en 740 de notre ère par un nommé Nadhar de Bassora. Cet ouvrage traite de sujets fort variés, souvent étrangers à la géographie, et semble surtout destiné à des nomades.

Le traité de géographie d'Istakri, publié au milieu du neuvième siècle, est très supérieur au précédent. Il n'est cependant encore qu'une énumération des rivières, villes, montagnes, etc., des diverses provinces.

Les livres de Maçoudi, contemporain d'Istakri, et de Mokadacci, qui écrivait en 985, sont plutôt des relations de voyages que des ouvrages de géographie proprement dits.

Le plus célèbre des géographes arabes est l'Edrisi. Ses oeuvres, traduites en latin, apprirent la géographie à l'Europe du moyen âge.

L'Edrisi était né en Espagne. Des aventures diverses le conduisirent à la cour de Roger, roi de Sicile, peu après la conquête de cette île par les Normands. C'est en 1154 qu'il écrivit son grand ouvrage de géographie. Ce dernier contient, non seulement tous les travaux de ses prédécesseurs, mais encore une foule de renseignements recueillis par lui de la bouche des voyageurs. Il était accompagné de nombreuses cartes. Pendant plus de trois siècles, l'Europe se contenta de le copier servilement.

Parmi ces cartes d'Edrisi, il y en une très curieuse, que je reproduis ici, sur laquelle on voit figures comme sources du Nil les grands lacs équatoriaux [1] dont la découverte par les Européens n'a été

---

[1] Voici sur les sources du Nil le passage même d'Edrisi :

« Le Nil tire son origine de cette montagne (celle de la Lune) par dix sources, dont cinq s'écoulent et se rassemblent dans un grand lac ; les autres descendent également de la montagne vers un autre grand lac. De chacun de ces deux lacs

La civilisation des Arabes

faite qu'à une époque récente. Elle prouve que les connaissances géographiques des Arabes, en Afrique, furent très supérieures à ce qu'on a supposé pendant longtemps. Parmi les autres géographes arabes, je citerai encore Kazwiny et Yakoût, qui vivaient au treizième siècle. Le livre de ce dernier est un dictionnaire rempli de documents sur tous les pays qui composaient le khalifat.

Aboulfeda, prince de Hamah (1271-1331) est connu également comme géographe ; mais il ne fit guère que résumer d'autres travaux. Il en est de même de Makrisi et d'el Hassan.

Il serait fort long, d'ailleurs, d'énumérer les noms et les oeuvres des principaux géographes arabes : Aboulfeda à lui seul en cite soixante qui vivaient avant lui. L'aperçu qui précède suffit à montrer leur importance, et, sans la ténacité particulière des préjugés héréditaires qui règnent encore contre l'islamisme, on s'expliquerait difficilement que des géographes aussi instruits que M. Vivien de Saint-Martin aient pu la méconnaître. L'apport des Arabes est tellement considérable qu'il suffit de le mentionner pour en montrer la valeur. Au point de vue scientifique, ils font ces déterminations astronomiques exactes qui sont la première base des cartes, et rectifient les erreurs énormes de positions commises par les Grecs. Au point de vue des explorations, ils publient des relations de voyages qui font connaître diverses parties du monde à peine soupçonnées avant eux, et où les Européens n'avaient jamais pénétré. Au point de vue de la littérature géographique, ils publient des livres qui remplacent tous ceux qui les avaient précédés, et que les peuples de l'Occident se sont bornés à copier pendant plusieurs siècles.

Chapitre V
Sciences physiques et leurs applications

1. – Physique et mécanique

Physique. - Les principaux ouvrages de physique des Arabes sont

sortent trois rivières qui finissent par se réunir et par s'écouler dans un très grand lac près duquel est située une ville nommée Tarfi. »

perdus, et nous n'avons guère que les titres des plus importants, tels, par exemple, que celui de Hassan-ben-Haithem sur la vision directe, réfléchie et rompue, et sur les miroirs ardents. Nous pouvons juger cependant de l'importance de leurs travaux par le petit nombre de ceux parvenus jusqu'à nous. Un des plus remarquables est le traité d'optique d'Alhazen, qui fut traduit en latin et en italien, et servit beaucoup à Képler pour son ouvrage sur l'optique. Il contient des chapitres fort savants sur le foyer des miroirs, le lieu apparent des images dans les miroirs, la réfraction, la grandeur apparente des objets, etc. On y trouve notamment la solution géométrique du problème suivant, qui dépendrait en analyse d'une équation du 4e degré : « Trouver le point de réflexion sur un miroir sphérique, le lieu de l'objet et celui de l'œil étant donnés. » M. Chasles, juge fort compétent, considère cet ouvrage « comme ayant été l'origine de nos connaissances en optique. »

Mécanique. - Les Arabes possédèrent, surtout au point de vue pratique, des connaissances de mécanique fort étendues. Le petit nombre de leurs instruments venus jusqu'à nous et les descriptions que nous ont laissées d'anciens auteurs donnent une haute idée de leur habileté.

Le docteur E. Bernard, d'Oxford, a soutenu que les Arabes ont découvert l'application du pendule aux horloges ; mais ses raisons ne semblent pas suffisantes pour permettre de leur attribuer une invention aussi capitale. Il est bien probable que l'horloge envoyée par Haroun al Raschid à Charlemagne, et qui donnait les heures en faisant tomber des balles d'airain sur un disque métallique, était simplement une clepsydre, c'est-à-dire une horloge à eau.

Il est certain cependant que les Arabes possédèrent des horloges à poids, fort différentes de la clepsydre. Nous en avons la preuve par les descriptions que donnent plusieurs auteurs, et notamment Benjamin de Tulède, qui visita la Palestine au douzième siècle, de la célèbre horloge de la mosquée de Damas. La description qui va suivre, empruntée à la traduction de M. Sylvestre de Sacy, est due à l'Arabe Djobéir.

> « Quand on sort par la porte Djiroum, on voit à droite, dans la muraille de la galerie en face, une sorte de salle ronde en forme de grande voûte, dans laquelle sont deux disques de cuivre percés de petites portes, dont le nombre égale celui des heures du jour, et deux poids de cuivre tombant du bec de deux éperviers de cuivre dans deux

La civilisation des Arabes

tasses percées. Vous voyez les deux éperviers étendre leur cou, avec les poids, sur les deux tasses, et laisser tomber les poids ; cela se fait d'une façon si merveilleuse qu'on croirait que c'est de la magie. Les poids en tombant font du bruit, puis ils rentrent par les trous des tasses dans l'intérieur du mur.

« Aussitôt la porte se referme avec une tablette de cuivre. Cela continue ainsi jusqu'à ce que toutes les heures du jour étant passées, toutes les portes se soient fermées. Pour la nuit, c'est un autre mécanisme. Dans l'arcade qui entoure les deux disques de cuivre, sont douze cercles de cuivre percés, et dans chaque cercle un vitrage. Derrière le vitrage est une lampe que l'eau fait tourner par un mouvement proportionné à la division des heures. Quand une heure s'achève, la lueur de la lampe illumine le verre, et les rayons se projettent sur le cercle de cuivre. Ensuite la même chose a lieu pour le cercle suivant, jusqu'à la fin des heures de la nuit. »

2. - *Chimie*

La chimie des Arabes fut mélangée d'alchimie, comme leur astronomie fut mélangée d'astrologie, mais ce mélange de science positive et de rêverie ne les empêcha pas de réaliser des découvertes importantes.

Les connaissances de chimie que leur léguèrent les Grecs étaient bien plus faibles. Les corps les plus importants, tels que l'alcool, l'acide sulfurique, l'acide nitrique, l'eau régale, etc., complètement inconnus de ces derniers, furent bientôt découverts par les Arabes. Ils découvrirent aussi les opérations les plus fondamentales de la chimie, telles que la distillation. Quand on écrit dans certains livres que la chimie a été créée par Lavoisier, on oublie trop qu'aucune science, et la chimie moins encore qu'une autre, n'a jamais été créée de toutes pièces, et que les Arabes, il y a un millier d'années, possédaient des laboratoires d'où sortirent des découvertes sans lesquelles celles de Lavoisier eussent été impossibles.

Le plus ancien, et en même temps le plus connu des chimistes arabes, fut Geber. Il vivait vers la fin du huitième siècle. Le nombre d'ouvrages qu'il publia fut considérable ; mais plusieurs de ses compatriotes ayant porté le même nom, Il est difficile de savoir ce qui doit lui être attribué. Plusieurs de ses livres ont été traduits en latin. Un des plus remarquables, « la Somme de perfection » fut traduite en français en 1672 ; ce qui prouve combien son autorité se prolongea longtemps en Europe.

Les travaux de Geber forment une sorte d'encyclopédie scientifique, et il faut considérer ce qu'elle contient comme le résumé de la science chimique des Arabes de son époque. On y trouve la description de plusieurs composés, dont il n'avait jamais été fait mention avant lui. Quelques-uns, tels que l'acide nitrique et l'eau régale, sont d'une importance capitale en chimie, puisque, à vrai dire, il n'y aurait pas de chimie possible sans eux.

Geber parait avoir connu également les propriétés de certains gaz. « Lorsque les gaz, dit-il, se fixent sur les corps, ils perdent leur forme et leur nature ; ils ne sont plus ce qu'ils étaient. Lorsqu'on opère la séparation, voici ce qui arrive : ou les gaz s'échapperont seuls, et les corps où ils étaient fixés restent, ou les gaz et les corps s'échapperont tous les deux à la fois. »

Geber croyait avec tous les alchimistes que les métaux étaient composés de plusieurs substances inconnues. Il leur donnait, suivant l'usage, des noms quelconques : soufre, mercure, arsenic, etc. ; mais les propriétés de ces éléments supposés n'avaient rien de commun avec celles des corps dont on empruntait les noms : les alchimistes eurent soin de le répéter fréquemment ; et il faut avoir cette indication bien présente à l'esprit pour éviter les graves erreurs commises à leur égard par beaucoup d'auteurs.

Suivant les chimistes arabes, tous les métaux étaient composés des mêmes éléments. Les métaux ne différant les uns des autres que par la proportion de ces éléments, il semblait évident qu'en isolant ces derniers, et les combinant ensuite dans des proportions convenables, on arriverait à obtenir à volonté un métal quelconque, l'or par exemple. La recherche de la transmutation des métaux occupa, comme on le sait, les alchimistes pendant des siècles. Leurs théories, peu éloignées d'ailleurs des idées modernes, ont rendu de réels services à la science en provoquant des recherches qui n'eussent peut-être jamais été effectuées sans elles. On ne découvrit pas ce qu'on cherchait, mais on découvrit ce qu'on n'eût certainement pas trouvé si la transmutation n'avait pas été poursuivie pendant si longtemps.

La préparation d'un grand nombre de composés inconnus pour la plupart avant Geber, tels que l'acide nitrique, l'eau régale, la potasse, le sel ammoniac, le nitrate d'argent, le sublimé corrosif, le précipité rouge, est indiqué dans ses ouvrages. On y trouve aussi, pour la première fois, la description d'opérations fondamentales, telles que la distillation, la sublimation, la cristallisation, la solution, la coupellation, etc.

C'est également aux Arabes qu'est due la découverte d'autres corps d'un usage journalier dans la chimie et l'industrie, tels que l'acide sulfurique et l'alcool. Ils sont décrits pour la première fois dans l'ouvrage de Rhazès, qui mourut en 940. L'acide sulfurique s'obtenait par la distillation du sulfate de fer, et l'alcool par la distillation de matières féculentes ou sucrées fermentées.

La plupart des auteurs arabes qui ont écrit sur les sciences se sont occupés de chimie ; mais les ouvrages les plus importants, en dehors de ceux de Geber et Rhazès, ont été perdus. La valeur de ceux que nous connaissons fait vivement regretter ceux que nous n'avons pas. L'étendue de leurs découvertes ne nous est révélée que par le nombre considérable de composés inconnus avant eux, et dont les noms se trouvent cités dans les ouvrages des médecins arabes. La pharmacie fut véritablement créée par eux ; et nous pourrons juger de leurs connaissances en chimie industrielle par leur habileté dans l'art de la teinture, l'extraction des métaux, la fabrication de l'acier, la préparation des cuirs, etc.

3. - Sciences appliquées.
- Découvertes

Connaissances industrielles. - Tout en s'adonnant aux recherches théoriques, les Arabes ne négligèrent pas les applications industrielles. Leurs connaissances scientifiques donnèrent à leur industrie une supériorité très grande. Nous ignorons la plupart de leurs procédés, mais nous en connaissons les résultats. Nous savons, par exemple, qu'ils savaient exploiter les mines de soufre, de cuivre, de mercure, de fer et d'or ; qu'ils étaient très habiles dans l'art de la teinture, qu'ils trempaient l'acier avec une perfection dont les anciennes lames de Tolède nous fournissent la preuve ; que leurs tissus, leurs armes, leurs cuirs, leurs papiers avaient une réputation universelle, et que dans bien des branches de l'industrie ils n'ont pas encore été dépassés.

Parmi les inventions dues aux Arabes, il en est d'une importance tellement capitale, celle de la poudre par exemple, que nous ne pouvons nous contenter d'une simple énumération et devons entrer dans quelques détails.

Poudre de guerre et armes à feu. - Dès l'antiquité la plus reculée, les peuples de l'Asie firent usage de divers mélanges incendiaires dans les combats ; mais ces derniers ne pénétrèrent en Europe qu'au septième siècle de notre ère. On croit qu'ils furent apportés d'Asie par un architecte syrien, du nom de Callinique. Les Grecs du Bas-Empire s'en servirent avantageusement pour repousser les Arabes, lorsque ces derniers mirent le siège devant Constantinople. Sa préparation fut mise au rang des secrets d'État par Constantin Porphyrogénète. Mais ce secret ne fut pas gardé longtemps. D'après les recherches de Reinaud et Favé, c'était un mélange de soufre et de substances combustibles telles que des goudrons de résine et des huiles grasses. Beaucoup d'anciens manuscrits donnent sa préparation.

Les Arabes connurent bientôt la composition du feu grégeois, et il se répandit chez eux au point de devenir, comme nous disent les auteurs cités plus haut, « l'agent principal d'attaque. » Ils l'employaient de cent façons et le lançaient avec toutes sortes d'agents différents. On sait par les récits des croisés l'épouvante qu'il jeta parmi eux. Joinville le déclare la plus horrible chose qu'il ait jamais vue, et le compare à un grand dragon volant dans l'air. Aussitôt qu'il arrivait dans le voisinage du roi, saint Louis « se jetoit à terre, tendoit les mains vers le ciel et disoit en plourant à grans larmes : Biau Sire Dieu Jésus, gardez-moy et tout ma gent. » Terreur un peu chimérique d'ailleurs, car si le feu grégeois était très dangereux sur mer lorsqu'on l'employait pour détruire les vaisseaux, il l'était bien peu sur terre, et aucune des chroniques qui parlent des terribles effets de ce composé ne mentionne qu'il ait jamais fait périr quelqu'un. Saint Louis et plusieurs de ses chevaliers en furent couverts sans en avoir éprouvé aucun dommage. Le feu grégeois brûlait, mais n'avait aucune force de projection. On le lançait, mais on ne l'employait pas à lancer des projectiles. C'était un corps combustible, mais n'ayant aucune des propriétés explosives de la poudre.

On a attribué pendant longtemps l'invention de la poudre à Roger

Bacon. Ce dernier n'a fait, en réalité, comme Albert le Grand, que reproduire de vieilles recettes, notamment celle donnée par Marcus Graccus dans un manuscrit écrit en 1230 sous le titre de Liber ignium ad comburandos hostes. Plusieurs de ces recettes ont une composition analogue à celle de la poudre ; mais on n'en faisait usage que comme fusées incendiaires, et elles proviennent évidemment, comme toutes les recettes de chimie du moyen âge, des Arabes. Ces derniers firent, du reste, usage des armes à feu à une époque très antérieure aux chrétiens, comme nous allons le montrer.

Les recherches de MM. Reinaud et Favé, précédés, du reste, dans la même voie par Casiri, Andrès et Viardot, ont nettement démontré que l'invention de la poudre à canon, comme substance explosible destinée à chasser des projectiles, est due uniquement aux Arabes. Les deux premiers de ces auteurs avaient d'abord, dans un primitif travail, adopté l'opinion très répandue, qui attribue cette invention aux Chinois ; mais dans un second mémoire, publié en 1850, ils sont revenus sur cette opinion. La découverte de nouveaux manuscrits leur a fait constater que cette grande découverte, qui a changé tout le système de la guerre, revient aux Arabes : « Aux Chinois, disent-ils, appartient la découverte du salpêtre et son emploi dans les feux d'artifice... Pour les Arabes, ils ont su produire et utiliser la force projective qui résulte de la poudre ; en un mot, ils ont inventé les armes à feu. »

Les historiens assurent habituellement que c'est à la bataille de Crécy, livrée en 1346, que l'artillerie apparut pour la première fois ; mais plusieurs passages de divers auteurs arabes prouvent que son emploi fut en réalité bien antérieur à cette date. Parmi les extraits de divers manuscrits traduits par Conde se trouve notamment un passage où on voit qu'un émir, Yakoub, assiégeant, en 1205, un chef de révoltés dans la ville de Mahédra, en Afrique, « combattit ses murailles avec différentes machines, engins, tonnerres... des engins qu'on n'avait jamais vus... qui lançaient chacun cent énormes jets, et de grosses pierres tombaient au milieu de la ville, et des jets de globes de fer. »

Le passage suivant de l'histoire des Berbères d'Ibhn Khaldoun, n'est pas moins explicite, et indique clairement l'emploi du canon pour les sièges.

Abou-Youzef, sultan du Maroc, mit le siège devant Sidjilmesa, en

> l'an de l'hégire 672 (1273 de J.-C). Il dressa contre elle les instruments de siège, tels que des medjanik (mangonneaux), des arrada et des hendam à naphte, qui jettent du gravier de fer, lequel est lancé de la chambre du hendam, en avant du feu allumé dans du baroud, par un effet étonnant, et dont les résultats doivent être rapportés à la puissance du créateur. Un certain jour, une portion de la muraille de la ville tomba par le coup d'une pierre lancée par un medjanik et l'on donna l'assaut.

La lecture des manuscrits du temps prouve que l'emploi des armes à feu devint bientôt général chez les Arabes. Ils en firent usage, notamment en 1342, pour défendre Algésiras attaqué par Alphonse XI.

> Les Mores de la ville, dit la chronique d'Alphonse XI, lançaient beaucoup de tonnerres contre l'armée, sur laquelle ils jetaient des balles de fer grosses comme de très grosses pommes, et les lançaient si loin de la ville, que quelques-unes d'elles passaient par-dessus l'armée, et d'autres frappaient l'armée.

Les comtes anglais de Derby et de Salisbury, qui assistaient au siège, ayant été témoins des effets de la poudre, rapportèrent bientôt cette découverte dans leur pays, et c'est ainsi que les Anglais en firent usage quatre ans plus tard à la bataille de Crécy.

On connaît également par des manuscrits arabes la composition de la poudre dont ils se servaient, et leurs armes de jet. Voici à ce sujet deux passages intéressants d'un manuscrit de la fin du treizième siècle, traduits par Reinaud.

> Description de la drogue à introduire dans le madfaa avec sa proportion. - Baroud (salpêtre), dix ; charbon, deux drachmes, soufre, une drachme et demie. Tu le réduiras en poudre fine et tu rempliras un tiers du madfaa ; tu n'en mettras pas davantage, de peur qu'il ne crève, pour cela, tu feras faire par le tourneur une madfaa de bois, qui sera pour sa grandeur en rapport avec sa bouche ; tu y pousseras la drogue avec force ; tu y ajouteras, soit le bondoc (balle), soit la flèche, et tu mettras le feu à l'amorce. La mesure du madfaa sera en rapport avec le trou ; s'il était plus profond que l'embouchure n'est large, ce serait un défaut.

Fabrication du papier. - Les Européens du moyen âge n'écrivirent pendant longtemps que sur du parchemin. Son prix élevé était un sérieux obstacle à la multiplication des oeuvres écrites. Il devint même bientôt si rare que les moines avaient pris l'habitude de

La civilisation des Arabes

gratter les oeuvres des grands écrivains de la Grèce et de Rome pour les remplacer par leurs homélies ; et, sans les Arabes, la plupart de ces chefs-d'œuvre de l'antiquité, que l'on nous représente souvent comme ayant été soigneusement gardés au fond des cloîtres, eussent été perdus.

Trouver une substance capable de remplacer le parchemin, et analogue au papyrus des Égyptiens, était rendre un immense service à la diffusion des connaissances.

La découverte faite par Casiri à la bibliothèque de l'Escurial d'un manuscrit arabe sur papier de coton remontant à l'an 1009, et antérieur à tous ceux existant dans les bibliothèques de l'Europe, prouve que les Arabes furent les premiers à remplacer le parchemin par le papier.

L'historique de cette invention est aujourd'hui d'ailleurs facile à restituer. De temps immémorial, les Chinois savaient fabriquer du papier avec des cocons de soie. Cette fabrication avait été introduite à Samarcande dès les premiers temps de l'hégire, et quand les Arabes s'emparèrent de cette ville, ils y trouvèrent une fabrique installée. Mais cette découverte précieuse ne pouvait être utilisée en Europe, où la soie était à peu près inconnue, qu'à la condition de remplacer cette dernière par une autre substance. C'est ce que firent les Arabes en lui substituant le coton. L'examen de leurs anciens manuscrits montre qu'ils arrivèrent bientôt dans cette fabrication à une perfection qui n'a guère été dépassée.

Il paraît démontré également que c'est aux Arabes qu'est due la découverte du papier de chiffons, dont la fabrication est fort difficile et qui exige des manipulations nombreuses. Cette opinion est basée sur ce que l'emploi de ce papier est de beaucoup antérieur chez les arabes à son usage chez les peuples chrétiens. Le plus ancien manuscrit sur papier qui existe en Europe est une lettre de Joinville à saint Louis, écrite peu avant la mort de ce prince arrivée en 1270, c'est-à-dire à une époque postérieure à sa première croisade en Égypte. Or, on possède des manuscrits arabes sur papier de chiffons antérieurs d'un siècle au document qui précède. Tel est, notamment, un traité de paix entre Alphonse II d'Aragon et Alphonse IV de Castille, portant la date de 1178, et conservé dans les archives de Barcelone. Il provenait de la célèbre fabrique de papier de Xatiba, dont le géographe Edrisi, qui écrivait dans la première moitié du douzième siècle, parle avec éloge.

L'extension que prirent en Espagne, sous les Arabes, les bibliothèques publiques et privées, à peu près inconnues alors en Europe, les obligèrent à multiplier leurs fabriques de papier. Ils arrivèrent à employer, avec une grande perfection, du chanvre et du lin, alors très abondants dans les campagnes.

Application de la boussole à la navigation. - La boussole fut inventée par les Chinois, mais nous ne possédons encore aucune preuve qu'elle ait été appliquée par eux à la navigation. Faibles navigateurs, ils ne se livraient guère qu'à la navigation côtière pour laquelle la boussole est peu utile.

Les Arabes furent au contraire de grands navigateurs. Ils étaient en relations fréquentes avec la Chine à une époque où cette vaste contrée était à peine soupçonnée des Européens, et il est probable qu'ils furent les premiers à l'appliquer à la navigation. Ce n'est là cependant qu'une hypothèse, et, faute de preuves, je n'insisterai pas sur elle.

Ce qui n'est certainement pas une hypothèse, c'est que ce fut aux Arabes que les Européens durent la connaissance de cette capitale invention. Eux seuls étaient en relations avec la Chine, eux seuls pouvaient, par conséquent, la faire connaître en Occident. Les Européens mirent, du reste, un certain temps à en comprendre l'importance, car elle ne fut pas utilisée par eux avant le treizième siècle, alors qu'Edrisi, qui écrivait au milieu du douzième siècle, en parle comme étant d'un usage général chez ses compatriotes.

Ce qui précède prouve que le bilan des découvertes des Arabes dans les sciences physiques n'est pas moins important que dans les mathématiques et l'astronomie. L'énumération suivante en prouve l'importance : Connaissances élevées en physique théorique, surtout en optique, et création d'appareils mécaniques des plus ingénieux. Découverte des corps les plus fondamentaux de la chimie, tels que l'alcool, l'acide nitrique, l'acide sulfurique et des opérations les plus essentielles, telle que la distillation ; application de la chimie à la pharmacie et à l'industrie, notamment à l'extraction des métaux, à la fabrication de l'acier, à la teinture, etc. Découverte de la poudre et des armes à feu ; fabrication des papiers de chiffons. Application probable de la boussole à la navigation et introduction de cette invention fondamentale en Europe.

Chapitre VI
Sciences naturelles et médicales

1. – *Sciences naturelles*

L'histoire naturelle ne consista d'abord chez les Arabes qu'en commentaires d'Aristote ; mais ils préférèrent bientôt étudier dans la nature que dans les livres. On leur doit plusieurs bons ouvrages sur les animaux, les plantes, les métaux, les fossiles, etc.

Un des naturalistes arabes les plus connus est Kazwiny, mort en 1283, qu'on a surnommé le Pline des Orientaux. Ses ouvrages consistent surtout en descriptions dans le genre de celles de Buffon.

Les grandes généralisations et les classifications analogues à celles qui figurent dans les livres modernes furent inconnues des Arabes. On trouve cependant dans leurs oeuvres des passages où ils semblent avoir pressenti quelques-unes des plus importantes découvertes de la science actuelle. C'est ainsi que dans le traité des pierres, d'Avicenne, on trouve un chapitre sur l'origine des montagnes, qui s'écarte bien peu de ce qui s'enseigne aujourd'hui, comme on pourra en juger par les passages suivants :

> Les montagnes peuvent, dit l'auteur, provenir de deux causes : ou elles sont l'effet du soulèvement de la croûte terrestre, comme cela arrive dans un violent tremblement de terre ; ou elles sont l'effet de l'eau, qui en se frayant une route nouvelle, a creusé des vallées en même temps qu'elle a produit des montagnes : car il y a des roches molles et des roches dures. L'eau, le vent charrient les unes et laissent les autres intactes. La plupart des éminences du sol ont cette origine.
>
> Les minéraux ont la même origine que les montagnes. Il a fallu de longues périodes (multa tempora) pour que tous ces changements aient pu s'accomplir ; et peut-être les montagnes vont-elles maintenant en s'abaissant.
>
> L'auteur apporte même des preuves à l'appui de ce qu'il avait avancé : En effet, continue-t-il, ce qui démontre que l'eau a été ici la cause principale, c'est qu'on voit, sur beaucoup de roches, les empreintes d'animaux aquatiques et d'autres. Quant à la matière terreuse et jaune qui recouvre la surface des montagnes, elle n'a pas la même origine que

le squelette de la montagne ; elle provient de la désorganisation des débris d'herbes et de limon amenés par l'eau. Peut-être provient-elle de l'ancien limon de la mer qui couvrait autrefois toute la terre.

L'idée que les transformations si profondes du globe ne sont pas le résultat de grands cataclysmes, comme le croyait Cuvier, mais le simple résultat de changements très lents, accumulés pendant des siècles, ainsi que le prouve la géologie actuelle, est indiqué clairement dans le passage qui précède.

La notion des transformations de la surface terrestre, par suite du déplacement des mers et des changements de configuration du sol, était assez répandue chez les Arabes pour avoir pénétré dans les idées populaires.

On peut en juger par l'allégorie suivante, tirée de l'ouvrage du naturaliste Kazwiny, dont nous parlions plus haut.

> Un jour, dit Rhidhz (un génie), je passais par une ville fort ancienne. « Savez-vous dans quel temps fut fondée cette ville ? demandai-je à un de ses habitants. - Oh ! nous ne savons depuis quand elle existe, et nos ancêtres l'ont ignoré comme nous. »
>
> Mille ans après, en passant dans le même lieu, je cherchai vainement la ville que j'y avais autrefois remarquée ; la place qu'elle avait occupée s'était couverte de végétaux, et j'y aperçus un paysan qui ramassait de l'herbe. « Savez-vous, lui demandai-je, comment a été détruite la ville qui existait anciennement ici dans le lieu où vous êtes ? - Quelle question me faites-vous là ! Cette terre a été toujours telle que nous la voyons en ce moment. »
>
> Mille ans après, passant de nouveau par le même lieu, j'y vis un immense lac, une mer, et, sur le rivage, une compagnie de pêcheurs auxquels je demandai depuis quand la mer s'étendait jusque-là. Ils répondirent : « Un homme tel que vous devrait-il faire une pareille question ! Ce lieu a toujours été ce qu'il est. »

Les naturalistes arabes s'adonnèrent également à l'étude de la botanique, surtout dans ses applications à la médecine. Ils avaient des jardins botaniques où étaient cultivées des plantes rares ou curieuses. Grenade en possédait un magnifique au dixième siècle. Abdérame 1er en avait également un près de Cordoue. Il envoyait en Syrie, et dans les autres contrées de l'Asie, des naturalistes chargés de lui rapporter les plantes les plus rares.

La civilisation des Arabes

2. - *Sciences médicales*

La médecine forme, avec l'astronomie, les mathématiques et la chimie, les sciences principalement cultivées par les Arabes, celles dans lesquelles ils ont réalisé les progrès les plus importants. Traduites dans toute l'Europe, leurs oeuvres médicales ont échappé en grande partie à la destruction qui atteignit leurs autres ouvrages.

Oeuvres médicales des Arabes. - Les auteurs arabes ayant écrit sur la médecine sont fort nombreux. Obou Osaibat leur consacre un volume entier dans sa biographie. Nous devrons donc nous borner à citer quelques-uns des plus connus.

La médecine était plus avancée chez les Grecs que la plupart des sciences, et les Arabes trouvèrent dans leurs ouvrages des matériaux précieux. La première traduction des livres grecs fut faite en 685 par Aaron. Son recueil, publié sous le titre de Pandectes, est un extrait des anciens livres de médecine, surtout de Galien. Les traductions d'Hippocrate, Paul d'Egine, etc., le suivirent bientôt.

Un des plus célèbres médecins arabes fut Rhazès, que nous avons déjà cité comme chimiste. Né vers 850, il mourut en 932 et exerça pendant cinquante ans la médecine à Bagdad. Il écrivit sur des sujets très variés : philosophie, histoire, chimie, médecine, etc. Tous les travaux de ses devanciers en médecine furent soumis par lui à une sévère critique au lit des malades. Les traités qu'il composa sur certaines fièvres éruptives, telles que la rougeole et la variole, ont été consultés pendant longtemps. Ses connaissances anatomiques étaient étendues. Son livre sur les maladies des enfants est le premier qui traite de cette matière. On trouve dans ses ouvrages l'emploi d'agents thérapeutiques nouveaux, tels que l'eau froide dans les fièvres continues, moyen remis tout récemment à la mode, l'alcool, le séton, les ventouses dans l'apoplexie, etc. Rhazès était un observateur aussi habile et ingénieux que modeste. On rapporte qu'il ramena à la vie un individu tombé sans sentiment dans les rues de Cordoue et que le peuple croyait mort, en le faisant vigoureusement fustiger de verges sur tout le corps, et particulièrement sous la plante des pieds. Complimenté par le khalife qui le félicitait de savoir ressusciter les morts, Rhazès répondit qu'il avait vu employer avec succès au désert ce moyen sur un Arabe, et que tout le mérite de sa cure consistait à avoir remarqué que le cas du malade était précisément le même que celui pour lequel on le félicitait. L'histoire ne dit pas de quel cas il s'agissait ; mais je croirais volontiers, d'après certains détails de la relation, que Rhazès dut se trouver simplement en présence d'une insolation.

Les ouvrages les plus connus de Rhazès sont : le Continent, ainsi nommé parce qu'il contient tout un corps de médecine pratique, et le Mansoury, du nom du prince Almanzor auquel il le dédia. Il est divisé en dix livres : 1° l'anatomie, 2° les tempéraments, 3° les aliments et les médicaments, 4° l'hygiène, 5° la cosmétique, 6° le régime en voyage, 7° la chirurgie, 8° les poisons, 9° les maladies en général, 10° la fièvre.

La plupart des oeuvres de Rhazès ont été traduites en latin et imprimées plusieurs fois, principalement à Venise en 1509, et à Paris en 1528 et 1548. Son traité de la petite vérole était encore réimprimé en 1745. Les leçons dans les universités médicales de l'Europe ont longtemps pris ses livres pour thème. Ils faisaient encore, avec ceux d'Avicenne, le fond de l'enseignement à Louvain au dix-septième siècle, comme on le voit par un règlement de 1617. Le même règlement montre que les auteurs grecs étaient alors bien peu en honneur, puisqu'on ne prescrivait parmi eux que les aphorismes d'Hippocrate et l'Ars parva de Galien.

Les historiens arabes rapportent que Rhazès devint aveugle dans sa vieillesse par suite de cataracte, et qu'il refusa de se laisser opérer en disant : « J'ai si bien vu le monde, et j'en suis si dégoûté, que je renonce sans regret à le voir. »

Parmi les médecins à peu près contemporains de Rhazès, on peut citer encore Ali Abbas, qui vivait à la fin du dixième siècle. Il a laissé sous le titre de Maléki un ouvrage où la médecine théorique et pratique est exposée. L'auteur a soin de faire remarquer que c'est dans les hôpitaux et non dans les livres que ses observations ont été recueillies. Tout en adoptant les principes de la médecine grecque, il signale de nombreuses erreurs dans Hippocrate, Galien, Oribaze, Paul d'Egine, etc., et s'en écarte fréquemment surtout pour le traitement des maladies. Traduit en latin par Étienne d'Antioche, en 1127, son livre fut imprimé à Lyon en 1523.

Le plus célèbre de tous les médecins arabes fut Avicenne. Son influence a été si considérable pendant plusieurs siècles, qu'on l'a nommé le prince de la médecine. Né en 980, il mourut en 1037. Après avoir débuté par la profession de percepteur des contributions, il arriva à la position de vizir. Bien que mort assez jeune, ruiné par les excès de travail et de plaisir, ses oeuvres sont considérables. Son principal ouvrage de médecine, intitulé Canon ou règle, comprend la physiologie, l'hygiène, la pathologie, la thérapeutique et la matière médicale. Les maladies y sont beaucoup mieux décrites qu'elles ne l'avaient été avant lui. Traduites dans la plupart des langues du monde, les oeuvres d'Avicenne ont été pendant six cents ans le code universel de la médecine ; elles ont servi de base aux études médicales dans toutes les universités de France ou d'Italie. On les a réimprimées jusqu'au dix-huitième siècle, et il n'y a guère plus de cinquante ans qu'elles ne sont plus commentées à Montpellier.

Avicenne aimait autant les plaisirs que la science, et ses excès, comme nous l'avons vu plus haut, abrégèrent ses jours ; ce qui fit dire que toute sa philosophie n'avait pu lui procurer la sagesse, ni toute sa science médicale la santé.

Le plus célèbre des chirurgiens arabes est Albucasis de Cordoue, mort en 1107. Il imagina beaucoup d'instruments de chirurgie, dont le dessin figure dans ses œuvres, et décrivit notamment la lithotritie, considérée à tort comme une invention toute moderne.

Albucasis ne fut connu en Europe qu'au quinzième siècle ; mais son influence devint alors immense. Le grand physiologiste Haller fait remarquer que « ses oeuvres furent la source commune où puisèrent tous les chirurgiens postérieurs au quatorzième siècle. »

La partie du grand ouvrage d'Albucasis consacrée à la chirurgie est divisée en trois livres : le premier comprend l'usage du cautère actuel, le second, les opérations qu'on fait avec le couteau, la chirurgie dentaire et oculaire, les hernies, les accouchements et l'extraction de la pierre ; le troisième est consacré aux fractures et luxations. La classification est faible, mais les renseignements pratiques très précis.

L'œuvre chirurgicale d'Albucasis fut d'abord imprimée en latin en 1497. Sa dernière édition est très récente, puisqu'elle remonte à 1861.

Bien que moins célèbre que le précédent, Aven-Zohar, de Séville, qui vivait au douzième siècle, jouit encore cependant d'une grande réputation. Expérimentateur et réformateur, il simplifia l'ancienne thérapeutique et montra que la nature, considérée comme une force intérieure réglant l'organisme, suffit généralement à elle seule pour guérir les maladies. En dépit des préjugés, il réunit l'étude de la chirurgie, de la médecine et de la pharmacie. Sa chirurgie contient des indications très précises sur les luxations et les fractures.

Averroès [1], né à Cordoue en 1126 après J.-C. et mort en 1188, a écrit aussi sur la médecine ; mais Il est beaucoup plus connu comme philosophe commentateur d'Aristote que comme médecin. On a de lui des commentaires d'Avicenne, un traité sur la thériaque, un livre sur les poisons et les fièvres, etc. Ses ouvrages de médecine furent fréquemment réimprimés en Europe.

Hygiène des Arabes. - L'importance de l'hygiène n'a pas été méconnue par les Arabes. Ils savaient très bien qu'elle nous enseigne les moyens de nous préserver de maladies que la médecine ne sait pas guérir. Dès les temps les plus reculés leurs habitudes hygiéniques étaient excellentes. Les prescriptions contenues dans le Coran : fréquence des ablutions, défense du vin, préférence à accorder au régime végétal sur le régime animal dans les pays chauds sont très sages. Il n'y a rien à critiquer dans les recommandations hygiéniques qu'on attribue au prophète.

Les auteurs arabes présentent souvent leurs prescriptions hygiéniques sous une forme aphoristique qui les rend faciles à retenir. Telle est, par exemple, l'indication suivante d'un médecin arabe du neuvième siècle : « Ce qu'il y a de pire pour un vieillard, c'est un bon cuisinier et une jeune femme. »

Les hôpitaux arabes paraissent avoir été construits dans des conditions hygiéniques fort supérieures à celles de nos établissements modernes. Ils étaient très vastes, et l'air et l'eau y circulaient avec abondance. Rhazès, chargé de choisir le quartier le plus sain de Bagdad pour y construire un hôpital, employa le moyen suivant, que ne désavoueraient pas les partisans des théories

1 Dans toutes les citations d'auteurs arabes que nous faisons dans cet ouvrage, nous donnons les noms tels qu'ils ont été altérés par les traductions latines et consacrés par l'usage ; mais aucun d'eux n'a conservé de ressemblance avec les noms originaux. C'est ainsi qu'Averroës s'appelle réellement Aboul-Walid-Mahommed-ben-Rosch. Le nom d'Avicenne est Abou-Ali-Hosein-ben-Sina. Il en est de même des noms de la plupart des khalifes et grands personnages. Un livre où les noms arabes seraient orthographiés exactement serait illisible pour l'immense majorité des lecteurs.

La civilisation des Arabes

modernes sur les microbes. Il suspendit des morceaux de viande dans les divers quartiers de la capitale, et déclara que le meilleur était celui où la chair avait pris le plus de temps pour entrer en putréfaction.

Leurs hôpitaux étaient, comme de nos jours en Europe, des asiles pour les malades et des lieux d'enseignement pour les étudiants. Ces derniers étudiaient, en effet, au lit des malades beaucoup plus que dans les livres. Sur ce point fondamental, les universités européennes du moyen âge les imitèrent bien rarement. Il y avait des hôpitaux spéciaux pour certaines catégories de malades, notamment pour les aliénés. Il y avait même, comme chez nous, des bureaux de bienfaisance où les malades pouvaient recevoir des consultations gratuites à certains jours. Dans les localités trop peu importantes pour avoir un hôpital, on envoyait, de temps en temps, des médecins, munis de médicaments.

L'influence hygiénique du climat était bien connue des Arabes. Averroès, dans ses commentaires d'Avicenne, préconise, comme on le fait maintenant, le changement de climat dans la phtisie : il indique comme stations hivernales l'Arabie et la Nubie. C'est également dans les régions du Nil, voisines de la Nubie, qu'on envoie souvent aujourd'hui les sujets atteints de cette affection.

Les aphorismes de l'école de Salerne contiennent de nombreuses indications hygiéniques très précieuses. On sait que c'est aux Arabes qu'est due la réputation de cette école longtemps considérée comme la première de l'Europe. Lorsqu'au milieu du onzième siècle, les Normands s'emparèrent de la Sicile et de la portion de l'Italie, occupée par les Arabes, ils accordèrent à l'école de médecine fondée par ces derniers toute la protection qu'ils accordaient aux institutions musulmanes. Un Arabe de Carthage très instruit, nommé Constantin l'Africain, fut mis à sa tête. Il traduisit en latin les oeuvres médicales importantes des Arabes. C'est de ces ouvrages que furent extraits les célèbres aphorismes qui ont conservé pendant si longtemps à Salerne sa grande réputation.

Les Arabes avaient une grande confiance dans l'hygiène comme moyen de traitement des maladies et comptaient beaucoup sur les ressources de la nature. La médecine expectante, qui semble aujourd'hui le dernier mot de la science moderne, ne raisonne pas autrement et il me paraît infiniment probable qu'au dixième siècle de notre ère les médecins arabes ne perdaient pas plus de malades qu'aujourd'hui.

Progrès réalisés dans les sciences médicales par les Arabes. Les plus importants des progrès réalisés par les Arabes en médecine portent sur la chirurgie, la description des maladies, la matière médicale et la pharmacie. Ils ont imaginé une foule de méthodes dont quelques-unes, l'emploi de l'eau froide dans la fièvre typhoïde par exemple, reparaissent dans les temps modernes après un oubli de plusieurs siècles.

La matière médicale leur doit de nombreux médicaments, tels que la casse, le séné, la rhubarbe, le tamarin, la noix vomique, le kermès, le camphre, l'alcool, etc. Ils furent les véritables créateurs de la pharmacie. La plupart des préparations encore en usage aujourd'hui : sirops, loochs, emplâtres, pommades, onguents, eaux distillées, etc., leur sont dues. Ils ont même imaginé des procédés d'administration des remèdes qui, après avoir été oubliés pendant longtemps, ont été présentés comme de nouvelles découvertes. Tel est, entre autres, le moyen d'administrer les médicaments en les faisant d'abord absorber par les plantes, comme le fit Avenzoar, qui guérissait la constipation en donnant à manger les fruits d'une vigne arrosée avec une substance purgative.

La chirurgie doit également aux Arabes des progrès fondamentaux. Leurs oeuvres ont servi de base à l'enseignement des facultés de médecine jusqu'à une époque toute récente. Au onzième siècle de notre ère, ils connaissaient le traitement de la cataracte par abaissement ou extraction du cristallin, la lithotritie, clairement décrite par Albucasis, le traitement des hémorragies par les irrigations d'eau froide, l'emploi des caustiques, des sétons, de la cautérisation par le feu, etc. L'anesthésie, dont la découverte capitale passe pour récente, ne paraît pas leur avoir été inconnue. Ils recommandent, en effet, avant les opérations douloureuses, l'emploi de l'ivraie pour endormir le malade « jusqu'à perte de connaissance et de sentiment. »

Chapitre VII
Les arts arabes
Peinture, sculpture, arts industriels

1. – *Importance des œuvres d'art pour la reconstitution d'une époque*

Les transformations profondes que les progrès de l'analyse scientifique ont opérées en moins d'un siècle dans notre conception du monde avaient épargné pendant longtemps les sphères supérieures de la poésie et des arts, et il pouvait sembler que par leur nature même elles seraient toujours soustraites à l'investigation des savants. Qu'il y eut des lois précises pour l'évolution des astres, la transformation des êtres, la chute des corps, il fallait bien y souscrire, mais quelles lois autres que l'inspiration ou le caprice pouvaient présider à la genèse d'un poème, d'un monument ou d'une statue ? Planant. dans les régions supérieures de la pensée pure, l'artiste échappait à toute loi et n'avait pas de maître.

Le charme séduisant de cette croyance ne l'a pas empêché de s'évanouir le jour où la science a posé son doigt sur elle. Ses investigations ont bientôt montré que les oeuvres d'art et de littérature expriment simplement les sentiments, croyances et besoins d'une époque, et l'expriment à ce point, que les meilleures pages d'histoire sont précisément les oeuvres que chaque âge a laissées. L'artiste et l'écrivain ne font que traduire sous une forme visible les goûts, les mœurs, les sentiments et les besoins du public qui les entoure. Libres en apparence, ils sont enfermés, en réalité, dans un réseau d'influences, de croyances, d'idées, de traditions dont l'ensemble constitue ce qu'on pourrait nommer l'âme d'une époque. Elle pèse sur eux d'un poids trop lourd pour qu'ils puissent s'y soustraire dans des limites bien grandes. Une oeuvre d'art quelconque, est l'expression matérielle de l'idéal de l'âge où elle a pris naissance. Le Parthénon représente les idées et les besoins d'un Grec au temps de sa grandeur, comme l'Escurial traduit les sentiments d'un Espagnol au siècle de Philippe II, et une maison à sept étages la vie d'un bourgeois moderne.

Toutes les œuvres d'art nous disent avec certitude, lorsqu'on sait les lire, ce qu'était l'époque qui les a créées. Chaque âge a son art et sa littérature, parce que chaque âge a ses besoins particuliers que l'art et la littérature ne font que satisfaire. La mosquée, à la fois temple, école, hôtellerie et hôpital, nous révèle la fusion complète de la vie civile et religieuse chez les disciples du prophète. Un palais arabe, comme l'Alhambra, avec son extérieur sans décoration, son intérieur brillant mais fragile, nous dit l'existence d'un peuple galant, ingénieux, superficiel, aimant la vie intérieure, ne songeant qu'à l'heure présente et abandonnant l'avenir à Dieu. C'est avec raison qu'on a pu dire que rien n'est plus clairement écrit que ce qui est écrit en pierre.

Mais dans les oeuvres d'art, il n'y a pas que la pierre qui parle : toute œuvre plastique parle également à qui sait l'entendre. Les monuments nous donnent les indications générales, quelque chose comme les divisions d'un livre, les sommaires des chapitres. Les œuvres d'art de détail permettent de compléter l'ouvrage. Il ne faut pas dédaigner les plus humbles. Un vase à puiser de l'eau, un poignard, un meuble, et tous ces mille objets où l'art se mélange à l'industrie doivent être également rangés parmi les plus sûrs documents que puissent utiliser les historiens. Quand ils auront appris à en tirer parti, l'histoire classique cessera d'être une banale énumération de batailles, de généalogies et d'intrigues diplomatiques, entremêlées d'appréciations enfantines qui ne soutiennent pas l'examen. On pourrait parcourir des montagnes de pareilles oeuvres sans avoir la notion la plus vague de la civilisation des temps dont elles parlent.

Les seules productions de l'art et de la littérature qui puissent être justement dédaignées, parce qu'elles ne correspondent qu'à des besoins fictifs de races en décadence, ce sont ces copies serviles de monuments du passé appliquées aux nécessités modernes : une gare de chemin de fer ou une école construites dans le style gothique par exemple. Le donjon ne se comprend pas sans chevaliers pour le défendre : ajouté de nos jours à une maison de campagne, il semble aussi ridicule que pourrait l'être un bourgeois de notre époque revêtu d'une armure semblable à celle de Charles-Quint. Sur la statue équestre de ce souverain, elle est imposante, parce que nous nous reportons, en la voyant, aux époques de luttes et de combats où elle était indispensable : sur le dos d'un financier ou d'un homme de loi, elle engendrerait aussitôt des associations d'idées qui prêteraient forcément à rire. Sortie de son époque et de son milieu, l'œuvre d'art perd toute signification et sa seule place est dans un musée. Sous le ciel bleu de la Grèce, et dominant Athènes du sommet de l'Acropole, le Parthénon est un des plus beaux temples qu'on puisse rêver : sur la place de la Madeleine, à Paris, sa copie est d'une banalité froide ; les hautes maisons qui l'entourent l'eussent même rendue grotesque, si l'architecte n'avait pas exagéré les proportions du modèle.

Il en est donc des arts comme des institutions. Ils sont l'expression des sentiments, besoins, croyances des peuples qui les ont vus naître et quand ces sentiments, besoins, croyances se transforment, les institutions et les arts doivent se transformer également. À défaut d'autres documents, les œuvres d'art de la Renaissance, comparées à celles du moyen âge, suffiraient pour nous apprendre que le monde européen avait profondément changé. Un peuple pourra bien faire accepter à un autre sa religion, sa langue, ses institutions et ses arts ; mais un examen attentif montre toujours que ces éléments nouveaux subissent bientôt les transformations que nécessitent les besoins du peuple qui les a adoptés. Les institutions dérivées de l'islamisme ne sont pas en Perse ce qu'elles sont dans l'Inde, en Égypte et en Afrique et les arts diffèrent également. L'architecture arabe, introduite avec le Coran dans l'Inde, se transforma bientôt et acquit ce caractère de stabilité et de grandeur majestueuse particulière aux monuments de cette ancienne contrée.

Les arts étant l'expression des idées et des sentiments d'un peuple, les facteurs capables de les transformer sont aussi nombreux que ceux qui agissent sur les sociétés. Étudier l'influence de chacun d'eux constituerait une œuvre d'une importance considérable, mais qu'on ne saurait songer à tenter ici. Elle est à faire tout entière ; ce n'est même que lorsqu'elle aura été entreprise que les oeuvres d'art formeront une langue d'une lecture facile. Les indications que nous possédons actuellement sont beaucoup trop générales pour pouvoir toujours conduire à des interprétations précises.

2. - *Origine des arts arabes*

Il suffit de jeter un coup d'œil sur un monument appartenant à une époque avancée de la civilisation arabe, tel qu'un palais ou mosquée, ou simplement sur un objet quelconque, un encrier, un poignard, la reliure d'un coran, pour constater que ces oeuvres d'art sont tellement caractéristiques qu'il n'y a jamais d'erreur possible sur leur origine. Grands ou petits, les produits divers du travail arabe n'ont aucune parenté visible avec les productions d'aucun autre peuple. Leur originalité est évidente et complète.

Il en est tout autrement si, au lieu d'examiner les oeuvres des Arabes à l'époque culminante de leur civilisation, nous les étudions à ses débuts. On reconnaît alors qu'elles possèdent une parenté manifeste avec les arts persans et byzantins qui les ont précédées.

De cette parenté des productions primitives des arts arabes avec celles de certains peuples de l'Orient, beaucoup d'auteurs concluent aujourd'hui que les Arabes n'eurent pas d'art original. Il est clair cependant qu'avant d'être arrivés à produire des œuvres personnelles, tous les peuples ont profité des travaux faits avant eux. Comme l'a dit justement Pascal : « Toute la suite des hommes, pendant le cours de tant de siècles, doit être considérée comme le même homme qui subsiste toujours et qui apprend continuellement. » Chaque génération profite d'abord du trésor accumulé par celles qui l'ont précédée, puis, si elle en est capable, l'accroît à son tour.

Aucun peuple n'a échappé à cette loi, et on ne s'expliquerait pas qu'un seul eût pu s'y soustraire. À l'époque bien récente encore où les origines de la civilisation grecque étaient complètement inconnues, on considérait comme certain qu'elle ne devait rien à d'autres peuples ; mais une science plus avancée a prouvé que l'art grec avait eu ses sources chez les Assyriens et les Égyptiens. Ces derniers ont fait sans doute eux-mêmes des emprunts à d'autres peuples plus anciens, et si la plupart des anneaux de la chaîne qui nous relie aux origines de l'humanité n'étaient pas perdus, nous remonterions graduellement sans doute à ces lointaines époques de la pierre taillée, où l'homme se différenciait à peine des races animales qui l'avaient précédé.

Arabes, Grecs, Romains, Phéniciens, Hébreux, etc., tous les peuples, en un mot, ont profité du passé ; et à moins de condamner chaque génération à d'éternels recommencements, il ne saurait en être autrement. Chaque peuple emprunte d'abord à ceux venus avant lui et ne fait qu'ajouter à ce qu'il a reçu d'eux. Les Grecs empruntèrent d'abord aux Égyptiens et aux Assyriens, et transformèrent, par des additions successives, les connaissances qu'ils n'avaient pas créées. Les Romains empruntèrent à la Grèce ; mais, bien moins artistes que leurs maîtres, ils ajoutèrent peu au trésor dont ils disposaient, et ne firent guère qu'imprimer à leurs oeuvres d'art ce caractère de majestueuse grandeur qui semble un reflet de leur imposant empire. Lorsque le siège de leur puissance fut transféré à Byzance, l'art se modifia par suite d'additions nouvelles destinées à le mettre en rapport avec les sentiments de races nouvelles. À l'influence gréco-romaine vint s'ajouter celle des Orientaux ; et, de cette fusion résulta bientôt l'art particulier auquel on a donné le nom de byzantin.

Quand les Barbares s'emparèrent de l'Occident, ils profitèrent à leur tour des éléments laissés par la civilisation latine, mais en leur faisant également subir les modifications en rapport avec leurs besoins et leurs croyances. Le style latin, mélangé d'influences byzantines et barbares, devint en Occident le style roman, qui, par des transformations graduelles, engendra lui-même le style gothique du moyen âge. Lorsqu'au quinzième siècle, les progrès, les richesses et l'instruction eurent transformé les idées et les sentiments, l'art se modifia encore, on revint au style de l'antiquité gréco-latine, mais en l'adaptant aux nécessites de milieu et l'architecture de la Renaissance se manifesta. L'art continuant à évoluer, nous le voyons devenir majestueux et lourd sous Louis XIV, maniéré sous Louis XV, égalitaire et banal dans les temps modernes.

Dans cette énumération des grandes époques qui se sont succédé dans l'histoire de l'architecture depuis l'antiquité jusqu'à nos jours, l'influence du passé se retrouve toujours. En faudrait-il conclure qu'aucune de ces époques n'eut d'art original ? Personne ne voudrait le soutenir. Il ne faut donc pas soutenir davantage que les Arabes n'eurent pas d'art original, parce qu'ils empruntèrent les premiers éléments de leurs œuvres aux nations qui les avaient précédées.

La véritable originalité d'un peuple se révèle dans la rapidité avec laquelle il sait transformer les matériaux qu'il a entre les mains, pour les adapter à ses besoins et créer ainsi un art nouveau. Aucun peuple n'a dépassé, à ce point de vue, les Arabes. Leur esprit inventif se montre des leurs premiers monuments : la mosquée de Cordoue par exemple. Ils eurent bientôt suggéré, en effet, aux artistes étrangers qu'ils employaient, les combinaisons nouvelles les plus ingénieuses. À Cordoue, les colonnes d'anciens temples qu'ils avaient entre les mains étant trop courtes pour que le plafond eût une hauteur en rapport avec les vastes dimensions du monument, ils superposent ces colonnes, et masquent l'artifice par des combinaisons d'arcades des plus habiles. Mettez des Turcs à la place des Arabes, et jamais idée semblable n'eût germé dans leurs épaisses cervelles.

Il n'y a qu'à parcourir les gravures de cet ouvrage pour être fixé sur l'originalité et la valeur artistique des productions arabes. Ces qualités ont frappé tous les peuples qui leur ont succédé, et depuis leur apparition sur la scène du monde, tout l'Orient n'a fait que les imiter, comme l'Occident imita et imite encore les Grecs et les Romains.

Ils les ont imités et c'est dans ces imitations même que nous pouvons saisir la différence profonde qui sépare l'art original de celui qui ne l'est pas. Les peuples qui remplacèrent les Arabes se trouvèrent, suivant les pays, en présence d'éléments byzantins, arabes, hindous, persans, etc., fort différents. Ils arrivèrent à superposer ces éléments variés, mais furent toujours impuissants à en tirer aucune combinaison nouvelle. Dans un monument mongol de l'Inde, on peut toujours dire : telle partie est persane, telle autre hindoue, telle autre arabe. De même, dans tous les monuments élevés par les Turcs, les éléments d'arts antérieurs y sont superposés, mais jamais combinés. Dans les monuments arabes, tels que les palais de l'Espagne, ou les mosquées du Caire, les éléments primitifs se sont au contraire transformés en combinaisons si nouvelles, qu'il est impossible de dire d'où elles dérivent.

Nous touchons du doigt maintenant ce qui constitue le tempérament original d'une race. Quels que soient les éléments qu'on lui mette dans les mains, elle saura leur imprimer son cachet personnel. On peut mettre de l'art et de l'originalité dans la construction d'une écurie ou la confection d'une paire de bottes. On peut être capable de copier dix fois de suite la mosquée de Sainte-Sophie, comme l'ont fait les Turcs à Constantinople, y superposer quelques motifs de décoration persane ou arabe, et être totalement dépourvu cependant d'originalité artistique.

3. - *Valeur esthétique des arts arabes*

Après avoir traité des origines des arts arabes et montré leur originalité profonde, nous sommes naturellement conduit à examiner leur valeur esthétique ; mais faute de critérium défini, toute appréciation sur une telle question a toujours un caractère personnel qui lui ôte forcément beaucoup de sa valeur. Ce n'est pas assurément l'utilité, c'est-à-dire l'adaptation parfaite de l'œuvre d'art à son but, qui peut nous servir de mesure. On peut construire facilement des maisons, des monuments, des objets quelconques ayant le même degré d'utilité, et dont la valeur artistique sera fort différente.

Pour déterminer avec certitude le degré de beauté ou de laideur d'une oeuvre d'art, il faudrait pouvoir définir d'abord ce que c'est que la beauté et la laideur. Or, l'observation démontre que la valeur de tels mots varie suivant la race, l'éducation, le milieu, le moment, et bien d'autres facteurs encore. La seule définition possible, parce qu'elle est la seule vraie dans tous les temps, chez toutes les races et à toutes les époques, est celle-ci : le beau, c'est ce qui nous plaît. Cette définition est fort insuffisante assurément, mais si l'on cherche à la compléter on arrive bientôt au seuil de ces régions inaccessibles des causes premières, que la science n'a pas réussi à franchir encore. Une chose nous plaît parce qu'elle est en rapport avec certaines conditions de l'organisation variables d'un individu à l'autre, d'une race à l'autre ; mais quelles sont ces conditions, c'est ce que nous ne pouvons pas dire. De beauté ou de laideur absolue, il ne saurait y en avoir dans la nature pas plus qu'il n'y a de bruit ou de silence, de lumière ou de ténèbres. Ce sont des créations de notre esprit et la physiologie moderne n'a pas eu de peine à démontrer que ces créations sont des illusions pures. La beauté et la laideur n'ont apparu dans le monde que le jour où certaines choses et certaines formes ont agi agréablement ou désagréablement sur nos sens. Ce sont, en dernière analyse, des manières d'être du plaisir et de la douleur.

Si les éléments d'une oeuvre d'art se trouvent dans certains rapports déterminés, ils affectent agréablement nos sens. Si ces rapports ne sont pas observés, le défaut d'harmonie produit une sensation voisine de la douleur. Nous disons que l'œuvre d'art est belle, dans le premier cas, et laide dans le second. Mais il nous est impossible de dire pourquoi certaines combinaisons produisent un effet agréable sur l'œil ou l'oreille, alors que d'autres combinaisons produisent un effet contraire. Le jour probablement fort lointain où la science aura découvert pourquoi un individu aime certains aliments alors qu'un autre les déteste, elle aura fait un grand pas.

Ce qui nous illusionne facilement sur la valeur que semblent avoir les œuvres d'art en elles-mêmes, c'est que nous voyons dans chaque race la plupart des individus être à peu près d'accord sur certains caractères de la beauté. Cette concordance d'opinions résulte simplement de ce que l'organisation de la plupart des individus d'une même race est très semblable. En nous adressant à des races différentes, nous voyons aussitôt le caractère de la beauté et de la laideur changer. Un Byzantin préférait ses vierges rétrécies et aplaties aux formes vigoureuses des déesses de la Grèce antique ; les barbares mérovingiens trouvaient leurs grossières ébauches de formes humaines bien plus belles que les produits de la civilisation gréco-latine. Pour un sauvage du sud de l'Afrique, la créature - très horrible pour nous - baptisée du nom de Vénus hottentote, réalise un type de beauté aussi pure que pourrait l'être aux yeux de l'Européen la Vénus de Médicis ou l'Appolon du Belvédère.

Les explications qui précèdent nous ramènent, comme on le voit, à la définition qui nous a servi de point de départ, que le beau est ce qui nous plaît. Nous la compléterons en disant que le beau est ce qui plaît à une époque déterminée à la plupart des individus d'une même race. Mais nous ne pouvons aller plus loin.

Toute insuffisante que notre définition puisse être, elle nous indique immédiatement cependant en quoi consiste l'art et quelles doivent être nos exigences à l'égard de l'artiste. Si ce dernier cherche ses modèles dans la nature, nous lui demanderons de reproduire les choses qui nous plaisent, et de les exagérer dans le sens qui nous est agréable. Nous ne nous plaindrons pas, par exemple, que le sculpteur fasse une femme plus belle qu'on ne la voit généralement ; car c'est précisément dans cet embellissement de la nature, et non dans sa copie servile, que l'art consiste. La Vénus de Milo est assurément trop belle, car la nature ne réunit pas tant de perfections sur un seul être, et cependant nous l'admirons. Si l'artiste avait dépensé le même talent à représenter à l'état de nudité une femme vieille et ridée, on aurait pu louer son exactitude et le mérite de la difficulté vaincue. On n'eût pas admiré son oeuvre, ou on ne l'eût admiré que pour obéir à certaines conventions créées par des modes d'un jour.

Ces conventions créées par la mode d'un jour peuvent arriver, du reste - surtout chez les peuples en décadence - à modifier les goûts les plus naturels. C'est ainsi que nous voyons les personnes qui se qualifient de réalistes arriver à préférer, ou au moins à s'imaginer qu'elles préfèrent, à une œuvre d'art représentant une forme séduisante, mais imaginaire, quelque réalité bien malpropre.

Mais de ces réalités la nature est pleine, alors que des belles choses elle n'est pas pleine du tout. Si l'art consistait uniquement à copier servilement la nature, sans l'interpréter, il n'existerait pas. En admettant que le besoin de multiplier la copie des vilaines choses se fît sentir, les procédés mécaniques très fidèles du mouleur et du photographe seraient parfaitement suffisants. Point n'est besoin du talent créateur de l'artiste pour de telles œuvres.

Il n'y a qu'à parcourir les oeuvres littéraires et artistiques des Arabes pour voir qu'ils tentèrent toujours d'embellir la nature. La marque caractéristique de l'art arabe, c'est l'imagination, le brillant, l'éclat, l'exubérance de l'ornementation, la fantaisie dans les moindres détails. Une race de poètes - et quel poète n'est pas double d'un artiste - devenue assez riche pour réaliser tous ses rêves, devait enfanter ces palais fantastiques qui semblent des dentelles de marbre incrustées d'or et de pierres précieuses. Aucun peuple n'avait possédé de telles merveilles, aucun ne les possédera plus. Elles correspondent à un âge de jeunesse et d'illusion évanoui pour toujours. Ce n'est pas à cette période de banalité utilitaire et froide où l'humanité est entrée maintenant qu'il faudra les demander.

4. - *Les arts arabes*

On comprend généralement sous le titre de beaux-arts la peinture, la sculpture, l'architecture et la musique, et sous celui d'arts industriels les produits de l'application des beaux-arts à une certaine catégorie d'œuvres d'utilité générale reproduites par des procédés plus ou moins mécaniques.

La valeur de ce terme d'arts industriels est assurément très discutable n'ayant pas à l'apprécier ici, je me bornerai à rappeler qu'on comprend habituellement sous cette qualification la céramique, la verrerie artistique, la mosaïque, le travail du bois et des métaux (ébénisterie, damasquinerie, orfèvrerie, etc.).

Au point de vue de la civilisation, l'étude des produits de l'art industriel est aussi importante peut-être que celle des beaux-arts proprement dits. Dans les objets mobiliers les plus insignifiants on peut trouver bien des détails relatifs à la vie intime d'un peuple, et apprécier en même temps les connaissances artistiques et les besoins de ceux qui les créèrent ou en firent usage.

Chez les Arabes, l'art se retrouve partout. La marque de bois d'un boulanger, un seau à puiser de l'eau, un vulgaire couteau de cuisine ont chez eux un aspect gracieux qui révèle à quel point le sens artistique était répandu chez les moindres artisans. L'art est indépendant de ses applications ; il peut se manifester aussi bien dans la confection d'un objet rare et coûteux que dans celle de l'objet le plus vulgaire.

Faute de documents suffisants, l'étude des arts arabes à laquelle est consacré ce chapitre sera malheureusement fort incomplète. Malgré tout l'intérêt qu'elle présenterait, l'histoire de leurs origines et de leurs transformations successives n'a encore tenté personne.

Les plus importantes des œuvres d'art laissées par les Arabes sont leurs monuments. Ces derniers étant assez nombreux, nous pourrons, dans notre prochain chapitre, esquisser une histoire de leur architecture. La réunion des matériaux qui permettraient de retracer celle des autres arts qu'ils ont pratiqués avec tant de succès eût exigé trop de recherches coûteuses pour que nous ayons pu la pousser bien loin, et nous avons dû nous attacher principalement dans nos voyages à l'étude des monuments. Nous nous bornerons donc dans ce chapitre à des indications générales, sans pouvoir montrer, comme nous le ferons pour l'architecture, la série de transformations qui se sont opérées dans chaque art, d'une époque à l'autre.

Peinture. - Il est généralement admis que les musulmans se sont toujours interdit les représentations figurées de la divinité et des êtres vivants. Le Coran, ou du moins les commentaires du Coran, font porter, en effet, cette proscription par le prophète.

Ce n'est, en réalité, qu'assez tard que les mahométans attachèrent de l'importance à cette interdiction. Pendant longtemps, ils n'y firent pas plus attention qu'aux défenses de jouer aux échecs, de boire dans des vases d'or ou d'argent, etc., qui figurent également dans le livre sacré.

Les khalifes furent les premiers à transgresser la défense de représenter des êtres animés. Les reproductions de monnaies qui figurent dans cet ouvrage prouvent qu'ils n'hésitaient pas à se faire représenter sur leurs monnaies.

Les figures représentées sur des monnaies, ou celles assez nombreuses encore qu'on rencontre sur des vases arabes, fournissent

La civilisation des Arabes

d'utiles indications sur l'aptitude des Arabes en dessin, mais ne nous disent rien de ce que pouvaient être leur connaissance en peinture. Nous ne pouvons les apprécier que par les récits de leurs historiens. C'est uniquement par eux que nous savons qu'il y eut plusieurs écoles de peintres arabes. Le très exact historien Makrisi avait même composé une biographie des peintres musulmans. Il rapporte que lorsqu'en 460 de l'hégire, on pilla le palais du khalife Mostanser, on y trouva mille pièces d'étoffes sur lesquelles étaient représentée la suite des khalifes arabes, avec des guerriers et des hommes célèbres. Les tentures, formées d'étoffes d'or, de soie et de velours, étaient couvertes de peintures représentant des figures d'hommes et d'animaux de toutes sortes.

Les récits de Makrisi donnent une bonne opinion de l'habileté des peintres arabes du Caire au dixième siècle de notre ère. Il parle de deux almées, l'une, drapée de voiles blancs et peinte sur fond noir, qui semblait s'enfoncer dans la muraille sur laquelle elle était représentée. L'autre, drapée de rouge et peinte sur fond jaune, semblait s'avancer au contraire vers les spectateurs. Les peintres de cette époque devaient fort bien connaître toutes les ressources de la perspective, à en juger par la description que donne le même Makrisi d'un escalier peint dans l'intérieur d'un palais du Caire et qui produisait l'illusion d'un escalier véritable. Beaucoup de manuscrits arabes, principalement ceux traitant d'histoire naturelle, d'éducation du cheval, etc., contiennent des figures. Il existe encore plusieurs anciens manuscrits des séances de Hariri, illustrés par des Arabes. Casiri donne la description d'un manuscrit de l'Escurial du douzième siècle, où se trouvent une quarantaine de figures de rois arabes et persans, reines, généraux, grands personnages, etc.

Tous les visiteurs de l'Alhambra savent que sur le plafond de la salle du jugement se trouvent des peintures représentant divers sujets, tels que des chefs arabes en conseil, la lutte victorieuse d'un chevalier maure contre un chevalier chrétien, etc. ; mais on n'est pas d'accord sur leur origine. M. Lavoix n'hésite pas à affirmer cependant qu'une partie au moins est sûrement d'origine arabe. L'étude que nous avons faite de ces peintures ne nous a pas donné une haute idée du talent artistique de leur auteur.

Ce n'est pas d'ailleurs avec des données aussi insuffisantes qu'il serait possible de porter un jugement sur les peintres arabes. On peut plus facilement apprécier leur remarquable talent de dessinateurs par les animaux et les personnages représentés sur leurs manuscrits ou gravés sur leur métal.

Les êtres vivants représentés dans les dessins arabes sont souvent noyés dans des inscriptions et arabesques. Il arrive même quelquefois que les lettres arabes sont formées par des combinaisons d'animaux et de personnages placés dans des situations bizarres. La bibliothèque nationale de Paris possède une coupe du treizième siècle, sur les bords extérieurs de laquelle court une frise dont nous avons donné un fragment, et qui, par la combinaison des personnages, forme une légende en caractères arabes.

Le plus connu des vases arabes à personnages est celui qualifié de Baptistère de saint Louis, existant au Louvre, et qui servit longtemps au baptême des enfants de France. On le supposait autrefois rapporté des croisades par saint Louis. M. de Longpérier a prouvé qu'il remontait au treizième siècle. Les fleurs de lys qui y figurent ont dû être ajoutées du treizième au quatorzième siècle. Je ferai remarquer d'ailleurs que la fleur de lys, ou du moins un emblème qui y ressemble beaucoup, se trouve fréquemment parmi les ornements des monuments arabes de l'Égypte.

À partir d'une certaine époque, variable suivant les pays, les figures d'êtres animés disparaissent complètement des oeuvres des musulmans. Le parti des docteurs de la loi qui voulaient s'en tenir à la lettre du Coran l'ayant emporté, il fallait se soumettre à leurs exigences.

Les peuples qui adoptèrent l'islamisme, tels que les Perses et les Mongols, se sont très peu souciés des défenses du Coran qui ne leur convenaient pas. En Perse, notamment, on trouve beaucoup de représentations d'êtres animés ; celle de fleurs et d'animaux sont assez bonnes, bien que toujours un peu fantaisistes, mais celles des êtres humains sont généralement médiocres.

Sculpture. - Les sculptures des Arabes sont aussi rares que leurs tableaux, et de même que pour la peinture, nous devons nous contenter des indications fournies par les chroniques ou de quelques spécimens fort insuffisants. Il a été parlé dans un précédent chapitre de ce khalife égyptien dont le palais était rempli de statues de toutes ses femmes. Les chroniques arabes de l'Espagne contiennent des récits analogues. Nous savons, par exemple, qu'il y avait des statues dans le célèbre palais d'Abderraman, entre autres celle de sa maîtresse.

Il ne nous reste de toutes les sculptures arabes que d'insignifiants débris ; tels que les animaux fantastiques de la cour des Lions, à l'Alhambra, un griffon en bronze du Campo-Santo à Pise, et un lion de bronze dont la gueule servait de fontaine, provenant de la collection Fortuny. Ce sont plutôt d'ailleurs des objets d'art industriel créés dans un but d'utilité défini, que des oeuvres d'art proprement dites. Avec des éléments d'informations aussi minimes, il est évidemment impossible de porter un jugement quelconque sur la sculpture arabe.

Travail des métaux et des pierres précieuses. - Orfèvrerie, bijouterie, damasquinerie, ciselure. - L'art de travailler les métaux fut poussé fort loin chez les Arabes ; et ils atteignirent dans la production de certaines œuvres une perfection qu'il serait bien difficile d'égaler aujourd'hui. Leurs vases et leurs armes étaient couverts d'incrustations d'argent, d'émaux cloisonnés, de pierres précieuses, etc. Ils savaient également tailler les pierres fines, les couvrir d'emblèmes et d'inscriptions. Ils étaient même arrivés à exécuter, avec une substance aussi dure que le cristal de roche, de grandes pièces couvertes de figures et de devises, dont la confection serait aujourd'hui extrêmement difficile et coûteuse. Telle est, par exemple, la buire en cristal de roche du dixième siècle, que possède le Louvre, et que nous reproduisons dans cet ouvrage avec de nombreux spécimens du travail des Arabes sur métaux et pierres précieuses.

C'est surtout dans l'incrustation des métaux servant à fabriquer les armes, vases, aiguières, plateaux et ustensiles divers, qu'ils ont fait preuve d'esprit inventif. Leur procédé a reçu le nom de damasquinerie, du nom de la ville où il fut surtout pratiqué. Damas et Mossoul étaient autrefois les deux plus importants centres de cette fabrication. La même industrie existe encore à Damas, mais y est bien déchue. Sa décadence remonte sans doute à l'époque où Timour, s'étant emparé de cette ville (1399), emmena tous les ouvriers armuriers à Samarcande et dans le Khorassan.

Les plus anciens travaux de damasquinerie ne remontent qu'au commencement du dixième siècle ; les plus nombreux sont des douzième et treizième siècles. Les armes d'Égypte qui figurent dans une autre partie de cet ouvrage sont de Toman bey (1511), et appartiennent au style persan-arabe.

J'emprunte à M. Lavoix la description des procédés employés en Orient pour la damasquinerie, tout en faisant remarquer cependant que celui qu'il indique comme étant employé aujourd'hui au Caire ne l'est guère qu'à Damas. Les ouvriers du Caire sachant damasquiner sont actuellement fort rares. Les cuivres que j'ai vus au grand bazar de cette ville provenaient la plupart de Damas.

> La damasquinerie se traitait chez les Orientaux de diverses manières. Dans le procédé par incrustation, on fixait un fil d'or ou d'argent dans une rainure enlevée sur le métal par le burin et un peu plus large au fond qu'à l'entrée. Ce fil introduit ainsi sortait en relief ou s'arasait suivant la volonté de l'artiste. Tantôt c'était une mince feuille d'or ou d'argent appliquée sur le fond d'acier ou de laiton et prise entre deux lignes parallèles dont les rebords légèrement rabattus lui faisaient une sorte d'encadrement. Ce placage serti se trouve dans une grande partie des ouvrages venus de Damas. Tantôt l'ouvrier, armé d'une lime en forme de molette d'éperon, conduisait rapidement son outil sur l'objet qu'il avait à ornementer et le fil d'argent s'appliquait au marteau sur toutes les parties du métal préparé ainsi pour le griffer et le retenir. Les ouvriers du Caire emploient encore aujourd'hui ce procédé de travail qui s'exécute avec une habileté merveilleuse. Cette façon de damasquiner appartient particulièrement aux artistes de la Perse.

C'est précisément ce dernier procédé qui s'emploie aujourd'hui à Damas. Il est d'une exécution rapide, mais ne présente aucune solidité. On ne peut nettoyer la pièce damasquinée sans que les feuilles incrustées s'enlèvent, alors que dans les procédés précédents le métal incrustant fait corps avec le métal incrusté. Il n'y a aucune comparaison avec les produits actuels de Damas et ceux de l'époque des khalifes tels par exemple que la magnifique table en bronze que j'ai représentée dans une des planches coloriées de cet ouvrage.

Monnaies et médailles. - L'historien Makrisi nous apprend, dans son traité des monnaies, que le khalife ommiade Abd-el-Malek fut le premier qui fit frapper des monnaies musulmanes. jusqu'en l'an 76 de l'hégire (965 de J.C.), on s'était servi de pièces d'or et d'argent byzantines, ou d'imitations de ces pièces sur lesquelles on s'était borné à ajouter des légendes arabes, telles que : Gloire à Dieu ; il n'y a d'autre Dieu qu'Allah, les noms des khalifes régnants, etc.

Les Arabes possédaient trois sortes de monnaies : le dinar, monnaie d'or valant de 12 à 15 francs, le dirhem, monnaie d'argent valant 60 centimes, le danek, monnaie de cuivre.

Nous avons présenté dans cet ouvrage un assez grand nombre de monnaies arabes de diverses Contrées, notamment d'Égypte et d'Espagne. Elles sont généralement très belles, et la gravure des caractères fort nette.

Travail du bois et de l'ivoire. L'art de travailler le bois et de l'incruster de nacre et d'ivoire fut poussé par les Arabes à un degré véritablement merveilleux. Ce n'est qu'en dépensant des sommes considérables qu'on pourrait arriver aujourd'hui à imiter ces portes admirables qu'on retrouve encore dans d'anciennes mosquées, ces minbars découpés et incrustés, ces plafonds à caissons sculptés, ces moucharabiehs ouvragés comme de la dentelle.

Au douzième siècle, cet art était arrivé depuis longtemps à sa perfection, comme le prouvent les pièces diverses qui nous restent de cette époque, entre autres le magnifique minbar de la mosquée El-Akza, à Jérusalem.

Les Arabes savaient également sculpter l'ivoire avec une rare perfection. Nous en avons la preuve dans plusieurs pièces remarquables, telles que l'arqueta de Saint-Isidore de Léon, coffret d'ivoire fait au onzième siècle pour un roi de Séville, et le coffret d'ivoire de la cathédrale de Bayeux, oeuvre du douzième siècle, probablement rapportée d'Égypte à l'époque des croisades, ce dernier est garni d'appliques d'argent doré et d'ornements repoussés et ciselés représentant des oiseaux et en particulier des paons.

On peut faire, à propos du travail du bois, de l'ivoire ou des métaux chez les Arabes, une remarque générale qui prouve l'habileté singulière des ouvriers orientaux ; c'est que, chez eux, les travaux les plus délicats sont exécutés avec des outils grossiers et fort peu nombreux. Il n'y a assurément aucune comparaison entre les pièces d'orfèvrerie et d'incrustation qui s'exécutent aujourd'hui au Caire et à Damas, avec celles fabriquées au temps des khalifes ; mais je ne crois pas qu'on trouverait actuellement en Europe des ouvriers capables d'exécuter un tabouret incrusté, un narghilé damasquiné, un bracelet ouvragé avec les instruments véritablement primitifs que j'ai vu employer en Orient.

Mosaïques. - L'usage des mosaïques fut connu des Romains, les Byzantins les leur empruntèrent, mais en perfectionnèrent la fabrication en donnant un fond doré aux incrustations polychromes.

Je n'ai pas eu occasion de constater que les Arabes aient fait subir des modifications importantes à l'art de fabriquer des mosaïques, ils leur préférèrent bientôt d'ailleurs les ornementations en faïence, d'une exécution beaucoup plus simple.

Les Arabes faisaient usage de deux sortes de mosaïques : celles dont on recouvrait le sol et le bas des murailles, qui se composaient de morceaux de marbre ou de briques émaillées de couleurs variées et de grandeurs variées, et celles destinées à revêtir les murs, surtout ceux des mihrabs. Le travail de ces dernières est tout à fait byzantin.

Les mosaïques que j'ai eu occasion d'étudier en Grèce, en Turquie, en Syrie et en Égypte, et les échantillons que j'ai rapportés des églises byzantines d'Athènes, de Sainte-Sophie à Constantinople, de la mosquée d'Omar à Jérusalem et de diverses mosquées du Caire m'ont prouvé que leur travail avait été partout identique. Les fragments de pierres colorées et de verre, dont le rapprochement sert à faire les dessins, sont formés de petits cubes d'un centimètre de côté environ. Chaque ton possède généralement trois teintes qui servent à produire les fondus et les effets de lumière. Les cubes de pierre sont colorés dans leur masse. Les cubes de verre destinés à faire le fond d'or sont simplement dorés à leur surface. Le moyen employé pour faire tenir l'or et le rendre brillant, et que je n'avais pas soupçonné tout d'abord, est très ingénieux : chaque cube doré est recouvert d'une lamelle de verre très mince tout à fait analogue à celles usitées dans les laboratoires pour recouvrir les préparations microscopiques. Grâce à cette couche protectrice, des dorures vieilles de mille ans sont aussi fraîches qu'au premier jour.

Verrerie. - Depuis les Phéniciens, auxquels on attribue l'invention du verre, l'art de le fabriquer a été cultivé par tous les peuples asiatiques, les Perses et les Égyptiens principalement. On a retrouvé à Ninive des objets de verre antérieurs de sept à huit siècles à l'ère chrétienne. Sous les Romains, les verriers d'Alexandrie, attirés à Rome, fabriquaient de belles coupes de verre émaillées. Les Arabes n'eurent donc qu'à perfectionner un art très connu avant eux.

Il y acquirent bientôt une supériorité remarquable. Les échantillons que nous possédons encore de leurs vases dorés et émaillés révèlent une grande habileté chez leurs auteurs ; on en jugera facilement par les dessins disséminés dans cet ouvrage et surtout par les lampes de mosquée qui forment une des planches coloriées de ce volume.

Suivant plusieurs auteurs, ce serait aux verriers arabes que les Vénitiens, en relations constantes avec eux, empruntèrent les procédés qui donnèrent tant de réputation aux verreries de Murano et de Venise.

Céramique. - L'emploi de faïences recouvertes d'un émail polychrome est très ancien. On les retrouve, en effet, dans les ruines des anciens palais de la Perse. Les Arabes en firent bientôt usage pour orner les mosquées, au lieu de mosaïques. Ces dernières constituaient un procédé de décoration d'une exécution beaucoup plus longue et beaucoup plus difficile. Les plus anciennes mosquées, celle de Cordoue, de Kairouan, etc., contiennent des échantillons divers de faïences coloriées.

Il en fut bientôt de la céramique comme de l'architecture. Après avoir emprunté à d'autres peuples les procédés techniques d'exécution, ce qui concerne le métier proprement dit, les Arabes surent créer, surtout en Espagne, des oeuvres artistiques d'une originalité frappante et d'une perfection qui n'a pas été dépassée.

L'usage des poteries émaillées remonte chez les musulmans d'Espagne au dixième siècle. Ils possédaient des fabriques célèbres qui envoyaient leurs produits dans le monde entier. Nous avons vu à l'Alhambra de magnifiques plaques de revêtement en faïences émaillées à reflet métallique du treizième siècle, qui ont, avec les produits que les Italiens désignèrent plus tard sous le nom de majoliques, une analogie frappante. Le mot de majolique, dérivé sans doute de Majorque, où se trouvait une importante fabrique musulmane, a fait généralement admettre que les procédés de fabrication italienne furent empruntés aux Arabes.

Le spécimen le plus connu de la céramique musulmane est le vase de l'Alhambra. Sa hauteur est de 1,35 m. Il est recouvert de dessins bleus et or sur fond blanc jaunâtre : on y voit des arabesques, des inscriptions et des animaux fantastiques rappelant des antilopes. Il possède dans ses formes ce cachet d'originalité propre à toutes les oeuvres arabes.

Les plus importants centres de fabrication de la céramique arabe se trouvalent dans les royaumes de Valence et de Malaga. « C'est dans cette dernière ville, écrivait le voyageur arabe Ibn Batoutah, en 1350, qu'on fabrique la belle poterie ou porcelaine d'or que l'on exporte dans les contrées les plus éloignées. »

Une des plus célèbres fabriques de poterie était celle de Majorque. Elle devait être fort ancienne, puisque la conquête de cette île par les chrétiens remonte à 1230.

Lorsque les Arabes furent expulsés de l'Espagne, l'industrie des faïences, de même d'ailleurs que toutes les autres industries, tomba rapidement. « Aujourd'hui, dit M. du Sommerard, la production est nulle, et les fabriques ne font que de grossiers ustensiles de ménage. »

On a découvert en Sicile des faïences qui ont fait supposer que les musulmans y avaient créé quelques fabriques ; mais les échantillons retrouvés les rapprochent plus de l'art persan que de l'art arabe et il est possible qu'ils y aient été introduits par voie d'importation. Le musée de Cluny possède une belle collection de faïences supposées sicilo-arabes.

Les musées d'Europe renferment beaucoup de poteries imitées de celles des Arabes d'Espagne. L'imitation se reconnaît aisément aux fragments d'inscriptions mélangés aux ornements. Les potiers étrangers, prenant ces inscriptions pour de simples motifs d'ornementation, les ont toujours déformées en les copiant.

On trouve encore en Arabie et dans les principales villes du Levant des porcelaines chinoises recouvertes d'inscriptions arabes généralement dorées sur fond bleu ou sur fond blanc. Elles ont été fabriquées sans doute par des ouvriers musulmans établis en Chine et qui ne devaient pas être rares sur la population de vingt millions de disciples du prophète que renferme le Céleste Empire.

Étoffes, tapis et tentures. - Les étoffes et tapis de l'époque brillante de la civilisation arabe ne sont pas parvenus jusqu'à nous. Les plus anciens, et encore sont-ils extrêmement rares, ne remontent pas au-delà du douzième siècle.

On sait par les chroniques arabes que leurs tapis, leurs velours, leurs soieries fabriqués dans les ateliers de Kalmoun, Bahnessa, Damas, etc., étaient recouverts de personnages et d'animaux. Nous avons représenté, dans cet ouvrage, d'anciennes étoffes arabes ou copiées sur d'anciens modèles de même provenance. Il y a fort longtemps que la fabrication de celles figurant des personnages a cessé dans tout l'Orient.

Il nous reste à étudier maintenant l'architecture des Arabes. C'est par elle que nous terminerons notre examen des oeuvres merveilleuses créées par les disciples du prophète. Étranges quelquefois, charmantes le plus souvent, elles sont originales toujours.

Chapitre VIII
L'architecture des Arabes

1. – État actuel de nos connaissances relatives à l'architecture des Arabes

L'archéologie moderne s'est peu occupée des monuments laissés par les Arabes. Ils sont souvent situés bien loin, et leur étude n'est pas toujours facile. En dehors de trois ou quatre monographies importantes consacrées presque exclusivement à l'Alhambra et aux mosquées du Caire et de Jérusalem, les livres sont à peu près muets sur eux. Bâtissier, auteur de l'une des meilleures histoires de l'architecture que nous possédions, écrit, dans la dernière édition de son Histoire de l'art monumental portant la date de 1880, « que l'histoire de l'architecture musulmane, est en grande partie à faire, » et il regrette d'avoir eu à traiter ce sujet d'une façon si incomplète. Ce savant auteur commet en effet plusieurs erreurs. On ne voit figurer, du reste, parmi les nombreuses gravures de son important travail, aucun monument musulman de la Syrie, de la Perse ou de l'Inde, et la mosquée d'Égypte qu'il donne comme type représente certainement, avec sa porte et ses fenêtres rectangulaires, et sa coupole bulbeuse, le plus mauvais spécimen que l'on pouvait choisir de l'architecture arabe de l'Égypte.

Sédillot, qui a publié la deuxième édition de son Histoire des Arabes en 1877, s'exprime de façon analogue. « On doit regretter, dit-il, que l'on n'ait pas encore étudié d'une manière générale les édifices que les Arabes ont élevés en Syrie, en Mésopotamie, en Perse, et même dans l'Inde, aux différentes époques de leur domination. Ils doivent offrir des caractères particuliers qu'il serait utile de déterminer exactement. »

Le même souhait était formulé depuis déjà bien longtemps. Nous le trouvons notamment dans le bel ouvrage de G. de Prangey sur l'architecture des Arabes en Espagne. « Il serait curieux de pouvoir examiner, dit-il, les principaux édifices élevés par les Arabes en Syrie, en Perse, en Égypte et en Afrique (l'auteur oublie l'Inde). Quels sont les plans généraux, les dispositions particulières, les détails de construction et d'ornementation, le caractère enfin de la célèbre mosquée el Acza, élevée par Omar à Jérusalem ? de celles de Damas, de celle d'Amrou et de Touloun, au Caire, de la mosquée de Kairouan ? »

Une étude comparée des monuments laissés par les Arabes dans les divers pays sur lesquels s'est étendue leur domination était évidemment indispensable pour arriver à l'intelligence de leur architecture. Elle seule pouvait mettre en évidence la parenté engendrée par la communauté des institutions et des croyances, et les différences imprimées par les milieux et par les races diverses où ces croyances et ces institutions se sont manifestées. Les rares monographies que nous possédons devaient forcément laisser de côté ces questions fondamentales.

En se bornant à étudier l'architecture arabe d'un seul pays, on s'expose à des erreurs aussi grossières que celles commises par Chateaubriand dans son Itinéraire de Paris à Jérusalem, lorsque parlant des mosquées du Caire, il trouve qu'elles ressemblent aux anciens monuments égyptiens, avec lesquels personne ne voudrait soutenir aujourd'hui, qu'elles aient le moindre rapport. Si deux architectures sont profondément dissemblables, à tous les points de vue, ce sont assurément celles des Pharaons et des Arabes ; et on ne pourrait citer aucun exemple d'un emprunt quelconque fait par les seconds aux premiers.

On ne saurait songer à tracer dans un court chapitre cette histoire de l'architecture arabe, qui manque dans la science ; il est possible cependant d'en marquer les divisions essentielles, et de montrer en quoi diffèrent ou se ressemblent les monuments que l'art arabe a laissés de l'Espagne jusqu'à l'Inde. La tâche n'est pas facile ; car nous devons nous engager dans une voie où nous n'avons pas été précédé, et la place restreinte dont nous disposons nous oblige à nous limiter aux considérations les plus importantes.

2. - *Éléments caractéristiques de l'architecture des Arabes*

Nous avons déjà indiqué les origines de l'architecture arabe, montré ses emprunts aux Perses et aux Byzantins, et indiqué comme elle se dégagea bientôt de ces origines pour constituer un art d'une originalité féconde.

Avant d'aborder l'étude d'ensemble des monuments laissés par les Arabes dans les divers pays, nous allons examiner brièvement les éléments dont se compose leur architecture.

Matériaux de construction. - Les matériaux de construction employés par les Arabes ont varié suivant les pays qu'ils occupaient et le but qu'ils se proposaient. Ils ne firent d'abord usage que de la brique, mais arrivèrent bientôt à employer la pierre dans les monuments importants, tels que les châteaux de la Ziza et de la Cuba, en Sicile, la mosquée d'Hassan, au Caire, etc. Ils firent fréquemment usage, principalement en Espagne, d'une sorte de béton formé d'un mélange de chaux, de sable, d'argile et de petites pierres, qui devient bientôt aussi dur que la pierre de taille.

On a reproché aux monuments arabes de manquer de solidité. Exacte pour beaucoup d'entre eux, cette observation ne l'est pas pour tous. Lorsque les Arabes voulaient faire vite, et se contenter de l'apparence, leurs édifices n'étaient guère plus solides que nos maisons actuelles ; mais le seul fait qu'ils ont laissé des édifices, vieux aujourd'hui de plus de mille ans, prouve qu'ils savaient fort bien construire des monuments durables quand la chose leur semblait nécessaire. De simples châteaux, comme ceux de la Sicile, sur lesquels huit siècles ont déjà passé, ont résisté à toutes les intempéries. L'Alhambra, lui-même, malgré sa légèreté apparente résiste encore.

Colonnes et chapitaux. Dans tous les pays où parurent les Arabes, ils trouvèrent un grand nombre de monuments grecs, romains, byzantins en ruines ou abandonnés, dont ils utilisèrent les colonnes et les chapiteaux. C'est pour cette raison que leurs premiers monuments contiennent tant de colonnes d'origine étrangère. Lorsque cette provision fut épuisée, ils durent naturellement se mettre à en construire eux-mêmes. Elles eurent alors ce cachet personnel qu'ils savaient imprimer à toutes leurs oeuvres. Celles qu'on voit à l'Alhambra, dans la cour des Lions, ne dérivent, comme l'a fort bien remarqué M. G. de Prangey, d'aucun style connu, et doivent être considérées comme tout à fait spéciales aux Arabes.

Arcades. - L'ogive, de même que l'arc outrepassé, forment deux caractéristiques de l'architecture arabe, que l'on rencontre dans leurs premiers monuments. J'ai trouvé l'ogive employée concurremment avec le plein cintre dans les plus anciens monuments arabes que j'ai eu l'occasion d'étudier en Europe, en Asie et en Afrique. La brisure de l'arc à son sommet, de même que l'étranglement à sa base, qui s'accentueront dans les monuments postérieurs, sont d'abord très faibles, et il faut quelque attention pour les reconnaître. Ils existent cependant, et suffisent à donner à la courbe une forme très gracieuse.

L'ogive s'accentua de plus en plus en Égypte, mais le retour de l'arc à sa base ne fut jamais très prononcé. En Espagne et en Afrique, il s'exagéra au contraire au point de donner à l'ouverture cette forme particulière que l'on a désignée sous le nom de fer à cheval, ou arc outrepassé, et qui fut caractéristique de l'art arabe dans ces deux contrées à une certaine époque.

On assure que l'arc outrepassé fut connu des Byzantins ; mais on n'en fournit guère de preuves, car cette forme ne s'observe pas dans la plupart des monuments de cette époque. Je crois néanmoins que, bien que très peu employé, il fut connu. J'ai trouvé, en effet, à Athènes, sur l'église Kapnikaréa, édifiée en 418 par l'impératrice Eudoxie, d'après une inscription que j'ai relevée sur une colonne, des arcades dont l'arc est très légèrement outrepassé. Le retour à la base de l'archivolte est d'ailleurs si faible, qu'il faut quelque attention pour le reconnaître.

Minarets. - Les minarets qui surmontent toutes les mosquées dérivent, comme on le sait, de la nécessité d'appeler les fidèles à la prière, conformément aux prescriptions religieuses. Leurs formes varient suivant les pays et sont même, à ce point de vue, très caractéristiques. Ils sont coniques en Perse, carrés en Espagne et en Afrique, cylindriques et terminés en éteignoirs en Turquie, de formes variées à chaque étage en Égypte. Plusieurs des minarets d'Égypte, et principalement celui de Kaït bey, au Caire, sont de véritables merveilles et rien ne révèle mieux l'ingéniosité et le sens artistique des Arabes que les parti qu'ils ont su tirer d'une simple tour. C'est surtout en comparant leurs minarets avec ceux des Turcs qu'on peut se rendre compte de la distance immense qui sépare le sens artistique des deux peuples.

Comme la plupart des édifices arabes, les minarets sont généralement couronnés par des sortes de créneaux de formes variées (trèfles, fers de lances, fers de hallebardes, dents de scie, etc.), nommés merlons. Ils étaient connus en Perse au temps des Sassanides ; mais leurs formes étaient beaucoup moins variées.

Coupoles. - Bien que le mot coupole dérive directement de l'arabe, on ne peut nullement attribuer cette invention aux musulmans. Les coupoles furent employées bien avant eux dans les palais des rois Sassanides et par les Byzantins. Mais ce qui est spécial aux Arabes, c'est la forme élancée du sommet et rétrécie à la base qu'ils leur donnèrent. Une section verticale de la coupole passant par son centre donnerait une courbe rappelant précisément la forme de leurs arcades. En exagérant cette courbe, les Persans arrivèrent plus tard à ces coupoles bulbeuses dont nous aurons à parler bientôt.

La forme des coupoles arabes varie suivant les pays. En Afrique, et notamment à Kairouan, elles sont surbaissées comme celles des Byzantins, et on en voit plusieurs sur chaque mosquée. En Égypte, elles ont généralement la forme décrite plus haut, et ne figurent jamais sur les mosquées, mais seulement sur les tombeaux ou sur les salles attenantes aux mosquées contenant un tombeau. Toutes les fois qu'on voit en Égypte une coupole sur une mosquée, on peut affirmer qu'elle renferme un tombeau.

Les coupoles de Syrie rappellent un peu par leurs formes - au moins celle de la mosquée d'Omar très légèrement rétrécie à sa base - les coupoles d'Égypte. Elles sont cependant moins élancées, plus lourdes et ne sont pas revêtues d'ornements.

On trouve en Égypte, et particulièrement dans le cimetière qui est au pied de la citadelle du Caire, baptisé sur notre gravure du nom de plaine des tombeaux des khalifes, toutes les variétés possibles de coupoles : hémisphériques, elliptiques, cylindriques, coniques, ogivales, à nervures, etc.

Pendentifs. - Les architectes arabes semblent avoir eu une antipathie profonde pour les surfaces unies, les angles et les formes rectangulaires, chers, au contraire, aux anciens Grecs. Afin de combler les coins des murs se coupant à angles droits, et pour relier par des transitions insensibles les voûtes circulaires aux salles carrées qui les supportent, ils ont fait usage de petites niches en encorbellement ayant la forme d'un triangle sphérique. On les a nommées pendentifs, parce qu'elles pendent sur le vide. Ces petites voûtes leur paraissant trop géométriques, ils les ont superposées par séries graduelles, et sont arrivés à former un ensemble qu'on a nommé stalactites et dont l'aspect rappelle celui d'une ruche d'abeilles. On retrouve leur emploi dès les dixième et onzième siècle en Sicile. Les Arabes d'Espagne les modifièrent en donnant aux concavités sphériques la forme de prismes verticaux à facettes concaves.

L'usage des stalactites en pendentifs est spécial aux Arabes, et n'a été retrouvé jusqu'à présent chez aucun autre peuple. À partir du douzième siècle ce genre d'ornementation fut adopté dans tous les pays musulmans. On en fit des applications journalières pour relier les saillies extérieures aux galeries des minarets avec les surfaces verticales, pour remplir les voûtes des mosquées, pour rattacher celles-ci aux murs leur servant de supports, pour relier les voûtes sphériques à des surfaces carrées, etc.

La fréquence de l'encorbellement est une caractéristique de l'art arabe. Je ne saurais admettre cependant avec M. Ch. Blanc qu'elle résulte « de la nécessité de se créer des ombres au moyen de fortes saillies. » Les encorbellements, en effet, n'en donnent guère, et ils sont aussi fréquents dans l'intérieur des édifices, où il est inutile de créer de l'ombre, qu'à leur extérieur. Les encorbellements des minarets ne résultent pas davantage « de la nécessité d'avoir de hautes galeries, d'où le muezzin pût crier l'appel à la prière. » Les minarets de Constantinople, et ceux de la Perse, ont galerie, mais toutes ces variétés de sculptures qui se détachent en saillie sur les minarets du Caire, n'y figurent guère. Je ne puis voir dans ce mode d'ornementation que l'antipathie des Arabes pour les angles et les surfaces unies dont je parlais plus haut. Elle se trahit dans l'exécution de toutes leurs oeuvres d'art, qu'il s'agisse d'un encrier, de la reliure d'un coran ou d'un minaret.

Arabesques et détails d'ornementation. - L'ornementation des monuments arabes est tellement caractéristique qu'elle suffit à révéler immédiatement leur origine à l'individu le plus ignorant en architecture.

Ces ornements, formés de dessins géométriques mélangés d'inscriptions, constituent un ensemble plus facile à figurer qu'à décrire. Leur exécution est soumise d'ailleurs, Malgré leurs capricieuses apparences, à des règles fort simples, très bien mises en évidence par M. Bourgoin.

Les arabesques étaient sculptées sur pierre, comme dans beaucoup de mosquées du Caire, ou simplement moulées, comme à l'Alhambra.

L'écriture arabe joue un grand rôle dans l'ornementation et s'harmonise merveilleusement avec les arabesques. jusqu'au neuvième siècle on ne fit usage que de caractères koufiques, ou de leurs dérivés, tels que le karmatique et le koufique rectangulaire.

Ces inscriptions sont généralement tirées du Coran ; les plus employées sont les premières lignes de ce livre : Bis m'Illah-el-rahmân el-rahim (au nom de Dieu clément et miséricordieux) ou la sentence qui résume l'islamisme : La Illah el Allah Mohammed rasoul Allah (Il n'y a d'autre Dieu qu'Allah, Mahomet est son prophète).

L'écriture arabe est tellement ornementale, que les architectes chrétiens du moyen âge et de la renaissance ont souvent reproduit sur leurs monuments des fragments d'inscriptions arabes tombés par hasard entre leurs mains, et qu'ils prenaient pour de simples caprices de dessinateurs. MM. de Longpérier, Lavoix, etc., en ont fréquemment trouvé en Italie. Ce dernier a vu dans la sacristie de la cathédrale de Milan « une porte ogivale formée par un mot arabe plusieurs fois reproduit. Sur les portes de Saint-Pierre, commandées par le pape Eugène IV, une légende arabe forme auréole autour de la tête du Christ, et une longue bande de lettres coufiques se développe sur les deux tuniques de saint Pierre et de saint Paul. » Je regrette que l'auteur ne nous ait pas traduit ces inscriptions : il serait curieux de savoir si celle qui se trouve autour de la tête du Christ signifie qu'il n'y a d'autre Dieu qu'Allah et que Mahomet est son prophète.

Décoration polychrome. - On a considéré longtemps comme un article de foi que les Grecs ne coloriaient pas leurs monuments et leurs statues. Les règles adoptées par eux faisant loi chez les peuples latins, il s'est ainsi formé un goût artificiel qui nous fait considérer un monument blanc comme une chose fort belle. Le soleil le rend aveuglant et noie tous ses détails ; mais la tradition oblige de l'admirer. Les recherches modernes ont heureusement prouvé que les Grecs avaient des goûts fort différents de ceux qu'on leur attribuait, et que la plupart de leurs monuments étaient couverts de couleurs. Le bleu, le jaune et le rouge étaient les tons les plus employés. Au temple d'Egine, l'architrave était peinte en rouge, et sur ce fond rouge se détachaient des boucliers dorés. Le tympan avait un fond bleu avec des moulures d'encadrement rouges et vertes.

Les goûts artistiques des Arabes leur ont fait préférer instinctivement les monuments polychromes aux monuments blancs. Leurs arabesques sont généralement revêtues de couleurs disposées avec beaucoup de science et de goût. La surface de tous les murs de l'Alhambra était autrefois recouverte de couleurs éclatantes. Les murs extérieurs des mosquées l'étaient fréquemment.

En Égypte, les couleurs employées par les Arabes étaient le rouge, le bleu, le jaune, le vert et l'or. L'auteur qui a le mieux étudié l'Alhambra, et qui a dirigé la restauration de la cour des Lions, au Palais de Cristal à Londres, Owen Jones, a clairement prouvé qu'à l'exception des faïences émaillées du bas des murs, les Arabes n'ont fait usage à l'Alhambra que de trois couleurs, le bleu, le rouge et l'or, c'est-à-dire le jaune. Elles sont disposées suivant des principes très rationnels. La couleur la plus intense, le rouge, était placée dans le fond des moulures ; le bleu sur les parois latérales et toujours de façon à occuper la plus large surface pour compenser l'effet du rouge et de l'or. Les tons étaient séparés par des bandes blanches ou par l'ombre produite par le relief de l'ornement. Les colonnes étaient probablement dorées, car des colonnes blanches n'eussent pas été en harmonie avec l'ornement polychrome qu'elles supportaient.

Quant aux couleurs verte, brune, pourpre, etc., dont on retrouve des traces à l'Alhambra, le même auteur a prouvé qu'elles étaient le résidu des mauvaises restaurations espagnoles tentées à diverses époques. Ce sont probablement ces barbouillages qui ont induit en erreur les restaurateurs actuels de ce palais. Les parties qu'ils ont refaites, et surtout les réductions qu'ils vendent au public, ne sont nullement en rapport avec les principes que je viens d'exposer, et que j'ai tâché de suivre, autant que les nécessités de la chromolithographie le permettaient, dans la reconstruction d'un pavillon de l'Alhambra qui figure parmi les planches coloriées de cet ouvrage.

3. - *Étude comparée des divers monuments d'architecture arabe*

Monuments de la Syrie. - Parmi les monuments de la Syrie, nous n'avons mentionné jusqu'ici que ceux postérieurs à Mahomet. Bien avant lui cependant des tribus arabes vivaient dans cette contrée et y avaient fondé de puissants royaumes. Les quelques ruines, fort peu étudiées encore, découvertes à Bosra prouvent que l'architecture était très avancée déjà, et il est probable que quand les musulmans arrivèrent en Syrie, ils utilisèrent les connaissances de leurs compatriotes, mais, faute de documents, nous n'avons pu parler de cette époque oubliée et n'avons mentionné que les monuments bâtis depuis Mahomet, notamment les mosquées d'Omar, d'el Acza et de Damas, édifices fort anciens remontant, au moins dans leurs parties fondamentales, au premier siècle de l'hégire, et de styles assez différents.

Ces trois monuments sont empreints de ces influences byzantines et persanes dont l'art arabe ne s'est jamais débarrassé entièrement en Syrie. Il est à remarquer qu'ils présentent, même dans les parties anciennes, le commencement de l'ogive et du fer à cheval, c'est-à-dire l'arc très faiblement brisé à son sommet et légèrement rétréci à sa base. On retrouve ces formes caractéristiques à Damas, dans les arcades de la cour, et à l'el Acza, dans presque toutes les parties du monument. Je les ai retrouvées également à la mosquée d'Omar dans les arcades de la première rangée intérieure de colonnes.

Dans tous ces monuments primitifs, les chapiteaux sont toujours reliés d'une colonne à l'autre par de grandes poutres de jonction, système spécial aux architectes arabes.

En Syrie, les premiers minarets, à en juger par le plus ancien de la mosquée de Damas, paraissent avoir été de forme carrée.

Les dômes furent employés en Syrie, mais ils étaient généralement surbaissés comme ceux des Byzantins; celui de la mosquée d'Omar fait exception, mais il a été reconstruit à une époque postérieure à l'édification du monument.

Monuments de l'Égypte. - Nous avons montré dans notre

chapitre consacré à l'histoire des Arabes en Égypte la série des transformations profondes subies par leur architecture pendant huit cents ans, depuis la mosquée d'Amrou, construite en 742, jusqu'à celle de Kaït bey, édifiée en 1468. D'abord byzantin, l'art se dégagea bientôt de toute influence étrangère et arriva à des formes entièrement originales.

Bien que la mosquée d'Amrou ait été restaurée plusieurs fois, une partie de son ornementation primitive semble avoir été respectée. On y voit déjà en germe la future ogive et le rétrécissement inférieur de l'arcade. Les minarets, très simples, n'ont qu'une galerie et se terminent en pointe.

La mosquée de Touloun, construite en 876, commence à se dégager visiblement des influences byzantines. Les arcades, nettement ogivales, sont supportées par des piliers présentant des colonnes incrustées dans les angles. Les fleurs et les feuillages servant d'ornements sont d'un style nouveau déjà voisin des arabesques. Les stalactites ne se montrent pas encore.

La mosquée de Touloun est construite en briques. Son minaret a trois étages et ne présente aucun ornement extérieur, mais il affecte une forme différente à chaque étage. Carré à la base, il est ensuite cylindrique, puis octogonal.

Dans la mosquée el Azhar, commencée à la fin du dixième siècle, mais complétée à des époques postérieures, l'ornementation est beaucoup plus riche et plus variée. L'arc des arcades est devenu beaucoup plus aigu que dans les précédentes mosquées. Les stalactites se montrent partout. Les minarets sont à plusieurs galeries et richement ornés.

La mosquée de Kalaoun (1283) nous a donné un véritable type de l'art ogival arabe à sa période culminante. Nous avons vu qu'elle présentait beaucoup d'analogie avec les premiers monuments gothiques du moyen âge.

La mosquée d'Hassan (1356) nous a fourni un type de l'art arabe arrivé à peu près à son plus haut degré de splendeur. Ce monument gigantesque, avec ses murailles de 8 mètres d'épaisseur, son grand portail de 20 mètres de hauteur, sa coupole de 56 mètres et ses minarets de 86 mètres est bien plus parent de nos grandes cathédrales que des primitives mosquées. Il prouve que les Arabes savaient très bien construire au besoin des édifices vastes et solides.

La civilisation des Arabes

Les mosquées de Barkouk (1384), et Mouaiad (1415), et surtout celle de Kaït bey (1468), nous ont montré les nouveaux progrès réalisés par les Arabes. Ce dernier édifice, avec son admirable coupole, son superbe minaret, si riche en consoles, corniches, galeries et ses splendides sculptures, est un monument absolument original. S'il constituait la seule oeuvre laissée par les Arabes, il serait certainement considéré comme le représentant d'un art n'ayant de parenté rapprochée ou lointaine avec aucun autre.

La mosquée de Kaït bey et les mosquées de son époque, telles que celle de Kagh bey (1502), sont les dernières productions remarquables de l'architecture en Égypte. À partir du seizième siècle, c'est-à-dire à dater de la conquête turque de Selim, il n'y a plus d'art arabe dans cette contrée. Il est écrasé rapidement par les vainqueurs, et s'éteint graduellement. L'art n'existe qu'à la condition de pouvoir être apprécié, et par suite encouragé. Or une conception artistique élevée ne saurait être appréciée par le cerveau d'un Turc. Les monuments construits pendant la période turque sont lourds de forme, surchargés d'ornements, et revêtus de couleurs criardes. « Par bonheur, dit justement Ebers, ils n'ont que peu de temps à blesser l'œil de l'artiste ; ils n'ont pas été élevés pour durer, mais pour servir l'espace du moment qui les use. La postérité, à laquelle ne songeaient pas ceux qui les ont faits, se vengera d'eux en les oubliant. »

Monuments de l'Afrique septentrionale. - Il n'y a qu'une parenté très faible entre les monuments arabes de l'Afrique septentrionale ou de la Sicile avec ceux de l'Égypte, mais leur parenté avec les primitives constructions de l'Espagne est au contraire assez grande. Nous ne pouvons parler des palais de l'Afrique, car il n'en reste plus aujourd'hui ; mais Marmol, qui visita ceux de Maroc et de Fez un siècle après la chute de Grenade, dit, dans sa description de l'Afrique, « qu'ils étaient, presque en tout, semblables à l'Alhambra.»

La parenté qui existait probablement entre les anciens palais arabes de l'Afrique et de l'Espagne existe sûrement entre leurs monuments religieux. Ceux qui sont parvenus jusqu'à nous en fournissent la preuve irrécusable. Cette parenté se manifeste surtout dans les minarets. Ils sont généralement carrés et sans galeries ni saillies extérieures. Quelques-uns présentent deux ou trois étages en retrait. Par leur ensemble et leurs détails, ces monuments diffèrent entièrement des constructions analogues de l'Égypte. Tous les minarets africains, depuis Kairouan jusqu'à Fez, en y comprenant ceux de construction relativement moderne, mais copiés sur d'anciens modèles, d'Alger et de Tanger, appartiennent à la même famille. Nous retrouvons des représentants de cette famille à Séville dans la Giralda et surtout à Tolède dans de nombreuses tours d'église d'origine visiblement arabe.

En dehors de leurs minarets si caractéristiques, les anciennes mosquées de l'Afrique, telles que celles de Kairouan, présentent encore comme élément spécial l'emploi de dômes byzantins surbaissés, fort différents de ceux de l'Égypte et de la Perse. La grande mosquée de Kairouan, reproduite pour la première fois dans cet ouvrage, a quatre coupoles surbaissées.

Autant que nous pouvons en juger par les monuments existant encore aujourd'hui, l'art arabe a toujours subi l'influence byzantine dans l'Afrique septentrionale, le Maroc excepté, et n'a jamais su s'y soustraire comme en Égypte et en Espagne.

Monuments de la Sicile. - Les principaux monuments arabes de la Sicile sont les deux châteaux de la Ziza et de la Cuba, près de Palerme, élevés au milieu du dixième siècle. Il n'existe nulle part de château arabe d'une époque aussi ancienne. Leur étude présente par conséquent un intérêt très grand. La fréquence des relations des Arabes de la Sicile avec ceux de l'Afrique doit faire supposer que ces constructions devaient être fort analogues à celles de l'Afrique et nous pouvons ainsi nous faire une idée de ces dernières.

Les châteaux de la Ziza et de la Cuba servaient à la fois de forteresse et de palais. Construits en pierres de taille solidement appareillées, ils ont pu traverser impunément les siècles.

La Ziza, près de Palerme, a la forme d'un vaste cube de maçonnerie. Ses murs offrent à l'œil une combinaison sévère de longs arceaux de forme légèrement ogivale encadrant des fenêtres géminées jadis ornées de colonnettes. La frise, servant de couronnement et de parapet, était autrefois revêtue d'une inscription en caractères karmatiques dont il reste quelques traces. J'ai donné dans un autre chapitre, d'après Girault de Prangey, la reproduction de l'intérieur d'une salle de ce château telle qu'elle était il y a quarante ans. L'ornementation en est simple et élégante. On y remarque des pendentifs en stalactites, comme en Espagne, mais il est difficile de savoir si les restaurations effectuées sous les rois normands par des

La civilisation des Arabes

ouvriers arabes n'en ont pas modifié le style primitif.

À peu de distance du château de la Ziza se trouve celui de la Cuba. L'aspect extérieur de la Ziza et de la Cuba, leurs longues arcades ogivales, l'appareil régulier de la construction les différencient sensiblement des palais arabes d'Égypte. Pour mon compte, j'en vois bien peu et ne trouve guère, en cherchant beaucoup, que certaines parties de la mosquée de Kalaoun qui aient quelque parenté lointaine avec eux.

Monuments arabes de l'Espagne. - L'architecture des Arabes en Espagne a été divisée par l'auteur cité plus haut en trois périodes distinctes : byzantines, de transition et mauresque. Bien que cette classification ait été généralement reproduite, je ne vois aucune raison sérieuse de l'admettre. Le mot mauresque, c'est-à-dire berbère, appliqué à l'architecture, me semble un non-sens, parce que rien n'indique que les Berbères aient jamais introduit un élément nouveau quelconque dans les arts arabes. Des dynasties berbères ont régné sur les Arabes d'Espagne, de même que des dynasties circassiennes ont régné sur les Arabes d'Égypte ; mais les unes comme les autres n'ont rien créé dans les arts, et il n'y eut pas plus d'architecture mauresque dans la première de ces contrées qu'il n'y eut d'architecture circassienne dans la seconde.

Nous savons, d'ailleurs, par des témoignages positifs du temps, que, sous les dynasties berbères, les architectes furent toujours des Arabes. Voici ce que dit, à ce sujet, un auteur de l'époque :

> « C'est des provinces d'Andalousie réunies à leur empire du Maghreb, écrit Ibhn Saïd, que les émirs Almohades Joussouf et Yacoub el-Mansour firent venir des architectes pour toutes les constructions qu'ils élevèrent à Maroc, à Rabat, à Fez, à Mansouriah... D'autre part il est également notoire qu'aujourd'hui (1237) cette prospérité, cette splendeur de Maroc semble s'être transmise à Tunis dont le sultan actuel construit des monuments, bâtit des palais, plante des jardins et des vignobles à la manière des Andalous. Tous ses architectes sont natifs de ce pays, de même que les maçons, les charpentiers, les briquetiers, les peintres et les jardiniers. Les plans des édifices sont inventés par des Andalous ou copiés sur les monuments mêmes de leur pays. »

Le plus ancien monument arabe de l'Espagne est la mosquée de Cordoue. Il appartient à une période que j'appellerai byzantine-arabe et non pas byzantine, car aucun monument byzantin ne ressemble à cette mosquée. Les emprunts faits aux Byzantins (chapiteaux à feuillages, rinceaux, palmettes, entrelacs, mosaïques et ornements sur fond d'or, etc.) sont évidents, mais l'emploi de caractères koufiques comme moyens d'ornementation, les arcades à fer à cheval à plusieurs lobes et superposés, et divers motifs d'ornementation, donnent à ce monument un cachet d'originalité tellement marqué, qu'on le distingue immédiatement d'un édifice byzantin quelconque. Une circonstance particulière, la nécessité de superposer les colonnes dont on disposait pour attribuer à la construction une hauteur en rapport avec sa largeur, a donné aux nefs de la mosquée un aspect qui ne se retrouve dans aucun autre édifice antérieur. Le sens artistique des Arabes se montre dans les combinaisons d'arcades qu'ils employèrent pour masquer cette superposition. Pour soutenir qu'une idée aussi ingénieuse est due à des Byzantins, il faudrait montrer d'autres monuments où elle ait été employée par eux.

Les Arabes d'Espagne s'affranchirent aussi rapidement des influences byzantines que ceux d'Égypte. Les arabesques et les stalactites remplacèrent bientôt les ornements byzantins sur fond or, l'arc devint ogival et se festonna délicatement.

Les plus anciens monuments arabes de l'Espagne, après ceux de Cordoue, sont ceux de Tolède. Cette dernière ville en possède de fort intéressants, tels que la porte de Bisagra, commencée au neuvième siècle, celle du Soleil, qui date du onzième, etc. On peut y suivre facilement quelques-unes des étapes des transformations de l'art arabe.

Les minarets des anciennes mosquées espagnoles ont été détruits, et il ne reste plus guère debout que la Giralda, de Séville, datant du douzième siècle. On peut cependant affirmer qu'ils eurent la forme carrée dont j'ai parlé plus haut à propos de l'Afrique et je base cette affirmation sur les imitations qui en ont été faites dans les anciennes tours des églises de Tolède encore debout. Arabes dans leurs détails les plus essentiels, elles doivent également l'avoir été dans leurs formes. On pourrait même aller plus loin et dire que l'Espagne ne connut pas de minarets analogues à ceux du Caire, car ils eussent sans doute été également imités par les chrétiens.

À mesure que le séjour des Arabes en Espagne se prolongea, leur architecture devint de plus en plus riche et ornementée et elle fut

La civilisation des Arabes

bientôt débarrassée entièrement de toute influence étrangère. Les ornements byzantins et notamment les mosaïques sur fond or disparurent complètement pour faire place à une ornementation nouvelle. Deux monuments importants, l'Alcazar de Séville et l'Alhambra de Grenade nous montrent cette architecture à sa plus brillante période.

L'Alcazar de Séville a été commencé au XIe siècle, mais remanié pendant les douzième et treizième siècles, sans parler des restaurations datant de Charles-Quint, de Philippe II et des temps modernes. La façade est du treizième siècle ; le patio de los munecos, la salle des ambassadeurs et diverses parties sont considérés comme étant fort anciens.

On ne remarque pas sur les parties primitives de l'Alcazar de Séville la profusion d'ornementation de l'Alhambra ni les voûtes en stalactites ; mais le style de ces deux édifices est déjà voisin et ne diffère guère que dans les détails. L'arc fortement outrepassé, à peu près abandonne à l'Alhambra, est au contraire très employé à l'Alcazar. L'arc ogival, également peu usité à l'Alhambra, est fréquemment employé à l'Alcazar. Les plafonds en caissons peints, sculptés et dorés de l'Alcazar présentent beaucoup d'analogie avec ceux des anciens palais du Caire et de Damas.

C'est dans l'Alhambra, monument dont la construction remonte au treizième siècle, que l'art arabe atteint en Espagne la période de sa plus grande richesse. L'ornementation y est évidemment exagérée ; mais un goût si fin préside à cette exagération, qu'il est impossible d'appliquer à un édifice semblable le qualificatif d'œuvre de décadence.

Bien que les murs de l'Alhambra, au lieu d'être en pierres de taille, soient formés d'un simple béton composé de chaux, sable, argile et cailloux, et que tous les ornements soient simplement en plâtre moulé, l'édifice présente une grande solidité, puisqu'il a résisté pendant cinq siècles à toutes les intempéries sans avoir jamais eu besoin de subir de restaurations sérieuses.

Les principaux caractères spéciaux à l'architecture de l'Alhambra et qui me semblent la différencier de celle de l'Alcazar de Séville, sont les suivants : revêtement général de toutes les surfaces par des moulures coloriées, emploi de légères colonnes cannelées horizontalement et supportant des chapiteaux couverts d'entrelacs et de feuillages, fenêtres formées d'arcades presque à plein cintre finement festonnées et entourées d'un encadrement rectangulaire, plafonds couverts de pendentifs en stalactites.

Il n'existe plus aujourd'hui en Égypte de palais arabes contemporains de l'Alhambra, mais si nous jugeons de leur ornementation par celle des mosquées, il semble fort probable qu'il devait exister entre eux des différences importantes. L'art arabe d'Égypte et l'art arabe d'Espagne sont assurément parents, mais ne présentent à toutes les phases de leur existence que des ressemblances assez lointaines.

L'influence de l'architecture des Arabes sur celle des chrétiens qui les remplacèrent en Espagne fut considérable. Avant leur expulsion, les musulmans étaient fréquemment employés à la construction ou à la réparation de monuments chrétiens. La combinaison des deux arts engendra, comme nous l'avons vu, un style nouveau dit mujédar. Nous en donnerons plusieurs exemples dans le chapitre consacré à l'influence des Arabes en Europe.

En dehors du style que je viens de mentionner, on rencontre encore en Espagne, dans les anciennes synagogues, un style particulier, très rapproché du reste du style arabe et auquel on peut donner le nom de judéo-arabe. Il ne diffère guère du premier que par l'emploi comme motif de décoration de caractères hébreux et d'ornements divers empruntés au règne végétal, de larges feuillages notamment. Les anciennes synagogues el Transito, et Santa-Maria la Blanca, à Tolède, présentent d'intéressants spécimens de ce style. On y trouve plusieurs réminiscences de l'époque byzantine.

Monuments de l'Inde. - L'étude des monuments musulmans de l'Inde fournit un exemple frappant des modifications que l'architecture d'un peuple peut subir sous l'action de races en contact avec lui.

Nous avons vu que lorsque les Arabes arrivèrent dans l'Inde, ils se trouvèrent en présence d'une civilisation ancienne et puissante, et que, s'ils exercèrent par leur religion, leur langue et leurs arts une influence qui persiste encore, leur action politique fut toujours très faible.

Notre description des monuments musulmans de l'Inde nous a fait voir combien l'histoire de l'influence d'un peuple est clairement écrite sur eux. Dans les premiers édifices, tels que la porte d'Aladin, les influences hindoue et arabe sont intimement associées, l'empreinte persane est faible. Plus tard, au contraire, c'est cette dernière, associée en proportions variables à l'influence hindoue, qui domine : l'influence arabe ne se manifeste plus que dans les parties accessoires, telles que l'emploi des inscriptions, des stalactites comme motif d'ornementation, et la forme de quelques arcades. Le mausolée d'Akbar, le Tadj Mahal, le palais du grand mogol, etc., sont des exemples de combinaisons de toutes ces influences. La superposition de ces styles divers forme, en réalité, un style particulier auquel on peut donner le nom de style mongol de l'Inde ou hindo-persan-arabe. Ses caractères différentiels se montrent surtout dans les minarets. Ils sont généralement coniques comme ceux de la Perse, mais non émaillés, sont fréquemment recouverts de cannelures, et présentent plusieurs étages. Leur ornementation extérieure et leur forme générale les distinguent très facilement à première vue des constructions analogues d'Espagne, d'Afrique et du Caire.

Monuments de la Perse. - Les monuments persans du temps des Sassanides, c'est-à-dire contemporains de l'invasion arabe, ne sont plus représentés aujourd'hui que par d'informes débris. La plupart de ceux construits par les premiers khalifes ont subi le même sort. Il en résulte que l'histoire de l'architecture persane, et surtout l'histoire de l'influence qu'elle a pu exercer autrefois sur les Arabes, et de celle qu'elle a dû recevoir d'eux plus tard, est fort difficile.

La plupart des édifices importants de la Perse ont été construits sous le règne de Shah Abbas, au seizième siècle ; mais lorsqu'on les compare aux ruines des monuments antérieurs, on voit qu'ils sont la reproduction de modèles beaucoup plus anciens. Leur style diffère sensiblement de celui des Arabes ; ils n'ont de commun que certains détails d'ornementation.

Bâtissier, dans son histoire de l'art monumental, dit, à propos des mosquées de la Perse, « qu'elles ne semblent pas différer de celles de la Syrie ». J'ignore sur quelles bases peut reposer une telle assertion ; je n'ai pu pour mon compte trouver aucune ressemblance entre ces monuments. Les anciennes mosquées arabes de Syrie, c'est-à-dire celles de Damas, de Jérusalem et d'Hébron, ne peuvent être comparées à celles d'Ispahan. L'art persan possède sans doute une parenté évidente avec l'art arabe : après lui avoir communiqué son influence, il en a ensuite reçu la sienne ; mais son originalité ne me semble pas contestable.

Les caractères différentiels des mosquées persanes sont nombreux et faciles à mettre en évidence. Les principaux résident dans la forme des minarets, des arcades, des dômes et dans l'ornementation extérieure.

Les minarets persans, même les plus anciens, rappellent par leur forme les cheminées de nos usines. Ils sont tous coniques, peu élevés, à surface émaillée, et n'ont généralement qu'une galerie à leur sommet. Ils diffèrent donc essentiellement des minarets carrés de la Syrie, de l'Afrique et de l'Espagne, et plus encore, s'il est possible, de ceux d'Égypte, constitués par des tours à plusieurs galeries dont la section varie à chaque étage, et qui sont ornées de toutes sortes de sculptures en relief.

Le corps des mosquées persanes n'est pas moins caractéristique. L'entrée du monument est toujours constitué par une sorte de portail gigantesque qu'on rencontre dans les ruines des plus anciennes mosquées, telles que celle d'Hamadan. Il prend toute la hauteur de la façade et se termine à sa partie supérieure par une arcade ogivale renflée latéralement, de forme tout à fait spéciale. Aucune mosquée arabe ne présente de façade analogue.

L'ornementation extérieure des mosquées persanes est également caractéristique. Elles sont revêtues, en effet, de faïences émaillées, couvertes de dessins variés, de fleurs principalement. Ce mode d'ornementation est spécial aux Persans, et quand on le rencontre dans certains monuments arabes, tels que la mosquée d'Omar, on peut affirmer aussitôt qu'il est dû à des ouvriers persans.

Les dômes des mosquées persanes actuelles ont une forme bulbeuse caractéristique, mais qui me semble la simple exagération de l'ogive en fer à cheval ou des dômes surélevés rétrécis à leur base des mosquées arabes du Caire. En exagérant le renflement latéral de l'ogive, les Persans sont arrivés à ces dômes qu'on retrouve également dans les mosquées modernes de Bagdad, et que j'ai retrouvés en Russie sur la plupart des églises, celles de Moscou surtout. On considère généralement ces dernières comme étant de style byzantin ; mais la qualification de style byzantin-persan serait, à mon avis, beaucoup plus juste. Les Russes ont toujours été aussi incapables que les Turcs d'avoir un style original ; mais ils ont su parfaitement adapter à leurs besoins, en les mélangeant, des éléments empruntés à l'architecture des peuples avec lesquels ils

La civilisation des Arabes

étaient en relation.

On ne trouve pas de dômes bulbeux dans les ruines des plus anciennes mosquées persanes. Dans la plupart de celles de Samarcande, Meched, Sultanieh, Veramine, Erivan, etc., qui reproduisent sans doute elles-mêmes des monuments antérieurs, les dômes sont tout à fait byzantins, ou à peine rétrécis à leur base.

Les mosquées persanes présentent l'emploi fréquent de pendentifs en stalactites et d'inscriptions en caractères arabes. Ce sont les principaux éléments empruntés aux musulmans.

Le lecteur qui voudra compléter ce qui précède par l'examen des gravures disséminées dans cet ouvrage, reconnaîtra aisément avec nous que l'architecture arabe a considérablement varié d'un pays à l'autre, et qu'il est aussi impossible de réunir des monuments aussi dissemblables sous une qualification unique, que de confondre sous la dénomination de style français les monuments romans, gothiques et de la Renaissance construits dans notre pays.

Le style byzantin-arabe d'Espagne, représenté par la mosquée de Cordoue, et le style byzantin-arabe de l'Égypte, représenté par les mosquées d'Amrou et de Touloun n'ont que de bien lointaines analogies ; et il en est également de même de l'architecture arabe de l'Alhambra et de celle de la mosquée de Kaït bey. Il est donc indispensable d'établir dans le style arabe des divisions fondamentales, et de prendre pour base de la classification, comme nous l'avons fait pour les races, le pays lui-même. Nous pensons que dans l'état actuel de nos connaissances, on peut établir les divisions suivantes :

1° Style arabe antérieur à Mahomet

> Style encore inconnu, et représenté seulement par les ruines à découvrir des anciens monuments de l'Yémen et par celles disséminées dans les anciens royaumes arabes de la Syrie, celui des Ghassanides par exemple.

2° Style byzantin-arabe

> Byzantin-arabe de Syrie. - Monuments édifiés ou reconstruits du septième au onzième siècle, tels que les mosquées d'Omar et d'El Acza à Jérusalem et la grande mosquée de Damas.

Byzantin-arabe d'Égypte. - Monuments élevés du septième au dixième siècle, tels que les mosquées d'Amrou et de Touloun.

Byzantin-arabe d'Afrique. - Grande mosquée de Kairouan et diverses mosquées de l'Algérie, construites sur d'anciens types. L'influence byzantine semble encore persister en Afrique, et jusqu'à nos jours les dômes sont généralement restés byzantins.

Byzantin-arabe de Sicile. - Monuments antérieurs à la conquête normande, tels que les châteaux de la Ziza et de la Cuba.

Byzantin-arabe d'Espagne. - Mosquée de Cordoue et monuments arabes de Tolède antérieurs à la fin du dixième siècle.

3° Style arabe pur

Style arabe d'Égypte. - Ce style se perfectionne constamment du dixième au quinzième siècle. On peut suivre ses transformations dans la série de mosquées que nous avons énumérées et représentées. Il atteint son plus haut degré de perfection dans celle de Kaït bey.

Style arabe d'Espagne. - Le style arabe d'Espagne se transforme également de siècle en siècle ; mais les documents nécessaires pour relier les périodes intermédiaires font défaut. Les seuls monuments bien conservés sont ceux de Séville et Grenade. Ils sont du reste tout à fait typiques.

4° Style arabe mélangé

Style hispano-arabe. - La combinaison des éléments d'architecture chrétienne et arabe s'observa surtout dans les premiers temps qui suivirent la conquête de l'Espagne par les chrétiens ; mais il s'est continué dans certaines constructions du sud de la Péninsule jusqu'à nos jours. Plusieurs monuments de Tolède, offrent des exemples de ce style mélangé. Nous en avons représenté de nombreux exemples dans cet ouvrage.

Style judéo-arabe. - Représenté par plusieurs monuments anciens de Tolède tels que Santa-Maria la Blanca, El Transito, etc., qui servaient autrefois de synagogues.

Style persan-arabe. - Monuments construits en Perse depuis que ce pays a adopté le Coran, et notamment les mosquées d'Ispahan. Bien qu'ayant subi l'influence arabe, ces édifices ont un cachet d'originalité évident.

Style indo-arabe. Monuments produits par la combinaison d'éléments hindous et arabes, tels que la tour du Koutab, le temple de Benderabund, et surtout la magnifique porte d'Aladin.

Style indo-persan-arabe, ou style mongol de l'Inde. - Monuments construits dans l'Inde sous les Mongols, notamment le Tadj Mahal, le palais du Grand Mogol et beaucoup de mosquées. L'influence arabe qui dominait d'abord, fut bientôt remplacée en grande partie par l'influence persane. Ces monuments constituent un style particulier, mais sans originalité réelle. Les éléments étrangers qui le composent y sont bien plus superposés que combinés.

Chapitre IX
Commerce des Arabes.
Leurs relations avec divers peuples

1. – Relations des Arabes avec l'Inde

L'activité commerciale des Arabes ne fut pas moindre que celle qu'ils déployèrent dans les sciences, les arts et l'industrie. À une époque où l'extrême Orient était à peine soupçonné de l'Europe, où l'Afrique, en dehors de quelques côtes, était inconnue, les Arabes étaient en relations commerciales avec l'Inde, la Chine, l'intérieur de l'Afrique et les parties les moins explorées de l'Europe telles que la Russie, la Suède et le Danemark.

Le récit de leurs explorations a été fait d'une façon très incomplète jusqu'ici. Le savant Sédillot, si compétent pourtant dans ce qui touche aux Arabes, ne mentionne même pas leurs relations avec le nord de l'Europe. Malgré sa brièveté, notre exposé suffira, je pense, à prouver qu'il faut arriver aux temps modernes pour trouver un peuple dont l'activité commerciale ait égalé la leur.

Les premières relations des Arabes avec l'Inde remontent aux temps les plus lointains de l'histoire ; mais tout semble prouver qu'avant Mahomet, c'étaient les Indiens qui apportaient leurs produits sur les côtes de l'Arabie, et non les Arabes qui allaient les chercher. Ce n'est qu'à une époque très voisine de l'apparition du prophète que des vaisseaux partaient des ports de l'Yémen pour l'Inde.

Aussitôt que leur puissance fut bien assise, ils donnèrent à leurs relations commerciales une extension considérable. Nous les voyons bientôt atteindre le Coromandel, le Malabar, Sumatra, les grandes îles de l'Archipel, traverser le golfe du Siam et arriver dans le sud de la Chine.

Trois voies principales, une terrestre, deux maritimes, mettaient les Arabes en relation avec l'Inde. Celle de terre reliait par caravanes les grands centres de l'Orient, Samarcande, Damas, Bagdad, etc. avec l'Inde à travers la Perse et le Cachemire. Les commerçants qui préféraient la voie maritime se rendaient de l'Inde aux ports du golfe Persique, tels que Siraf, ou contournaient l'Arabie et arrivaient aux ports de la mer Rouge, Aden notamment. Les marchandises arrivées dans le golfe Persique étaient expédiées à Bagdad, et, de là, par caravanes, à toutes les villes voisines. Celles débarquées à Aden étaient transportées à Suez, et de là à Alexandrie et dans toutes les villes maritimes de la Syrie. À Alexandrie, les marchands européens : Génois, Florentins, Pisans, Catalans, etc., venaient les chercher pour les transporter en Europe. L'Égypte était aussi le trait d'union entre l'Orient et l'Occident, et nous avons montré que ce commerce considérable fut une des sources principales de la richesse des khalifes.

Les marchandises transportées par ces diverses voies étaient nombreuses. À Aden, par exemple, on échangeait les produits de la Chine et de l'Inde avec ceux de l'Éthiopie et de l'Égypte, c'est-à-dire des esclaves de Nubie, de l'ivoire et de la poudre d'or, contre les soieries et les porcelaines de la Chine, les étoffes du Cachemire, et surtout les épices, aromates et bois précieux.

2. - *Relations avec la Chine*

Les relations indirectes des Arabes avec la Chine, par l'intermédiaire des Indiens, sont fort antérieures à Mahomet ; mais les relations directes ne commencèrent guère qu'après la fondation de leur empire.

De même que pour l'Inde, il existait des routes maritimes et des routes terrestres pour aller en Chine. Les routes maritimes partaient des côtes de l'Arabie ou des ports du golfe Persique, et se rendaient directement dans le sud de la Chine.

Il existe plusieurs relations des voyages des Arabes en Chine. Une des plus anciennes est celle dont nous avons parlé dans un autre chapitre, du marchand Suleyman en 850 de notre ère. On sait du reste, non seulement par les objets chinois trouvés dans les inventaires des trésors des khalifes, mais aussi par les ambassades échangées entre les premiers khalifes et les souverains de la Chine, que les relations entre les deux peuples étaient fréquentes.

Il ne nous paraît pas cependant que la voie maritime ait été bien suivie : celle de terre, par caravanes, devait être la plus commode et la plus usitée. Les produits amenés de Chine à Samarcande, dans le Turkestan, étaient conduits directement à Alep, en Asie Mineure, d'où ils se répandaient ensuite dans toutes les villes importantes de l'Orient.

Dans une relation intitulée le Khitay namèh, publiée en persan à la fin du quinzième siècle, et dont M. Schefer a reproduit quelques chapitres, un marchand musulman a fait connaître les routes de terre alors suivies pour aller en Chine. Elles sont au nombre de trois : « L'une est celle du Kachmir, l'autre celle de Khoten, la troisième celle de la Mogholie. »

On trouve dans la même relation des détails intéressants sur les marchandises qu'on pouvait alors négocier en Chine. Parmi elles on voit figurer avec étonnement des lions. On recevait en échange d'un de ces animaux trente mille pièces d'étoffes.

Les négociants apportaient également en Chine des pierres précieuses, du corail, des chevaux, des étoffes de laine, du drap écarlate de Venise, etc. Ils recevaient en échange des pièces de satin et de brocart, des porcelaines, du thé et divers produits pharmaceutiques.

Alors même, du reste, que nous ne posséderions aucun récit des relations des musulmans avec les Chinois, et que nous ignorerions les rapports des khalifes avec les empereurs de Chine nous aurions une preuve évidente de l'étendue des relations des musulmans avec les Chinois par ce fait frappant qu'il existe aujourd'hui dans le céleste empire vingt millions de musulmans disséminés dans diverses provinces. La ville de Pékin compte à elle seule 100 000 musulmans et onze mosquées.

3. - *Relations des Arabes avec l'Afrique*

Les relations des Arabes avec l'Afrique furent également fort importantes. Toutes ces régions de l'Afrique centrale, que les voyageurs modernes parcourent avec tant de peine aujourd'hui, et dont chaque exploration constitue un véritable événement en Europe, étaient parfaitement connues des Arabes ; et le fait que leur religion fut adoptée par la plupart des peuplades qu'ils visitaient en simples marchands prouve à quel point ils savaient se faire accepter. Dans la plupart des régions où pénètrent aujourd'hui les voyageurs, ils trouvent des traces de l'influence arabe. Je suis convaincu que les explorateurs modernes qui voudront étudier l'Afrique en détail, sans charger aucun budget, et même en s'enrichissant, n'auront qu'à suivre l'exemple des Arabes, c'est-à-dire, organiser des caravanes commerciales. On réussit généralement beaucoup mieux à être bien reçu d'un peuple en lui offrant des marchandises en échange des siennes, qu'en traversant son territoire sans but apparent en entamant avec lui des luttes à coups de fusil aussitôt qu'il manifeste la moindre défiance.

Les Arabes du Maghreb se trouvaient surtout en relation avec les parties les plus occidentales de l'Afrique, ceux d'Égypte avec les régions orientales et centrales. Après avoir traversé le Sahara, ils allaient chercher de l'or, de l'ivoire et des esclaves en Nigritie.

Les investigations des Arabes s'étendaient aux régions les plus importantes de l'Afrique, y compris des villes que les Européens modernes ne peuvent plus réussir à visiter, telles que Tombouctou. Les côtes et les régions centrales étaient du reste également visitées :

« Ils parviennent, en suivant les rivages de l'Afrique, dit M. Sédillot, d'abord jusqu'au détroit Bab-el-Mandeb, et successivement jusqu'au Zanguebar et au pays des Cafres ; ils fondent Brava, Monbaza, Quiloa, où se retire un frère du souverain de Schiraz, Mozambique, Sofala, Mélinde et Magadoxo ; ils occupent les îles voisines des côtes et plusieurs points de Madagascar... L'influence du Coran ne se fit pas sentir avec moins de force dans l'Afrique centrale, qui nous est encore peu connue ; les établissements que les Arabes avaient formés sur la côte orientale leur facilitaient de ce côté l'accès de l'intérieur de la contrée ; le pays des Somanlis, peuple doux et hospitalier, qui forme avec Socotora un entrepôt de commerce fort important, l'Abyssinie, le Sennaar et le Kordofan, en rapports continuels avec l'Égypte et véritable clef du Darfour et de l'Ouaday, étaient visités par les musulmans ; de Tripoli on se rendait aussi dans le Fezzan ; les caravanes parties du Maghreb ne craignaient pas de s'aventurer au milieu des sables du désert du Sahara, qui recouvrent, des bords du Nil à l'océan, une surface évaluée à 200 000 lieues carrées, et de se répandre dans le Soudan et la Nigritie. La race arabe devait marquer son passage au milieu des populations africaines en caractères ineffaçables, et les voyageurs modernes s'accordent tous à signaler les améliorations qui en ont résulté sous le rapport physique, moral et intellectuel. »

4. - Relations des Arabes avec l'Europe

L'Europe a été pendant longtemps en relation avec les Arabes par des voies différentes : 1° celle des Pyrénées, 2° celle de la Méditerranée, 3° celle qui conduisait dans le nord de l'Europe, à travers la Russie, en suivant le cours de la Volga. Les Arabes d'Espagne ont suivi les deux premières voies, ceux d'Orient la dernière.

Les Arabes ayant séjourné dans le sud de la France pendant plusieurs siècles, il est évident que des relations devaient être établies à travers les Pyrénées, mais les expéditions commerciales se faisaient surtout par les côtes de la Méditerranée. Elles mettaient les Arabes en rapport avec des peuples beaucoup plus commerçants, et surtout plus policés que ceux qui habitaient la France à l'époque de la puissance des Arabes en Espagne.

Maîtres de la Méditerranée, les Arabes envoyaient à tous les ports européens et africains qui l'entourent les produits de leur industrie et de leur agriculture : coton, safran, papier, soies de Grenade, cuirs de Cordoue, lames de Tolède, etc. Les ports espagnols, Cadix, Malaga, Carthagène, etc., étaient le siège d'une activité qui contraste tristement avec leur état actuel.

On ne trouve aucune trace, dans les anciennes chroniques arrivées jusqu'à nous, du commerce des Arabes avec le nord de l'Europe ;

mais des documents, plus précis encore que les chroniques, prouvent son existence et indiquent, non seulement les routes suivies, mais encore les dates auxquelles les relations ont commencé et cessé. Ces documents sont constitués par les monnaies que les Arabes ont laissées sur toutes les routes qu'ils ont parcourues, et que les fouilles modernes retrouvent chaque jour.

Grâce à ces monnaies, nous savons que le point de départ de ce commerce était les rives de la mer Caspienne. Les marchands des grands centres commerciaux : Damas, Bagdad, Samarcande, Téhéran, Tiflis s'y réunissaient pour remonter la Volga depuis Astrakhan jusqu'à Bolgar (la ville de Simbirsk actuelle), située chez les anciens Bulgares de la Russie, et qui servait d'entrepôt commercial entre l'Asie et le nord de l'Europe. Il ne paraît pas que les Arabes aient dépassé cette ville. Les marchandises étaient reprises par des marchands de nationalités différentes, qui continuaient à remonter la Volga, et ne la quittaient que pour descendre dans le bassin de la mer Baltique et arriver au golfe de Finlande. Les principaux entrepôts du nord de l'Europe étaient Novgorod, Schleswig, et surtout les îles de la Baltique, Gothland, Oland et Bornholm. Les monnaies arabes trouvées dans ces dernières se comptent par centaines.

Du golfe de Finlande, les marchands se dirigeaient sur tous les points importants des rives de la mer Baltique, c'est-à-dire sur les côtes de la Suède, de la Finlande, du Danemark et de la Prusse. Ils remontaient les cours d'eau qu'ils rencontraient sur les côtes, comme le prouvent les monnaies arabes trouvées en Silésie et en Pologne, notamment aux environs de Varsovie.

L'existence de nombreuses monnaies arabes sur un parcours déterminé prouve bien que les possesseurs de ces monnaies étaient en relations commerciales avec l'empire arabe, mais ne donne que des présomptions sur leur nationalité réelle ; nous savons cependant qu'ils professaient l'islam que certaines populations russes professent encore. Les inscriptions koufiques trouvées en Russie, prouvent d'ailleurs que les Arabes y avaient des colonies chez les Khazars et les Bulgares ; mais rien n'indique que les marchands arabes aient été plus loin que Bolgar. Ce furent sans doute les anciens Bulgares de la Russie qui transmettaient les marchandises aux Danois. Ces derniers, que les chroniques européennes ne nous représentent guère que comme des corsaires, auraient donc été en réalité beaucoup plus adonnés au commerce qu'à la piraterie.

Le principal objet du commerce des Arabes dans le nord de l'Europe était l'ambre, matière fort recherchée en Orient, les fourrures, l'étain, et, d'après certains textes arabes, des femmes esclaves. Les Danois recevaient en échange de ces marchandises des étoffes et des tapis d'Orient, des vases ciselés et des bijoux. Il est bien probable que c'est par cette voie que plusieurs produits de l'Orient, l'orfèvrerie cloisonnée, par exemple, ont pénétré dans plusieurs parties de l'Europe occidentale. Je serais volontiers porté à croire que certains bijoux, étiquetés au musée de Stockholm comme appartenant à l'âge du fer en Scandinavie, et dont j'ai reproduit plusieurs types dans mon dernier livre, sont venus d'Orient par la voie dont je viens de parler. Plusieurs d'entre eux possèdent certainement un aspect oriental.

La date des monnaies retrouvées en Russie depuis l'embouchure du Volga jusqu'aux rivages de la Baltique prouve que le commerce des Arabes commença sous les premiers khalifes et ne dépassa pas la fin du onzième siècle. Sa durée fut donc de quatre siècles environ. La dernière monnaie trouvée est de l'an 1040. Les dynasties asiatiques les plus fréquemment représentées sur ces monnaies sont celles des Abassides. On trouve bien, parmi elles, des monnaies des Arabes d'Espagne, mais elles sont si rares, qu'il est probable qu'elles n'ont pénétré dans le nord de l'Europe qu'après avoir passé par les marchands de Damas et de Samarcande.

Les raisons qui mirent fin au commerce des Arabes avec le nord de l'Europe sont très simples. Les guerres intestines qui surgirent en Asie, le déplacement des Bulgares et les troubles politiques de la Russie le suspendirent au onzième siècle ; et s'il ne reprit pas plus tard, c'est que les croisades eurent pour résultat de déplacer le trafic de l'Europe avec l'Orient en lui faisant suivre la voie maritime. À partir du douzième siècle, les Vénitiens absorbèrent le commerce de l'Orient avec l'Occident, et tous les produits échangés entre les diverses parties du monde passèrent par leurs mains.

Chapitre X
Civilisation de l'Europe par les Arabes; leur influence en Orient et en Occident

1. – *Influence des Arabes en Orient*

L'Orient a été soumis par des peuples divers, Perses, Grecs, Romains, etc., mais si leur influence politique a toujours été très grande, leur action civilisatrice a généralement été très faible. À l'exception des villes directement occupées par eux, ils ne réussirent pas à faire accepter leur religion, leur langue et leurs arts. Sous les Ptolémées, comme sous les Romains, l'immuable Égypte resta fidèle à son passé, et ce sont les vainqueurs qui adoptèrent la religion, la langue et l'architecture des vaincus. Les monuments construits par les Ptolémées, restaurés par les Césars, restèrent toujours dans le style pharaonique.

Ce que ni les Grecs, ni les Perses, ni les Romains n'avaient pu réaliser en Orient, les Arabes l'obtinrent rapidement et sans violence. L'Égypte semblait assurément la contrée la plus difficile à soumettre à une influence étrangère, et cependant, moins d'un siècle après l'envahissement d'Amrou, elle avait oublié ses six à sept mille ans de civilisation passée, et possédait une religion nouvelle, une langue nouvelle, un art nouveau assez solidement établis pour survivre au peuple qui les avait fait accepter.

Avant les Arabes, les Égyptiens n'avaient changé de religion qu'une fois, à l'époque où les empereurs de Constantinople avaient saccagé le pays, brisant ou martelant tous les monuments des temps passés, et interdisant sous peine de mort le culte des anciens dieux. Les Égyptiens avaient subi la religion nouvelle imposée par la violence, bien plus qu'ils ne l'avaient acceptée. Leur empressement à renoncer au christianisme pour adopter l'islamisme prouve combien la première de ces croyances avait eu peu d'action sur eux.

L'influence profonde qu'exercèrent les Arabes en Égypte se fit sentir également dans tous les pays : Afrique, Syrie, Perse, etc., où ils plantèrent leur drapeau. Ils l'exercèrent jusque dans l'Inde, où ils ne firent pourtant que passer, jusqu'en Chine qui ne fut cependant visitée que par leurs marchands.

L'histoire ne présente pas d'exemple plus frappant de l'action d'un peuple. Toutes les nations avec lesquelles les Arabes furent en contact, ne fut-ce que pour un instant, acceptèrent leur civilisation, et, lorsqu'ils disparurent de l'histoire, les conquérants qui les avaient vaincus : Turcs, Mongols, etc., reprirent leurs traditions et se posèrent comme propagateurs de leur influence dans le monde. La civilisation arabe est morte depuis bien des siècles ; mais de l'Atlantique à l'Indus, de la Méditerranée au désert il n'y a plus guère aujourd'hui qu'une religion et qu'une langue, celles des disciples du prophète.

Cette influence des Arabes en Orient ne s'est pas fait sentir seulement dans la religion, la langue et les arts, elle s'est étendue sur la culture des sciences. En relations constantes avec l'Inde et la Chine, les musulmans transmirent à ces contrées une grande partie des connaissances scientifiques, que les Européens ont considérées plus tard comme étant d'origine chinoise ou hindoue. Sédillot a justement insisté sur ce point. Il a fait voir, par exemple, que l'Arabe Albirouni, qui mourut en 1031 de notre ère, et qui voyageait aux Indes fit pour les Hindous des extraits importants d'ouvrages scientifiques, que ces derniers traduisirent ensuite, suivant leur habitude, en distiques sanscrits. Il ne faudrait pas d'ailleurs tirer de ce fait des conclusions trop étendues. La supériorité scientifique des Arabes sur les Hindous est évidente ; mais la supériorité philosophique et religieuse des seconds sur les premiers ne l'est pas moins. Il n'y a même pas à comparer les banalités du Coran, et sa métaphysique enfantine, commune du reste à toutes les religions sémitiques, avec ces conceptions des Hindous dont j'ai eu l'occasion d'indiquer dans un autre ouvrage l'étonnante profondeur.

Les emprunts faits par les Chinois aux Arabes semblent plus importants encore que ceux faits par les Hindous. Nous avons montré, dans un précédent chapitre, que la science arabe pénétra en Chine à la suite de l'invasion mongole, et que le célèbre astronome chinois Cocherou-King reçut en 1280 le traité d'astronomie d'Ibn Jounis et le fit connaître en Chine. La médecine arabe y fut introduite en 1215 avec l'invasion de Kublaï.

L'influence scientifique des Arabes sur les Orientaux s'est continuée jusqu'à nos jours. C'est encore dans leurs livres que les Persans étudient les sciences, et nous avons vu que l'arabe joue en Perse un rôle analogue à celui exercé en Occident par le latin au moyen âge.

2. - *Influence des Arabes en Occident*

Influence scientifique et littéraire des Arabes. - Nous allons essayer de démontrer maintenant que l'action exercée par les Arabes sur l'Occident fut également considérable, et que c'est à eux qu'est due la civilisation de l'Europe. Leur influence ne fut pas moins grande qu'en Orient, mais elle fut différente. Dans les pays orientaux elle se fit surtout sentir sur la religion, la langue et les arts. En Occident, l'influence engendrée par la religion fut nulle ; celle exercée par les arts et la langue, faible, celle résultant de l'enseignement scientifique, littéraire et moral, immense.

L'importance du rôle exercé par les Arabes en Occident ne peut se comprendre qu'en ayant présent à l'esprit l'état de l'Europe à l'époque où ils y introduisirent la civilisation.

Si l'on se reporte aux neuvième et dixième siècles de notre ère, alors que la civilisation musulmane de l'Espagne brillait du plus vif éclat, on voit que les seuls centres intellectuels du reste de l'Occident étaient de massifs donjons habités par des seigneurs demi-sauvages, fiers de ne savoir pas lire. Les personnages les plus instruits de la chrétienté étaient de pauvres moines ignorants passant leur temps à gratter pieusement au fond de leurs monastères les copies des chefs-d'œuvre de l'antiquité pour se procurer le parchemin nécessaire à la transcription d'ouvrages de piété.

La barbarie de l'Europe fut pendant longtemps trop grande pour qu'elle s'aperçût de sa barbarie. Ce n'est guère qu'au onzième et surtout au douzième siècle que quelques aspirations scientifiques se produisirent. Lorsque quelques esprits un peu éclairés sentirent le besoin de secouer le linceul de lourde ignorance qui pesait sur eux, c'est aux Arabes, les seuls maîtres existant alors, qu'ils s'adressèrent.

Ce ne fut pas par les croisades, comme on le répète généralement mais par l'Espagne, la Sicile et l'Italie, que la science pénétra en Europe. Dès 1130, un collège de traducteurs, établi à Tolède et patronné par l'archevêque Raymond, commença la traduction en latin des plus célèbres auteurs arabes. Le succès de ces traductions fut considérable ; un monde nouveau était révélé à l'Occident, et dans tout le courant des douzième, treizième et quatorzième siècles, elles ne se ralentirent pas. Non seulement les auteurs arabes comme Rhazès, Albucasis, Avicenne, Averroès, etc., furent traduits en latin, mais encore les auteurs grecs, tels que Galien, Hippocrate,

Platon, Aristote, Euclide, Archimède, Ptolémée, que les musulmans avaient traduits dans leur propre langue. Dans son histoire de la médecine arabe, le docteur Leclerc porte à plus de trois cents le nombre des ouvrages arabes traduits en latin. Le moyen âge ne connut l'antiquité grecque qu'après qu'elle eut passé d'abord par la langue des disciples de Mahomet. C'est grâce à ses traductions que d'anciens auteurs, dont les ouvrages originaux sont perdus, ont été conservés jusqu'à nous. Tels sont entre autres les sections coniques d'Apollonius, les commentaires de Galien sur les épidémies, le traite des pierres d'Aristote, etc. C'est aux Arabes seuls, et non aux moines du moyen âge, qui ignoraient jusqu'à l'existence du grec, qu'est due la connaissance de l'antiquité et le monde leur doit une reconnaissance éternelle pour avoir sauvé ce précieux dépôt. « Effacez les Arabes de l'histoire, écrit M. Libri, et la renaissance des lettres sera retardée de plusieurs siècles en Europe. »

Ce fut donc uniquement à la présence des Arabes en Espagne, au dixième siècle, qu'un petit coin de l'Occident dut de conserver le culte des lettres et des sciences abandonné partout, même à Constantinople. Il n'y avait plus alors, en dehors de l'Orient musulman, que sur le sol arabe de l'Espagne que l'étude fut possible, et c'est là en effet que venaient étudier les rares chercheurs qui s'intéressaient aux choses scientifiques. C'est là, suivant une tradition contestée, mais dont l'inexactitude n'a pas été démontrée, que vint s'instruire Gerbert, qui fut pape en 999, sous le nom de Sylvestre II. Lorsqu'il voulut ensuite répandre sa science en Europe, elle parut si prodigieuse qu'on l'accusa d'avoir vendu son âme au diable. Jusqu'au quinzième siècle, on ne citerait guère d'auteur qui ait fait autre chose que copier les Arabes, Roger Bacon, Léonard de Pise, Arnaud de Villeneuve, Raymond Lulle, saint Thomas, Albert le Grand, Alphonse X de Castille, etc., furent leurs disciples ou leurs copistes. « Albert le Grand doit tout à Avicenne, nous dit M. Renan, saint Thomas comme philosophe doit tout à Averroès. »

Ce sont les traductions des livres arabes, surtout ceux relatifs aux sciences, qui servirent de base à peu près exclusive à l'enseignement des universités de l'Europe pendant cinq à six cent ans. Dans certaines branches des sciences, la médecine par exemple, on peut dire que leur influence s'est prolongée jusqu'à nos jours, car à la fin du siècle dernier, on commentait encore, à Montpellier, les oeuvres d'Avicenne.

L'influence des Arabes sur les universités de l'Europe fut tellement immense qu'elle se manifesta dans des branches de connaissances telles que la philosophie, où ils n'avaient pas réalisé cependant de progrès importants. Averroès fut depuis le commencement du treizième siècle l'autorité suprême de la philosophie dans nos universités. Quand Louis XI entreprit, en 1473, de régler l'enseignement, il ordonna l'étude de la doctrine du philosophe arabe et celle d'Aristote.

L'autorité des Arabes dans les universités de l'Italie, celle de Padoue notamment, n'était pas moindre qu'en France. Ils y jouaient un rôle identique à celui que devaient remplir après la Renaissance les Grecs et les Latins. Il faut les protestations indignées de Pétrarque, pour comprendre l'étendue de leur influence : « Quoi, s'écrie le grand poète, Cicéron a pu être orateur après Démosthène, Virgile poète après Homère ; et, après les Arabes il ne serait plus permis d'écrire ! Nous aurons souvent égalé, quelquefois surpassé les Grecs et par conséquent toutes les nations, excepté, dites-vous, les Arabes. O folie! O vertige ! O génie de l'Italie assoupi ou éteint ! »

Dans toutes les doctrines scientifiques et philosophiques, que les Arabes propagèrent pendant plus de cinq siècles dans le monde, l'influence du Coran fut aussi nulle que celle de la Bible dans les ouvrages de science modernes. Le Coran constituait un corps de doctrines que les savants respectaient à peu près, parce qu'il était l'origine de la puissance des Arabes et bien adapté aux besoins des foules, aussi peu préparées qu'elle le sont, maintenant encore, à profiter des enseignements des sciences et de la philosophie. Mais les savants ne se préoccupaient nullement des divergences existant entre les résultats de leurs découvertes et les théories du livre sacré. Quand ils allaient trop loin, c'est-à-dire quand leur libre pensée descendait jusqu'à la foule, les khalifes, leurs protecteurs habituels, étaient obligés de les proscrire momentanément pour respecter le sentiment populaire, et ne pas être ébranlés ; mais l'orage passait vite, et ils étaient bientôt rappelés. Ce ne fut, ainsi que le fait très justement observer M. Renan, que lorsqu'au treizième siècle les Arabes disparurent de la scène du monde, et que leur pouvoir tombe entre les mains de « races lourdes, brutales et sans esprit, » Turcs, Berbères, etc., que l'intolérance commença à régner chez les musulmans. Ce ne sont pas le plus souvent les doctrines qui sont intolérantes, ce sont les hommes. La race arabe était trop fine, et trop indulgente, pour se départir jamais de cette tolérance dont elle avait fait preuve partout, dès le début de ses conquêtes.

Pendant toute la durée de la période brillante de la civilisation arabe on peut dire que la tolérance religieuse fut absolue. Nous en avons fourni trop de preuves pour avoir à y revenir longuement et nous nous bornerons à mentionner encore le récit traduit par M. Dozy d'un théologien arabe qui assista à Bagdad à plusieurs conférences philosophiques où prenaient part des gens de toute croyance : juifs, athées, guèbres, musulmans, chrétiens, etc. Chacun était écouté avec la plus grande déférence, et on ne lui demandait que de fournir des arguments tirés de la raison et non de l'autorité d'un livre religieux quelconque. Après plus de mille ans de guerres effroyables, de haines séculaires, de carnages sans pitié, l'Europe n'a pu encore s'élever à une tolérance semblable.

Si l'influence des Arabes a été considérable dans les parties de l'Europe où ils ne pouvaient dominer que par leurs oeuvres, on peut prévoir facilement qu'elle a dû être plus grande dans le centre où ils régnaient en maîtres, c'est-à-dire en Espagne. Le meilleur moyen d'apprécier cette influence d'une façon indiscutable, c'est de voir ce qu'était l'Espagne avant les Arabes, ce qu'elle a été sous leur domination, et ce qu'elle est devenue quand ils ont disparu. Ce qu'elle était avant eux et pendant leur puissance, nous l'avons montré déjà, et avons fait voir à quel degré de prospérité la péninsule s'éleva sous leur empire. Ce qu'elle fut après eux, nous l'avons dit aussi, mais nous allons avoir occasion d'y revenir bientôt en étudiant les successeurs des Arabes. Nous verrons alors que leur expulsion fut suivie d'une décadence dont l'Espagne s'est pas relevée encore. On ne saurait invoquer d'exemple plus clair de l'influence d'un peuple sur un autre. L'histoire n'en fournit pas de plus frappant.

De tout ce qui précède deux conséquences importantes découlent. La première, que l'islamisme, considéré comme religion, n'eut aucune influence sur les travaux scientifiques et philosophiques des Arabes ; la seconde, que l'action exercée sur l'Occident par l'Orient est uniquement due aux Arabes. Les races inférieures qui les remplacèrent ont pu exercer une action politique ou religieuse plus ou moins grande, mais leur influence scientifique, littéraire et philosophique a été radicalement nulle.

Influence des Arabes sur l'architecture. - L'influence des Arabes sur les arts de l'Europe, et principalement sur son architecture, n'est pas douteuse ; mais elle me semble plus faible qu'on ne le croit généralement. Il ne me semble pas, en tout cas, qu'on puisse la chercher où on la place habituellement, et dire, par exemple, que le moyen âge a emprunté aux Arabes l'architecture ogivale. Alors même qu'on admettrait, avec beaucoup d'auteurs, que l'ogive a été empruntée aux Arabes, qui en firent en effet usage en Égypte, en Sicile et en Italie dès le dixième siècle, je ne crois pas qu'on puisse en tirer la conclusion que notre architecture gothique leur est due. Entre une cathédrale gothique des treizième ou quatorzième siècles et une mosquée de la même époque, il y a un véritable abîme. La forme ogivale des portes et des fenêtres n'est pas tout dans un monument. Il se compose d'une série d'éléments variés, dont on ne peut déterminer la valeur qu'en examinant l'ensemble de l'édifice. Cet ensemble seul permet d'apprécier son style. Le style gothique, ou ogival, ne s'est pas formé d'une seule pièce ; il dérive du roman, né lui-même du latin et du byzantin par une série de modifications. Quand il fut constitué, il forma un style absolument original, entièrement différent de ceux qui l'avaient précédé. Une belle église gothique représente à mon sens ce que l'art a peut-être produit de plus beau parmi toutes les oeuvres humaines, y compris les monuments les plus parfaits de l'antiquité gréco-latine.

Alors même, du reste, que le moyen âge eut emprunté aux Arabes les principes de son architecture, les races de l'Occident et de l'Orient avaient des besoins et des goûts si différents, vivaient dans des milieux si dissemblables, que les arts, simple expression des besoins et des sentiments d'une époque, devaient forcément bientôt se différencier.

Mais tout en reconnaissant qu'il n'y a aucune analogie entre l'architecture gothique, lorsqu'elle est constituée, et l'architecture arabe, nous ne devons pas méconnaître l'importance des emprunts de détails faits par les Occidentaux aux Orientaux. Ils ont été reconnus, du reste, par les auteurs les plus compétents, et il n'y a qu'à les laisser parler :

> « On ne peut mettre en doute, dit Bâtissier, que les architectes français des onzième et douzième siècles n'aient emprunté des éléments importants de construction et de décoration à l'art oriental... Ne trouvons-nous pas sur un monument chrétien des plus révérés, la cathédrale du Puy, une porte chargée d'une inscription en caractères

arabes ? N'y a-t-il pas à Narbonne et ailleurs des fortifications couronnées dans le goût arabe ?

M. Lenormant, aussi compétent que Bâtissier sur ces questions, fait remarquer que l'influence arabe se retrouve en France dans plusieurs églises, telles que celle de Maguelonne (1178), ville qui entretenait des rapports suivis avec l'Orient, de Candé (Maine-et-Loire), de Gamache (Somme), etc.

M. Ch. Blanc a bien marqué dans le passage suivant les emprunts archo-tectoniques faits par les Européens aux Arabes. « Sans exagérer, dit-il, la part de l'influence de peuple à peuple, comme on le fait aujourd'hui, on doit reconnaître que c'est après avoir vu les moucharabiehs, les balcons des minarets et tous les encorbellements de l'architecture arabe, que les croisés importèrent en France l'usage, si fréquent dans nos constructions civiles et militaires du moyen âge, des échauguettes, des mâchicoulis, des tourelles en saillie, des corniches à balustrade. »

M. Prisse d'Avesne, si versé également dans ce qui concerne l'architecture arabe, professe une opinion analogue. Suivant lui, « ce serait des Arabes que les chrétiens auraient emprunté ces gracieuses tourelles qui jusqu'à la fin du seizième siècle furent d'un si grand usage en Occident. »

Il ne faut pas oublier, d'ailleurs, que les Européens du moyen âge employèrent beaucoup d'architectes étrangers, à l'égard desquels ils n'exerçaient qu'un rôle d'inspiration analogue à celui exercé d'abord par les Arabes sur les Byzantins. Ces architectes venaient un peu de partout. Charlemagne en fit venir beaucoup d'Orient. M. Viardot cite un passage de Dulaure qui, dans son histoire de Paris, dit que des architectes arabes furent employés dans la construction de Notre-Dame de Paris.

Ce fut surtout en Espagne, qu'oublient cependant de mentionner les auteurs que je viens de citer, que l'influence des Arabes fut considérable. Nous avons dit déjà que la combinaison des arts chrétien et arabe donna naissance à un style particulier, dit mudejar qui fleurit surtout aux quatorzième et quinzième siècles. Les dessins de ce chapitre en donnent d'importants exemples. Les tours de plusieurs églises de Tolède, entre autres, ne sont que des copies de minarets, Les anciens édifices construits par les chrétiens dans les provinces indépendantes, pendant l'époque musulmane, sont bien plus arabes que chrétiens. Tel est, par exemple, le célèbre alcazar de Ségovie, dont j'ai donné plusieurs figures, l'une d'après une ancienne gravure le représentant tel qu'il était avant l'incendie de 1862, les autres, d'après des photographies, dans son état actuel. On sait que ce château fut construit au onzième siècle, c'est-à-dire au temps du Cid, par Alfonse VI qui, chassé de ses États par son frère, se réfugia chez les Arabes de Tolède, étudia leur alcazar, et, revenu dans ses États, construisit un château semblable à celui qu'il avait vu. Ce monument est fort intéressant comme étant le type, à peu près disparu aujourd'hui, d'un ancien château fort arabe de l'Espagne. Bien d'autres monuments, qualifiés de gothiques purs par certains auteurs, tels que la tour de Bélem, près de Lisbonne, me semblent, par leur forme générale, leurs tourelles en saillie, leurs créneaux, et d'autres détails encore, directement inspirés des Arabes.

Il s'en faut, du reste, que l'influence arabe soit entièrement morte en Espagne. Certaines cités, Séville surtout, sont pleines de souvenir des Arabes. Les maisons s'y construisent encore à la mode musulmane, et ne diffèrent guère de leurs modèles que par la pauvreté de leur ornementation. Les danses et la musique sont véritablement arabes ; et, comme je l'ai déjà dit, le mélange du sang oriental s'y constate facilement. On peut anéantir un peuple, brûler ses livres, détruire ses monuments ; mais l'influence qu'il a su acquérir est souvent plus résistante que l'airain : il n'est pas de puissance humaine capable de la détruire. Les siècles y réussissent à peine.

Influence des Arabes sur les mœurs. - Nous ne reviendrons pas sur ce que nous avons dit dans un précédent chapitre, de l'influence exercée par les Arabes en Europe. Nous avons fait voir ce qu'étaient les mœurs des seigneurs chrétiens à cette époque et celles des disciples du prophète, et montré que ce n'est qu'au contact des premiers que les chrétiens perdirent leur barbarie et adoptèrent les coutumes de la chevalerie et les obligations qu'elle entraîne : égards pour les femmes, les vieillards, les enfants ; respect de la parole jurée, etc. Dans notre chapitre des croisades, nous avons montré également combien l'Europe chrétienne était inférieure encore sous ce rapport à l'Orient musulman. Si les religions avaient sur les mœurs l'influence très grande qu'on leur attribue généralement, mais que nous ne saurions leur reconnaître au même degré, il y

La civilisation des Arabes

aurait un frappant parallèle à faire entre l'islamisme et les autres croyances qui se prétendent pourtant bien supérieures à lui.

L'influence morale des Arabes sur l'Europe ayant été suffisamment traitée dans le chapitre auquel nous avons fait allusion plus haut, nous y renverrons le lecteur. Nous nous bornerons à rappeler la conclusion à laquelle nous avons été conduit, et qui s'était imposée également à un savant fort religieux, M. Barthélemy Saint-Hilaire, dans son livre sur le Coran.

« Au commerce des Arabes et à leur imitation, dit-il, les rudes seigneurs de notre moyen âge amollirent leurs grossières habitudes, et les chevaliers, sans rien perdre de leur bravoure, connurent des sentiments plus délicats, plus nobles et plus humains. Il est douteux que le christianisme seul, tout bienfaisant qu'il était, les leur eût inspirés. »

Après un tel exposé, le lecteur se demandera peut-être pourquoi l'influence des Arabes est si méconnue aujourd'hui par des savants que l'indépendance de leur esprit semble placer au-dessus de tout préjugé religieux. Cette question, je me la suis posée également, et je crois qu'il n'y a qu'une réponse à faire : c'est qu'en réalité, l'indépendance de nos opinions est beaucoup plus apparente que réelle, et que nous ne sommes nullement libres de penser, comme nous le voulons, sur certains sujets. Il y a toujours deux hommes en nous, l'homme moderne, tel que l'ont fait les études personnelles, l'action du milieu moral et intellectuel, et l'homme ancien, lentement pétri par l'influence de ses ancêtres, et dont l'âme inconsciente n'est que la synthèse d'un long passé. Cette âme inconsciente, c'est elle, et elle seule, qui parle chez la plupart des hommes et, sous des noms divers, maintient en eux les mêmes croyances. Elle leur dicte leurs opinions, et les opinions dictées par elle semblent trop libres en apparence pour ne pas être respectées.

Or, les disciples de Mahomet ont été pendant des siècles les plus redoutables ennemis qu'ait connus l'Europe. Quand ils ne nous ont pas fait trembler par leurs armes comme au temps de Charles-Martel, à l'époque des croisades, ou lorsqu'après la prise de Constantinople, ils menaçaient l'Europe, les musulmans nous ont humiliés par l'écrasante supériorité de leur civilisation, et ce n'est que d'hier seulement que nous sommes soustraits à leur influence.

Les préjugés héréditaires que nous professons contre l'islamisme et ses disciples, ont été accumulés pendant trop de siècles pour ne pas faire partie de notre organisation. Ces préjugés sont aussi naturels et aussi invétérés que la haine - dissimulée quelquefois, profonde toujours - des juifs contre les chrétiens.

Si nous joignons à nos préjugés héréditaires contre les mahométans cet autre préjugé héréditaire également, et accru à chaque génération par notre détestable éducation classique, que toutes les sciences et la littérature du passé viennent uniquement des Grecs et des Latins, nous comprendrons aisément que l'influence immense des Arabes dans l'histoire de la civilisation de l'Europe soit si généralement méconnue.

Il semblera toujours humiliant à certains esprits de songer que c'est à des infidèles que l'Europe chrétienne doit d'être sortie de la barbarie, et une chose si humiliante en apparence ne sera que bien difficilement admise [1].

---

1 Lorsque les préjugés de l'hérédité et de l'éducation se rencontrent chez un savant trop instruit pour ne pas savoir à quoi s'en tenir sur le fond des choses, l'antagonisme intérieur entre l'homme ancien créé par le passé, et l'homme moderne formé par l'observation personnelle, produit dans l'expression des opinions les contradictions les plus curieuses. Le lecteur trouvera un exemple remarquable de ces contradictions, dans l'intéressante conférence faite à la Sorbonne, sur l'islamisme, par un écrivain aussi charmant que savant, M. Renan. « L'auteur veut prouver la nullité des Arabes, mais chacune de ses assertions se trouve généralement combattue par lui-même à la page suivante. C'est ainsi, par exemple, qu'après avoir établi que, pendant 600 ans, les progrès des sciences ne sont dus qu'aux Arabes, et montré que l'intolérance n'apparut dans l'islamisme que lorsqu'ils furent remplacés par des races inférieures, tels que les Berbères et les Turcs, il assure que l'islamisme a toujours persécuté la science et la philosophie et écrasé l'esprit des pays qu'il a conquis. Mais un observateur aussi pénétrant que M. Renan ne peut rester longtemps sur une proposition aussi contraire aux enseignements les plus évidents de l'histoire : les préjugés s'effacent un instant, le savant reparaît et est obligé de reconnaître l'influence exercée par les Arabes sur le moyen âge, et l'état prospère des sciences en Espagne pendant leur puissance. Malheureusement les préjugés inconscients l'emportent bientôt, et l'auteur assure que les savants arabes n'étaient pas du tout des Arabes, mais bien des gens de Samarkand, Cordoue, Séville, etc. » Ces pays appartenant alors aux Arabes, et le sang, aussi bien que l'enseignement arabes, y ayant pénétré depuis longtemps, il me semble évident qu'on ne peut pas plus contester l'origine dès l'origine des travaux qui sont sortis de leurs écoles, qu'on ne pourrait contester celle des travaux des savants français, sous le prétexte qu'ils proviennent d'individus appartenant aux races diverses : Normands, Celtes, Aquitains, etc., dont la réunion a fini par former la France.

L'éminent écrivain semble un peu chagrin quelquefois de la

Nous conclurons ce chapitre en disant que la civilisation musulmane eut dans le monde une influence immense et que cette influence n'est due qu'aux Arabes et non aux races diverses qui ont adopté leur culte. Par leur influence morale, ils ont policé les peuples barbares qui avaient détruit l'empire romain ; par leur influence intellectuelle, ils ont ouvert à l'Europe le monde des connaissances scientifiques, littéraires et philosophiques qu'elle ignorait, et ont été nos civilisateurs et nos maîtres pendant six cents ans.

---

façon dont il malmène les Arabes. La lutte entre l'homme ancien et l'homme moderne aboutit à cette conclusion tout à fait imprévue, qu'il regrette de n'être pas un disciple du prophète. « Je ne suis jamais entré dans une mosquée, dit M. Renan, sans une vive émotion ; le dirai-je, sans un certain regret de n'être pas musulman. »

Livre sixième
Décadence de la civilisation arabe

Chapitre I
Les successeurs des Arabes.

Influence des Européens sur l'Orient

1. – Les successeurs des Arabes en Espagne

Un des meilleurs moyens d'apprécier l'action bienfaisante ou nuisible exercée par un peuple sur un autre, est d'examiner l'état de ce dernier avant, pendant et après qu'il a été soumis à l'influence étrangère. Ce que furent les peuples envahis par les Arabes, avant et pendant leurs invasions, nous l'avons montré suffisamment. Ce qu'ils sont devenus, quand les Arabes disparurent de la scène du monde, il nous reste à le rechercher maintenant. Nous commencerons par l'Espagne.

Lorsque les chrétiens eurent reconquis Grenade, dernier foyer de l'islamisme en Europe, ils ne songèrent pas à imiter la tolérance qu'avaient professée à leur égard les Arabes pendant tant de siècles. Malgré les traités, ils les persécutèrent cruellement ; mais ce ne fut qu'au bout d'un siècle qu'ils prirent la résolution de les expulser totalement. Leur supériorité intellectuelle sur les Espagnols les maintenait, en dépit des persécutions, à la tête de toutes les industries ; et c'est justement que ces derniers les accusaient de s'être emparés de toutes les professions.

Le peuple réclamait simplement qu'on les chassât, mais le clergé était plus radical. Il voulait qu'on les tuât tous, sans exception, y compris les femmes, les vieillards et les enfants. Philippe II prit un moyen plus intermédiaire : il se borna, en 1610, à déclarer leur expulsion ; mais en donnant les ordres nécessaires pour que la plupart fussent massacrés avant d'avoir pu réussir à quitter l'Espagne. Les trois quarts environ furent en effet détruits.

L'expulsion et les massacres terminés, l'allégresse fut générale ; il semblait que l'Espagne allait entrer dans une ère nouvelle.

Décadence de la civilisation arabe

Une ère nouvelle était née, en effet. Cette destruction en bloc, unique dans l'histoire, eut des conséquences considérables. Nous en apprécierons mieux l'importance en remontant de quelques années en arrière et recherchant ce qu'était devenue l'Espagne après que la puissance politique des Arabes s'était éteinte.

Dès que les rivalités et les luttes intestines des musulmans eurent commencé à ébranler leur puissance en Espagne, les chrétiens, échappés à leur domination en se réfugiant dans des provinces montagneuses, entrevirent la possibilité de reconquérir leur ancien empire.

Leurs premières tentatives ne furent pas heureuses, mais leur ardeur religieuse était trop développée pour laisser place au découragement. Des luttes continuées pendant plusieurs siècles chez des hommes dont la guerre était l'unique préoccupation finirent par leur donner une habileté guerrière égale à celle des Arabes. Favorisés par les dissensions de ces derniers, ils réussirent, après de longues luttes, à fonder une série de petits royaumes qui s'agrandirent chaque jour et lorsqu'après huit siècles de combat la monarchie espagnole eut réussi à s'emparer de la capitale du dernier royaume arabe, celui de Grenade, et réuni toute la péninsule sous une seule main, elle se trouva presque immédiatement la première puissance militaire de l'Europe.

Les deux souverains qui succédèrent à Ferdinand, Charles-Quint et Philippe II, furent aussi habiles que leur prédécesseur. Le siècle qui s'écoula de la prise de Grenade à la mort de Philippe II fut pour l'Espagne une époque de grandeur qu'elle ne devait plus revoir.

Pendant toute cette période, les Arabes avaient été plus ou moins persécutés, mais enfin ils étaient restés, et leur supériorité intellectuelle leur avait fait jouer un rôle considérable. Les seuls savants, industriels et négociants du pays étaient recrutés parmi eux ; toute profession autre que celle de prêtre ou de guerrier étant profondément méprisée par les Espagnols.

La péninsule renfermait donc alors deux populations différentes contribuant par des voies fort diverses à sa grandeur : les chrétiens possesseurs de la puissance militaire, les Arabes détenteurs de toute la partie matérielle de la civilisation. Ces deux éléments sont indispensables ; car si la puissance militaire suffit pour fonder un empire, elle est impuissante à elle seule à le faire durer. Sa prospérité n'est possible qu'avec certains matériaux de civilisation, et ne se maintient qu'aussi longtemps que ces derniers subsistent.

Ce fut précisément ce qui arriva à l'Espagne après l'expulsion des Arabes. La décadence succéda à la grandeur, et d'autant plus rapidement qu'elle n'avait plus à sa tête les grands hommes de guerre qui s'étaient succédé pendant un siècle. Privée de puissance militaire et de civilisation, elle perdit tout à la fois

La décadence qui suivit l'expulsion et le massacre des Arabes fut tellement rapide et profonde, qu'on peut dire que l'histoire n'offre pas d'exemple d'un peuple descendu si bas dans un temps si court. Les sciences, les arts, l'agriculture, l'industrie et tout ce qui fait la grandeur d'une nation, disparurent rapidement. Les grandes fabriques se fermèrent, la terre cessa d'être cultivée, les campagnes devinrent désertes. Impuissantes à prospérer sans industrie ni agriculture, les villes se dépeuplèrent avec une rapidité effrayante. Madrid, qui avait 400 000 habitants, n'en eut bientôt plus que la moitié ; Séville, qui possédait 1 600 métiers faisant vivre 130 000 individus, n'en conserva que 300, et perdit, d'après le rapport même des cortès à Phillipe IV, les trois quarts de ses habitants. Sur 50 manufactures de laine, Tolède n'en garda que 13 ; les fabriques de soie, qui faisaient vivre, 40 000 personnes, disparurent totalement. Il en fut de même partout, et les plus grandes cités, telles que Cordoue, Ségovie, Burgos, devinrent bientôt presque désertes. Les rares manufactures restées debout après le départ des Arabes, disparurent elles-mêmes rapidement. Toutes les industries se perdirent à ce point que, lorsqu'au commencement du dix-huitième siècle, on voulut établir à Ségovie une manufacture de laine, il fallut faire venir des ouvriers de Hollande.

Cette brusque disparition de l'industrie et de l'agriculture produisit nécessairement une misère profonde. L'Espagne tomba en peu d'années dans la plus complète décadence.

Tant de calamités détruisirent bientôt toute énergie et toute vitalité. Cet empire jadis si vaste, qu'on avait pu dire que le soleil ne s'y couchait jamais, serait tombé bientôt dans une noire barbarie s'il n'avait été sauvé par une domination étrangère. Complètement épuisé, il dut se résigner, pour vivre, à n'avoir plus à la tête du pouvoir, aussi bien qu'à celle de toutes les branches de l'administration, de l'industrie et du commerce, que des étrangers,

Français, Italiens, Allemands, etc. La domination de Philippe V, petit-fils de Louis XIV, et l'administration entièrement étrangère qu'il se vit obligé, ainsi que ses successeurs, d'introduire en Espagne, ne purent d'ailleurs lui rendre qu'une vitalité apparente. Relever complètement le pays était chose impossible. L'Espagne compta des souverains remarquables, comme Charles III, posséda une prospérité factice à certains moments, lorsqu'elle fit venir des savants et des industriels du dehors ; mais ce fut en vain : on ne ressuscite pas les morts. Les Arabes avaient disparu, l'inquisition avait éliminé par une sélection répétée tout ce qui dépassait un peu la moyenne en intelligence. L'Espagne comptait encore des habitants, elle ne possédait plus d'hommes.

Tous les écrivains de l'époque ayant visité le pays sont unanimes pour reconnaître à quel point était faible le niveau intellectuel de la nation. À la fin du dix-septième siècle l'ignorance était aussi générale que profonde. Dans ce pays, qui avait sous les Arabes éclairé le monde, il n'y avait plus une seule école où l'on enseignât les sciences physiques, naturelles et mathématiques. Un auteur espagnol, Campomanès, assure que jusqu'à 1776, il n'y avait pas dans toute la péninsule un chimiste capable de fabriquer les produits les plus simples. On n'y eût pas trouvé davantage un individu capable de construire un navire ou simplement une voile.

La terrible inquisition avait réussi dans son œuvre : il n'y avait plus dans toute l'Espagne d'autres livres que ceux de dévotion, et d'autres occupations que les choses religieuses. Les découvertes les plus considérables, celles de Newton, d'Harvey, etc., restaient complètement inconnues.

Un siècle et demi après la découverte de la circulation du sang, les médecins espagnols n'en avaient pas encore entendu parler. Le niveau de leurs connaissances est indiqué par ce fait curieux, qu'en 1760, quelques personnes ayant timidement proposé de déblayer les rues de Madrid des immondices dont elles étaient pleines et qui infectaient la ville, le corps médical protesta avec énergie, alléguant que leurs pères, hommes sages sachant ce qu'ils faisaient, ayant vécu dans l'ordure, on pouvait bien continuer à y vivre ; que déplacer les immondices serait, du reste, tenter une expérience dont les conséquences étaient impossibles à prévoir.

Les plus louables efforts n'ont pu relever ce malheureux pays.

Aujourd'hui encore, il ne possède ni industrie, ni agriculture [1] ; et, pour tout ce qui dépasse le niveau de la plus médiocre capacité, il doit s'adresser au dehors. Ce sont des étrangers qui dirigent ses fabriques, construisent ses chemins de fer, et lui fournissent jusqu'aux mécaniciens qui conduisent ses locomotives. Pour tout ce qui concerne les sciences et l'industrie, l'Espagne tire tout de l'étranger. Si capable que soit un gouvernement, il ne peut rien sur un tel état de choses. Qu'il soit libéral ou non, il n'importe. On ne peut gouverner sans l'opinion ; et, si peu avancé que puisse être un gouvernement espagnol le public le sera toujours moins que lui. L'Espagne possède les apparences extérieures de la civilisation, mais elle n'en a que les apparences, et l'ignorance y est aussi générale qu'au moyen âge [2]. Si l'inquisition y renaissait aujourd'hui, elle aurait toutes les couches profondes de la nation pour elle. Le jugement sévère, mais juste, que portait sur ce pays le grand historien anglais Buckle, il y a quelques années, est vrai encore aujourd'hui, et le sera sans doute pendant bien longtemps encore.

> « L'Espagne, dit-il, continue à dormir, paisible, insouciante, impassible, ne recevant aucune impression du reste du monde, et ne faisant aucune impression sur lui. Elle est là, à la pointe extrême du continent, masse énorme et inerte, dernier représentant des sentiments et des idées du moyen âge. Et ce qui est le plus triste symptôme, c'est

1 D'après un travail publié en 1882, par M. Lucas Malada, dans le « Boletin de la sociedad geografica de Madrid », l'Espagne dont la richesse agricole, sous les Arabes, était si grande, a aujourd'hui 45 pour cent de son sol presque entièrement improductif. 10 pour cent seulement sont encore très fertiles. Parmi les causes les plus importantes de cet état misérable se trouve le déboisement presque total de la péninsule par ses habitants.

À ne consulter que les chiffres bruts de la statistique, l'Espagne semblerait jouir depuis quelques années d'une prospérité remarquable. Les exportations, qui s'élevaient à 237 millions dans la moyenne décennale de 1860 à 1870, ont dépassé 500 millions dans la période 1870-1880 ; mais quand on soumet ces chiffres à l'analyse on découvre bientôt que les causes de cette progression sont tout à fait accidentelles. Elle résulte simplement, en effet, de ce que le phylloxéra ayant détruit plus du tiers du vignoble français, nos commerçants ont dû s'adresser à l'Espagne pour se procurer le vin qui leur manquait. De 1870 à 1882 le nombre d'hectolitres de vin envoyés par elle en France s'est élevé de 300,000 à 6 millions c'est-à-dire qu'en dix ans l'exportation espagnole des vins est devenus vingt fois plus forte. En 1881, la valeur des vins achetés par la France à l'Espagne s'est élevée à 264 millions.

2 Sur les 16,620,000 habitants que compte l'Espagne d'après le dernier recensement, 12 millions, c'est-à-dire les trois quarts d'après les documents officiels, ne savent ni lire ni écrire.

qu'elle est satisfaite de sa condition. Elle est la nation la plus arriérée de l'Europe, et pourtant elle se croit avancée. Elle est fière de tout ce qui devrait la faire rougir, fière de l'antiquité de ses opinions, fière de son orthodoxie, fière de la force de sa foi, fière de sa crédulité puérile et incommensurable, fière de sa répugnance à améliorer sa croyance ou ses coutumes, fière de sa haine pour les hérétiques, fière de la vigilance constante avec laquelle elle a déjoué tous leurs efforts pour s'établir légalement sur son sol. Toutes ces choses réunies produisent ce triste résultat auquel on donne le nom d'Espagne. »

2. - *Les successeurs des Arabes en Égypte et en Orient*

Les successeurs des Arabes en Égypte et dans une grande partie de l'Orient, furent, comme on le sait, les Turcs.

Envisagés uniquement au point de vue politique, les Turcs eurent certainement leur époque de grandeur. Les sultans qui succédèrent aux empereurs et remplacèrent sur Sainte-Sophie, la croix grecque par le croissant, firent trembler pendant longtemps les plus redoutables souverains de l'Europe, et étendirent considérablement l'influence de l'islamisme. Mais leur puissance fut toujours exclusivement militaire. Aptes à fonder une grande monarchie, ils se montrèrent toujours impuissants à créer une civilisation. Leur suprême effort fut d'essayer de profiter de celle qu'ils avaient sous la main. Sciences, arts, industrie, commerce, ils ont tout emprunté aux Arabes. Dans toutes ces connaissances où brillèrent ces derniers, les Turcs n'ont jamais réalisé aucun progrès ; et, comme les peuples qui ne progressent pas reculent fatalement, l'heure de la décadence a bientôt sonné pour eux.

La fin de l'histoire de la civilisation des Arabes en Orient date du jour où le sort des armes fit tomber leur empire entre les mains des Turcs. Ils continuèrent à vivre dans l'histoire par leur influence religieuse ; mais le niveau de civilisation qu'ils avaient atteint, les races qui leur succédèrent ne surent même pas le maintenir.

Ce fut surtout en Égypte que la décadence fut la plus profonde ; elle commença à l'époque où les victoires de Sélim en firent une province de l'empire ottoman. Les arts, les sciences et l'industrie s'éteignirent graduellement. Administrée par des gouverneurs qui changeaient souvent et ne songeaient qu'à s'enrichir promptement, l'Égypte, de même que toutes les provinces dépendant de Constantinople, ne fit que végéter ; l'ancienne splendeur disparut, aucun monument nouveau ne fut construit, les anciens cessèrent d'être entretenus, et il ne resta d'eux que ce que le temps voulut bien épargner.

Personne n'ignore aujourd'hui ce que sont les provinces soumises à la Turquie, et il serait inutile de nous étendre longuement sur ce point. On peut résumer les plus impartiales appréciations en disant qu'un pays, sans administration aucune, ne serait pas plus mal gouverné. Les routes ne sont l'objet d'aucun entretien : mines, forêts, richesses agricoles sont entièrement abandonnées. Aux portes mêmes des plus grandes villes, Smyrne par exemple, le brigandage est général et il y a encore des pirates jusque dans la mer de Marmara et le Bosphore. Il ne faudrait pas tirer cependant de ce qui précède la conclusion que l'ensemble de la population de la Turquie soit, en aucune façon, inférieure à celle de l'Europe. La Turquie offre, en effet, ce contraste frappant, et que je m'étonne de n'avoir pas vu signalé ailleurs, d'une population présentant des qualités de premier ordre, alors que les classes dirigeantes lui sont moralement inférieures. C'est là précisément le contraire de ce qui s'observe en Occident. Le paysan et l'ouvrier turcs sont sobres, infatigables au travail, fort dévoués à leur famille, ne se rebutant jamais et supportant avec la plus philosophique résignation toutes les exactions d'une administration dépravée. Soldat, le Turc meurt à son poste sans reculer jamais. De solde cependant il n'en touche pas. Quelques haillons constituent ses vêtements, du pain et de l'eau sa nourriture. Un personnage militaire, qui les avait vus de près, m'assurait qu'on ne rencontrerait pas en Europe une armée capable de résister un seul jour dans des conditions semblables. Les Turcs sont des soldats les plus mal commandés de l'Europe, mais ils sont peut-être les meilleurs.

Ce que je viens de dire s'applique uniquement d'ailleurs aux Turcs proprement dits, et non assurément à toutes les populations des provinces asiatiques administrées par la Turquie. On y rencontre le plus souvent, surtout dans les villes, un mélange de races diverses, résidu abâtardi de tous les envahisseurs qui depuis tant de siècles ont traversé ces contrées, et que le régime ottoman n'a fait qu'avilir davantage. Dans ce mélange inférieur, certaines qualités subsistent encore, mais le niveau de la moralité et du courage est descendu

Décadence de la civilisation arabe

fort bas.

Dans cet Orient dégénéré il n'y a plus aujourd'hui qu'une puissance universellement respectée. Son nom, je l'ai entendu retentir partout, des rivages du Maroc au désert de l'Arabie, des plages du Bosphore aux sables de l'Éthiopie. À Constantinople, sous la coupole de Sainte-Sophie, à Jérusalem, au sommet de la colline où s'élevait le temple de Salomon, et jusque sous les voûtes sombres du Saint-Sépulcre ; en Égypte, depuis les Pyramides jusqu'aux ruines solitaires de la Thèbes aux cent portes. Il n'est pas de recoins où ce nom ne poursuive le voyageur. Priant, suppliant, mourant et renaissant sans cesse, jusqu'à ce qu'il s'évanouisse dans un murmure ironique ou plaintif. Il peut éclater comme une prière ou une menace, mais peut sonner aussi comme une espérance. Il est alors un talisman tout-puissant qui remplace les plus longs discours et avec lequel on est souverain maître en Orient. Il suffit de le répéter d'une certaine façon pour voir les fronts se dérider, les courtisans se prosterner, les femmes prodiguer leurs plus charmants sourires. Avec ce mot magique, on obtient aisément ce que la toute-puissance du commandeur des croyants ne pourrait donner ; et il n'y a pas longtemps qu'un général européen n'a eu qu'à le prononcer pour gagner une bataille et devenir le maître de cet empire des Pharaons, dont la conquête avait demandé jadis tout le génie de Napoléon. Cette divinité souveraine, dont la puissance dépasse celle du redoutable Allah et de son prophète Mahomet, et dont le nom est révéré aujourd'hui dans toutes les contrées où la Turquie domine s'appelle : BAKCHICH.

Les derniers successeurs des Arabes en Égypte. - L'Égypte n'est plus aujourd'hui sous la puissance des Turcs. Elle est tombée d'une façon très effective entre les mains commerciales de la puissante Angleterre. Les personnes au courant de la profonde misère où l'Inde est descendue aussitôt qu'elle a été soumise à la même domination, peuvent pressentir facilement le sort qui attend ce malheureux pays. J'ai déjà montré dans un précédent chapitre dans quelle détresse les spéculateurs européens avaient plongé les paysans égyptiens depuis quelques années [1] ; mais cette misère

[1] Il est difficile d'établir exactement ce que les financiers européens, les juifs surtout, ont soutiré en quelques années aux fellahs. Nous savons par des chiffres publiés par M. Van den Berg, en 1878, que, sur un montant de 1,397,175,000 francs, produit de cinq emprunts, les financiers avaient prélevé en pots de vin, commissions, etc., la modeste somme de 522 millions. 875 millions seulement

439

était l'âge d'or en comparaison de ce qui les attend. Le fellah va se trouver enveloppé comme l'Hindou dans un de ces engrenages méthodiques, formidables et calmes qui broient et pressurent en silence, jusqu'à ce qu'il ne reste absolument plus rien à extraire.

Quand aux anciens monuments arabes existant encore au Caire, ils paraissent destinés à subir le sort de ceux de l'Inde, c'est-à-dire à disparaître rapidement pour faire place à des casernes ou autres constructions analogues. L'opération marche, du reste, avec une rapidité qui indique qu'elle ne sera pas longue sous les nouveaux maîtres. Il faut lire les intéressants articles et mémoires de M. de Rhoné, attaché à la mission archéologique du Caire, pour avoir une idée des actes incroyables de vandalisme qui se commettent actuellement. Sous prétexte de rues à percer, de casernes à construire, des merveilles inimitables sont journellement démolies [1].

sont entrés dans les caisses du gouvernement égyptien. Ce dernier a déjà payé depuis longtemps, rien qu'en intérêts, le montant de sa dette.
1 Les démolitions se font du reste d'une façon fort habile, et jamais le nom des nouveaux maîtres de l'Égypte ne figure dans les ordres de destruction. Pour donner même une satisfaction apparente aux amateurs de l'archéologie, un règlement, inséré au Moniteur égyptien du 12 janvier 1883, porte « qu'on conservera les monuments historiques, religieux ou artistiques mais avec ce petit correctif ingénieux jusqu'à la reconstruction de leurs façades à l'alignement. » La reconstruction à l'alignement de façades de monuments, dont quelques-uns dépassent les dimensions de Notre-Dame de Paris, étant chose un peu compliquée, et le sens du mot « monuments historiques » pouvant être interprété à volonté, ce règlement conservateur n'a eu d'autres résultats que d'accélérer les démolitions. Malheureusement, pour les constructeurs de rues européennes et de casernes, on a voulu aller trop vite, et l'ordre d'abattre à la fois cinq des plus beaux monuments du Caire a produit de telles explosions d'indignation chez les artistes que les journaux anglais eux-mêmes ont dû réclamer et qu'il a fallu se résigner à suspendre l'opération. Ce ne fut pas sans difficulté, comme on peut en juger par la réponse suivante faite par le ministre des travaux publics, Ali Pacha Moubarek, à un comité de conservation : « A-t-on besoin de tant de monuments ? Quand on conserve un échantillon, cela ne suffit-il pas ? » argumentation ingénieuse qui conduirait à utiliser comme toile d'emballage les tableaux de Raphaël et de Rubens, sous prétexte qu'un échantillon de chacun d'eux suffirait. Du reste, ajoutait avec éloquence ce ministre, à propos de la magnifique porte de Zowaïleh devant laquelle on exécutait autrefois les criminels : « Nous ne voulons plus de ces souvenirs-là, et nous devons la détruire comme les Français ont détruit la Bastille. »
Les artistes désireux de contempler les restes de ces trésors d'architecture du Caire accumulés par mille ans de civilisation arabe feront bien de se hâter, car bientôt ils auront totalement disparu. En échange de ces débris inutiles d'un autre âge, justement méprisés par les commerçants, le peuple égyptien jouira de

Décadence de la civilisation arabe

3. - Les successeurs des Arabes dans l'Inde

Les premiers successeurs des Arabes dans l'Inde furent les Mongols. Ces derniers héritèrent de la civilisation arabe, et s'ils ne surent pas la faire progresser, ils surent au moins l'utiliser. Sous leur domination l'immense péninsule fut riche et prospère.

Les héritiers des Mongols furent les Anglais. Ils ont civilisé le pays, c'est-à-dire l'ont doté de routes et de chemins de fer, destinés à faciliter son exploitation, mais le résultat final de la civilisation nouvelle a été de plonger le pays dans un degré de misère tel qu'on n'en a jamais observé de semblable dans aucune contrée du monde.

Plus pratiques que les Espagnols à l'égard des Arabes, les nouveaux maîtres de l'Inde n'ont jamais songé à expulser les Hindous, et ont considéré comme beaucoup plus sage de les exploiter avec méthode. Si l'on ne juge qu'au point de vue commercial le système qui permet à quelques milliers de marchands de faire travailler pour eux des centaines de millions d'hommes, en le réduisant à une condition mille fois pire que l'esclavage, il est certainement digne de notre admiration. Jugé au point de vue de l'humanité, l'appréciation serait certainement un peu différente.

Appliqué avec rigueur dans l'Inde, l'ingénieux système colonisateur de l'Angleterre a immensément enrichi la métropole, mais ruiné d'une façon presque absolue les malheureux exploités. Après avoir fait remarquer que sous les rois indigènes les agriculteurs, qui forment dans l'Inde la caste la plus nombreuse, payaient seulement le sixième des produits du sol alors que sous les Anglais ils en paient moitié, M. Grandidier expose le fructueux système de l'expropriation pour non-paiements d'impôts, et ajoute : « Depuis longtemps ce système a fait descendre la masse des laboureurs à un degré qui n'en admet pas de plus infime. »

L'état de l'Inde sous les Anglais a été parfaitement étudié récemment par un Anglais, M. Hyndman. Après avoir montré d'une part que l'Angleterre accable d'impôts les indigènes au point de les faire

---

tous les bienfaits de la civilisation : il aura des belles casernes, de jolies chapelles protestantes, un nombre respectable de marchands de bibles et d'alcool, et des collections variées de clergymens.

mourir de faim, de l'autre qu'elle a ruiné toutes leurs manufactures pour favoriser les importations anglaises, l'auteur que je viens de citer ajoute : « Nous marchons à une catastrophe sans pareille dans l'histoire du monde. » Cette prédiction peut sembler pessimiste ; elle ne l'est guère cependant quand on considère que dans la seule province de Madras il y a, suivant la statistique officielle, seize millions de pauvres. Les misérables habitants sont obligés non seulement d'entretenir une armée qui coûte plus de quatre cent millions, une administration qui en coûte cinquante, mais encore d'envoyer annuellement à l'Angleterre l'équivalent de cinq cents millions [1].

4. - Rôle des Européens en Orient
Causes de leur insuccès

Nous avons examiné déjà l'influence que l'Orient a jadis exercée sur l'Occident, par l'intermédiaire des Arabes : il ne sera pas inutile de rechercher maintenant celle qu'exercèrent à leur tour les européens sur les Orientaux.

L'observation démontrant que cette influence a toujours été nulle,

---

1 La somme retirée depuis vingt ans de l'Inde par l'Angleterre est évaluée à dix milliards, sans compter l'argent dépensé pour entretenir les conquérants, dont chacun reçoit pour son séjour dans la colonie un traitement de ministre ou de souverain. Le séjour des fonctionnaires aux Indes est généralement limité à cinq ans, parce que l'on considère qu'après ce délai, ils doivent avoir réalisé une brillante fortune. Quant à la situation du pays, on peut en juger par le passage suivant de l'auteur anglais que je citais plus haut, M. Hyndman. « Chose effrayante, dit-il, les provinces du nord-ouest en étaient réduites à exporter leurs grains alors que trois cent mille personnes y mouraient de faim en quelques mois, » et il rappelle qu'en 1877, dans la seule présidence de Madras, neuf cent trente-cinq mille personnes sont mortes de faim, suivant les rapports officiels. Cette situation ne fait qu'empirer, car la fertilité du sol diminue rapidement par l'abus des cultures épuisantes que nécessitent les exigences des impôts.

Les chiffres produits par M. Hyndman et publiés dans la revue The Nineteenth century sous le titre : la Banqueroute de l'Inde n'ont pas été contestés. La seule réponse qui ait pu être faite pour justifier le tribut annuel de 500 millions que l'Angleterre extrait de l'Inde est celle donnée dans la Fortnightly Review que « cet argent n'est pour les peuples de l'Inde que le prix d'un gouvernement pacifique et régulier. » L'expression de « pacifique » appliquée à un régime qui fait mourir de faim en une année plus d'hommes que n'en ont jamais coûté les guerres les plus meurtrières paraîtrait sans doute un peu exagérée aux Hindous.

il n'y aurait pas lieu de nous étendre sur ce sujet s'il n'était pas intéressant de rechercher les causes de la persistance caractéristique avec laquelle les Orientaux ont toujours repoussé la civilisation et les croyances venues de l'Occident, alors qu'ils ont accepté si facilement autrefois celles que leur apportaient les Arabes.

Parmi les raisons générales de l'impuissance des Européens à faire accepter leur civilisation par des peuples étrangers, il faut placer celle-ci : que cette civilisation est le produit de l'évolution d'un long passé, et que nous n'y sommes arrivés que d'une façon progressive en traversant une série d'étapes nécessaires. Vouloir obliger un peuple à franchir brusquement les échelons de cette série serait aussi chimérique que d'espérer d'amener un enfant à l'âge mûr sans qu'il ait préalablement traversé la jeunesse.

Cette raison ne saurait cependant expliquer à elle seule le peu d'influence de notre civilisation sur les Orientaux ; car, parmi les éléments dont elle se compose, il en est d'assez simples pour être parfaitement adaptés à leurs besoins, et que cependant ils rejettent également. Notre insuccès si complet a donc encore d'autres motifs.

Parmi ces motifs se trouvent la complication excessive sous laquelle se présente notre civilisation, et les nombreux besoins factices qu'elle a fini par créer. Ces besoins factices, mais très impérieux, ont conduit l'Européen moderne à une agitation fiévreuse et à un travail considérable pour les satisfaire. Cette agitation et ce travail excessifs sont d'autant plus antipathiques aux Orientaux qu'ils n'ont aucun de nos besoins. Les nécessités matérielles d'un Oriental quelconque : Chinois, Arabe, Hindou, etc., sont très faibles. Avec un morceau d'étoffe pour vêtement, de l'eau et quelques dattes comme nourriture, un Arabe est content. Un Hindou ou un Chinois n'en demande pas davantage : un peu de riz et de thé leur suffit ; et leurs exigences en fait d'habitation ne sont pas plus grandes. La sobriété du Chinois, et son absence de besoins, jointes à son esprit industrieux, ont même produit ce résultat frappant, que toutes les fois qu'il vient faire concurrence aux ouvriers de nations qui se croient très supérieures, ces ouvriers sont obligés de lui céder la place. L'Amérique et l'Australie en sont réduites aujourd'hui à lui interdire leur territoire.

Cette différence entre les besoins des Orientaux et des Européens, la différence non moins grande entre leur mode de sentir et de penser, ont creusé entre eux un véritable abîme. Les Asiatiques ne nous envient nullement notre civilisation ; et ce sont surtout ceux ayant visité l'Europe qui nous l'envient le moins. L'opinion qu'ils rapportent de ces voyages est tout autre que nous n'aimons le supposer. À les en croire, l'introduction de la civilisation européenne en Orient serait la pire des calamités. Ceux qui sont lettrés citent volontiers l'Inde comme exemple. Tous, du reste, sont unanimes à soutenir que les Orientaux sont beaucoup plus heureux, plus honnêtes et plus moraux que les Européens tant qu'ils ne se trouvent pas en contact avec ces derniers.

Mais si l'incompatibilité évidente qui existe entre le genre de vie, les idées et les sentiments des Orientaux et ceux des Européens est suffisante pour expliquer l'indifférence que les peuples de l'Orient éprouvent pour les bienfaits de notre civilisation, elle ne saurait suffire à expliquer la répulsion qu'ils ressentent à notre égard, et le mépris évident qu'ils professent pour nos institutions, nos croyances et notre morale.

Il serait inutile de dissimuler la cause de ces sentiments. Elle résulte simplement de la conduite à la fois astucieuse et cruelle des peuples civilisés vis-à-vis de ceux qui ne le sont pas ou ne le sont qu'à un degré plus ou moins faible.

À l'égard des peuples qui ne sont pas civilisés du tout, c'est-à-dire les sauvages, la conduite des Européens a eu pour résultat leur destruction rapide. En Amérique et en Océanie, la destinée du sauvage en contact avec l'homme civilisé a toujours été identique à celle du lapin à portée du fusil du chasseur. De sauvages, il n'y en aura bientôt nulle part ; les derniers Peaux-Rouges disparaissent, grâce à la petite combinaison qui consiste à leur prendre leurs territoires de chasse, à les parquer dans des enclos où ils n'ont pas de quoi manger, et à les abattre ensuite comme des canards lorsque la faim les en fait sortir. En Océanie, les sauvages tendent également à disparaître complètement ; et des peuplades entières, comme les Tasmaniens, ont été anéanties au point qu'il n'en est pas resté un seul représentant [1].

[1] Je renvoie le lecteur aux faits que j'ai rapportés dans mon dernier ouvrage, L'homme et les sociétés » (t. II, p. 91), relatifs à la conduite habituelle des blancs en Afrique et en Océanie, et je rappellerai seulement, en passant, le procédé ingénieux qu'emploient les capitaines de navires anglais pour se procurer des ouvriers dans les îles mélanésiennes. Il consiste simplement à attraper par quelque stratagème et notamment en leur prodiguant des démonstrations amicales, le plus grand

Décadence de la civilisation arabe

Si les procédés des Européens, à l'égard des sauvages, ne sont pas tendres, leur conduite à l'égard des Orientaux civilisés, tels que les Chinois et les Hindous par exemple, n'est pas sensiblement meilleure. En faisant même abstraction de nos guerres dénuées de toute équité, nos procédés journaliers envers eux suffiraient à nous en faire d'irréconciliables ennemis. Quiconque a pénétré en Orient sait que le dernier des européens se croit tout permis [1]. Quand l'Oriental n'est pas directement exploité, comme dans l'Inde, par des impôts qui lui ôtent son dernier morceau de pain, il l'est par des tromperies commerciales faites avec une absence de pudeur qui montre combien notre vernis d'hommes civilisés est faible. L'Européen en Orient perd toutes ses qualités et descend, comme moralité, bien au-dessous des peuples qu'il exploite. Si, dans leurs relations avec l'Orient, les marchands européens étaient jugés d'après les lois de leur pays, il en est peu qui échapperaient aux peines les plus infamantes.

Ce n'est donc pas sans raison que les Orientaux ont la plus pauvre

---

nombre possible de naturels, à leur couper immédiatement le cou et à échanger avec des chefs de tribus rivales chaque tête contre un certain nombre d'ouvriers. Ces derniers sont engagés pour un temps très court, mais, bien entendu, on ne leur rend jamais ensuite leur liberté. Ce sont des faits analogues qui ont conduit le savant naturaliste de Quatrefages aux conclusions suivantes, dans son livre sur l'espèce humaine : « Au point de vue du respect de la vie humaine, dit-il, la race blanche européenne n'a rien à reprocher aux plus barbares. Qu'elle fasse un retour sur sa propre histoire et se souvienne de quelques-unes de ces guerres, de ces journées écrites en lettres de sang dans ses propres annales. Qu'elle n'oublie pas, surtout, sa conduite envers ses sœurs inférieures ; la dépopulation marquant chacun de ses pas autour du monde ; les massacres commis de sang-froid et souvent comme un jeu ; les chasses à l'homme organisées à la façon des chasses à la bête fauve ; les populations entières exterminées pour faire place à des colons européens ; et il faudra bien qu'elle avoue que si le respect de la vie humaine est une loi morale et universelle, aucune race ne l'a violée plus souvent et d'une plus effroyable façon qu'elle-même. »

1 J'engage les personnes qui voudraient connaître l'opinion des Orientaux les plus éclairés sur les Européens à lire un remarquable article, publié en 1878 dans la Revue scientifique par M. Masana Maéda, commissaire général du Japon à la dernière grande exposition de Paris. Bien qu'obligé par sa position officielle et par la nationalité du journal dans lequel il écrivait, à voiler sa pensée, l'auteur s'exprime fort clairement. Après avoir expliqué la désastreuse influence exercée par les Anglais sur les Chinois dans le but unique de leur soutirer de l'argent, il montre qu'au Japon « les étrangers, soit à la ville, soit à la campagne, n'ont aucun respect pour tout ce qui les environne, et ne se font pas scrupule de dévaster la propriété d'autrui... Ils ne font pas plus de cas des lois que des mœurs. »

idée du niveau de notre honnêteté et de notre morale. Le récit des relations de l'Europe civilisée avec la Chine au dix-neuvième siècle sera l'une des plus tristes pages de l'histoire de notre civilisation. Nos descendants sont peut-être appelés à l'expier chèrement un jour. Que pensera-t-on dans l'avenir de cette sanglante guerre, dite de l'opium, où la Chine se vit forcée à coups de canon d'accepter le poison que les Anglais avaient introduit chez elle et que le gouvernement chinois effrayé des dangers qui résultaient de son usage, voulait proscrire ? Aujourd'hui, ce commerce rapporte, il est vrai, cent cinquante millions par an à l'Angleterre ; mais, d'après les évaluations les plus modérées, celle du docteur Christlieb notamment, l'opium fait périr annuellement six cent mille Chinois. La sanglante guerre de l'opium, et le commerce forcé qui l'a suivie restent dans les souvenirs des Chinois comme un exemple destiné à enseigner à leurs enfants la valeur morale de ces Occidentaux qu'ils persistent, - est-ce bien injustement ? - à qualifier de barbares. Quand les missionnaires anglais veulent les convertir, ils leur répondent, au dire de l'auteur que je citais plus haut : « Quoi ! Vous nous empoisonnez pour nous détruire et vous venez après nous enseigner la vertu ! » Le Chinois a tort assurément en raisonnant ainsi, et ne comprend pas que l'Anglais possède héréditairement des maximes d'une morale spéciale fort rigide qu'il doit satisfaire, et satisfait en payant des missionnaires destinés à préparer l'Asiatique à la vie éternelle à laquelle le conduit rapidement l'opium qu'il lui vend.

Les sentiments des Orientaux à l'égard des Européens ont frappé tous les voyageurs un peu observateurs. Je citerai parmi eux un diplomate distingué, ancien ministre plénipotentiaire, M. de Rochechouart. Après avoir fait remarquer, dans un ouvrage récent que « ce qui frappe le plus l'étranger, quand il met les pieds dans l'Inde, est le mépris de l'indigène pour ses maîtres, » l'auteur ajoute qu'il en est de même en Chine : « Les domestiques des blancs, dit-il, sont pleins de honte vis-à-vis de leurs compatriotes d'être obligés de subir leur contact. »

Notre conduite justifie suffisamment la très vive répulsion qu'éprouvent pour nous les Orientaux. Je n'hésite pas à ajouter, du reste, en me plaçant, bien entendu, uniquement à leur point de vue, qu'alors même que nous nous serions montrés à leur égard des modèles de toutes les vertus, ils auraient tout intérêt à nous repousser et à étendre en tous sens la muraille qu'un souverain fort sage avait jadis bâtie sur les frontières du Céleste Empire. Ils n'ont que faire d'une civilisation adaptée à des idées, des sentiments, des besoins qui ne sont pas les leurs, et ont parfaitement raison de la rejeter. Quel intérêt pourraient-ils bien avoir, en effet, à renoncer à leurs institutions patriarcales, à leur existence heureuse et sans besoins, pour notre vie fiévreuse, nos luttes implacables, nos profondes inégalités sociales, le séjour misérable de l'usine et tous les besoins divers que les civilisations brillantes engendrent. Il s'est rencontré de par le monde une puissance orientale, le Japon, qui eut un jour la fatale idée de vouloir adopter notre civilisation. J'ai eu l'occasion de raconter ailleurs les résultats de cette expérience, et dans quel état de désorganisation elle avait jeté un pays jadis heureux et où, suivant l'expression de l'un des Européens chargés d'y installer cette civilisation factice « la condition de l'habitant était cent fois préférable à celle du travailleur besogneux, haletant, surmené, qui gagne péniblement sa vie dans les ateliers. »

Lorsque les Arabes conquirent l'Orient, ils ne pouvaient apporter de tels maux à leur suite. Les peuples envahis étaient des Orientaux comme eux, dont les sentiments, les besoins et les conditions d'existence étaient fort analogues aux leurs. Que l'Inde, la Perse, la haute Égypte fussent conquises par les Arabes, des Mongols ou même des Turcs, leurs habitants n'avaient pas à subir les modifications radicales qu'entraîne avec elles l'adoption d'un civilisation moderne. Au contact des Européens, l'existence de toutes ces populations doit au contraire entièrement changer. Trop faibles pour entrer en concurrence avec eux, ils n'ont plus, comme l'Indou, d'autre destinée qu'une noire misère et les révolutions furieuses qu'un sombre désespoir engendre.

L'action désastreuse exercée aujourd'hui par les peuples de l'Occident sur ceux de l'Orient est suffisamment expliquée par ce qui précède. Pour justifier l'insatiable avidité des Européens il n'y a qu'un seul droit à invoquer, un seul, qui domine il est vrai l'histoire toute entière : le droit du plus fort. De toutes les croyances des vieux âges, celle en ce droit souverain est seule encore debout. Les nations modernes ont des préoccupations plus graves que de civiliser les autres peuples ; elles doivent d'abord songer à vivre. Avec la concurrence croissante des races, les droits qu'un peuple possède sont strictement en rapport avec le nombre de combattants et de canons dont il dispose. Nul ne peut espérer conserver aujourd'hui que ce qu'il est assez fort pour défendre. Ou vainqueur ou vaincu, ou gibier ou chasseur. Des temps modernes telle est la loi. Lorsqu'il s'agit de relations entre peuples, les mots de justice et d'équité perdent toute sanction, par suite toute valeur. Ce sont de vagues formules analogues aux protestations banales par lesquelles nos missives se terminent. Tout le monde les emploie ; elles ne trompent personne.

Les poètes nous parlent d'un âge heureux nommé l'âge d'or où une fraternité universelle aurait régné parmi les hommes. Il est douteux qu'un tel âge ait jamais existé. Il est certain qu'il est évanoui pour toujours. Le vae victis du Brennus menaçant les Romains sur les ruines de Rome n'a jamais plus durement sonné qu'à l'heure présente. L'humanité est entrée dans un âge de fer où tout ce qui est faible doit fatalement périr.

Chapitre II
Causes de la grandeur et de la décadence des Arabes. État actuel de l'Islamisme

1. – *Causes de la grandeur des Arabes*

Nous terminerons notre histoire de la civilisation des Arabes en résumant dans une vue d'ensemble les causes de leur grandeur et de leur décadence.

Comme facteur préparatoire de la puissance des Arabes, se trouve tout d'abord le moment où ils parurent.

Pour les individus, comme pour les peuples, ce facteur préparatoire a une importance très grande. Bien des qualités ne peuvent se développer qu'à un moment donné. Napoléon ne fût sûrement pas devenu le maître de l'Europe, s'il était né sous Louis XIV ; et si Mahomet avait paru dans le monde à l'époque de la puissance romaine, les Arabes ne fussent certainement jamais sortis de l'Arabie et seraient restés ignorés de l'histoire.

Mahomet naquit au moment propice. Nous avons montré que

lorsqu'il parut, le vieux monde s'écroulait de toutes parts et que les adeptes du prophète n'eurent qu'à le toucher pour provoquer sa ruine.

Mais il ne suffit pas de renverser un empire pour fonder une civilisation. L'impuissance prolongée des Barbares qui héritèrent de la civilisation romaine en Occident, comme les Arabes en héritèrent en Orient, montre la difficulté d'une telle tâche. Le facteur préparatoire, que nous venons de citer, rendait possible la création d'un empire nouveau et d'une civilisation nouvelle. Pour réussir à les créer, il fallait d'autres facteurs essentiels que nous devons déterminer maintenant.

Parmi ceux que nous mentionnerons au premier rang se trouve l'influence de la race.

Nous avons fait voir que ce qui caractérise surtout une race, c'est un certain nombre de sentiments et d'aptitudes semblables existant chez les individus de cette race, et dirigeant leurs efforts dans le même sens. Cet ensemble de sentiments communs crée par de lentes accumulations héréditaires, c'est-à-dire le caractère national, représente l'héritage d'un passé que chacun de nos ancêtres a contribué à créer, et que nous contribuons également à former pour nos descendants. Très variable d'un peuple à l'autre, il varie peu au contraire chez le même peuple.

Sur ces éléments fondamentaux du caractère national, chaque génération agit sans doute, mais dans une proportion si faible, qu'il faut le cours des siècles pour que l'addition de transformations légères produise un changement sensible. L'éducation, le milieu, les circonstances semblent parfois produire quelques modifications rapides, mais leur durée est toujours éphémère.

En fait, les caractères moraux et intellectuels d'une race sont aussi stables que les caractères physiques des espèces. Nous savons aujourd'hui que ces derniers finissent à la longue par changer ; mais ils changent avec une telle lenteur, que les naturalistes les considéraient autrefois comme absolument invariables.

J'ai essayé de démontrer dans un autre ouvrage, que ce n'est pas l'intelligence, mais bien l'association inconsciente des sentiments dont l'ensemble forme le caractère qui est le mobile fondamental de la conduite. C'est donc par son étude qu'il faut toujours commencer pour arriver à expliquer le rôle joué par les individus ou les peuples dans l'histoire. « L'amour des révolutions, la facilité à entreprendre des guerres sans motifs et à se laisser abattre par les revers, » constatés jadis par César chez nos ancêtres, expliquent bien des événements de notre passé.

Il est facile de prouver par l'histoire que les conséquences du caractère varient suivant les circonstances, et que les qualités et les défauts qui ont engendré à une certaine époque la grandeur d'un peuple, peuvent déterminer sa décadence à une autre. Les Arabes nous en fournissent un exemple. Mais sous la divergence des effets, une analyse suffisamment pénétrante découvre aisément l'identité des causes. Il semble, au premier abord, qu'il y ait un abîme entre un Grec du temps de Périclès et un Byzantin du Bas-Empire, et, au point de vue social, il y a un abîme, en effet. Le fond du caractère est cependant resté identique : les circonstances dans lesquelles il s'est exercé ont seules varié. En se manifestant dans un autre milieu et un autre temps, la finesse, la subtilité philosophique et le beau langage du Grec sont devenus la perfidie astucieuse, la subtilité théologique et le bavardage inutile du Byzantin.

L'inquisiteur du moyen âge, avec sa foi ardente et ses violents instincts conservateurs, et le jacobin moderne avec son athéisme farouche et ses instincts révolutionnaires peuvent sembler bien différents ; un instant de réflexion montre que le second est cependant bien proche parent du premier. Le nom seul de la croyance a changé.

À ces éléments fondamentaux du caractère national, aussi immuables que les vertèbres chez les vertébrés, se joignent toujours une foule d'éléments accessoires, aussi variables que l'être la taille, la forme du corps, la couleur chez ces mêmes vertébrés. Ce sont eux qui font dire, avec raison, que le goût, et les idées changent d'une époque à l'autre. Mais tous ces changements ne touchent pas aux éléments fondamentaux du caractère. On peut comparer ces derniers au rocher que la vague frappe sans cesse sans l'ébranler, et les premiers aux couches de sable, de coquillages et de végétaux qu'elle dépose sur ce même rocher pour les enlever bientôt.

Il découle de ce qui précède que c'est seulement sur l'étude des éléments fondamentaux du caractère national, que l'histoire doit s'appuyer pour différencier les peuples. Nous avons suffisamment décrit ceux des Arabes, et il serait inutile d'y revenir maintenant.

Décadence de la civilisation arabe

Laissant de côté ce qui a été dit de leur intelligence, de leur enthousiasme, de leurs aptitudes artistiques et littéraires, sans lesquels ils ne se fussent jamais élevés à la civilisation, je ne rappellerai que ce qui est relatif à leurs habitudes guerrières invétérées, parce que ces habitudes fournissent un exemple remarquable de ce que nous disions plus haut : que, suivant les circonstances, les mêmes aptitudes peuvent engendrer des résultats fort différents. Les habitudes guerrières des Arabes étaient tellement enracinées, que l'Arabie ne formait, avant Mahomet, qu'un perpétuel champ de bataille. Lorsque sous l'influence d'une croyance commune, ils tournèrent toutes leurs forces contre des étrangers, leurs habitudes guerrières furent une des causes principales de leurs succès. Lorsqu'ils n'eurent plus d'ennemis à combattre, ils durent, pour obéir à leur caractère batailleur, tourner de nouveau leurs armes contre eux-mêmes ; et les mêmes instincts qui avaient assuré leur grandeur déterminèrent leur décadence.

Mais, par cela même que le caractère peut produire suivant les circonstances des résultats si différents, il est évident que cet élément ne saurait, quelle que soit son importance, expliquer à lui seul l'évolution d'un peuple. Les circonstances et bien d'autres facteurs encore ont une influence considérable.

À la tête de tous les facteurs qui nous restent à étudier, se trouve celui auquel est due la réunion en un seul peuple de toutes les tribus jadis si divisées de l'Arabie : la religion créée par Mahomet. Elle donna un idéal commun à des peuples qui n'en avaient pas, et un idéal capable d'inspirer une telle ardeur à ses disciples que tous étaient prêts à sacrifier leur vie pour lui.

J'ai eu occasion de répéter plusieurs fois déjà que le culte d'un idéal est un des plus puissants facteurs de l'évolution des sociétés humaines. Quel que soit cet idéal, il n'importe. Il suffit que sa puissance soit assez grande pour donner à un peuple des sentiments communs, des espérances communes, et une foi assez vive pour que chacun soit prêt à sacrifier sa vie pour le faire triompher. L'idéal des Romains fut la grandeur de Rome, celui des chrétiens l'espoir de gagner une vie future pleine de délices. L'homme moderne a imaginé des divinités nouvelles, aussi chimériques assurément que les anciens dieux, mais auxquelles il élève avec raison des statues, et dont l'influence bienfaisante suffira peut-être à soutenir quelques temps encore les vieilles sociétés sur leur déclin. L'histoire n'est que le récit des événements qu'ont accomplis les hommes à la poursuite d'un idéal. Sans son influence, l'homme serait encore dans la barbarie, et il n'y aurait pas eu de civilisation. La décadence commence pour un peuple le jour où il ne possède plus un idéal universellement respecté, et pour la défense duquel chacun soit prêt à se dévouer.

L'idéal créé par Mahomet fut exclusivement religieux, et l'empire fondé par les Arabes présente ce phénomène particulier, d'avoir été le seul grand empire uniquement établi au nom d'une religion, et faisant dériver de cette religion même toutes ses institutions politiques et sociales.

Ce facteur tout puissant, l'idéal, suffit-il, en y joignant même ceux que nous avons énumérés, pour expliquer la grandeur des Arabes ? Nullement. Nous sommes cependant arrivés un peu plus loin qu'il y a un instant. Le vieux monde s'est écroulé ; un peuple plein de qualités guerrières et réuni en un seul faisceau par des croyances communes est prêt à entreprendre sa conquête. Il lui reste encore à le conquérir et surtout à le garder.

Nous avons vu comment se firent les conquêtes des Arabes ; comment, après être sortis de l'Arabie et avoir été battus dans leurs premières rencontres par les derniers héritiers de la puissance gréco-romaine, ils ne perdirent pas un instant courage et s'instruisirent à l'école de leurs vainqueurs. Lorsqu'au point de vue militaire il furent devenus les égaux de ces derniers, le succès ne pouvait être douteux. Chaque soldat de l'armée arabe était prêt à donner sa vie pour faire triompher l'idée sous l'égide de laquelle il combattait, alors que dans l'armée des Grecs, tout dévouement, tout enthousiasme et toute croyance étaient morts depuis longtemps.

Les premiers succès des Arabes auraient pu les aveugler et les conduire à ces excès si habituels chez tous les conquérants, les porter surtout à traiter durement les vaincus et à leur imposer par la force la foi nouvelle qu'ils voulaient répandre dans le monde. En agissant ainsi, ils eussent soulevé contre eux toutes les populations non encore soumises. Cet écueil dangereux auquel les Croisés ne surent pas échapper plus tard lorsqu'ils pénétrèrent en Syrie à leur tour, les Arabes l'évitèrent soigneusement. Avec un génie politique bien rare chez les adeptes d'un nouveau culte, les premiers khalifes comprirent que les institutions et les religions ne s'imposent pas par la force, et nous avons vu que partout où ils pénétrèrent : en Syrie, en Égypte et en Espagne, ils traitèrent les populations avec la plus grande douceur, leur laissant leurs lois, leurs institutions, leurs croyances, et ne leur imposant en échange de la paix qu'ils leur assuraient qu'un modeste tribut, inférieur le plus souvent aux impôts qu'elles payaient auparavant. Jamais les peuples n'avaient connu de conquérants si tolérants, ni de religion si douce.

Cette tolérance et cette douceur, si méconnue des historiens, furent une des causes de la rapidité avec laquelle s'étendirent les conquêtes des Arabes et la raison principale de la facilité avec laquelle fut acceptée partout leur religion, leurs institutions et leur langue ; nous savons qu'elles se fixèrent avec une telle solidité chez les peuples qui les avaient accueillies, qu'elles résistèrent ensuite à toutes les invasions et à la disparition des Arabes de la scène du monde. Le fait est surtout frappant pour l'Égypte. Les Perses, les Grecs, et les Romains qui la dominèrent n'avaient jamais réussi à renverser l'antique civilisation pharaonique et à y substituer la leur.

D'autres causes encore que la tolérance des Arabes et la douceur de leur domination contribuèrent à assurer le succès de leur religion et des institutions qui en découlent. Ces institutions étaient trop simples, en effet, pour ne pas se mettre facilement en rapport avec les besoins également très simples des couches moyennes des populations envahies. Lorsque par hasard elles n'étaient pas exactement adaptées à ces besoins, les Arabes savaient les modifier suivant les nécessités ; et c'est ainsi qu'avec un Coran unique, les institutions musulmanes de l'Inde, de la Perse, de l'Arabie, de l'Afrique berbère et de l'Égypte présentaient des différences parfois très grandes.

Nous voici arrivés au moment où les Arabes ont achevé la conquête du monde, mais notre tâche n'est pas terminée encore. La période des conquêtes n'est qu'une des phases de l'histoire des disciples du prophète. Après avoir conquis le monde, ils fondent une civilisation nouvelle que les facteurs précédemment invoqués ne sauraient expliquer. D'autres éléments durent donc intervenir.

Deux causes déterminantes furent les origines de cette civilisation, le milieu nouveau où se trouvèrent les Arabes et les aptitudes de leur intelligence.

Le milieu, nous l'avons décrit. À peine sortis des déserts de leur patrie, les Arabes se trouvèrent en contact avec les oeuvres, merveilleuses pour eux, de la civilisation gréco-latine. Ils comprirent sa supériorité intellectuelle comme ils avaient compris auparavant sa supériorité militaire, et s'efforcèrent bientôt de l'égaler.

Mais pour s'assimiler une civilisation avancée, il faut déjà posséder un esprit cultivé. Les vains efforts que firent les barbares pendant des siècles pour s'approprier les débris de la civilisation latine, prouvent la difficulté d'une telle tâche. Les Arabes, heureusement, n'étaient pas des barbares. Nous ignorons ce que fut leur civilisation à l'époque, bien antérieure à Mahomet, où ils étaient en relations commerciales avec le reste du monde ; mais nous avons prouvé que lorsque parut le prophète, ils possédaient une culture littéraire élevée. Or, si un lettré peut ignorer bien des choses, ses aptitudes intellectuelles lui permettent facilement de les apprendre. Les Arabes apportèrent, dans l'étude d'un monde si nouveau pour eux, la même ardeur qu'ils avaient mise à le conquérir.

Dans l'étude de cette civilisation où ils se trouvaient si brusquement transportés, les Arabes n'apportaient aucune de ces influences de tradition qui pesaient depuis si longtemps sur les Byzantins ; et cette liberté d'esprit fut une des causes de leur développement rapide. Il arrive souvent dans la vie des peuples que l'influence du passé après avoir joué un rôle utile, asservit les hommes au joug de traditions surannées, et empêche tout progrès.

L'indépendance naturelle de l'esprit des Arabes, leur imagination et leur originalité se manifestèrent bientôt par des créations nouvelles ; et nous avons montré qu'il s'écoula bien peu de temps avant qu'ils n'eussent imprimé à l'architecture, aux arts, en attendant qu'ils l'imprimassent à la culture des sciences, ce cachet personnel qui fait immédiatement reconnaître leurs oeuvres à première vue. La philosophie spéculative des Grecs étant peu en harmonie avec la nature de leur esprit, ils y touchèrent peu. Les arts, les sciences et la littérature furent leur étude favorite. Les progrès réalisés par eux dans ces diverses branches ont été suffisamment décrits.

Telles furent les causes essentielles de la grandeur des Arabes. Recherchons celles de leur décadence.

2. - *Causes de la décadence des Arabes*

Plusieurs des facteurs que nous venons d'invoquer pour expliquer les causes de la grandeur des Arabes peuvent être invoqués également pour expliquer leur décadence. Il suffit de faire intervenir cet élément important, que nous avons appelé le moment, pour voir les qualités les plus utiles produire les résultats les plus funestes. Il en est ainsi dans la vie des individus, et il en est de même dans celle des peuples. Les aptitudes de caractère ou d'intelligence qui provoquent sûrement le succès, à un moment donné, déterminent non moins sûrement l'insuccès à un autre. J'ai montré plus haut comment les instincts guerriers et querelleurs des Arabes, qui leur furent si utiles à l'époque de leurs conquêtes, devinrent nuisibles quand ces conquêtes furent terminées, et qu'ils n'eurent plus d'ennemis à combattre. Leurs habitudes séculaires de désunion reprirent le dessus et commencèrent le morcellement d'un empire dont elles devaient finir par provoquer la chute. Ce fut surtout par leurs dissensions intestines qu'ils perdirent l'Espagne et la Sicile. Leurs rivalités perpétuelles permirent seules aux chrétiens de les expulser.

Les institutions politiques et sociales des Arabes, que nous avons indiquées comme une des causes de leurs rapides progrès, peuvent être invoquées également comme un des facteurs de leur décadence. Les Arabes ne réussirent à conquérir le monde que le jour où, grâce à la religion nouvelle apportée par Mahomet, ils surent se plier au joug d'une loi fixe. Elle seule pouvait réunir les forces jadis disséminées de l'Arabie. Ce joug d'une loi rigide fut excellent tant que les institutions du prophète furent en rapport avec les besoins de son peuple. Lorsque, par la suite des progrès de leur civilisation, elles durent être modifiées, le joug de la tradition était devenu trop lourd pour qu'ils pussent le secouer. Les institutions du Coran, qui étaient l'expression des besoins des Arabes à l'époque de Mahomet, ne furent plus quelques siècles plus tard ; et comme ce livre était à la fois un code religieux, civil et politique, que son origine divine rendait immuable, il était impossible de le modifier dans ses parties fondamentales. Les conséquences du désaccord se firent surtout sentir lorsque la puissance des Arabes commençant à être ébranlée, il s'opéra des réactions religieuses qui, sous prétexte de régénérer l'islamisme, voulurent le ramener strictement à la lettre du Coran, alors qu'aux époques brillantes des khalifats de Bagdad et de Cordoue, les musulmans savaient fort bien faire subir à leur prescriptions les modifications nécessitées par les besoins des peuples qui les acceptaient.

Ce fut surtout dans les institutions politiques des Arabes que l'inconvénient de ne pouvoir opérer de modification considérable se fit durement sentir. Ces institutions, qui plaçaient à la tête de l'empire un souverain réunissant dans ses mains tous les pouvoirs militaires, religieux et civils, étaient évidemment les seules pouvant permettre de fonder facilement un grand empire ; mais elles étaient en même temps les moins propres à en assurer la durée. Ces grandes monarchies absolues, où tous les pouvoirs sont réunis en une seule main, ont une puissance irrésistible pour conquérir, mais ne peuvent prospérer qu'à la condition d'avoir toujours à leur tête des hommes très supérieurs. Le jour où ces derniers viennent à manquer tout croule à la fois.

Un des premiers résultats du mauvais système politique des Arabes, fut le morcellement de leur empire. Délégués des khalifes, et réunissant comme eux tous les pouvoirs militaires, religieux et civils, les gouverneurs des provinces en arrivèrent bientôt à vouloir gouverner pour leur propre compte ; et leur pouvoir n'étant balancé par aucun autre, il leur était facile de se proclamer les maîtres. Le succès de quelques-uns ne fit qu'exciter les autres, et c'est ainsi que les provinces les plus importantes de l'empire arrivèrent bientôt à former des royaumes séparés.

Ce fractionnement eut des conséquences nuisibles et utiles. Nuisibles parce que le morcellement affaiblissait la puissance militaire des Arabes, utiles parce que ce même morcellement facilitait les progrès de la civilisation. l'Égypte et l'Espagne n'eussent certainement pas atteint le degré de prospérité qu'elles devaient connaître, si elles ne s'étaient pas détachées de l'empire. Administrées par des gouvernements sans cesse révocables n'ayant aucun intérêt à les voir prospérer et ne pouvant songer qu'à s'enrichir, elles fussent devenues ce qu'elles devinrent plus tard sous des gouverneurs envoyés de Constantinople. La prospérité de quelques-uns de ces petits royaumes indépendants fut très grande ; mais tous subirent finalement le sort des anciens empires où la puissance militaire, au lieu de reposer en partie, comme aujourd'hui, sur la possession d'un matériel de guerre important, ne pouvait s'appuyer que sur le nombre des soldats et leur valeur. La première invasion venue les renverse. La civilisation adoucit les mœurs, cultive l'esprit, mais elle ne développe pas les qualités guerrières, et prépare inévitablement la chute des empires. Les peuples où chacun possède une certaine aisance se trouvent bientôt menacés par ceux où la majorité est dans le besoin et désire changer son sort. C'est ainsi que la plupart des grandes civilisations anciennes ont péri. Ce fut la destinée des Romains ; ce fut aussi celle des Arabes. Les conquérants divers, Turcs, Mongols, etc. qui les renversèrent lorsqu'ils eurent atteint un degré de civilisation élevé, eussent sûrement échoué à l'époque où les disciples du prophète venaient de fonder leur empire, et constituaient un peuple dur à la fatigue, habitué à toutes les privations et que rien n'avait encore amolli.

Parmi les causes de la décadence des Arabes, il faut mentionner encore la diversité des races soumises à leur domination. L'influence de ce dernier facteur se manifesta par deux voies différentes, toutes deux également funestes. De la présence de races variées résulta, d'une part, le contact, et par suite les rivalités de peuples fort différents ; et, d'autre part, de nombreux croisements qui altérèrent rapidement le sang des vainqueurs.

Ce mélange de peuples différents dans un même empire a toujours été une cause de dissolution énergique. L'histoire démontre qu'il n'est possible de maintenir des races diverses sous une même main qu'en observant deux conditions essentielles : la première, c'est que la puissance du conquérant soit tellement solide que chacun sache que toute résistance serait chimérique ; la seconde, que le vainqueur ne se croise pas avec le vaincu, et ne soit pas par conséquent absorbé par lui. Cette seconde condition, les Arabes ne la réalisèrent jamais ; les Romains eux-mêmes ne la réalisèrent pas toujours, mais ils tombèrent en décadence le jour où ils ne la réalisèrent plus. Des causes diverses de la dissolution du vieux monde romain, une des plus importantes fut la facilité avec laquelle les anciens maîtres du monde étaient arrivés à accorder tous les droits de citoyen aux barbares : Rome fut alors peuplée de races diverses où ne dominaient plus les Romains, et où s'éteignirent bientôt les sentiments qui avaient autrefois assuré sa grandeur. Jadis, un citoyen de l'antique cité n'eût pas hésité à sacrifier sa vie pour elle, parce que la grandeur de Rome était un idéal tout-puissant sur lui. Mais de quel poids pouvait peser un idéal semblable dans l'âme d'un barbare ?

Faire vivre sous la même loi des peuples de races différentes, et ayant des sentiments différents est une entreprise d'une difficulté considérable. Elle n'est possible, le plus souvent, qu'au moyen d'une compression très dure. Le régime imposé aujourd'hui aux Irlandais et aux Hindous en est la preuve.

Les Arabes n'eurent pas à exercer cette compression sur les races diverses qu'ils avaient soumises, parce que la religion et les institutions qu'ils apportaient avec eux furent facilement acceptées, et que tous ceux qui adoptèrent l'islamisme, quelle que fût leur origine, étaient traités par eux sur un pied d'égalité parfaite. C'était la loi du Coran, et les vainqueurs n'étaient pas désireux de s'y soustraire. Vainqueurs et vaincus ne formèrent d'abord qu'un seul peuple ayant des croyances, des sentiments et des intérêts communs, et tant que la puissance des Arabes fut assez grande pour être partout respectée, l'accord se maintint dans toutes les parties de leur empire.

Mais si les rivalités de toutes ces races diverses étaient assoupies, elles n'étaient pas éteintes ; et, lorsque les habitudes de dissensions invétérées des Arabes reprirent le dessus, elles se manifestèrent. Tous les pays soumis à l'islam furent bientôt couverts de partis constamment aux prises. Alors que les chrétiens assiégeaient le dernier foyer de la puissance musulmane en Espagne ces partis continuaient à lutter entre eux.

La présence sur tous les territoires soumis à l'islamisme de races différentes eut cet autre résultat, dont nous avons signalé plus haut le danger, que les Arabes durent se mélanger avec tous les peuples au milieu desquels ils vivaient. Avec des races qui ne leur étaient pas trop notablement inférieures, les chrétiens d'Espagne par exemple, ils pouvaient peut-être gagner certaines aptitudes ; avec des races inférieures telles que certains peuples asiatiques et les Berbères, ils n'avaient qu'à perdre. Dans les deux cas, ces croisements devaient fatalement finir par détruire les caractères dont l'association constituait leur race. En fait, lorsque leur puissance politique disparut entièrement avec la perte de l'Espagne et de l'Égypte, les pays jadis soumis par eux ne renfermaient plus que bien peu d'Arabes.

À défaut des invasions et d'autres causes diverses qui amenèrent la décadence des Arabes, le simple mélange des races que nous venons de signaler eût suffi à lui seul pour la déterminer. La preuve nous en est fournie par l'exemple du Maroc. Les invasions étrangères l'ont épargné, et cependant cet empire, dont la prospérité fut jadis si grande qu'elle rivalisa presque avec celle de l'Espagne, est retombé aujourd'hui dans une demi-barbarie. La prédominance des Berbères, et surtout les croisements répétés avec l'élément nègre ont considérablement abaissé le niveau de sa civilisation. On a prétendu que l'avenir était aux métis. La chose est possible. Pour les peuples qui veulent garder leur niveau dans le monde, je ne le souhaite pas.

3. - *Rang des Arabes dans l'histoire*

Notre exposé de la civilisation des Arabes, et les éléments fournis par notre étude des causes de leur grandeur et de leur décadence, montrent qu'ils possèdent des qualités et des défauts très grands, et des aptitudes intellectuelles élevées. Fort inférieurs aux Romains en ce qui concerne les institutions politiques et sociales, ils leur furent supérieurs par l'étendue de leurs connaissances scientifiques et artistiques. D'une façon générale, nous pouvons dire qu'ils occupèrent un rang élevé dans l'histoire, mais nous devons tâcher de déterminer exactement quel fut ce rang.

Pour l'apprécier avec justesse, il faudrait posséder une échelle permettant de mesurer exactement la valeur d'un individu ou d'un peuple ; or cette échelle nous manque totalement. Faute de la posséder, nos jugements reposent beaucoup plus sur nos sentiments personnels que sur notre raison ; et leur variété suffit pour prouver leur incertitude.

Alors même d'ailleurs que nous posséderions cet étalon psychologique de la valeur des hommes qui nous manque entièrement, il faudrait le renouveler constamment. La mesure du degré de supériorité valable pour une époque ne l'est plus en effet pour une autre. La plus haute supériorité que pût rêver un Grec était d'être le premier aux jeux olympiques, c'est-à-dire le premier à la lutte, à la course, au pugilat ou à d'autres exercices analogues ; et l'honneur attaché à une telle supériorité était si grand, que celui qui la possédait voyait son nom gravé sur le marbre, et avait le droit de rentrer dans sa ville natale par une brèche ouverte dans les murailles exprès pour lui. De tels honneurs étaient justifiés sans doute à une époque où la force et l'habileté corporelle jouaient un rôle essentiel ; mais une supériorité semblable n'est plus appréciée de nos jours que dans les foires de villages, et donne à peine le pain quotidien à son possesseur.

En franchissant le cours des siècles, nous voyons l'échelle de la supériorité se déplacer constamment. Elle résidait encore dans la force corporelle et la bravoure au moyen âge. Elle s'est mesurée à d'autres époques aux connaissances scientifiques, artistiques ou littéraires, à d'autres encore à l'aptitude de disserter avec éloquence sur des sujets quelconques. Elle tend aujourd'hui à se mesurer à la somme d'argent que l'on possède. Les rois du siècle où nous entrerons bientôt seront ceux qui sauront le mieux s'emparer des richesses. Les fils d'Israël possèdent cette aptitude à un degré qui n'a pas encore été égalé, et dans le mouvement général qui se dessine partout contre eux, il faut voir des symptômes précurseurs des luttes redoutables qu'il faudra soutenir contre eux pour se soustraire à leur menaçante puissance.

Lorsqu'on examine les conditions qui déterminent le succès des individus ou des peuples dans le monde, on est frappé de voir combien la valeur intellectuelle joue un rôle effacé. La volonté, la ténacité et diverses qualités de caractère ont une puissance bien autre. Entre deux individus ou deux peuples, l'un d'intelligence ordinaire, mais possédant beaucoup de courage, de volonté, de patience, prêt à sacrifier sa vie pour faire triompher un idéal quelconque, et l'autre, d'intelligence supérieure, mais ne possédant pas les aptitudes que je viens de mentionner, le pronostic n'est pas douteux. Ce sera, invariablement, le moins intelligent qui l'emportera. À n'envisager l'intelligence que comme élément de succès, on pourrait dire que toutes les fois qu'elle dépasse un certain niveau moyen, elle est plus nuisible qu'utile. L'assertion peut sembler paradoxale, on reconnaîtra aisément sa justesse en essayant de se représenter par la pensée quelles seraient les chances possibles de succès dans une lutte entre deux peuples, l'un possédant toutes les qualités de caractère dont je parlais plus haut, l'autre constitué par une réunion de philosophes et de profonds penseurs, n'espérant rien d'un monde meilleur, sachant la vanité de tout idéal, et peu disposés par conséquent à sacrifier leur vie pour en faire triompher aucun. La faiblesse des conceptions métaphysiques de Mahomet les eût fait sourire ; et pourtant le monde n'a pas encore connu de philosophes dont les doctrines aient jamais possédé une parcelle de la puissance formidable des illusions que tous les fondateurs de religions ont su créer. Que le croyant soit Arabe ou Romain, qu'il ait pour culte Allah ou la grandeur de Rome, l'énergie de ses croyances, la facilité avec laquelle il sacrifie sa vie pour elles le feront triompher facilement. Il en a toujours été ainsi, et rien n'indique qu'on puisse supposer qu'il en soit jamais autrement. Alors qu'ils étaient les maîtres du monde, les Romains n'ont jamais présenté dans les arts, ni dans les sciences, une supériorité intellectuelle manifeste. Pour toutes les choses de la pensée, les Grecs étaient leurs maîtres, et cependant ils les avaient asservis.

Si nous ne nous placions donc qu'au point de vue du succès nous pourrions dire que c'est dans les qualités de caractère que nous avons énumérées, que la mesure de la supériorité doit être cherchée ; mais cette échelle serait trompeuse encore. Elle n'a de valeur, qu'à l'égard de ce but particulier, le succès immédiat, et, en dehors de lui, elle n'en possède aucune.

Nous n'avons qu'à nous placer, en effet, à ce point de vue supérieur de l'intérêt général de la civilisation, c'est-à-dire de l'humanité, pour voir que ce n'est plus dans les qualités de caractère, que nous avons citées, mais uniquement dans le niveau intellectuel que la supériorité doit être cherchée. Un Newton, un Leibnitz n'eussent jamais triomphé, sans doute, aux jeux olympiques ; ils n'eussent pas résisté un instant à un soldat romain, et cependant, ces demi-dieux de la pensée ont produit plus de transformations dans le monde par les conséquences immédiates ou lointaines de leurs découvertes, que toutes les hordes asiatiques qui ont fondé de grands empires. Lorsque l'avenir jugera le passé avec cette indépendance d'esprit que nous ne saurions avoir aujourd'hui, il dira sûrement que des inventions, telles que l'imprimerie, la machine à vapeur, les chemins de fer, le télégraphe électrique, et bien d'autres encore, ont produit, dans les conditions d'existence des hommes, des changements auprès desquels ceux qui résultent des révolutions les plus célèbres sont d'une insignifiance vraiment bien grande.

Si nous négligeons donc entièrement ces succès matériels qui sont pour les foules, trop souvent suivies par l'histoire, le seul critérium réel de la valeur des individus et des peuples, nous devons proclamer bien haut que c'est uniquement par le nombre d'hommes supérieurs qu'elle possède que doit se mesurer la valeur intellectuelle d'une nation, et par conséquent son niveau dans l'échelle de la civilisation. À la supériorité intellectuelle, elle joindra même le succès, si, avec un petit nombre d'hommes supérieurs, elle possède une masse suffisante d'individus d'intelligence et d'instruction ordinaire, mais présentant à un degré élevé les qualités de caractère précédemment énumérées.

Avec ces explications préalables, nous pouvons porter un jugement suffisamment exact sur la place qui revient aux Arabes dans l'histoire. Ils eurent des hommes supérieurs, leurs découvertes le prouvent assez ; mais des grands hommes comparables aux génies que j'ai nommés, je ne crois pas que l'on puisse dire qu'ils en aient possédés jamais. Inférieurs aux Grecs sur beaucoup de points, égaux certainement aux Romains par l'intelligence, ils ne possédèrent pas, ou au moins ne possédèrent que pour quelque temps, les qualités de caractère qui firent le long succès de ces derniers.

Si, au lieu de comparer les Arabes aux peuples qui ont disparu de la scène du monde, nous essayons de les mettre en parallèle avec les nations européennes, nous pouvons dire, qu'au double point de vue intellectuel et moral ils sont supérieurs à toutes celles qui vécurent avant la renaissance. Les universités du moyen âge n'eurent d'autre aliment, pendant des siècles, que leurs ouvrages et leurs doctrines ; et par leurs qualités morales ils surpassèrent beaucoup nos ancêtres.

Vers l'époque de la Renaissance, les Arabes disparurent de l'histoire, et nous ne pouvons dire ce qu'ils fussent devenus un jour. Nous ne croyons pas cependant qu'ils eussent jamais dépassé beaucoup le niveau déjà atteint. L'infériorité de leurs institutions leur créait de trop sérieux obstacles.

On ne peut comparer évidemment des époques aussi différentes que celle où disparurent les Arabes et les temps modernes. Si l'on exigeait cependant que cette comparaison fût faite, nous dirions que chez les Arabes les hommes supérieurs furent notablement au-dessous des hommes correspondants de l'âge actuel, mais que les individus moyens de leur race furent au moins égaux, et le plus souvent supérieurs, à la couche moyenne des populations civilisées d'aujourd'hui.

Ce que nous disons, d'ailleurs, des couches moyennes des anciennes populations arabes, nous l'appliquerions volontiers à la plupart des

Orientaux actuels. Qu'il s'agisse d'Arabes, de Chinois ou d'Hindous, les masses moyennes n'y sont certainement pas inférieures à celles de l'Europe. On y trouve des agriculteurs et des ouvriers au moins aussi habiles que les nôtres. La concurrence écrasante faite en Amérique et en Australie par les Chinois aux ouvriers anglo-saxons, concurrence telle qu'il a fallu à peu près les expulser, en fournit l'irrécusable preuve. Au moins nos égaux par l'habileté, et d'autant plus facilement que la spécialisation n'a pas abaissé leur intelligence, les Orientaux nous sont supérieurs par leur sobriété, leur absence de besoins et leurs mœurs patriarcales. Il ne leur manque qu'une chose - fondamentale il est vrai - pour égaler les peuples civilisés de l'Europe, c'est de posséder une couche suffisante d'hommes supérieurs et quelques grands hommes. Il est heureux pour nous, d'ailleurs, qu'ils ne les possèdent pas, parce qu'alors les qualités de la masse de leur population leur permettraient facilement de nous supplanter et de se placer à leur tour à la tête de la civilisation. Si jamais se réalisait le rêve de nos socialistes modernes, d'une société d'hommes d'intelligence moyenne, d'où toute supériorité aurait été graduellement éliminée, l'empire du monde appartiendrait bientôt aux populations de l'extrême Orient.

4. - *État actuel de l'Islamisme*

Les siècles se sont appesantis sur la poussière des Arabes, et leur civilisation appartient depuis longtemps à l'histoire. On ne peut dire cependant qu'ils soient morts tout entiers, car la religion et la langue qu'ils ont introduites dans le monde sont plus répandues encore qu'elles ne le furent aux plus brillantes époques de leur splendeur. L'arabe est la langue universelle [1] du Maroc jusqu'à l'Inde, et les progrès de l'islamisme ne se ralentissent pas.

Les géographes portent à 110 millions le nombre de mahométans existant dans le monde, mais ce chiffre doit être inférieur à la réalité, car il a été établi à une époque où l'étendue de leurs progrès en Chine et dans l'Afrique centrale n'était pas soupçonnée. En dehors de l'Arabie, le Coran est professé aujourd'hui en Égypte, en Syrie, en Turquie, en Asie Mineure, en Perse, et dans une partie notable de la

---
[1] Il existe un journal arabe à Constantinople et une dizaine en Syrie, dont trois Revues hebdomadaires. Des journaux d'intérêts locaux s'impriment dans la plupart des pays où se parle l'arabe.

Russie, de l'Afrique, de la Chine et de l'Inde. Il a gagné Madagascar et les colonies de l'Afrique australe. Il est connu dans les îles de la Malaisie, et est professé par nombre d'habitants de Java et Sumatra. Il s'avance jusqu'à la Nouvelle-Guinée, et, avec les nègres d'Afrique, a pénétré en Amérique.

L'étonnante facilité avec laquelle se répand le Coran dans le monde est tout à fait caractéristique. Partout où un musulman a passé on est certain de voir sa religion rester. Des pays, que les Arabes n'ont jamais visités en conquérants, et qui n'étaient parcourus que par leurs marchands, tels que certaines parties de la Chine, de l'Afrique centrale et de la Russie, comptent aujourd'hui par millions les sectateurs du prophète. Toutes ces conversions se sont faites librement, sans violence ; et jamais on n'a entendu qu'il ait fallu envoyer des armées pour secourir ces simples trafiquants arabes, faisant fonction de missionnaires. Partout où a été établi leur culte, Il n'a fait ensuite que s'étendre. Implanté depuis des siècles en Russie, il n'a jamais pu être déraciné. Il y a actuellement 50 millions de musulmans dans l'Inde ; et tous les efforts des missionnaires protestants, joints aux faveurs de l'administration, n'ont pas réussi à produire des conversions. On ignore combien ils peuvent être en Afrique, mais aussi loin qu'aient pénétré les explorateurs modernes, ils y ont trouvé des tribus professant l'islamisme. Il civilise actuellement les peuplades de l'Afrique dans la mesure où elles peuvent l'être, et fait partout sentir sa bienfaisante action.

« Grâce à lui, écrit justement M. J. Duval, les fétiches et les idoles disparaissent de la terre, les sacrifices humains et l'anthropophagie sont abolis, les droits des femmes sont consacrés, quoique à un titre trop inférieur encore au droit absolu, la polygamie réglée et restreinte, les liens de famille sont établis et consolidés, l'esclave devient un membre de la famille, à qui s'ouvrent des issues faciles et nombreuses vers la liberté. La prière, l'aumône, l'hospitalité purifient et élèvent les mœurs publiques ; le sentiment de l'équité et de la charité pénètre dans les consciences ; les maîtres des peuples apprennent qu'ils ont des devoirs tout comme les sujets. La société s'asseoit sur des bases régulières. Si une foule d'abus subsistent trop souvent là comme ailleurs, la justice divine leur réserve ses rigueurs : l'espérance d'une vie future, heureuse et réparatrice, soutient les victimes du sort ou de l'iniquité. Tels sont quelques-uns des bienfaits qui signalent partout l'avènement de l'islamisme au sein des sociétés non civilisées. »

Mais c'est en Chine, surtout, que l'islamisme fait d'étonnants progrès. Là où les missionnaires européens sont obligés d'avouer leur impuissance, l'islamisme obtient les plus brillants succès. Nous avons vu qu'il existe aujourd'hui 20 millions de sectateurs de Mahomet dans ce pays : la ville de Pékin, à elle seule, en compte cent mille.

« Entré dans le Céleste Empire par la même voie que le boudhisme, écrit le professeur Vasilieff, l'islamisme parviendra peu à peu, et les musulmans chinois n'en doutent pas, à se substituer au lieu et place de la doctrine de Cakya Mouni. Cette question est de la plus haute importance ; en effet, si pareil événement venait jamais à se réaliser, si la Chine, qui renferme au moins le tiers de la race humaine, venait à se convertir au mahométisme, tous les rapports politiques du vieux monde se trouveraient considérablement modifiés. La religion de Mahomet s'étendant de Gibraltar à l'océan Pacifique pourrait de nouveau menacer le christianisme. »

Notre livre est terminé. Résumons-le en quelques mots. Au point de vue de la civilisation, bien peu de peuples ont dépassé les Arabes et l'on n'en citerait pas qui ait réalisé des progrès si grands dans un temps si court. Au point de vue religieux, ils ont fondé une des plus puissantes religions qui aient régné sur le monde, une de celles dont l'influence est la plus vivante encore. Au point de vue politique, ils ont créé un des plus gigantesques empires qu'ait connus l'histoire. Au point de vue intellectuel et moral ils ont civilisé l'Europe. Peu de races se sont élevées plus haut, mais peu de races sont descendues plus bas. Aucune ne présente d'exemple plus frappant de l'influence des facteurs qui président à la naissance des empires, à leur grandeur et à leur décadence.

ISBN : 978-1523817603

Printed in France by Amazon
Brétigny-sur-Orge, FR